对啊校训

Duia Motto

于迷茫中寻找方向

于孤独中收获希望

愿你不认命
心中所愿皆能实现

愿你不将就
不为世俗只为热爱

对啊网
专业在线职业教育品牌

职称/注会/CMA / 教师 / 自考学历 / 公务员 / 考研 / 证券/基金 / 设计 / 英语

下载"对啊课堂"app

对啊网2021年中级会计职称高分学霸

扫码听访谈

张秋红

成绩：总分276
财务管理95
经济法85
中级会计实务96
荣登北京银榜　对啊一等奖学金状元奖

职业：总账会计
人生信条：天道酬勤
学习班级：金牌保障班
授课老师：海伦老师、柠檬老师、豆包老师

扫码听访谈

谭琴

成绩：总分268
财务管理94
经济法81
中级会计实务93

职业：财务助理
人生信条：如果你尽最大的努力去实现一个目标，你就几乎一定能实现。
学习班级：金牌保障班
授课老师：海伦老师、柠檬老师、豆包老师、小阵老师

扫码听访谈

李静

成绩：总分262
财务管理85
经济法82
中级会计实务95

职业：宝妈
人生信条：顽强的毅力可以征服世界上任何一座高峰！
学习班级：金牌保障班
授课老师：海伦老师、柠檬老师、豆包老师、小阵老师

对啊网2020年中级会计职称高分学霸

扫码听访谈

赵东影

成绩：总分285
财务管理97
经济法94
中级会计实务94
荣登全国金榜、获得对啊奖学金

职业：会计
人生信条：走着走着花就开了
学习班型：中级会计—金牌保障班
授课老师：海伦老师、豆包老师、
小阵老师、柠檬老师

扫码听访谈

荣健

成绩：总分273
财务管理92
经济法87
中级会计实务94
荣登黑龙江银榜、获得对啊奖学金

职业：会计
人生信条：尽人事，听天命
学习班型：中级会计—金牌保障班
授课老师：海伦老师、豆包老师、
小阵老师、柠檬老师

扫码听访谈

温家贺

成绩：总分270
财务管理 93
经济法90
中级会计实务87
获得对啊返学费奖励

职业：全职妈妈
人生信条：踏踏实实认真走好每一步
学习班型：中级会计—金牌保障班
授课老师：海伦老师、豆包老师、
小阵老师、柠檬老师

对啊 **2022** 全国会计专业技术资格考试辅导教材 通关快车 2

中级

金题能力测试

财务管理

中级会计专业技术资格考试教辅编写组 编著

中国出版集团 现代出版社

图书在版编目（CIP）数据

财务管理·金题能力测试/中级会计专业技术资格
考试教辅编写组编著. —— 北京：现代出版社，2020.7
　　ISBN 978－7－5143－8730－8

　　Ⅰ．①财… Ⅱ．①中… Ⅲ．①财务管理—资格考试—
习题集 Ⅳ．① F275－44

中国版本图书馆 CIP 数据核字（2020）第 122966 号

财务管理·金题能力测试

中级会计专业技术资格考试教辅编写组　　编著

责任编辑：田静华
装帧设计：对啊网
出版发行：现代出版社
地　　址：北京市安定门外安华里 504 号
邮政编码：100011
电　　话：（010）64251036
传　　真：（010）64251256
印　　刷：河北赛文印刷有限公司
开　　本：787mm×1092mm　1/16
印　　张：24
字　　数：172 千字
版　　次：2022 年 4 月第 1 版
印　　次：2022 年 4 月第 1 次印刷

书　　号：ISBN 978－7－5143－8730－8
定　　价：68.00 元

前言 PREFACE

　　"在职备考时间紧张，知识点却繁多复杂""看的全没考，考的全没看"……抓不住重点和考点，是很多考生的心病。或许您此刻也正面临这样的问题，教材那么厚，考点那么多，究竟哪些才是重点？又该如何备考？

　　为了解决这一问题，对啊财会研发中心根据考试大纲和历年考试情况精心整理出了高频考点，并配备精选习题，设计、编撰了这本《金题能力测试》。帮助考生用最短的时间，迅速通过考试。

　　在本书中，编者通过设计【应试指导】【历年考情】【高频考点列表】【章逻辑树】【高频考点】【真题实战】【沙场练兵】【思路导航】【敲黑板】等模块，引领考生进行针对性训练，高效刷题、科学备考。

　　【应试指导】及【历年考情】以真题的设题思路和发展轨迹为基础，结合每章的特点，给予考生备考建议，使考生在备考中有的放矢。

　　【高频考点列表】通过分析历年真题命题规律，提炼出高频考题的知识点，提高复习备考的针对性和有效性。

　　【章逻辑树】不仅帮助考生复习整章考点，更带领考生梳理考点之间的知识架构和逻辑，对整个知识体系形成完整的认知，提升对考点的定位和掌握程度。

　　【高频考点】皆是干货，通过对比、总结等方式，对知识进行压缩提炼，并配有两大针对性练习题：【真题实战】直击历年经典考题，揭露考查形式与命题规律；【沙场练兵】对真题进行拓展与延伸，精心编撰模拟试题，进行全方位、多角度强化。更有【思路导航】传授解题技巧、分享记忆诀窍、指出易错易混点，提升考生审题、答题能力。

　　本书倡导高效备考，主要对必考的重点、难点进行巩固练习，让考生能以最短的时间通过考试。最后，愿大家以梦为马，莫负韶华。

对啊财会研发中心

创作团队成员

—— CREATIVE ——

主编老师：王丽娜　　王　银　　裴晓磊

　　　　　张云鹏

校审老师：赵美涛

设计老师：张晓琳　　崔雅雯　　李一禾

策划老师：栾建莛

后勤老师：丁　贵

目录

Contents

Contents

Contents

Contents

Contents

Contents

第一章 总论

🎯 应试指导

本章是考试的非重点章节，内容的理论性较强。考试形式通常是客观题，难度不大。在学习过程中，理解即可，无须刻意记忆。需要重点掌握的是：四种财务管理目标的观点、优缺点；利益相关者的冲突与协调；财务管理体制；经济环境和金融环境。

📈 历年考情

本章近几年考核的内容都比较简单，通常考 2~3 个客观题，一般为 3 分左右。

题型	2021 年（一）		2021 年（二）		2020 年（一）		2020 年（二）		2019 年（一）		2019 年（二）	
	题量	分值	题量	分值	题量	分值	题量	分值	题量	分值	题量	分值
单选	—	—	1	1.5 分	1	1.5 分	1	1.5 分	1	1 分	1	1 分
多选	—	—	2	4 分	—	—	—	—	1	2 分	—	—
判断	1	1 分	1	1 分	—	—	—	—	1	1 分	—	—

✅ 高频考点列表

考点	单选题	多选题	判断题
个人独资企业 VS 合伙企业 VS 公司制企业	2020 年、2017 年	—	2021 年
财务管理目标理论	2019 年、2018 年	2021 年	2021 年、2020 年、2019 年
财务管理目标与利益冲突	2016 年	2021 年	2017 年
财务管理体制的一般模式	2017 年	—	2016 年
财务管理环境	2021 年、2019 年	2018 年	2019 年、2018 年

Scan
下载这个App
别告诉别人!

配套免费
视频 题库 模考 答疑

🌲 章逻辑树

第
一
章
总
论

企业的组织形式（三个）
- 个人独资企业
- 合伙企业
- 公司制企业

财务管理内容（五个）
- 投资管理
- 筹资管理
- 营运资金管理
- 成本管理
- 收入与分配管理

财务管理目标（四个）
- 财务管理目标理论（四种）
  - 利润最大化
  - 股东财富最大化（基础）
  - 企业价值最大化
  - 相关者利益最大化
- 财务管理目标与利益冲突（两种）
  - 委托代理问题利益冲突
  - 企业社会责任与利益冲突

财务管理原则（五个）
- 系统性原则（首要出发点）
- 风险权衡原则
- 现金收支平衡原则
- 成本收益权衡原则
- 利益关系协调原则

财务管理环节（七个）
财务预测、财务决策、财务计划、财务预算、财务控制、财务分析、财务考核

财务管理体制（三个）
- 集权型财务管理体制
- 分权型财务管理体制
- 集权与分权相结合
  - 集权（制度制定权，筹资、融资权，投资权，用资、担保权，固定资产购置权，财务机构设置权，收益分配权）
  - 分权（经营自主权、人员管理权、业务定价权、费用开支审批权）

财务管理环境（四个）
- 技术环境
- 经济环境：经济体制、经济周期、经济发展水平、宏观经济政策、通货膨胀水平
- 金融环境（金融市场的分类）
- 法律环境

高频考点 1　个人独资企业 VS 合伙企业 VS 公司制企业

企业类型	优点	缺点
个人独资企业	①创立容易； ②经营管理灵活自由； ③不需要缴纳企业所得税	①业主对企业债务承担无限责任； ②难以从外部融资； ③企业所有权转移困难； ④企业生命有限，随业主寿命的消亡而消亡
合伙企业	①普通合伙企业：合伙人对合伙企业债务承担无限连带责任； ②有限合伙企业：普通合伙人对合伙企业债务承担无限连带责任，有限合伙人以其认缴的出资额为限承担有限责任	
公司制企业	①容易转让所有权； ②有限债务责任，公司以全部财产承担清偿责任，所有者以出资额为限承担有限债务责任； ③公司制企业可以无限存续； ④融资渠道比较多	①公司组建成本高； ②存在代理问题； ③双重课税：企业所得税和个人所得税

【真题实战·判断题】相对于个人独资与合伙企业，公司制企业受政府监管较为宽松。（　）（2021年）

【解析】公司法对于设立公司的要求比设立独资或合伙企业复杂，并且需要提交一系列法律文件，花费的时间较长。公司成立后，政府对其监管比较严格，需要定期提交各种报告。因此，本题表述错误。

【答案】×

【真题实战·单选题】与个人独资企业相比，下列各项中属于公司制企业特点的是（　）。（2020年）

A. 企业所有者承担无限债务责任

B. 企业可以无限存续

C. 企业融资渠道较少

D. 企业所有权转移困难

【解析】公司制企业的优点包括：容易转让所有权、有限债务责任、可以无限存续、融资渠

道较多。公司制企业的缺点包括：组建公司的成本高、存在代理问题、双重课税。综上，本题应选B。

【答案】B

【真题实战·单选题】与普通合伙制企业相比，下列各项中，属于公司制企业特点的是（　）。（2017年）

A. 设立时股东人数不受限制

B. 有限债务责任

C. 组建成本低

D. 有限存续期

【解析】选项A不属于，公司对设立时的股东人数是有要求的，设立有限责任公司的股东人数可以为1人或50人以下；设立股份有限公司，应当有2人以上200人以下为发起人。选项B属于，选项D不属于，公司制企业的优点就是有限债务责任，且可以无限存续。选项C不属于，公司制企业的其中一个缺点就是组建成本比较

高。综上，本题应选 B。

【答案】B

【沙场练兵·判断题】不论是公司制企业还是合伙企业，股东合伙人都面临双重课税问题，即在缴纳企业所得税后，还要缴纳个人所得税。（ ）

【思路导航】合伙企业只交个税，不交企业所得税。公司制企业双重课税。此题可以与税法的内容结合学习。在学习时注意不同学科之间的联系。

【解析】公司作为独立的法人，其利润需缴纳企业所得税，企业利润分配给股东后，股东还需缴纳个人所得税，所以会面临双重课税问题。合伙企业合伙人不会面临双重课税问题，只需缴纳个人所得税即可。因此，本题表述错误。

【答案】×

【沙场练兵·单选题】与普通合伙制企业相比，下列各项中，属于股份有限公司缺点的是（ ）。

A. 筹资渠道少 B. 承担无限责任
C. 企业组建成本高 D. 所有权转移较困难

【解析】公司制企业的缺点：①组建公司的成本高；②存在代理问题；③双重课税。综上，本题应选 C。

【答案】C

【沙场练兵·多选题】有限责任公司和股份有限公司的区别主要有（ ）。

A. 公司设立时股东人数要求不同
B. 股东的股权表现形式不同
C. 股份转让的限制不同
D. 经营方式不同

【解析】有限责任公司和股份有限公司的区别主要包括：①公司设立时股东人数要求不同：设立有限责任公司可以为 1 人或 50 人以下；设立股份有限公司应有 2 人以上 200 人以下为发起人。②股东的股权表现形式不同；③股份转让的限制不同。综上，本题应选 ABC。

【答案】ABC

高频考点 2 财务管理目标理论

目标	优点	缺点
利润最大化	①有利于企业资源的合理配置；②有利于企业整体经济效益的提高	①没有考虑利润实现时间和资金时间价值；②没有考虑风险问题（暴利高风险）；③没有反映创造的利润与投入资本之间的关系；④可能导致企业短期行为倾向，影响企业长远发展
股东财富最大化（核心）	①考虑了风险因素；②在一定程度上能避免企业短期行为；③对上市公司而言，股东财富最大化目标比较容易量化，便于考核和奖惩	①通常只适用于上市公司，非上市公司难以应用；②股价受众多因素影响，股价不能完全准确反映企业财务管理状况；③强调的更多的是股东利益，而对其他相关者的利益重视不够

（续表）

目标	优点	缺点
企业价值最大化	①考虑了取得收益的时间，并用时间价值的原理进行了计量； ②考虑了风险与收益的关系； ③能克服企业在追求利润上的短期行为； ④用价值代替价格，避免了过多外界市场因素的干扰，有效地规避了企业的短期行为	①过于理论化，不易操作； ②对于非上市公司而言，只有对企业进行专门的评估才能确定其价值，且受评估标准和评估方式的影响，很难做到客观和准确
相关者利益最大化	①有利于企业长期稳定发展； ②体现了合作共赢的价值理念，有利于实现企业经济效益和社会效益的统一； ③目标本身是一个多元化、多层次的目标体系，较好地兼顾了各利益主体的利益； ④体现了前瞻性和现实性的统一	过于理想化，难以操作

【真题实战·多选题】关于企业价值最大化财务管理目标，下列说法正确的有（　　）。（2021年）

A. 以股东财富最大化为基础

B. 有助于克服企业追求利润的短期行为

C. 考虑了收益的时间价值

D. 考虑了风险与收益的关系

【解析】选项A表述正确，其他三个财务管理目标都以股东财富最大化为基础；选项B、C、D表述正确，以企业价值最大化作为财务管理目标优点如下：①考虑了取得收益的时间，并用时间价值的原理进行了计量。②考虑了风险与收益的关系。③将企业长期、稳定的发展和持续的获利能力放在首位，能克服企业在追求利润上的短期行为，因为不仅目前利润会影响企业的价值，预期未来的利润对企业价值增加也会产生重大影响。④用价值代替价格，避免了过多外界市场因素的干扰，有效地规避了企业的短期行为。综上，本题应选ABCD。

【答案】ABCD

【真题实战·判断题】如果公司以股东财富最大化作为财务管理目标，存在利益冲突时，应优先满足股东的利益要求。（　　）（2021年）

【解析】以股东财富最大化为核心和基础，还应该考虑利益相关者的利益。各国公司法都规定，股东权益是剩余权益，只有满足了其他方面的利益之后才会有股东的利益。企业必须缴税、给职工发工资、给顾客提供他们满意的产品和服务，然后才能获得税后收益。可见，其他利益相关者的要求先于股东被满足。因此，本题表述错误。

【答案】×

【真题实战·判断题】与企业价值最大化目标相比，股东财富最大化目标的局限性在于未能克服企业追求利润的短期行为。（　　）（2021年）

【解析】股东财富最大化目标在一定程度上能避免企业短期行为，因为不仅目前的利润会影响股票价格，预期未来的利润同样会对股价产生重要影响。因此，本题表述错误。

【答案】×

【真题实战·判断题】公司以股东财富最大化

作为财务管理目标，意味着公司创造的财富应首先满足股东期望的回报要求，然后再考虑其他利益相关者。（   ）。（2020年）

【解析】 以股东财富最大化为核心和基础，还应该考虑利益相关者的利益。各国公司法都规定，股东权益是剩余权益，只有满足了其他方面的利益之后才会有股东的利益。企业必须缴税、给职工发工资、给顾客提供他们满意的产品和服务，然后才能获得税后收益。可见，其他利益相关者的要求先于股东被满足。因此，本题表述错误。

【答案】 ×

【真题实战·单选题】 若上市公司以股东财富最大化作为财务管理的目标，则衡量股东财富最大化的最直观的指标是（   ）。（2019年）

A.股票价格　　　　B.每股收益

C.净资产收益率　　D.净利润

【解析】 股东财富最大化是指企业财务管理以实现股东财富最大为目标。在上市公司，股东财富是由其所拥有的股票数量和股票市场价格两方面决定的。在股票数量一定时，股票价格达到最高，股东财富也就达到最大。因此衡量股东财富大小最直观的指标是股价。综上，本题应选A。

【答案】 A

【真题实战·判断题】 对于以相关者利益最大化为财务管理目标的公司来说，最为重要的利益相关者应当是公司员工。（   ）（2019年）

【解析】 相关者利益最大化强调股东的首要地位，并强调企业与股东之间的协调关系。因此，本题表述错误。

【答案】 ×

【真题实战·单选题】 下列财务管理目标中，容易导致企业短期行为的是（   ）。（2018年）

A.相关者利益最大化　B.企业价值最大化

C.股东财富最大化　　D.利润最大化

【思路导航】 四种财务管理目标理论是常考知识点。学习时，首先理解其概念，然后掌握其优缺点。考试基本上围绕概念和优缺点来考查。

【解析】 由于利润指标通常按年计算，企业决策也往往会服务于年度指标的完成或实现，所以可能导致企业短期财务决策倾向，影响企业长远发展。综上，本题应选D。

【答案】 D

【真题实战·单选题】 与企业价值最大化财务管理目标相比，股东财富最大化目标的局限性是（   ）。（2018年）

A.对债权人的利益重视不够

B.容易导致企业的短期行为

C.没有考虑风险因素

D.没有考虑货币时间价值

【解析】 股东财富最大化的缺点：①通常只适用于上市公司，非上市公司难以应用；②股价受众多因素影响，股价不能完全准确反映企业财务管理状况；③强调的更多的是股东利益，对其他相关者的利益重视不够。综上，本题应选A。

【答案】 A

【沙场练兵·单选题】 下列有关企业财务管理目标的表述中，错误的是（   ）。

A.企业价值最大化目标弥补了股东财富最大化目标过于强调股东利益的不足

B.相关者利益最大化目标认为应当将除股东之外的其他利益相关者置于首要地位

C.利润最大化目标要求企业提高资源配置效率

D.股东财富最大化目标比较适用于上市公司

【解析】 选项A、C、D表述正确；选项B表述错误，相关者利益最大化目标，强调股东的首要地位，并强调企业与股东之间的协调关系。综上，本题应选B。

【答案】B

【沙场练兵·判断题】企业财务管理的目标理论包括利润最大化、股东财富最大化、企业价值最大化和相关者利益最大化等理论，其中，公司价值最大化、股东财富最大化和相关者利益最大化都是以利润最大化为基础的。（　　）

【解析】利润最大化、企业价值最大化和相关者利益最大化都是以股东财富最大化为基础的。

因为，企业的创立和发展都是以股东投入为基础，离开了股东的投入企业就不复存在了；并且，在企业的日常经营过程中，作为所有者的股东在企业中承担着最大的风险和义务，必然也应当享有最高的收益，即股东财富最大化，否则就会让股东失去动力，也就严重阻碍了市场经济的发展。因此，本题表述错误。

【答案】×

高频考点 3　财务管理目标与利益冲突

相关者	协调方式
股东与管理层（接收机）	①解聘（通过股东约束经营者）； ②接收（通过市场约束经营者）； ③激励（将经营者的报酬与其绩效挂钩），包括股票期权和绩效股
大股东与中小股东	①完善上市公司的治理结构，使股东大会、董事会和监事会三者有效运行、相互制约； ②规范上市公司的信息披露制度，保证信息的完整性、真实性和及时性
股东与债权人	①限制性借债（专款专用）； ②收回借款或停止借款（断尾求生）

【真题实战·多选题】为了缓解公司债权人和所有者之间的利益冲突，债权人可以采取的措施有（　　）。（2021年）

A. 设置借债担保条款　B. 不再给予新的借款
C. 限制支付现金股利　D. 事先规定借债用途

【解析】所有者与债权人的利益冲突，可以通过以下方式解决：①限制性借债。债权人通过事先规定借债用途限制（选项D）、借债担保条款（选项A）和借债信用条件，使所有者不能通过以上两种方式削弱债权人的债权价值。②收回借款或停止借款。当债权人发现企业有侵蚀其债权价值的意图时，采取收回债权或不再给予新的借款的措施（选项B），从而保护自身权益。此外，在长期借款的保护性条款中，

限制支付现金股利（选项C）属于一般性保护条款的内容，也可以视为缓解公司债权人和所有者之间利益冲突的措施。综上，本题应选ABCD。

【答案】ABCD

【真题实战·判断题】公司将已筹集资金投资于高风险项目会给原债权人带来高风险和高收益。（　　）（2017年）

【解析】公司将已筹集资金投资于高风险项目，会增大偿债风险，债权人的负债价值必然会降低，造成债权人风险与收益的不对称。因为高风险的项目一旦成功，额外利润就会被所有者独享；但若失败，债权人却要与所有者共同负担由此造成的损失。因此，本题表述错误。

【答案】×

【真题实战·单选题】某上市公司职业经理人在任职期间不断提高在职消费，损害股东利益。这一现象所揭示的公司制企业的缺点主要是（　　）。（2016年）

A. 产权问题　　　　B. 激励问题

C. 代理问题　　　　D. 责权分配问题

【解析】所有者和经营者分开后，所有者成为委托人，经营者成为代理人，代理人可能为了自身利益而伤害委托人的利益，这是公司制企业的代理问题。题中职业经理人不断提高在职消费，这一现象损害股东利益，正是代理问题具体体现。综上，本题应选C。

【答案】C

【沙场练兵·多选题】公司制企业可能存在经营者和股东之间的利益冲突，解决这一冲突的方式有（　　）。

A. 解聘　　　　　　B. 接收

C. 收回借款　　　　D. 授予股票期权

【思路导航】此题可以采用排除法，选项C是解决所有者和债权人矛盾的方法，其余都是正确选项。另外，我们可以采用老师交给大家的记忆方法来解题，解决经营者和股东之间的冲突记住三个字"接（解聘）收（接收）机（激励）"，这样也可以直接选出答案。

【解析】协调所有者和经营者利益冲突的方式包括：解聘、接收和激励，其中激励分为股票期权和绩效股两种。综上，本题应选ABD。

【答案】ABD

【沙场练兵·单选题】下列各项中，不能协调所有者与债权人之间矛盾的方式是（　　）。

A. 市场对公司强行接收或吞并

B. 债权人通过合同实施限制性借款

C. 债权人停止借款

D. 债权人收回借款

【解析】协调所有者与债权人之间矛盾通常采用的方式有：限制性借债、收回借款或停止借款（选项BCD）；选项A不符合题意，这是协调所有者和经营者之间矛盾的方式（接收）。综上，本题应选A。

【答案】A

【沙场点兵·多选题】下列各项中，属于大股东侵害中小股东利益的形式的有（　　）。

A. 利用关联交易转移上市公司的资产

B. 为大股东委派的高管支付特殊津贴

C. 以上市公司名义进行担保和恶意筹资

D. 非法占有上市公司巨额资金

【解析】大股东侵害中小股东利益的主要形式：①利用关联交易转移上市公司的资产（选项A）；②非法占用上市公司巨额资金，或以上市公司的名义进行担保和恶意筹资（选项C、D）；③通过发布虚假信息进行股价操纵，欺骗中小股东；④为大股东委派的高管支付不合理的报酬及特殊津贴（选项B）；⑤采用不合理的股利政策，掠夺中小股东的既得利益。综上，本题应选ABCD。

【答案】ABCD

高频考点 4　财务管理原则

财务管理原则	具体内容
系统性原则	（1）财务管理是企业管理系统的一个子系统； （2）财务管理本身又由筹资管理、投资管理、营运管理和分配管理等子系统构成； （3）在财务管理中坚持系统性原则，是财务管理工作的**首要出发点**
风险权衡原则	决策者必须对报酬和风险作出权衡，为**追求较高报酬而承担较大的风险**，或者为**减少风险而接受较低的报酬**
现金收支平衡原则	客观上要求在财务管理活动中做到现金收入和现金支出在数量上、时间上达到动态平衡，即现金收支平衡
成本收益权衡原则	在财务管理中，时刻都需要进行**成本与收益的权衡**： （1）在筹资管理中，要进行资金成本和筹资收益的权衡； （2）在长期投资管理中，要进行投资成本和投资收益的权衡； （3）在营运资金管理中，收益难以量化，但应追求成本最低化； （4）在分配管理中，应在追求分配管理成本最小的前提下，妥善处理好各种财务关系
利益关系协调原则	财务管理过程也是一个**协调各种利益关系**的过程。利益关系协调成功与否，直接关系到财务管理目标的实现程度

【沙场点兵·单选题】决策者为追求较高报酬而承担较大的风险，或者为减少风险而接受较低的报酬体现了财务管理原则中的（　　）。
A. 利益关系协调原则　　B. 成本收益权衡原则
C. 系统性原则　　　　　D. 风险权衡原则
【解析】风险权衡原则是指风险和报酬之间存在着一个对应关系，决策者必须对报酬和风险作出权衡，为追求较高报酬而承担较大的风险，或者为减少风险而接受较低的报酬。所谓对应关系是指高收益的投资机会必然伴随着较高的风险，风险小的投资机会必然只有较低的收益。综上，本题应选D。
【答案】D

【沙场点兵·多选题】财务管理原则是企业进行财务管理活动的行为规范和行动指南，下列选项中属于财务管理原则的有（　　）。

A. 系统性原则　　　　　B. 风险权衡原则
C. 现金收支平衡原则　　D. 利益关系协调原则
【解析】财务管理应坚持的原则包括：系统性原则（选项A）、风险权衡原则（选项B）、现金收支平衡原则（选项C）、成本收益权衡原则、利益关系协调原则（选项D）。综上，本题应选ABCD。
【答案】ABCD

【沙场点兵·判断题】在财务管理中坚持风险权衡原则，是财务管理工作的首要出发点。（　　）
【解析】在财务管理中坚持系统性原则（而非风险权衡原则），是财务管理工作的首要出发点。因此，本题表述错误。
【答案】×

第1章

高频考点 5 财务管理体制的一般模式

1.三种财务管理体制的一般模式及优缺点

集权型	优点	①企业内部可充分展现其一体化管理的优势，使决策的统一化、制度化得到有力的保障； ②有利于在整个企业内部优化配置资源； ③有利于实行内部调拨价格； ④有利于内部采取避税措施及防范汇率风险等
	缺点	集权过度会使各所属单位缺乏主动性、积极性，丧失活力，也可能因为决策程序相对复杂而失去适应市场的弹性，丧失市场机会
分权型	优点	①有利于针对本单位存在的问题及时作出有效决策，因地制宜地搞好各项业务； ②有利于分散经营风险，促进所属单位管理人员及财务人员的成长
	缺点	各所属单位大多从本位利益出发安排财务活动，缺乏全局观念和整体意识，从而可能导致资金管理分散、资金成本增大、费用失控、利润分配无序
集权与分权相结合型	制度上	制定统一的内部管理制度，明确财务权限及收益分配方法
	管理上	对部分权限集中管理
	经营上	充分调动各所属单位的生产经营积极性

【真题实战·单选题】集权型财务管理体制可能导致的问题是（　　）。（2017年）

A. 利润分配无序

B. 削弱所属单位主动性

C. 资金成本增大

D. 资金管理分散

【解析】集权型财务管理体制下企业内部的主要管理权限集中于企业总部，各所属单位执行企业总部的各项指令。它的缺点是：集权过度会使各所属单位缺乏主动性、积极性，丧失活力，也可能因为决策程序相对复杂而失去适应市场的弹性，丧失市场机会。选项A、C、D属于分权型管理体制的缺点。综上，本题应选B。

【答案】B

【沙场练兵·单选题】企业在重大问题上实行高度集权，各所属单位执行各项指令，他们只对日常活动具有较大的自主权，这种财务管理体制属于（　　）。

A. 集权型

B. 分权型

C. 集权与分权相结合型

D. 以上都不是

【解析】在集权与分权相结合型财务管理体制下，企业对各所属单位在所有重大问题的决策与处理上实行高度集权，各所属单位则对日常经营活动具有较大的自主权。综上，本题应选C。

【答案】C

【沙场练兵·多选题】分权型财务管理体制的优点包括（　　）。

A. 有利于分散经营风险

B. 有利于及时作出有效决策

C. 有利于实行内部调拨价格

D. 有利于培养企业的整体意识

【思路导航】分权型和集权型财务管理体制的优缺点正好是相对的，前者是重视"部分"，那么就有利于调动个体的积极性；后者强调"整体"，那么就有利于从整体上协调。解题时，

两个可以对比记忆。

【解析】选项 A、B 是分权型财务管理体制的优点；选项 C、D 是集权型财务管理体制的优点。综上，本题应选 AB。

【答案】AB

2. 影响企业财务管理体制集权与分权选择的因素

影响因素	举例
企业生命周期	如在初创期，企业经营风险高，财务管理宜偏集权模式
企业战略	比如实施纵向一体化战略的企业，要求各所属单位保持密切的业务联系，采用相对集中的财务管理体制
企业所处市场环境	如果企业面临的市场环境是稳定的，则可以把财务管理权较多地集中
企业规模	一般而言，企业规模小，财务管理工作量小，适合集中的财务管理体制
企业管理层素质	财务管理人员的管理层素质高，能力强，可以采用相对集中的财务管理体制
信息网络系统	如果企业内部有一个及时并准确传递信息的网络系统，可以采取集权型的财务管理体制

【真题实战·判断题】企业集团内部各所属单位之间业务联系越紧密，就越有必要采用相对集中的财务管理体制。（   ）（2016 年）

【解析】如果集团内部各所属单位之间业务联系不紧密，则采用分权型的财务管理体制；反之，业务联系越紧密，就越有必要采用相对集中的财务管理体制。因此，本题表述正确。

【答案】√

【沙场练兵·单选题】当企业的高层素质较高且企业自身拥有良好的传递信息的网络系统时，其更适合采用（   ）财务管理体制。

A. 集权型

B. 分权型

C. 集权与分权相结合型

D. 以上都对

【解析】企业若采用集权型的财务管理体制，除了企业的高层必须具备较高的素质能力外，在企业内部还必须有一个能及时、准确传递信息的网络系统，题干中的企业恰好符合这两点。综上，本题应选 A。

【答案】A

【沙场练兵·多选题】在集权还是分权的选择上，企业应该考虑的影响因素有（   ）。

A. 企业生命周期   B. 企业战略

C. 企业规模   D. 企业管理层素质

【解析】影响企业财务管理体制集权与分权选择的因素有：企业生命周期、企业战略、企业所处市场环境、企业规模、企业管理层素质及信息网络系统等。综上，本题应选 ABCD。

【答案】ABCD

3. 集权与分权相结合型财务管理体制的实践

集中的权力	分散的权力
制度制定权；筹资、融资权；投资权；用资、担保权；固定资产购置权；财务机构设置权；收益分配权	经营自主权；人员管理权；业务定价权；费用开支审批权 【记忆狂】自（己）人（决）定（开）支

【沙场练兵·单选题】某集团公司采用集权与分权相结合的财务管理体制，下列各项中，集团总部应当分权给子公司的是（　　）。

A. 融资权　　　　　B. 收益分配权

C. 投资权　　　　　D. 日常费用开支审批权

【思路导航】集权的内容比较多不好记，所以我们牢记分权的4个内容，做题时采用排除法即可。大家可以根据老师总结的记忆口诀"自、人、定、支"来进行排除。

【解析】选项A、B、C，应当集权管理；选项D，

可以分权管理。综上，本题应选D。

【答案】D

【沙场练兵·多选题】企业采取集权与分权相结合型财务管理体制时，通常实施集中的权力有（　　）。

A. 筹资、融资权　　　B. 业务定价权

C. 人员管理权　　　　D. 固定资产购置权

【解析】选项A、D应集权管理；选项B、C分权管理。综上，本题应选AD。

【答案】AD

高频考点 6 财务管理环境

（一）经济环境

1. 通货膨胀应对策略

通货膨胀初期	通货膨胀持续期
①进行投资可以避免风险，实现资本保值； ②与客户签订长期购货合同，以减少物价上涨造成的损失； ③取得长期负债，保持资本成本的稳定	①企业可以采用比较严格的信用条件，减少企业债权； ②调整财务政策，防止和减少企业资本流失等

【真题实战·判断题】不考虑其他因素的影响，通货膨胀一般导致市场利率下降，从而降低了企业的筹资难度。（　　）（2019年）

【解析】这里所说的市场利率是指名义利率，名义利率=（1＋实际利率）×（1＋通货膨胀率）－1，所以当通货膨胀率上升时，名义利率上升，而名义利率一般作为投资的折现率，折现率越大则证券价值越小，则投资者就会抛

售手中证券，从而增加企业筹资难度。因此，本题表述错误。

【答案】×

【沙场练兵·单选题】下列各项措施中，不利于企业应对通货膨胀的是（　　）。

A. 发行固定利率债券

B. 以固定租金融资租入设备

C. 签订固定价格长期购货合同

D. 签订固定价格长期销货合同

【解析】选项 A 不符合题意，发行固定利率债券，可以保持资本成本的稳定，有助于企业应对通货膨胀风险；选项 B 不符合题意，以固定租金融资租入设备，也可以保持资本成本的稳定，并应对通货膨胀；选项 C 不符合题意，与客户签订长期购货合同，减少物价上涨造成的损失，有助于应对通货膨胀风险；选项 D 符合题意，签订固定价格的长期销货合同，会损失在通货膨胀时期因物价上涨带来的收益，所以不利于应对通货膨胀。综上，本题应选 D。

【答案】D

【沙场练兵·判断题】为了防范通货膨胀风险，公司应当签订固定价格长期销售合同。（　　）

【解析】在通货膨胀时期，签订长期购货合同，可以减少物价上涨造成的损失。但是，站在销售方角度，签订固定价格长期销售合同，会损失在通货膨胀时期因物价上涨带来的收益，增加了企业资本的流失，损失物价上涨带来的收益。因此，本题表述错误。

【答案】×

【沙场练兵·多选题】下列关于通货膨胀对企业财务活动影响的表述中，正确的有（　　）。

A. 资金占用的大量增加

B. 有价证券价格上升

C. 资金供应紧张

D. 利润虚增，造成企业资金流失

【解析】通货膨胀对企业财务活动的影响：①引起资金占用的大量增加，从而增加企业的资金需求（选项 A）；②引起资金供应紧张，增加企业的筹资困难（选项 C）；③引起有价证券价格下降，增加企业的筹资难度；④引起企业利润虚增，造成企业资金由于利润分配而流失（选项 D）；⑤引起利率上升，加大企业的筹资成本。选项 B 表述错误，在通货膨胀阶段，国家控制通货膨胀必然会提高银行利率，由于利率与证券收益率同方向变化，与证券折现价值反方向变化，自然导致有价证券价格下降。综上，本题应选 ACD。

【答案】ACD

2. 经济周期中不同阶段的财务管理策略

复苏	繁荣	衰退	萧条
①增加厂房设备 ②实行长期租赁 ③建立存货储备 ④开发新产品 ⑤增加劳动力	①扩充厂房设备 ②继续建立存货 ③提高产品价格 ④开展营销规划 ⑤增加劳动力	①停止扩张 ②出售多余设备 ③停产不利产品 ④停止长期采购 ⑤削减存货 ⑥停止扩招雇员	①建立投资标准 ②保持市场份额 ③压缩管理费用 ④放弃次要利益 ⑤削减存货 ⑥裁减雇员

‖敲黑板‖ 在复苏、繁荣时期，整个经济形势一片大好，此时财务策略也是扩张性的，体现在增加厂房、设备、人员、存货等；在衰退、萧条时期，整个经济形势不好，此时财务策略就呈现收缩状态，比如削减厂房、设备、人员、存货等。

【沙场练兵·判断题】在经济衰退初期，公司一般应当出售多余设备，停止长期采购。（ ）

【解析】在经济衰退期，财务战略一般为停止扩张、出售多余设备、削减存货、停止长期采购、停产不利产品、停止扩招员工。因此，本题表述正确。

【答案】√

【沙场练兵·多选题】在不同的经济周期，企业应相应采用不同的财务管理战略。企业根据目前所处的经济周期特点，采取了以下财务管理策略，增加劳动力、建立存货储备，请据此判断该企业当前所处的经济周期可能为（ ）。

A. 衰退阶段　　　　B. 复苏阶段

C. 萧条阶段　　　　D. 繁荣阶段

【解析】选项B、D符合题意，复苏和繁荣两个阶段都采取增加劳动力、建立存货储备和增加厂房设备的措施；选项A、C不符合题意，衰退阶段要求停止扩张、削减存货和停止扩招雇员，而萧条阶段则要求削减存货和裁减雇员等。综上，本题应选BD。

【答案】BD

（二）金融环境

1. 金融市场的分类

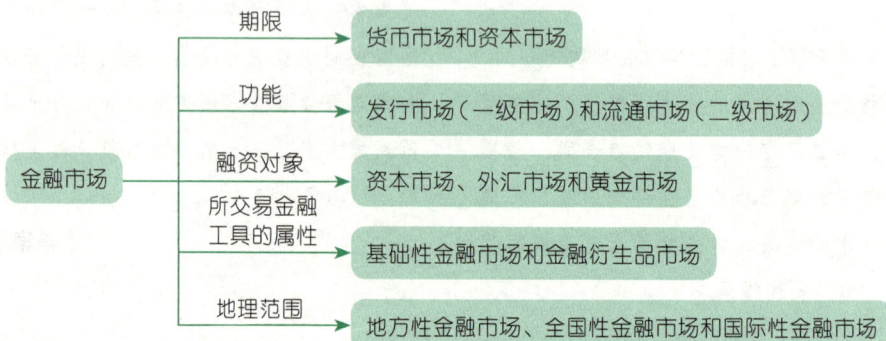

金融市场
- 期限 → 货币市场和资本市场
- 功能 → 发行市场（一级市场）和流通市场（二级市场）
- 融资对象 → 资本市场、外汇市场和黄金市场
- 所交易金融工具的属性 → 基础性金融市场和金融衍生品市场
- 地理范围 → 地方性金融市场、全国性金融市场和国际性金融市场

2. 货币市场 VS 资本市场

项目	货币市场	资本市场
特点	①期限短（最长不超过1年）； ②交易目的是解决短期资金周转； ③较强的"货币性"，流动性强、价格平稳、风险较小等	①融资期限长（1年以上，最长可达10年甚至10年以上）； ②融资目的是解决长期投资性资本的需要； ③资本借贷量大； ④收益较高但风险也较大
类型	拆借市场、票据市场、大额定期存单市场、短期债券市场等	债券市场、股票市场、期货市场和融资租赁市场等

【敲黑板】期货市场具有规避风险、发现价格、风险投资的功能，主要包括商品期货市场和金融期货市场。商品期货是期货交易的起源种类。金融期货主要包括外汇期货、利率期货和股指期货。

【真题实战·单选题】下列各项中，属于资本市场的是（　　）。（2021年）

A. 股票市场　　　　B. 同业拆借市场

C. 票据市场　　　　D. 大额定期存单市场

【解析】资本市场又称长期金融市场，是指以期限在1年以上的金融工具为媒介，进行长期资金交易活动的市场，包括股票市场（选项A）、债券市场、期货市场和融资租赁市场等。选项B、C、D属于货币市场。综上，本题应选A。

【答案】A

【真题实战·单选题】相对于资本市场而言，下列属于货币市场特点的是（　　）。（2019年）

A. 流动性强　　　　B. 期限长

C. 收益高　　　　　D. 风险大

【解析】货币市场的主要功能是调节短期资金融通。其主要特点是：①期限短；②交易目的是解决短期资金周转；③货币市场上的金融工具有较强的"货币性"，具有流动性强、价格平稳、风险较小等特性。选项B、C、D是资本市场的主要特点。综上，本题应选A。

【答案】A

【真题实战·多选题】与货币市场相比，资本市场的特点有（　　）。（2018年）

A. 投资收益较高　　B. 融资期限较长

C. 投资风险较大　　D. 价格波动较小

【解析】选项A、B、C正确，资本市场融资期限长，至少1年以上，最长可达10年甚至更长时间；融资目的是解决长期投资性资本的需要；资本借贷量大；收益较高但风险也较大。选项D错误，是货币性市场的特征。综上，本题应选ABC。

【答案】ABC

【真题实战·判断题】金融市场可以划分为货币市场和资本市场，股票市场属于资本市场。

（　　）（2018年）

【解析】金融市场以期限为标准，可以分为货币市场和资本市场。资本市场又称长期金融市场，是指以期限在1年以上的金融工具为媒介，进行长期资金交易活动的市场，包括股票市场、债券市场、期货市场和融资租赁市场等。因此，本题表述正确。

【答案】√

【沙场练兵·多选题】下列金融市场类型中，能够为企业提供中长期资金来源的有（　　）。

A. 拆借市场　　　　B. 股票市场

C. 融资租赁市场　　D. 票据贴现市场

【解析】资本市场又称长期金融市场，是指以期限在1年以上的金融工具为媒介，进行长期资金交易活动的市场，包括股票市场、债券市场、期货市场和融资租赁市场等。综上，本题应选BC。

【答案】BC

【沙场练兵·多选题】与资本性金融工具相比，下列各项中，属于货币性金融工具特点的有（　　）。

A. 期限较长　　　　B. 流动性强

C. 风险较小　　　　D. 价格平稳

【解析】选项B、C、D属于货币市场上交易的金融工具的特点；选项A属于资本市场上交易的金融工具的特点。综上，本题应选BCD。

【答案】BCD

【沙场练兵·判断题】以融资对象为划分标准，可将金融市场分为资本市场和货币市场。

（　　）

【思路导航】对于金融市场的各种分类，大家一定要熟记于心，很可能以客观题形式考查。

【解析】以融资对象为划分标准，可将金融市场分为资本市场、外汇市场和黄金市场；以期限为划分标准，可将金融市场划分为货币市场和资本市场。因此，本题表述错误。

【答案】×

🔺 强化练习

一、单项选择题

1. 按照企业所经营的事业，包括按产品、按地区、按顾客（市场）等来划分部门，设立若干事业部，事业部不能够独立对外从事生产经营活动，这种组织结构是（　　）。

    A.U 型组织　　　　　　B.H 型组织　　　　　　C.M 型组织　　　　　　D.V 型组织

2. 甲、乙两个企业都投资 5 000 万元，本年获利均为 300 万元，但甲企业的获利已全部转化为现金，而乙企业则全部是应收账款，财务人员在分析时认为这两个企业都获利 300 万元，经营效果相同，得出这种结论（　　）。

    A. 没有考虑利润的取得时间

    B. 没有考虑所获利润与企业规模大小的关系

    C. 没有考虑利润的获得和所承担风险大小的关系

    D. 没有考虑所获利润和投入的关系

3. 下列因素中，会使企业考虑采用集权型财务管理体制的是（　　）。

    A. 企业的财务活动面临多变的市场环境，各所属单位距离分散，所处行业不同

    B. 企业内部各所属单位之间的业务联系不是很密切

    C. 财务资源的利用效率的提高对实现企业财务管理目标有重要影响

    D. 财务决策效率的提高对实现企业财务管理目标有重要影响

4. 相对于利润最大化而言，企业价值最大化目标的不足之处是（　　）。

    A. 没有考虑资金的时间价值　　　　　　B. 没有考虑投资的风险价值

    C. 不能反映企业潜在的获利能力　　　　D. 不能直接反映企业当前的获利能力

5. 将金融市场分为发行市场和流通市场是以（　　）所进行的分类。

    A. 期限为标准　　　　　　　　　　　　B. 功能为标准

    C. 融资对象为标准　　　　　　　　　　D. 所交易金融工具的属性为标准

6. 按照财务战略目标的总体要求，利用专门方法对各种备选方案进行比较和分析，从中选出最佳方案的是（　　）。

    A. 财务决策　　　　　B. 财务控制　　　　　C. 财务分析　　　　　D. 财务计划

7. 下列属于通过采取激励方式协调股东与管理层利益冲突的方法是（　　）。

    A. 解聘　　　　　　　B. 股票期权　　　　　C. 接收　　　　　　　D. 限制性借债

8. 下列各项属于衍生金融工具的是（　　）。

    A. 股票　　　　　　　B. 债券　　　　　　　C. 票据　　　　　　　D. 期权合同

9. 下列关于货币市场和资本市场的相关说法中，不正确的是（　　）。

    A. 货币市场的主要功能是调节短期资金融通

B. 资本市场的主要功能是实现长期资本融通

C. 货币市场上交易的金融工具有较强的"货币性"

D. 资本市场中资本借贷量小，收益较小

10. 企业与外部发生经济关系时应遵守的有关法律、法规和规章制度是指（ 　　 ）。

A. 经济环境　　　　　B. 技术环境　　　　　C. 金融环境　　　　　D. 法律环境

二、多项选择题

1. 下列关于利润最大化财务管理目标的缺陷，表述正确的有（ 　　 ）。

A. 考虑了利润实现时间和资金时间价值

B. 没有考虑风险问题

C. 没有反映创造的利润与投入资本之间的关系

D. 可能导致企业短期行为倾向，影响企业长远发展

2. 下列属于影响财务管理的经济环境因素有（ 　　 ）。

A. 经济发展处于繁荣时期　　　　　　　　B. 经济发展速度很快

C. 国家修改了税法　　　　　　　　　　　D. 国家进行了投资体制改革

3. 金融市场的作用包括（ 　　 ）。

A. 为企业融资和投资提供场所　　　　　　B. 帮助企业通过金融市场获利

C. 提高资本转移效率　　　　　　　　　　D. 帮助企业实现长短期资金转换

4. 为了减轻通货膨胀对企业造成的不利影响，企业应当采取措施予以防范。下列说法中，正确的有（ 　　 ）。

A. 在通货膨胀初期进行投资实现资本保值

B. 在通货膨胀初期与客户签订长期销货合同

C. 在通货膨胀持续期采用比较严格的信用条件

D. 在通货膨胀持续期尽量减少债权

5. 在经济衰退期，企业应采取的财务管理战略包括（ 　　 ）。

A. 提高产品价格　　　B. 出售多余设备　　　C. 停产不利产品　　　D. 削减存货

6. 以融资对象为标准可将金融市场划分为（ 　　 ）。

A. 资本市场　　　　　B. 外汇市场　　　　　C. 黄金市场　　　　　D. 流通市场

7. 法律既约束企业的非法经济行为，也为企业从事各种合法经济活动提供保护，法律环境对企业的影响范围包括（ 　　 ）。

A. 企业组织形式　　　B. 收益分配　　　　　C. 投融资活动　　　　D. 日常经营

8. 企业采取集权与分权相结合型财务管理体制时，总结中国企业的实践，通常实施分散的权力有（ 　　 ）。

A. 费用开支审批权　　B. 业务定价权　　　　C. 财务机构设置权　　D. 人员管理权

9. 甲企业采用分权型财务管理体制，可能导致的问题有（ 　　 ）。

A. 费用失控　　　　　B. 资金管理分散　　　C. 资金成本增大　　　D. 利润分配无序

10. 股东和经营者的主要利益冲突表现为（　　　）。

    A. 经营者希望在创造财富的同时，能够获取更多的报酬

    B. 经营者希望在创造财富的同时，能够获取更多的享受

    C. 经营者希望在创造财富的同时，避免各种风险

    D. 股东希望以较小的代价（支付较少的酬劳）实现更多的财富

三、判断题

1. 财务决策的方法主要有两类，一类是经验判断法，另一类是定量分析方法。（　　　）

2. 集权与分权相结合型财务管理体制吸收了集权型和分权型财务管理体制各自的优点，避免了二者各自的缺点，从而具有较大的优越性。（　　　）

3. 市场经济条件下，经济的发展与运行带有一定的波动性，大体上要经历复苏、繁荣、衰退和萧条几个阶段的循环，这种循环就叫作经济周期。（　　　）

4. 货币市场的特点是收益较高但风险也较大。（　　　）

5. 由于控股公司组织（H 型组织）的母、子公司均为独立的法人，是典型的分权组织，因而不能进行集权管理。（　　　）

答案与解析

一、单项选择题

1. 【解析】选项 A 不符合题意，U 型组织以职能化管理为核心，最典型的特征是在管理分工下实行集权控制，没有中间管理层，依靠总部的采购、营销、财务等职能部门直接控制各业务单元，子公司的自主权较小。即 U 型组织企业的最高决策层直接从事各所属单位的日常管理。选项 B 不符合题意，H 型组织是集团总部下设若干子公司，每家子公司拥有独立的法人地位和比较完整的职能部门。它的典型特征是过度分权。选项 C 符合题意，M 型组织按照企业所经营的事业，包括按产品、按地区、按顾客（市场）等来划分部门，设立若干事业部。事业部是总部设置的中间管理组织，不是独立法人，不能够独立对外从事生产经营活动。M 型组织比 H 型组织集权程度更高。选项 D 不符合题意，不存在这种组织形式。综上，本题应选 C。

    【答案】C

2. 【解析】选项 C 正确，甲企业的获利已经全部转化为现金，而乙企业全部为应收账款，二者的利润风险不同；选项 A 不正确，未给定二者利润具体取得时间，故不能以此判定；选项 B 不正确，题目中并未明确指出二者规模大小是否一致，故不能以此判断；选项 D 不正确，二者投资均为 5 000 万元，获利均为 300 万元。综上，本题应选 C。

    【答案】C

3. 【解析】选项 A 不符合题意，企业财务管理环境总是在特定环境下进行的，如果企业的财务活

动面临多变的市场环境，各所属单位距离分散，所处行业不同，就很难实行集权的财务管理体制；选项 B 不符合题意，各所属单位之间的业务联系越紧密，就越有必要采用相对集中的财务管理体制，反之则相反；选项 C 符合题意，财务资源的利用效率的提高对实现企业财务管理目标有重要影响，就应实行集权型财务管理体制；选项 D 不符合题意，财务决策效率的提高对实现企业财务管理目标有重要影响，就应实行分权型财务管理体制。综上，本题应选 C。

【答案】C

4.【解析】对于上市公司，虽可通过股票价格变动揭示企业价值，但股价是受多种因素影响的，特别是在即期市场上的股价不一定能够揭示企业的获利能力。综上，本题应选 D。

【答案】D

5.【解析】选项 A 不正确，以期限为标准金融市场分为货币市场和资本市场；选项 C 不正确，以融资对象为标准金融市场分为资本市场、外汇市场和黄金市场；选项 D 不正确，以所交易金融工具的属性为标准金融市场分为基础性金融市场和金融衍生品市场。综上，本题应选 B。

【答案】B

6.【解析】财务决策指按照财务战略目标的总体要求，利用专门的方法对各种备选方案进行比较和分析，从中选出最佳方案的过程。综上，本题应选 A。

【答案】A

7.【解析】激励是将经营者的报酬与其绩效直接挂钩，以使经营者自觉采取能提高所有者财富的措施。激励有两种基本方式，一是股票期权；二是绩效股。选项 A、C 不属于，解聘和接收不是以激励的方式协调股东与管理层利益冲突的方式；选项 D 不属于，限制性借债是协调所有者和债权人利益冲突的方式。综上，本题应选 B。

【敲黑板】看清题目要求，本题前提是协调所有者和经营者冲突的方法有三种：解聘、接收和激励。并且题目还要求的是激励的方式，所以要求我们一定要看清题目要求，不要选错。

【答案】B

8.【解析】衍生金融工具包括远期合同、期货合同、互换合同和期权合同等。选项 A、B、C 不属于，股票、债券、票据为基本金融工具。综上，本题应选 D。

【答案】D

9.【解析】选项 A、B、C 说法正确，选项 D 说法错误。资本市场的主要功能是实现长期资本融通。其主要特点是：①融资期限长。至少 1 年以上，最长可达 10 年甚至 10 年以上；②融资目的是解决长期投资性资本的需要，用于补充长期资本，扩大生产能力；③资本借贷量大；④收益较高但风险也较大。综上，本题应选 D。

【答案】D

10.【解析】选项 D 符合题意，法律环境是指企业与外部发生经济关系时应遵守的有关法律、法规和规章制度，主要包括公司法、证券法、民法典、税法、企业财务通则、内部控制基本规范、管理会计指引等。综上，本题应选 D。

【答案】D

二、多项选择题

1. 【解析】以利润最大化作为财务管理目标存在以下缺陷：①没有考虑利润实现时间和资金时间价值（选项 A 错误）；②没有考虑风险问题（选项 B 正确）；③没有反映创造的利润与投入资本之间的关系（选项 C 正确）；④可能导致企业短期行为倾向，影响企业长远发展（选项 D 正确）。综上，本题应选 BCD。

   【答案】BCD

2. 【解析】经济环境因素主要包括经济体制、经济周期、经济发展水平、宏观经济政策和通货膨胀水平等。选项 A 是经济环境中的经济周期；选项 B 是经济环境中的经济发展水平；选项 D 是经济环境中的经济政策；选项 C 是法律环境。综上，本题应选 ABD。

   【答案】ABD

3. 【解析】金融市场的作用包括为企业融资和投资提供场所，帮助企业实现长短期资金转换、引导资本流动、提高资金转移效率。综上，本题应选 ACD。

   【答案】ACD

4. 【解析】选项 A 正确，在通货膨胀初期，货币面临着贬值的风险，这时企业进行投资可以避免风险，实现资本保值；选项 B 错误，与客户应签订长期购货合同，才会减少物价上涨造成的损失；选项 C、D 正确，在通货膨胀持续期，企业可以采用比较严格的信用条件，减少企业债权。综上，本题应选 ACD。

   【答案】ACD

5. 【解析】在经济衰退期，企业应采取的财务管理战略包括停止扩张、出售多余设备、停产不利产品、停止长期采购、削减存货、停止扩招雇员。提高产品价格是繁荣时期应采取的财务管理战略。综上，本题应选 BCD。

   【答案】BCD

6. 【解析】选项 A、B、C 符合题意，金融市场按照融资对象为标准，可划分为资本市场、外汇市场和黄金市场。选项 D 不符合题意，按照功能划分可以分为流通市场和发行市场。综上，本题应选 ABC。

   【答案】ABC

7. 【解析】法律环境对企业的影响范围包括：企业组织形式、公司治理结构、投融资活动、日常经营、收益分配等。综上，本题应选 ABCD。

   【答案】ABCD

8. 【解析】集权与分权相结合型财务管理体制的核心内容是企业总部应做到制度统一、资金集中、信息集成和人员委派。具体应集中制度制定权，筹资、融资权，投资权，用资、担保权，固定资产购置权，财务机构设置权，收益分配权；分散经营自主权、人员管理权、业务定价权、费用开支审批权。选项 C 不符合题意，财务机构设置权应当集权。综上，本题应选 ABD。

   【敲黑板】分散的权力有：自（己）人（决）定（开）支。

   【答案】ABD

9.【解析】分权型财务管理体制的缺点是：各所属单位大多从本单位利益出发安排财务活动，缺乏全局观念和整体意识，从而可能导致资金管理分散、资金成本增大、费用失控、利润分配无序。综上，本题应选 ABCD。

【答案】ABCD

10.【解析】股东与经营者的主要利益冲突是经营者希望在创造财富的同时，能够获取更多的报酬、更多的享受，并避免各种风险；而股东希望以较小的代价（支付较少的酬劳）实现更多的财富。综上，本题应选 ABCD。

【答案】ABCD

三、判断题

1.【解析】财务决策的方法主要有两类，一类是经验判断法，是根据决策者的经验来判断选择，常用的方法有淘汰法、排队法、归类法等；另一类是定量分析方法，常用的方法有优选对比、数学微分法、线性规划法、概率决策法等。因此，本题表述正确。

【答案】√

2.【解析】集权与分权相结合型财务管理体制吸收了集权型和分权型财务管理体制各自的优点，避免了二者各自的缺点，从而具有较大的优越性。这种体制在重大问题的决策与处理上实行高度集权，对各所属单位的日常经营活动具有较大自主权。因此，本题表述正确。

【答案】√

3.【解析】市场经济条件下，经济的发展与运行带有一定的波动性，大体上要经历复苏、繁荣、衰退和萧条几个阶段的循环，这种循环就叫作经济周期。因此，本题表述正确。

【答案】√

4.【解析】货币市场的特点：①期限短；②交易目的是解决短期资金周转；③货币市场上的金融工具有较强的"货币性"，即流动性强、价格平稳、风险较小等特性。资本市场才具备收益较高但风险较大的特点。因此，本题表述错误。

【敲黑板】资本市场的特点：①融资期限长；②融资目的是解决长期投资性资本的需要，用于补充长期资本，扩大生产能力；③资本借贷量大；④收益较高但风险较大。

【答案】×

5.【解析】随着企业管理实践的深入，H 型组织的财务管理体制也在不断演化。总部作为子公司的出资人对子公司的重大事项拥有最后的决定权，因此，也就拥有了对子公司"集权"的法律基础。现代意义上的 H 型组织既可以分权管理，也可以集权管理。因此，本题表述错误。

【敲黑板】H 型组织即控股公司体制，集团总部下设若干子公司，每家子公司拥有独立的法人地位和比较完整的职能部门。

【答案】×

第二章 财务管理基础

应试指导

　　本章是重要的基础性章节，是学习后续章节的理论基础，需理解掌握。第一节为货币的时间价值，公式较多，但是不必死记硬背，从原理上把握并学会运用即可。第二节要重点掌握风险衡量指标的应用和资本资产定价模型。第三节属于文字性的知识点，较为简单，理解即可，不需死记硬背。

历年考情

　　本章近几年的分值在 11 分左右，各种题型均可考查，主要以客观题为主。

题型	2021 年（一）		2021 年（二）		2020 年（一）		2020 年（二）		2019 年（一）		2019 年（二）	
	题量	分值	题量	分值	题量	分值	题量	分值	题量	分值	题量	分值
单选	2	3分	2	3分	4	6分	4	6分	3	3分	3	3分
多选	1	2分	1	2分	2	4分	1	2分	2	4分	—	—
判断	1	1分	1	1分	3	3分	2	2分	1	1分	1	1分
计算	1	2分	1	5分	1	3分	—	—	1	5分	—	—
综合	—	—	—	—	—	—	1	3分	—	—	—	—

高频考点列表

考点	单选题	多选题	判断题	计算题	综合题
终值和现值的计算	2021 年、2020 年、2019 年	2020 年	2020 年	2018 年	—
利率的计算	2020 年、2019 年	—	2020 年	—	—
资产的收益与风险	2020 年、2019 年、2018 年	2021 年	2020 年、2018 年	—	—
证券资产组合的收益与风险	2018 年	2021 年	2021 年、2020 年、2019 年	2021 年	—

考点	单选题	多选题	判断题	计算题	综合题
非系统性风险和系统性风险	2019 年	2020年、2018 年	2018 年	—	—
资本资产定价模型	2020 年、2019 年	2018 年	2021 年、2020 年	2021 年、2020 年、2019 年	—
成本按性态分类	2021 年、2019 年	2019年、2018 年	2018 年	—	2020 年

🌲 章逻辑树

含义：无风险无通胀情况下，货币经历一定时间的投资和再投资所增加的价值

货币时间价值
- 终值和现值的计算
  - 复利终值和现值 • （互为逆运算）
  - 年金终值和现值
    - 年金终值
      - 普通年金终值 • （与年偿债基金互为逆运算）
      - 预付年金终值
    - 年金现值
      - 普通年金现值 • （与年资本回收额互为逆运算）
      - 预付年金现值
      - 递延年金现值
      - 永续年金现值
    - 年偿债基金
    - 年资本回收额
  - 利率的计算
    - 插值法
    - 名义利率与实际利率

第二章 财务管理基础

收益与风险
- 资产收益与收益率
  - 资产的收益额 = 利息、红利或股息收益 + 资本利得
  - 资产的收益率
    - 资产的收益率 = 利息（股息）收益率 + 资本利得收益率
    - 类型
      - 实际收益率
      - 预期收益率（期望收益率）
      - 必要收益率
- 资产的风险及其衡量
  - 风险衡量
    - 概率
    - 期望值
    - 离散程度 • （方差、标准差、标准差率）
  - 风险矩阵
- 风险管理
  - 风险管理原则 • （战略性原则、全员性原则、专业性原则、二重性原则、系统性原则）
  - 风险管理对策 • （风险规避、风险承担、风险转移、风险转换、风险对冲、风险补偿、风险控制）
- 证券资产组合的收益与风险
  - 证券资产组合的预期收益率 • （各种资产收益率的加权平均数）
  - 证券资产组合的风险及其衡量
    - 证券资产组合的风险分散功能
    - 非系统性风险
    - 系统性风险及其衡量（β系数）
- 资本资产定价模型
  - 必要收益率 = 无风险收益率 + 风险收益率
  - 资本资产定价模型的有效性和局限性

成本性态分析
- 固定成本 • （约束性固定成本、酌量性固定成本）
- 变动成本 • （技术性变动成本、酌量性变动成本）
- 混合成本
  - 分类 • （半变动成本、半固定成本、延期变动成本、曲线变动成本）
  - 分解方法 • （高低点法、回归直线法、账户分析法、工业工程法、合同确认法）
- 总成本模型

高频考点 1 终值和现值的计算

1. 复利终值和现值

项目	计算公式	相互关系
复利终值	$F = P(1+i)^n = P \times (F/P, i, n)$	①复利终值和复利现值互为逆运算;
复利现值	$P = F/(1+i)^n = F \times (P/F, i, n)$	②复利终值系数 $(1+i)^n$ 和复利现值系数 $1/(1+i)^n$ 互为倒数

2. 年金终值与年金现值的计算

项目	终值	现值
普通年金	$F = A \times (F/A, i, n)$	$P = A \times (P/A, i, n)$
预付年金	$F = A \times (F/A, i, n) \times (1+i)$ $= A \times [(F/A, i, n+1) - 1]$	$P = A \times (P/A, i, n) \times (1+i)$ $= A \times [(P/A, i, n-1) + 1]$
递延年金	$F = A \times (F/A, i, n)$	$P = A \times (P/A, i, n) \times (P/F, i, m)$ $= A \times [(P/A, i, m+n) - (P/A, i, m)]$ $= A \times (F/A, i, n) \times (P/F, i, m+n)$ 其中: m 为递延期, n 为连续收支期
永续年金	$F = \infty$	$P = A/i$

3. 货币时间价值系数相互之间的关系

转化方式	具体内容
互为倒数（4 对儿）	①单利终值系数与单利现值系数; ②复利终值系数与复利现值系数; ③普通年金终值系数与年偿债基金系数; ④普通年金现值系数与年资本回收系数
期数、系数变化（预付与普通）	①预付年金终值系数 = 普通年金终值系数 $\times (1+i)$ = 期数 + 1, 系数 – 1 的普通年金终值系数 ②预付年金现值系数 = 普通年金现值系数 $\times (1+i)$ = 期数 – 1, 系数 + 1 的普通年金现值系数
其他	普通年金终值系数 =（复利终值系数 – 1）/i 普通年金现值系数 =（1 – 复利现值系数）/i

【真题实战·单选题】某工程项目现需要投入 3 亿元, 如果延迟一年建设, 投入将增加 10%, 假设年利率为 5%, 则项目延迟造成的投入现值的增加额为（　　）。（2021 年）

A. 0.14 亿元　　　　B. 0.17 亿元

C. 0.3 亿元　　　　 D. 0.47 亿元

【解析】如果延迟一年建设则需要投入额 = 3 ×（1 + 10%）= 3.3（亿元）, 其现值 = 3.3 ÷（1 +

5%）＝3.14（亿元），因此，项目延迟造成的投入现值的增加额＝3.14－3＝0.14（亿元）。综上，本题应选A。

【答案】A

【真题实战·单选题】某公司预存一笔资金，年利率为i，从第六年开始连续10年可在每年年初支取现金200万元，则预存金额的计算正确的是（　　）。（2021年）

A．200×（P/A，i，10）×（P/F，i，5）

B．200×（P/A，i，10）×[（P/F，i，4）＋1]

C．200×（P/A，i，10）×（P/F，i，4）

D．200×（P/A，i，10）×[（P/F，i，5）－1]

【思路导航】考试时遇到递延年金计算问题不要慌，做题的关键在于理清递延期与连续收支期的期数，灵活选用公式。此外还要警惕"年初支付"的陷阱，需要将其转换为常规形式的递延年金。

【解析】从第六年年初支取200万元，可以看作第五年年末每年年末支取200万元，所以递延期m是4期，连续10年年末支取，连续收支期n是10期。计算递延期为4期，连续收支期为10期的递延年金现值P＝200×（P/A，i，10）×（P/F，i，4）。综上，本题应选C。

【答案】C

【真题实战·单选题】某项银行贷款本金为100万元，期限为10年、利率为8%，每年年末等额偿还本息，则每年偿还额的计算式为（　　）。（2021年）

A．100/（F/A，8%，10）

B．100×（1＋8%）/（F/A，8%，10）

C．100×（1＋8%）/（P/A，8%，10）

D．100/（P/A，8%，10）

【思路导航】关于年资本回收额，关键是理解其计算的实质为已知普通年金现值P，求年金A；而年偿债基金的计算实质是已知终值F，求

年金A。

【解析】本题相当于已知现值，求年金A。A×（P/A，8%，10）＝100，则A＝100/（P/A，8%，10）。综上，本题应选D。

【答案】D

【真题实战·单选题】（P/F，i，9）与（P/F，i，10）分别表示9年期和10年期的复利现值系数，关于二者的数量关系，下列表达式正确的是（　　）。（2020年）

A．（P/F，i，10）＝（P/F，i，9）－1

B．（P/F，i，10）＝（P/F，i，9）×（1＋i）

C．（P/F，i，9）＝（P/F，i，10）×（1＋i）

D．（P/F，i，10）＝（P/F，i，9）＋1

【解析】假设终值为F，现值为P，则9年期的现值$P＝F×（P/F，i，9）＝F×（1＋i）^{-9}＝F×（1＋i）^{-10}×（1＋i）$。综上，本题应选C。

【答案】C

【真题实战·单选题】已知（F/P，9%，4）＝1.4116，（F/P，9%，5）＝1.5386，（F/A，9%，4）＝4.5731，则（F/A，9%，5）为（　　）。（2020年）

A．4.9847　　　　　　B．5.9847

C．5.5733　　　　　　D．4.5733

【思路导航】已知4期的普通年金终值系数（F/A，9%，4），计算5期普通年金终值系数（F/A，9%，5），需要注意两点：一是4期普通年金与5期普通年金的终值计算时点不同，因此需要在4期的基础上再计算一期复利终值；二是5期普通年金比4期普通年金多1期年金收付，因此在计算终值系数时需要加1。

【解析】假设每年的年金为A，则5期的普通年金终值＝A×（F/A，9%，5）＝A×（F/A，9%，4）×（1＋9%）＋A，代入数据可以计算得出：（F/A，9%，5）＝4.5731×（1＋9%）＋1＝5.9847。综上，本题应选B。

【答案】B

【真题实战·单选题】某项永久性扶贫基金拟在每年年初发放 80 万元扶贫款，年利率为 4%，则该基金需要在第一年年初投入的资金数额（取整数）为（　　）万元。（2020 年）

A.1 923　　　　　　B.2 080

C.2 003　　　　　　D.2 000

【解析】根据题干"永久性扶贫基金拟在每年年初发放 80 万元"，所以，不是永续年金。从第 2 期期初开始永续支付是永续年金，所以该基金需要在第一年年初投入的资金数额＝80/4%＋80＝2 080(万元)。综上，本题应选 B。

【答案】B

【真题实战·多选题】某公司取得 3 000 万元的贷款，期限为 6 年，年利率 10%，每年年初偿还等额本息，则每年年初应支付金额的计算正确的有（　　）。（2020 年）

A.3 000/［（P/A，10%，5）＋1］

B.3 000/［（P/A，10%，7）－1］

C.3 000/［（P/A，10%，6）/（1＋10%）］

D.3 000/［（P/A，10%，6）×（1＋10%）］

【解析】通过题干资料可以判断出本题是已知现值为 3 000 万元，期限为 6 年，计算预付年金 A 的计算，即年资本回收额的计算。方法一：A×［（P/A，10%，6）×（1＋10%）］＝3 000，则 A＝3 000/［（P/A，10%，6）×（1＋10%）］。方法二：求年金现值就是期数减 1，系数加 1，所以 A＝3 000/［（P/A，10%，5）＋1］。综上，本题应选 AD。

【答案】AD

【真题实战·判断题】永续年金由于收付款的次数无穷多，所以其现值无穷大。（　　）（2020 年）

【解析】永续年金现值＝A/i，存在具体数值，不是无穷大的。因此，本题表述错误。

【答案】×

【真题实战·单选题】某年金在前 2 年无现金流入，从第三年开始陆续 5 年每年年初流入 300 万元，则该年金按 10% 的年利率折现的现值为（　　）万元。（2019 年）

A.300×（P/A，10%，5）×（P/F，10%，1）

B.300×（P/A，10%，5）×（P/F，10%，2）

C.300×（P/F，10%，5）×（P/A，10%，1）

D.300×（P/F，10%，5）×（P/A，10%，2）

【解析】由于第 3 年开始连续 5 年每年年初现金流入 300 万元，可以视为第 2 年开始连续 5 年每年年末流入 300 万元，故转换为递延期 1 年，期数 5 年的递延年金，P＝300×（P/A，10%，5）×（P/F，10%，1）。综上，本题应选 A。

【答案】A

【沙场练兵·单选题】下列各项中，与普通年金终值系数互为倒数的是（　　）。

A. 预付年金现值系数

B. 普通年金现值系数

C. 偿债基金系数

D. 资本回收系数

【解析】普通年金终值系数与偿债基金系数互为倒数，普通年金现值系数与资本回收系数互为倒数。综上，本题应选 C。

【答案】C

【沙场练兵·单选题】已知（P/A，8%，5）＝3.9927，（P/A，8%，6）＝4.6229，（P/A，8%，7）＝5.2064，则 6 年期、折现率为 8% 的预付年金现值系数是（　　）。

A. 2.9927　　　　　B. 4.2064

C. 4.9927　　　　　D. 6.2064

【解析】本题考查预付年金现值系数与普通年金现值系数的转化关系。即预付年金现值系数等于普通年金现值系数期数减 1 系数加 1，所以 6 年期折现率为 8% 的预付年金现值系数＝

[（P/A，8%，6－1）＋1]＝3.9927＋1＝4.9927；或者＝（P/A，8%，6）×（1＋8%）＝4.9927。综上，本题应选C。

【答案】C

【沙场练兵·单选题】5年分期付款购物，每年年初付款1 000元，假设银行年利率为10%，该项分期付款相当于现在一次性支付的价款是（   ）元。[已知（P/A，10%，5）＝4.3295]

A. 4 329.5   B. 4 762.45

C. 4 873.56   D. 4 943.77

【思路导航】做此类题，首先要判断年金的类型；然后看已知的系数是哪一个；如果已知系数与需用系数不一致，还需要进行转化才行。

【解析】从题干"每年年初"这个字眼，我们可以先判断出此题要求的是预付年金现值。而本题已知的系数是利率10%、期数为5的普通年金现值系数；所以我们必须要转化成预付年金现值系数[预付年金现值系数＝普通年金现值系数×（1＋i）]。那么，现在一次性现金支付的价款＝1 000×（P/A，10%，5）×（1＋10%）＝4 762.45（元）。综上，本题应选B。

【答案】B

【沙场练兵·多选题】某公司向银行借入一笔款项，年利率为10%，分6次还清，从第5年至第10年每年末偿还本息5 000元。下列计算该笔借款现值的算式中，正确的有（   ）。

A. 5 000×（P/A，10%，6）×（P/F，10%，3）

B. 5 000×（P/A，10%，6）×（P/F，10%，4）

C. 5 000×[（P/A，10%，9）－（P/A，10%，3）]

D. 5 000×[（P/A，10%，10）－（P/A，10%，4）]

【思路导航】确定递延期（m）的两种方法：

①添加几个A转换为普通年金，那么递延期就是几；例如：本题添加4个A即可以转换为普通年金，因此递延期就是4。

②第1个A对应期数是几，那么递延期就是几－1。例如：本题中第1个A出现在5期，则递延期就是5－1＝4。

【解析】这类题一定要用时间轴来帮助解题。

第一种方法：

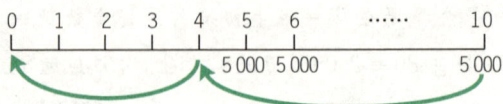

P＝A×（P/A，i，n）×（P/F，i，m）＝5 000×（P/A，10%，6）×（P/F，10%，4）

第二种方法：

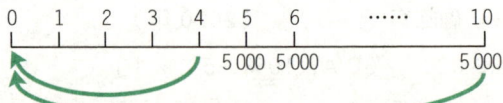

P＝A×[（P/A，i，m＋n）－（P/A，i，m）]＝5 000×[（P/A，10%，10）－（P/A，10%，4）]

第三种方法：

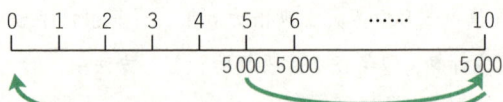

P＝A×（F/A，i，n）×（P/F，i，m＋n）＝5 000×（F/A，10%，6）×（P/F，10%，10）

式中，m为递延期，n为连续收支期数。本题递延期为4年，连续收支期为6年。综上，本题应选BD。

【答案】BD

【沙场练兵·多选题】下列关于货币时间价值系数关系的表述中，正确的有（   ）。

A. 普通年金现值系数 × 资本回收系数＝1

B. 普通年金终值系数 × 偿债基金系数＝1

C. 普通年金现值系数 ×（1 + 折现率）= 预付年金现值系数

D. 普通年金终值系数 ×（1 + 折现率）= 预付年金终值系数

【解析】普通年金现值系数是已知年金求现值时所需要用到的系数；而资本回收系数是已知现值求年金（即年资本回收额）时所用到的系数，很显然这两个系数互为逆运算。普通年金终值系数同理。因此两个系数互为倒数。综上，本题应选 ABCD。

【答案】ABCD

【真题实战·计算题】（2018年）

甲公司于 2018 年 1 月 1 日购置一条生产线，有四种付款方案可供选择。

方案一：2020 年年初一次性支付 100 万元。

方案二：2018 年至 2020 每年年初支付 30 万元。

方案三：2019 年至 2022 每年年初支付 24 万元。

方案四：2020 年至 2024 每年年初支付 21 万元。

公司选定的折现率为 10%，部分货币时间价值系数如下表所示：

部分货币时间价值系数表

期数（n）	1	2	3	4	5	6
（P/F，10%，n）	0.9091	0.8264	0.7513	0.6830	0.6209	0.5645
（P/A，10%，n）	0.9091	1.7355	2.4869	3.1699	3.7908	4.3553

要求：

（1）方案一付款方式下，支付价款的现值。

（2）方案二付款方式下，支付价款的现值。

（3）方案三付款方式下，支付价款的现值。

（4）方案四付款方式下，支付价款的现值。

（5）判断甲公司应选择哪种付款方案。

（1）

【解析】方案一为已知终值求现值的计算。本题期数为 2 年，求 100 万元的复利现值。

【答案】$100 \times (P/F，10\%，2) = 100 \times 0.8264 = 82.64$（万元）

（2）

【解析】方案二为预付年金下，求现值。

【答案】$30 \times [(P/A，10\%，2) + 1] = 30 \times (1.7355 + 1) = 82.07$（万元）

（3）

【解析】方案三，2019 年至 2022 每年年初支付 24 万元，其实也就是 2018 年至 2021 每年年末支付 24 万元。就可以转化为 4 年期的普通年金现值的计算问题。

【答案】24×（P/A，10%，4）＝24×3.1699＝76.08（万元）

（4）

【解析】方案四，2020年至2024每年年初支付21万元，其实也就是2019年至2023每年年末支付21万元。此时问题就转化为递延期为1年，期数为5年的普通年金现值的计算问题。

【答案】21×（P/A，10%，5）×（P/F，10%，1）＝21×3.7908×0.9091＝72.37（万元）

（5）

【解析】根据之前四问的计算结果判断即可。

【答案】四种付款方式中方案四所付价款的现值最小，应选择方案四。

高频考点 2 利率的计算

1.插值法计算利率

假设所求利率为i，i对应的现值（或者终值）系数为B，B_1、B_2为现值（或者终值）系数表中B相邻的系数，i_1、i_2为B_1、B_2对应的利率，则：

$$i = i_1 + \frac{B - B_1}{B_2 - B_1} \times (i_2 - i_1)$$

2.名义利率与实际利率

一年多次复利计息时	通货膨胀情况下
实际利率＝$\left(1+\dfrac{名义利率}{m}\right)^m-1$ 式中，m为每年复利计息的次数。 【敲黑板】 ①若每年计算一次复利，实际利率＝名义利率。 ②如果按照短于一年的计息期计算复利，实际利率高于名义利率。	实际利率＝$\dfrac{1+名义利率}{1+通货膨胀率}-1$ 【敲黑板】 ①名义利率，指包括补偿通货膨胀（包括通货紧缩）风险的利率。 ②实际利率，指剔除通货膨胀率后储户或投资者得到利息回报的真实利率。

【真题实战·单选题】某借款利息每半年偿还一次，年利率为6%，则实际借款利率为（   ）。（2020年）

A.6%   B.6.09%

C.12%   D.12.24%

【解析】由实际利率$i=\left(1+\dfrac{r}{m}\right)^m-1$，其中r指名义利率，m指每年复利计息的次数，得出i＝

6.09%。综上，本题应选B。

【答案】B

【真题实战·判断题】如果通货膨胀率大于名义利率，则实际利率为正数。（   ）（2020年）

【解析】通货膨胀情况下的名义利率与实际利率关系：1＋名义利率＝（1＋实际利率）×（1＋通货膨胀率），所以，实际利率＝（1＋名义利率）/（1＋通货膨胀率）－1，如果通货膨胀率大于名义利率，则实际利率为负数。因此，本题表述错误。

【答案】×

【真题实战·单选题】某公司设立一项偿债基金项目，连续10年每年年末存入500万元，第10年年末可以一次获取9 000万元，已知（F/A，8%，10）＝14.487，（F/A，10%，10）＝15.937，（F/A，12%，10）＝17.549，（F/A，14%，10）＝19.337，（F/A，16%，10）＝21.321，则该基金的收益率介于（　）。（2019年）

A.12% ～ 14%　　　　　B.14% ～ 16%

C.10% ～ 12%　　　　　D.8% ～ 10%

【解析】由已知得500×（F/A，i，10）＝9 000万元，（F/A，i，10）＝18。根据插值法：（i－12%）/（14%－12%）＝（18－17.549）/（19.337－17.549），即，i＝（18－17.549）/（19.337－17.549）×（14%－12%）＋12%＝12.50%。综上，本题应选A。

【答案】A

【沙场练兵·单选题】已知银行存款利率为3%，通货膨胀率为1%，则实际利率为（　）。

A.1.98%　　　　　B.3%

C.2.97%　　　　　D.2%

【解析】1＋名义利率＝（1＋实际利率）×（1＋通货膨胀率），因此，实际利率＝（1＋3%）/（1＋1%）－1＝1.98%。综上，本题应选A。

【答案】A

【沙场练兵·单选题】某企业向金融机构借款，年名义利率为8%，按季度付息，则年实际利率为（　）。

A. 9.60%　　　　　B. 8.32%

C. 8.00%　　　　　D. 8.24%

【解析】名义利率与实际利率的换算关系为：$i＝（1＋r/m）^m－1$。本题中，按季度付息意味着年复利计息次数（m）＝4，则实际利率（i）＝$（1＋8\%/4）^4－1＝8.24\%$。综上，本题应选D。

【答案】D

【沙场练兵·单选题】甲公司投资一项证券资产，每年年末都能按照6%的名义利率获取相应的现金收益。假设通货膨胀率为2%，则该证券资产的实际利率为（　）。

A. 3.88%　　　　　B. 3.92%

C. 4.00%　　　　　D. 5.88%

【解析】通货膨胀情况下，实际利率＝$\dfrac{1＋名义利率}{1＋通货膨胀率}－1$＝（1＋6%）/（1＋2%）－1＝3.92%。综上，本题应选B。

【答案】B

【沙场练兵·单选题】某公司向银行借款1 000万元，年名义利率为4%，按季度付息，期限为1年，则该借款的实际年利率为（　）。

A. 2.01%　　　　　B. 4.00%

C. 4.04%　　　　　D. 4.06%

【解析】名义利率与实际利率的换算关系为：$i＝（1＋r/m）^m－1$。本题中，按季度付息意味着年复利计息次数（m）为4，则实际利率（i）＝$（1＋4\%/4）^4－1＝4.06\%$。综上，本题应选D。

【答案】D

【沙场练兵·单选题】一项1 000万元的借款，借款期为5年，名义年利率为8%。若半年复利一次，则实际利率会高出名义利率（　）。

A. 0.16%　　　　　B. 8.16%

C. 0.08%　　　　　D. 8.08%

【思路导航】本题要求计算的是实际利率高出名义利率多少，求出实际利率再减名义利率差额才是本题的正确答案。在答题时一定要注意看题目要求计算的是什么，保证会做的题不出错。

【解析】名义利率与实际利率的换算关系为：i＝$(1＋r/m)^m－1$。本题中，半年复利一次意味着年复利计息次数（m）为2，则实际利率（i）＝$(1＋8\%/2)^2－1＝8.16\%$。实际利率－名义利率＝8.16%－8%＝0.16%。综上，本题应选A。

【答案】A

【沙场练兵·单选题】若某商业银行一年期存款的年名义利率为5%，假设通货膨胀率为4%，则实际利率为（　　）。

A. 1%　　　　　　　　B. 0.98%

C. 0.97%　　　　　　　D. 0.96%

【解析】通货膨胀情况下，实际利率＝$\dfrac{1＋名义利率}{1＋通货膨胀率}－1＝(1＋5\%)/(1＋4\%)－1＝0.96\%$。综上，本题应选D。

【答案】D

【沙场练兵·判断题】当通货膨胀率大于名义利率时，实际利率为负值。（　　）

【解析】当通货膨胀率＞名义利率时，（1＋名义利率）÷（1＋通货膨胀率）＜1，从而，实际利率＝$\dfrac{1＋名义利率}{1＋通货膨胀率}－1＜0$，即实际利率为负值。因此，本题表述正确。

【答案】√

高频考点 3 资产的收益与风险

1. 资产收益率的类型

分类	内容
实际收益率	已经实现或者确定可以实现的资产收益率
预期收益率	预期收益率$＝\sum_{i=1}^{n}P_iR_i$ P_i表示情况i可能出现的概率；R_i表示情况i出现时的收益率
必要收益率	必要收益率＝无风险收益率＋风险收益率 ＝纯粹利率（资金的时间价值）＋通货膨胀补偿率＋风险收益率

2. 资产的风险衡量

指标类型	公式	说明
期望值	$\overline{E}＝\sum_{i=1}^{n}X_iP_i$	不能直接用来衡量风险大小
方差	$\sigma^2＝\sum_{i=1}^{n}(X_i－\overline{E})^2·P_i$	①适用：期望值相同时的决策。 ②方差越大，风险越大，反之亦然
标准差	$\sigma＝\sqrt{\sum_{i=1}^{n}(X_i－\overline{E})^2·P_i}$	①适用：期望值相同时的决策。 ②标准差越大，风险越大，反之亦然
标准差率	$V＝\dfrac{\sigma}{E}×100\%$	①适用：期望值相同或不同时的决策。 ②标准差率越大，风险越大，反之亦然

【真题实战·多选题】 关于两项证券资产的风险比较，下列说法正确的有（　　）。（2021年）

A. 期望值相同的情况下，标准差率越大，风险程度越大

B. 期望值不同的情况下，标准差率越大，风险程度越大

C. 期望值不同的情况下，标准差越大，风险程度越大

D. 期望值相同的情况下，标准差越大，风险程度越大

【思路导航】 标准差以绝对数衡量决策方案的风险，不适用于期望值不同的决策方案风险程度的比较。标准差率是一个相对指标，它以相对数反映决策方案的风险程度，既适用于期望值相同的决策方案，也适用于期望值不同的决策方案。

【解析】 在期望值相同的情况下，标准差越大，风险越大；标准差越小，则风险越小。在期望值不同（相同）的情况下，标准差率越大，风险越大；标准差率越小，风险越小。综上，本题应选ABD。

【答案】ABD

【真题实战·单选题】 某投资者购买X公司股票，购买价格为100万元，当期分得现金股利5万元，当期期末X公司股票市场价格上升到120万元。则该投资产生的资本利得为（　　）万元。（2020年）

A. 20　　　　　　　　B. 15

C. 5　　　　　　　　 D. 25

【解析】 本题的实质是资产收益的含义与计算。资产收益的表述方式包括金额表述和百分比表述两种形式，其中利息、红利或股息收益以及资本利得，都属于以金额表述的。该投资产生的资本利得＝120－100＝20（万元）。综上，本题应选A。

【答案】A

【真题实战·判断题】 无风险收益率是由纯利率和通货膨胀补偿率组成。（　　）（2020年）

【思路导航】 无风险收益率又称无风险利率，指无风险资产的收益率，由纯粹利率（资金的时间价值）和通货膨胀补偿率两部分组成，无风险收益率＝纯粹利率（资金时间价值）＋通货膨胀补偿率。因此，本题表述正确。

【答案】√

【真题实战·单选题】 已知当前市场的纯粹利率为1.8%，通货膨胀补偿率为2%，若某证券资产的风险收益率为4%，则该资产的必要收益率为（　　）。（2019年/2018年）

A. 8%　　　　　　　 B. 7.8%

C. 9.6%　　　　　　 D. 9.8%

【解析】 必要收益率＝无风险收益率＋风险收益率＝纯粹利率＋通货膨胀补偿率＋风险收益率＝1.8%＋2%＋4%＝7.8%。综上，本题应选B。

【答案】B

【真题实战·单选题】 某项目的期望投资收益率为14%，风险收益率为9%，收益率的标准差为2%，则该项目收益率的标准差率为（　　）。（2018年）

A. 0.29%　　　　　　 B. 22.22%

C. 14.29%　　　　　　D. 0.44%

【解析】 标准差率＝标准差／期望收益率＝2%/14%＝14.29%。综上，本题应选C。

【答案】C

【真题实战·判断题】 标准差率可用于期望值不同的情况下的风险比较，标准差率越大，表明风险越大。（　　）（2018年）

【思路导航】 方差和标准差作为绝对数，只适用于期望值相同的决策方案风险程度的比较。对于期望值不同的，则用标准差率进行比较。

【解析】 标准差率＝标准差÷期望值，是一个

相对数指标，因此可用于期望值不同的情况下的风险比较，标准差率越大，表明风险越大。因此，本题表述正确。

【答案】√

【沙场练兵·单选题】已知甲、乙两个方案投资收益率的期望值分别为10%和12%，两个方案都存在投资风险，在比较甲、乙两方案风险大小时应使用的指标是（　　）。

A. 标准差率　　　　　　B. 标准差

C. 协方差　　　　　　　D. 方差

【解析】在两个方案投资收益率的期望值不相同的情况下，应该用标准差率来比较两个方案

的风险。综上，本题应选A。

【答案】A

【沙场练兵·多选题】下列指标中，能够直接反映资产风险的有（　　）。

A. 方差　　　　　　　　B. 标准差

C. 期望值　　　　　　　D. 标准差率

【解析】风险是指收益的不确定性，其大小可用资产收益率的各种可能结果与预期收益率的偏差程度来衡量。反映这种偏差程度的指标主要有方差、标准差和标准差率等。期望值本身不能衡量风险。综上，本题应选ABD。

【答案】ABD

高频考点 4 风险管理

1. 风险管理原则

战略性原则	风险管理主要运用于企业战略管理层面，站在战略层面整合和管理企业层面风险是全面风险管理的价值所在
全员性原则	企业风险管理是一个由企业治理层、管理层和所有员工参与，旨在把风险控制在风险容量以内、增加企业价值的过程
专业性原则	要求风险管理的专业人才实施专业化管理
二重性原则	企业全面风险管理的商业使命在于：损失最小化管理、不确定性管理和绩效最优化管理
系统性原则	全面风险管理必须拥有一套系统的、规范的方法，建立健全全面风险管理体系，从而为实现风险管理的总体目标提供合理保证

2. 风险管理对策

风险管理对策		具体内容
风险规避	含义	指企业回避、停止或退出蕴含某一风险的商业活动或商业环境，避免成为风险的所有人
	说明	例如：退出某一市场以避免激烈竞争；拒绝与信用不好的交易对手进行交易；禁止各业务单位在金融市场上进行投机

（续表）

风险管理对策		具体内容
风险承担	含义	指企业对所面临的风险采取接受的态度，从而承担风险带来的后果
	说明	（1）对未能辨识出的风险，企业只能采用风险承担； （2）对于辨识出的风险，企业可能由于缺乏能力进行主动管理、没有其他备选方案等因素而选择风险承担； （3）对于企业的重大风险，企业一般不采用风险承担
风险转移	含义	指企业通过合同将风险转移到第三方，企业对转移后的风险不再拥有所有权
	说明	转移风险不会降低其可能的严重程度，只是从一方移除后转移到另一方。例如，购买保险；采取合营方式实现风险共担
风险转换	含义	指企业通过战略调整等手段将企业面临的风险转换成另一个风险，其简单形式就是在减少某一风险的同时增加另一风险
	说明	例如：通过放松交易客户信用标准增加了应收账款，但扩大了销售
风险对冲	含义	指引入多个风险因素或承担多个风险，使得这些风险能互相冲抵
	说明	风险对冲不是针对单一风险，而是涉及风险组合。常见的例子有资产组合使用、多种外币结算的使用和战略上的多种经营
风险补偿	含义	指企业对风险可能造成的损失采取适当的措施进行补偿，形式包括财务补偿、人力补偿、物资补偿
	说明	常见的财务补偿包括企业自身的风险准备金或应急资本等
风险控制	含义	指控制风险事件发生的动因、环境、条件等，来达到减轻风险事件发生时的损失或降低风险事件发生概率的目的
	说明	风险控制对象一般是可控风险，包括多数运营风险、如质量、安全和环境风险以及法律风险中的合规性风险

第2章

【沙场点兵·单选题】下列关于风险管理对策的说法中，错误的是（　　）。

A.投资时进行资产组合，属于风险管理对策中的风险对冲

B.企业自身的风险准备金或应急资本，属于风险管理对策中的风险补偿

C.对未能辨识出的风险，企业一般不采用风险承担

D.退出某一市场以避免激烈竞争，属于风险管理对策中的风险规避

【解析】选项A、B、D说法正确。选项C说法错误，

对未能辨识出的风险，企业只能采用风险承担；对于辨识出的风险，企业可能由于缺乏能力进行主动管理、没有其他备选方案等因素而选择风险承担；对于企业的重大风险，企业一般不采用风险承担。综上，本题应选C。

【答案】C

【沙场点兵·单选题】下列风险管理措施中，属于风险转换的是（　　）。

A.通过放松交易客户信用标准增加了应收账款，但扩大了销售

B.采取合营方式实现风险共担

C. 使用多种外币结算

D. 禁止各业务单位在金融市场上进行投机

【解析】选项 A 符合题意；选项 B 不符合题意，采取合营方式实现风险共担属于风险管理对策中的风险转移；选项 C 不符合题意，多种外币结算的使用属于风险管理对策中的风险对冲；选项 D 不符合题意，禁止各业务单位在金融市场上进行投机属于风险管理对策中的风险规避。综上，本题应选 A。

【答案】A

【沙场点兵·判断题】风险控制是指企业回避、停止或退出蕴含某一风险的商业活动或商业环境，避免成为风险的所有人。（ ）

【解析】风险规避是指企业回避、停止或退出蕴含某一风险的商业活动或商业环境，避免成为风险的所有人。因此，本题表述错误。

【答案】×

高频考点 5　证券资产组合的收益与风险

1. 证券资产组合的收益

单项资产的收益率	资产组合的收益率
预期收益率 $= \sum\limits_{i=1}^{n} P_i \times R_i$	$E(R_p) = \sum\limits_{i=1}^{n} W_i \times E(R_i)$

2. 证券资产组合的风险分散功能（以两项资产组合为例）

组合方差	组合标准差
$\sigma_p^2 = W_1^2 \sigma_1^2 + W_2^2 \sigma_2^2 + 2W_1 W_2 \rho_{1,2} \sigma_1 \sigma_2$	$\sigma_p = \sqrt{W_1^2 \sigma_1^2 + W_2^2 \sigma_2^2 + 2W_1 W_2 \rho_{1,2} \sigma_1 \sigma_2}$

3. 两项资产组合的相关系数与组合风险之间的关系

相关系数	组合的标准差 σ_p	风险分散情况
$\rho_{1,2} = -1$	$\sigma_p = \lvert W_1 \sigma_1 - W_2 \sigma_2 \rvert$	资产组合可以最大限度地降低风险
$-1 < \rho_{1,2} < 1$	$0 < \sigma_p < (W_1 \sigma_1 + W_2 \sigma_2)$	资产组合可以分散风险，但不能完全消除风险
$\rho_{1,2} = 1$	$\sigma_p = W_1 \sigma_1 + W_2 \sigma_2$	资产组合不能降低任何风险

【真题实战·多选题】在两种证券构成的投资组合中，关于两种证券收益率的相关系数，下列说法正确的有（ ）。（2021年）

A. 当相关系数为 0 时，两种证券的收益率不相关

B. 相关系数的绝对值可能大于 1

C. 当相关系数为 -1 时，该投资组合能最大限度地降低风险

D. 当相关系数为 0.5 时，该投资组合不能分散风险

【解析】选项 B、D 错误，两种证券收益率的相关系数，理论上介于 [-1, 1] 内，绝对值不会大于 1，在取值范围内的，只要相关系数不是 1，均可一定程度上分散风险。综上，本题应选 AC。

【答案】AC

【真题实战·判断题】两项资产的收益率具有负相关时，才能分散组合的风险。（　）（2021年/2020年）

【解析】两项资产相关系数的取值为[-1,1]，在相关系数等于1的情况下，组合不能降低风险，只要相关系数<1，就具有分散风险的作用。注意其分散的是非系统性风险，系统性风险是不可能被分散的。因此，本题表述错误。

【答案】×

【真题实战·判断题】证券组合的风险水平不仅与组合中各证券的收益率标准差有关，而且与各证券收益率的相关程度有关。（　）（2019年）

【解析】两项证券资产组合的收益率的方差满足关系式：$\sigma_p^2 = W_1^2 \sigma_1^2 + W_2^2 \sigma_2^2 + 2W_1W_2 \rho_{1,2} \sigma_1 \sigma_2$，证券组合的方差$\sigma_p^2$衡量的是证券资产组合的风险。由上式可以看出，证券组合的风险水平不仅与组合中各证券的收益率标准差σ_1有关，而且与各证券收益率的相关程度$\rho_{1,2}$有关。因此，本题表述正确。

【答案】√

【真题实战·判断题】两项资产的收益率具有完全负相关关系时，两项资产的组合可以最大限度地抵消非系统性风险。（　）（2019年）

【解析】只有在完全正相关的情况下，投资组合才不会抵消非系统性风险。相关系数越小，抵消非系统性风险的程度越大，当两项资产的收益率完全负相关时，两项资产的非系统性风险可以充分地相互抵消，甚至完全消除。这样的组合能够最大限度地降低风险。因此，本题表述正确。

【答案】√

【真题实战·单选题】若两项证券资产收益率的相关系数为0.5，则下列说法正确的是（　）。（2018年）

A. 两项资产的收益率之间不存在相关性

B. 无法判断两项资产的收益率是否存在相关性

C. 两项资产的组合可以分散一部分非系统性风险

D. 两项资产的组合可以分散一部分系统性风险

【解析】选项A、B错误，相关系数为0.5时，表明两项证券的资产收益率正相关；选项C正确，两证券组合的相关系数为0.5小于1，此时，证券资产的组合可以分散非系统性风险；选项D错误，证券组合只能分散非系统性风险，不能分散系统性风险。综上，本题应选C。

【答案】C

【沙场练兵·多选题】下列关于证券投资组合的表述中，正确的有（　）

A. 两种证券的收益率完全正相关时可以消除风险

B. 投资组合收益率为组合中各单项资产收益率的加权平均数

C. 投资组合风险是各单项资产风险的加权平均数

D. 投资组合能够分散掉的是非系统性风险

【解析】选项A表述错误，当两种证券的收益率完全正相关时，不能分散任何风险；选项B、D说法正确，选项C说法错误，证券资产组合的预期收益率为组合中各单项资产收益率的加权平均数，但是投资组合可能分散非系统性风险（相关系数<1时），则证券组合的风险可能小于其组合中各单项资产标准差的加权平均数。综上，本题应选BD。

【答案】BD

【沙场练兵·判断题】根据证券投资组合理论，在其他条件不变的情况下，如果两项资产的收益率具有完全正相关关系，则该证券投资组合不能够分散风险。（　）

【解析】当两项资产的收益率完全正相关，两项资产的风险完全不能相互抵消，这样的组合不能降低任何风险。因此，本题表述正确。

【答案】√

【沙场练兵·计算题】

资产组合 M 的期望收益率为 18%，标准差为 27.9%；资产组合 N 的期望收益率为 13%，标准差率为 1.2。投资者张某和赵某决定将其个人资产投资于资产组合 M 和 N 中，张某期望的最低收益率为 16%，赵某投资于资产组合 M 和 N 的资金比例分别为 30% 和 70%。

要求：

（1）计算资产组合 M 的标准差率。

（2）判断资产组合 M 和 N 哪个风险更大？

（3）为实现期望的收益率，张某应在资产组合 M 上投资的最低比例是多少？

（4）判断投资者张某和赵某谁更厌恶风险，并说明理由。

（1）

【解析】标准差率是标准差同期望值之比。

【答案】资产组合 M 的标准差率 = 27.9%/18% = 1.55

（2）

【解析】标准差率是一个相对指标，它以相对数反映决策方案的风险程度。对于期望值不同的决策方案，评价和比较各自的风险程度只能借助于标准差率这一相对数值。在期望值不同的情况下，标准差率越大，风险越大；反之，标准差率越小，风险越小。

【答案】资产组合 N 的标准差率为 1.2＜资产组合 M 的标准差率 1.55，故资产组合 M 的风险更大。

（3）

【解析】证券资产组合的预期收益率 $E(R_p) = \sum_{i=1}^{n} W_i \times E(R_i)$，公式中，$E(R_p)$ 表示证券资产组合的预期收益率；$E(R_i)$ 表示组合内第 i 项资产的预期收益率；W_i 表示第 i 项资产在整个资产组合中所占的价值比例。

【答案】假设张某应在资产组合 M 上投资的最低比例是 X：$18\%X + 13\% \times (1 - X) = 16\%$，解得 X = 60%。为实现期望的收益率，张某应在资产组合 M 上投资的最低比例是 60%。

（4）

【答案】张某在资产组合 M（高风险）上投资的最低比例是 60%，在资产组合 N（低风险）上投资的最高比例是 40%；而赵某投资于资产组合 M 和 N 的资金比例分别为 30% 和 70%；因为资产组合 M 的风险大于资产组合 N 的风险，并且赵某投资于资产组合 M（高风险）的比例低于张某投资于资产组合 M（高风险）的比例，因此赵某更厌恶风险。

高频考点 6　非系统性风险和系统性风险

项目	非系统性风险	系统性风险
含义	是可以通过资产组合而分散掉的风险。它是指发生于个别公司的特有事件造成的风险	是影响所有资产的、不能通过资产组合消除的风险，又称为市场风险或不可分散风险
致险因素	它是个别公司或个别资产所特有的	这部分风险是由那些影响整个市场的风险因素所引起的，包括：宏观经济形势的变动、国家经济政策的变化、税制改革、企业会计准则改革、世界能源状况、政治因素等
与组合资产数量之间的关系	资产组合中资产数目较低时，增加资产的个数，分散风险的效应会比较明显，但资产数目增加到一定程度时，风险分散的效应就会逐渐减弱	不能随着组合中资产数量的增加而消除，它是始终存在的

【真题实战·多选题】下列各项中，将导致系统性风险的有（　　）。（2020年）

A. 发生通货膨胀

B. 市场利率上升

C. 国民经济衰退

D. 企业新产品研发失败

【解析】影响所有资产的、不能通过资产组合而消除的风险，称为系统性风险，主要包括：宏观经济形势的变动、国家经济政策的变化、税制改革、企业会计准则改革、世界能源状况、政治因素等。综上，本题应选ABC。

【答案】ABC

【真题实战·多选题】下列各项中，属于公司股票面临的系统性风险的有（　　）。（2020年）

A. 公司业绩下滑

B. 市场利率波动

C. 宏观经济政策调整

D. 公司管理层变更

【解析】影响所有资产的、不能通过资产组合而消除的风险，称为系统性风险，也称市场风险或不可分散风险，包括：宏观经济形势的变动、国家经济政策的变化、税制改革、企业会计准则改革、世界能源状况、政治因素等。选项A、D，属于非系统性风险。综上，本题应选BC。

【答案】BC

【真题实战·单选题】关于系统性风险和非系统性风险，下列表述错误的是（　　）。（2019年）

A. 证券市场的系统性风险不能通过证券组合予以消除

B. 若证券组合中各证券收益率之间负相关，则该组合能分散非系统性风险

C. 在资本资产定价模型中，β 系数衡量的是投资组合的非系统性风险

D. 某公司新产品开发失败的风险属于非系统性风险

【解析】选项A表述正确，证券市场的系统性风险不能通过证券组合予以消除，而只有非系统性风险可以通过资产组合分散掉；选项B表述正确，在证券资产组合中，除资产的收益率

完全正相关外，该资产组合都具有风险分散功能。因此若证券组合中各证券收益率之间负相关，则该组合能分散非系统性风险；选项C表述错误，在资本资产定价模型中，计算风险收益率时只考虑了系统性风险，没有考虑非系统性风险，β系数衡量系统性风险的大小；选项D表述正确，某公司新产品研发失败属于公司经营风险，经营风险和财务风险都是非系统性风险。综上，本题应选C。

【答案】C

【真题实战·多选题】下列风险中，属于非系统性风险的有（　　）。（2018年）

A. 经营风险　　　　　　B. 利率风险

C. 政治风险　　　　　　D. 财务风险

【解析】选项A、D正确，非系统性风险可以通过证券资产组合分散；是特定企业或特定行业所特有的，与政治、经济和其他影响所有资产的市场因素无关，可分为经营风险和财务风险。选项B、C错误，属于系统性风险。系统性风险影响所有资产，不能通过资产组合分散；由影响整个市场的风险因素引起，主要包括宏观经济形势的变动、国家经济政策的变化、税制改革、企业会计准则改革、世界能源状况、政治因素等。综上，本题应选AD。

【答案】AD

【真题实战·判断题】企业投资于某公司证券可能因该公司破产而引发无法收回其本金的风险，这种风险属于非系统性风险。（　　）（2018年）

【解析】非系统性风险指的是特有事件造成的风险，企业投资于某公司证券可能因该公司破产而引发无法收回其本金的风险，这种风险属于非系统性风险。因此，本题表述正确。

【答案】√

【沙场练兵·多选题】证券投资的风险分为可分散风险和不可分散风险两大类，下列各项中，属于可分散风险的有（　　）。

A. 研发失败风险　　　B. 生产事故风险

C. 通货膨胀风险　　　D. 利率变动风险

【解析】可分散风险是个别公司或个别资产所特有的，与政治、经济和其他影响所有资产的市场因素无关。选项A、B，属于非系统性风险；选项C、D，属于系统性风险。综上，本题应选AB。

【答案】AB

【沙场练兵·判断题】在风险分散过程中，随着资产组合中资产数目的增加，分散风险的效应会越来越明显。（　　）

【解析】一般来讲，随着资产组合中资产个数的增加，证券资产组合的风险会逐渐降低，但资产的个数增加到一定程度时，证券资产组合的风险程度将趋于平稳，这时组合风险的降低将非常缓慢直到不再降低。因此，本题表述错误。

【答案】×

高频考点 7　系统性风险的衡量

单项资产的系统性风险系数 β	证券资产组合的系统性风险系数 $β_p$
某资产的 β 系数表达的含义是该资产的系统性风险相当于市场组合系统性风险的倍数。 ①若 β = 0，表明该资产系统性风险为 0； ②若 β > 0（绝大多数资产），表明这类资产的收益率与市场平均收益率的变化方向是一致的，只是变化幅度不同； ③若 β < 0，表明这类资产的收益率与市场平均收益率的变化方向相反，当市场平均收益率增加时，这类资产的收益率却在减少； ④若 β = 1，表明该资产的收益率与市场平均收益率呈同方向、同比例的变化，该资产所含系统性风险与市场组合系统性风险一致； ⑤若 |β| > 1，表明该资产收益率的变动幅度大于市场组合收益率的变动幅度，该资产所含的系统性风险大于市场组合的系统性风险； ⑥若 |β| < 1，表明该资产收益率的变动幅度小于市场组合收益率的变动幅度，该资产所含的系统性风险小于市场组合的系统性风险	对于证券资产组合来说，其所含的系统性风险的大小可以用组合 β 系数来衡量。计算公式为： $$β_P = \sum_{i=1}^{n} W_i × β_i$$ 式中，$β_P$ 是证券资产组合的 β 系数；W_i 为第 i 项资产在组合中所占的价值比例；$β_i$ 表示第 i 项资产的 β 系数

【真题实战·判断题】两种股票构成的资产组合的预期收益率是这两种股票预期收益率的加权平均数，其权数为两种股票在组合中的价值比例。（　　）（2021年）

【解析】证券资产组合的预期收益率是组成证券资产组合的各种资产收益率的加权平均数，其权数为各种资产在组合中的价值比例。因此，本题表述正确。

【答案】√

【真题实战·判断题】如果各单项资产的 β 系数不同，则可以通过调整资产组合中不同资产的构成比例改变组合的系统性风险。（　　）（2020年）

【解析】证券资产组合的 β 系数是所有单项资产 β 系数的加权平均数，即 $β_p = \sum_{i=1}^{n} w_i × β_i$，

式中，$β_p$ 表示证券资产组合的 β 系数；W_i 表示第 i 项资产在组合中所占的价值比例；$β_i$ 表示第 i 项资产的 β 系数，所以可以通过调整资产组合中不同资产的构成比例改变组合的系统性风险。因此，本题表述正确。

【答案】√

【沙场练兵·单选题】当某上市公司的 β 系数大于 0 时，下列关于该公司风险与收益表述中，正确的是（　　）。

A. 系统性风险高于市场组合风险

B. 资产收益率与市场平均收益率呈同方向变化

C. 资产收益率变动幅度小于市场平均收益率变动幅度

D. 资产收益率变动幅度大于市场平均收益率变动幅度

【解析】①根据β系数的定义可知，当某资产的β系数大于0时，说明该资产的收益率与市场平均收益率呈同方向的变化；②当某资产的β系数大于0且小于1时，说明该资产收益率的变动幅度小于市场组合收益率的变动幅度，因此其所含的系统性风险小于市场组合的风险；③当某资产的β系数大于1时，说明该资产收益率的变动幅度大于市场组合收益率的变动幅度，因此其所含的系统性风险大于市场组合的风险。综上，本题应选B。

【答案】B

【沙场练兵·多选题】根据资本资产定价模型，

下列关于β系数的说法中，正确的有（　　　）。

A. β值恒大于0

B. 市场组合的β系数恒等于1

C. β系数为零表示无系统性风险

D. β系数既能衡量系统性风险也能衡量非系统性风险

【解析】选项A不符合题意，绝大多数资产的β系数是大于零的，但会有极个别资产的β系数是负数，从而出现β值小于0的情况。选项D不符合题意，β系数反映系统性风险的大小，不能衡量非系统性风险。综上，本题应选BC。

【答案】BC

高频考点 8　资本资产定价模型

1. 资本资产定价模型的基本原理

公式	必要收益率（R）＝无风险收益率＋风险收益率＝ $R_f + \beta \times (R_m - R_f)$
要点	①单项资产或特定投资组合的必要收益率受到无风险收益率 R_f、市场风险溢酬（$R_m - R_f$）和 β 系数 3 个因素影响。 ②风险收益率是市场风险溢酬（$R_m - R_f$）与该资产系统性风险系数 β 的乘积，即：风险收益率＝$\beta \times (R_m - R_f)$

【真题实战·判断题】根据资本资产定价模型，如果A证券的系统性风险是B证券的2倍，则A证券的必要收益率也是B证券的2倍。（　　　）（2021年）

【解析】必要收益率＝无风险收益率＋风险收益率，若A证券的系统性风险是B证券的2倍，则A证券的风险收益率为B证券的2倍，无风险收益率相同，A证券的必要收益率并非B证券的2倍。因此，本题表述错误。

【答案】×

【真题实战·单选题】某资产的必要收益率为R，β系数为1.5，市场收益率为10%，假设

无风险收益率和β系数不变，如果市场收益率为15%，则资产收益率为（　　　）。（2020年）

A.R＋7.5%　　　　B.R＋12.5%

C.R＋10%　　　　D.R＋5%

【解析】必要收益率＝无风险收益率＋风险收益率＝ $R_f + \beta \times (R_m - R_f)$，即 $R = R_f + 1.5(10\% - R_f)$，$R_f = 30\% - 2R$。如果市场收益率为15%，则资产收益率＝$R_f + \beta \times (R_m - R_f)$＝$30\% - 2R + 1.5(15\% - 30\% + 2R)$＝$R + 7.5\%$。综上，本题应选A。

【答案】A

【真题实战·单选题】有甲、乙两个证券，

甲的必要收益率是10%，乙要求的风险收益率是甲的1.5倍，如果无风险收益率是4%，根据资本资产定价模型，乙的必要收益率为（　　）。（2019年）

A.16%　　　　　　　　B.12%

C.15%　　　　　　　　D.13%

【思路导航】资本资产定价模型是历年考试的常驻嘉宾，一定要熟练掌握公式中每一个字母所代表的含义。本题可以采用根据所求结果倒推的方式来思考。求乙的必要收益率＝4%（无风险收益率）＋乙的风险收益率＝4%（无风险收益率）＋1.5×甲的风险收益率。就可以看出只要计算出甲的风险收益率就能解答本题。再根据题干中给出的甲的相关资料就能计算出甲的风险收益率，进一步就能解出乙的必要收益率。

【解析】必要收益率＝无风险收益率＋风险收益率。则：10%＝4%＋甲的风险收益率，甲的风险收益率＝6%，而乙的风险收益率为甲的1.5倍，则乙的必要收益率＝4%＋1.5×6%＝13%。综上，本题应选D。

【答案】D

【真题实战·多选题】关于资本资产定价模型，下列说法正确的有（　　）。（2018年）

A.该模型反映资产的必要收益率而不是实际收益率

B.该模型中的资本资产主要指的是债券资产

C.该模型解释了风险收益率的决定因素和度量方法

D.该模型反映了系统性风险对资产必要收益率的影响

【解析】选项A、C正确，资本资产定价模型是"必要收益率＝无风险收益率＋风险收益率"的具体化，反映资产的必要收益率，解释了风险收益率的决定因素和度量方法；选项B错误，资本资产定价模型中，所谓资本资产主要指股

票资产，而定价则试图解释资本市场如何决定股票收益率，进而决定股票价格；选项D正确，资本资产定价模型的表达式为：$R = R_f + \beta \times (R_m - R_f)$，式中$\beta$表示该资产的系统性风险系数，反映了系统性风险对资产必要收益率的影响。综上，本题应选ACD。

【答案】ACD

【沙场练兵·单选题】已知甲公司股票的β系数为0.5，短期国债收益率为6%，市场组合收益率为10%，则该公司股票的必要收益率为（　　）。

A.6%　　　　　　　　B.8%

C.10%　　　　　　　　D.16%

【思路导航】资本资产定价模型中各字母所代表的含义、名称及别名一定要能准确区分。这部分内容在《应试考点详解》中有总结，备考时一定要多看看这部分的总结。

【解析】根据资本资产定价模型可知：该公司股票的必要收益率＝6%＋0.5×（10%－6%）＝8%。综上，本题应选B。

【答案】B

【沙场练兵·单选题】某上市公司2021年的β系数为1.24，短期国债利率为3.5%。市场组合的收益率为8%，则投资者投资该公司股票的必要收益率是（　　）。

A.5.58%　　　　　　　　B.9.08%

C.13.52%　　　　　　　　D.17.76%

【解析】必要收益率＝3.5%＋1.24×（8%－3.5%）＝9.08%。综上，本题应选B。

【答案】B

【沙场练兵·判断题】依据资本资产定价模型，资产的必要收益率不包括对公司特有风险的补偿。（　　）

【解析】资本资产定价模型中，某资产的必要收益率是由无风险收益率和资产的风险收益率

决定的。而风险收益率中的 β 系数衡量的是证券资产的系统性风险，公司特有风险作为非系统性风险是可以分散掉的。也就是说，投资者要求补偿的只是他们"容忍"的市场风险，不包括公司风险。因此，本题表述正确。

【答案】√

【真题实战·计算分析题】（2021年）

甲公司持有 A、B 两种证券构成的投资组合，假定资本资产定价模型成立。其中 A 证券的必要收益率为 21%，β 系数为 1.6；B 证券的必要收益率为 30%，β 系数为 2.5。公司拟将 C 证券加入投资组合以降低投资风险，A、B、C 三种证券的投资比重设定为 2.5∶1∶1.5，并使得投资组合的 β 系数为 1.75。

要求：

（1）计算无风险收益率和市场组合的风险收益率。

（2）计算 C 证券的 β 系数和必要收益率。

（1）

【解析】根据资本资产定价模型，必要收益率＝无风险收益率＋风险收益率，简易表达式为 $R = R_f + \beta \times (R_m - R_f)$。已知 A、B 证券的必要收益率及 β 系数，列二元一次方程组求解即可。

【答案】无风险收益率＋1.6×市场组合的风险收益率＝21%

无风险收益率＋2.5×市场组合的风险收益率＝30%

解得：无风险收益率＝5%，市场组合的风险收益率＝10%

（2）

【解析】证券资产组合的 β 系数是所有单项资产 β 系数的加权平均数，权数为各种资产在证券资产组合中所占的价值比例。已知 A、B、C 三种证券的投资比重设定以及 A、B 证券的 β 系数，即可求出 C 证券的 β 系数。已知 C 证券的 β 系数、无风险收益率、市场组合的风险收益率，依据资本资产定价模型，即可求出 C 证券的必要收益率。

【答案】1.75 = 1.6×2.5/(2.5＋1＋1.5)＋2.5×1/(2.5＋1＋1.5)＋β_c×1.5/(2.5＋1＋1.5)，解得：β_c = 1.5

C 证券的必要收益率＝5%＋1.5×10%＝20%

【真题实战·计算分析题】（2020年节选）

公司拟购买由 A、B、C 三种股票构成的投资组合，资金权重分别为 20%、30%、50%，A、B、C 三种股票的 β 系数分别为 0.8、2 和 1.5，无风险收益率为 4%，市场平均收益率为 10%，购买日 C 股票价格为 11 元/股，当年已发放股利（D_0）为每股 0.9 元，预期股利按 3% 的固定比率逐年增长。

（1）计算该组合 β 系数。

（2）使用资本资产定价模型，计算该组合必要收益率。

（1）

【解析】证券组合的 β 系数就是几种证券的 β 系数的加权平均数。对于证券资产组合来说，其所包含的系统性风险的大小可以用组合 β 系数来衡量。证券资产组合的 β 系数是所有单项资产 β 系数的加权平均数，权数为各种资产在证券资产组合中所占的价值比例。计算公式为：

$$\beta_P = \sum_{i=1}^{n} W_i \times \beta_i$$

式中：β_P 表示证券资产组合的 β 系数；W_i 表示第 i 项资产在组合中所占的价值比重；β_i 表示第 i 项资产的 β 系数。

【答案】该组合 β 系数 ＝ 0.8×20% ＋ 2×30% ＋ 1.5×50% ＝ 1.51

（2）

【解析】某资产的必要收益率＝无风险收益率＋ β ×（市场组合收益率－无风险收益率）

【答案】该组合必要收益率 ＝ 4% ＋ 1.51 ×（10% － 4%）＝ 13.06%

【真题实战·计算分析题】（2019 年）

甲公司有一笔闲置资金，拟投资于某证券组合，由 X、Y、Z 三种股票构成，资金权重分别为 40%、30% 和 30%，β 系数分别为 2.5、1.5 和 1。

其中 X 股票投资收益率的概率分布如下：

状况	概率	投资收益率
好	30%	20%
一般	50%	12%
差	20%	5%

Y、Z 预期收益率分别为 10% 和 8%，无风险利率 4%，市场组合必要收益率 9%。

要求：

（1）X 股票预期收益率。

（2）证券组合预期收益率。

（3）证券组合的 β 系数。

（4）利用资本资产定价模型，计算证券组合的必要收益率，判断是否值得投资。

（1）

【解析】预期收益率是投资收益率的加权平均数。

【答案】X 股票预期收益率 ＝ 30%×20% ＋ 50%×12% ＋ 20%×5% ＝ 13%

（2）

【答案】证券组合预期收益率 ＝ 40%×13% ＋ 30%×10% ＋ 30%×8% ＝ 10.6%

（3）

【解析】证券资产组合的 β 系数是所有单项资产 β 系数的加权平均数。

【答案】证券组合的 β 系数 ＝ 40%×2.5 ＋ 30%×1.5 ＋ 30%×1 ＝ 1.75

（4）

【解析】必要收益率＝无风险收益率＋风险收益率，预期收益率大于必要收益率则值得投资，反之则不值得投资。

【答案】证券组合的必要收益率 ＝ 4% ＋ 1.75×（9% － 4%）＝ 12.75%，不值得投资，因为预期收益率 10.6% 小于必要收益率 12.75%。

高频考点 9 成本按性态分类

1. 分类

固定成本	约束性固定成本	又称经营能力成本，是指管理当局的短期经营决策行动不能改变其具体数额的固定成本。如车辆交强险、房屋租金等。 降低途径：只能是合理利用企业现有的生产能力，提高生产效率，以取得更大的经济效益
	酌量性固定成本	又称经营方针成本，是指管理当局的短期经营决策行动能改变其数额的固定成本。如广告费、职工培训费、新产品研究开发费用等。 降低途径：厉行节约、精打细算，编制出积极可行的费用预算并严格执行，防止浪费和过度投资等
变动成本	技术性变动成本	又称约束性变动成本，指由技术或设计关系所决定的变动成本。这种成本只要生产就必然会发生，若不生产，则不会发生。如生产一台汽车需要耗用一台引擎、一个底盘和若干轮胎等
	酌量性变动成本	指通过管理当局的决策行动可以改变的变动成本。这类成本的特点是其单位变动成本的发生额可由企业最高管理层决定。如按销售收入的一定百分比支付的销售佣金、新产品研制费、技术转让费等
混合成本	半变动成本	在一定初始量基础上，随着业务量的变化而成正比例变动。如固定电话座机费等
	半固定成本	随着业务量的增加呈现阶梯状增长，如企业的管理员、运货员、检验员的工资等

（续表）

混合成本	延期变动成本	在一定业务量范围内有一个固定不变的基数，当业务量增长超出了这个范围，与业务量的增长呈正比例变动，如职工的基本工资，在正常工作时间内是不变的；但工作时间超出正常标准时，则需支付与加班时间长短成比例的加班薪金
	曲线变动成本	通常有一个不变的初始量，相当于固定成本，在这个初始量的基础上，随着业务量的增加，成本也逐步变化，但是与业务量是非线性关系。分为递增曲线成本和递减曲线成本两种

2. 混合成本的分解

方法	内容
高低点法	①以过去某一会计期间的总成本和业务量资料为依据，从中选取业务量最高点和业务量最低点，将总成本进行分解，得出成本性态的模型； ②单位变动成本 = $\dfrac{\text{最高点业务量成本} - \text{最低点业务量成本}}{\text{最高点业务量} - \text{最低点业务量}}$ 固定成本总额 = 最高点业务量成本 - 单位变动成本 × 最高点业务量 或：固定成本总额 = 最低点业务量成本 - 单位变动成本 × 最低点业务量
回归直线法	指根据过去一定期间的业务量和混合成本的历史资料，应用最小二乘法原理，计算出最能代表业务量与混合成本关系的回归直线，据以确定混合成本中固定成本和变动成本。计算复杂，但是较为精确
账户分析法	指根据有关成本账户及其明细账的内容，结合其与业务量的依存关系，判断其比较接近哪一类成本，就视其为哪一类成本。比较粗糙，带有主观判断，但简便易行
工业工程法	指运用工业工程的研究方法，逐项研究确定成本高低的每个因素，在此基础上直接估算固定成本与单位变动成本的一种方法。通常适用于投入成本与产出数量之间有规律性联系的成本分解，可以在没有历史成本数据的情况下使用
合同确认法	指根据企业订立的经济合同或协议中关于支付费用的规定，来确认并估算哪些项目属于变动成本，哪些项目属于固定成本。需要配合账户分析法使用

【真题实战·单选题】基于成本性态，下列各项中属于技术性变动成本的是（　　）。（2021年）

A. 产品耗用的主要零部件

B. 加班加点工资

C. 产品销售佣金

D. 按销量支付的专利使用费

【思路导航】本题考查的是成本按性态分类，属于基础知识点。顾名思义，"技术性"变动成本，即由"技术性"原因决定的成本，管理当局的决策难以改变，抓住这个要点记忆则事半功倍。此外，还需注意"加班加点工资"≠"直接人工成本"。

【解析】技术性变动成本是指由技术或设计关系所决定的变动成本，技术性变动成本包括直接材料、直接人工等。综上，本题应选A。

【答案】A

【真题实战·单选题】某企业根据过去一段时间内的业务量和混合成本资料，应用最小二乘法原理，寻求最能代表二者关系的函数表达式，

据以对混合成本进行分解，则该企业所采用的混合成本分解方法是（　　）。（2019年）

A. 高低点法　　　　B. 账户分析法

C. 回归直线法　　　D. 工业工程法

【解析】回归直线法是一种较为精确的方法。它根据过去一定期间的业务量和混合成本的历史资料，应用最小二乘法原理，算出最能代表业务量与混合成本关系的回归直线，据以确定混合成本中固定成本和变动成本的方法。综上，本题应选C。

【答案】C

【真题实战·多选题】在一定期间及特定的业务量范围内，关于成本与业务量之间的关系，下列说法正确的有（　　）。（2019年）

A. 固定成本总额随业务量的增加而增加

B. 单位固定成本随业务量的增加而降低

C. 变动成本总额随业务量的增加而增加

D. 单位变动成本随业务量的增加而降低

【解析】固定成本的基本特征是：在一定业务量范围内，固定成本总额不因业务量的变动而变动，但单位固定成本（单位业务量负担的固定成本）会与业务量的增减呈反向变动（选项B正确）。变动成本的基本特征是：在一定业务量范围内，变动成本总额因业务量的变动而成正比例变动，但单位变动成本（单位业务量负担的变动成本）不变（选项C正确）。综上，本题应选BC。

【答案】BC

【真题实战·多选题】基于成本性态分析，对于企业推出的新产品所发生的混合成本，不适宜采用的混合成本分解方法有（　　）。（2019年）

A. 合同确认法　　　B. 工业工程法

C. 高低点法　　　　D. 回归直线法

【解析】高低点法和回归直线法，都属于历史

成本分析的方法，它们仅限于有历史成本资料数据的情况，而新产品不具有足够的历史数据。综上，本题应选CD。

【答案】CD

【真题实战·多选题】下列各项中，一般属于酌量性固定成本的有（　　）。（2018年）

A. 新产品研发费　　B. 广告费

C. 职工培训费　　　D. 设备折旧费

【解析】选项A、B、C属于，酌量性固定成本是指管理当局的短期经营决策行动能改变其数额的固定成本。例如：广告费、职工培训费、新产品研究开发费用等。选项D不属于，设备折旧费属于约束性固定成本。综上，本题应选ABC。

【答案】ABC

【真题实战·判断题】变动成本是指在特定的业务量范围内，其总额会随业务量的变动而成正比例变动的成本。（　　）（2018年）

【解析】变动成本是在特定的业务量范围内，其总额随业务量的变动成正比例变动。因此，本题表述正确。

【答案】√

【沙场练兵·单选题】根据成本性态，在一定时期一定业务量范围之内，职工培训费一般属于（　　）。

A. 半变动成本　　　B. 半固定成本

C. 约束性固定成本　D. 酌量性固定成本

【解析】酌量性固定成本是指管理当局的短期经营决策行动能改变其数额的固定成本。例如：广告费、职工培训费、新产品研究开发费用等。综上，本题应选D。

【答案】D

【沙场练兵·单选题】某公司电梯维修合同规定，当每年上门维修不超过3次时，维修费用为5万元，当超过3次时，则在此基础上按每次2万元付费，根据成本性态分析，该项维修

费用属于（　　）。

A. 半变动成本　　　B. 半固定成本

C. 延期变动成本　　D. 曲线变动成本

【解析】延期变动成本在一定的业务量范围内有一个固定不变的基数，当业务量增长超出了这个范围，它就与业务量增长成正比。综上，本题应选 C。

【答案】C

【沙场练兵·单选题】约束性固定成本不受管理当局短期经营决策行动的影响。下列各项中，不属于企业约束性固定成本的是（　　）。

A. 厂房折旧

B. 厂房租金支出

C. 高管人员基本工资

D. 新产品研究开发费用

【解析】约束性固定成本（经营能力成本）是指管理当局的短期经营决策行动不能改变其具体数额的固定成本。选项 A、B、C 都属于约束

性固定成本。选项 D 属于酌量性固定成本。综上，本题应选 D。

【答案】D

【沙场练兵·多选题】下列各项中，属于固定成本项目的有（　　）。

A. 采用工作量法计提的折旧

B. 不动产财产保险费

C. 直接材料费

D. 写字楼租金

【思路导航】本题中选项 A 采用工作量法计提的折旧容易引起歧义，由于每年的工作量不一样，所以计提的折旧不一样，不属于固定成本项目。

【解析】选项 A 不属于，采用工作量法计提的折旧，各年的折旧额不相同，所以不是固定成本；选项 C 不属于，直接材料属于变动成本。综上，本题应选 BD。

【答案】BD

【真题实战·综合题】（2020 年节选）

甲公司是一家制造企业集团，生产耗费的原材料为 L 零部件，有关资料如下：

资料四：受经济环境的影响，甲公司决定自 2020 年将零部件从外购转为自行生产，计划建立一个专门生产 L 零部件的 A 分厂。该分厂投入运行后的有关数据估算如下：L 零部件年产量 54 000 个，单位直接材料 30 元／个，单位直接人工 20 元／个，其他成本全部为固定成本，金额为 1 900 000 元。

要求：根据资料四，计算 A 分厂投入运营后，预计年产品成本总额。

【解析】本题是对总成本模型 Y ＝ a ＋ bX 的考查，计算预计年产品成本总额就是计算总的材料费用、人工费用和固定成本。

【答案】预计年产品成本总额＝ 54 000 ×（20 ＋ 30）＋ 1 900 000 ＝ 4 600 000（元）

🔺强化练习

一、单项选择题

1. 甲公司基层维修费为半变动成本，机床运行 100 小时，维修费为 250 元，运行 150 小时，维修费为 300 元，运行 80 小时的维修费为（　　）元。

   A.200　　　　　　　　B.230　　　　　　　　C.160　　　　　　　　D.180

2. 项目 A 投资收益率为 10%，项目 B 投资收益率为 15%，则比较项目 A 和项目 B 风险的大小，可以用（　　）。

   A. 两个项目的收益率方差　　　　　　　　B. 两个项目的收益率的标准差

   C. 两个项目的收益率　　　　　　　　　　D. 两个项目的标准差率

3. 下列属于递减曲线成本的是（　　）。

   A. 有价格折扣或优惠条件下的水、电消费成本

   B. 累进计件工资

   C. 违约金

   D. 职工的基本工资

4. 如果甲乙两只股票的收益率变化方向和变化幅度完全相同，则由其组成的投资组合（　　）。

   A. 不能降低任何风险　　　　　　　　　　B. 可以分散部分风险

   C. 可以最大限度地抵消风险　　　　　　　D. 风险等于两只股票风险之和

5. 投资者对某项资产合理要求的最低收益率，称为（　　）。

   A. 实际收益率　　　　B. 必要收益率　　　　C. 预期收益率　　　　D. 无风险收益率

6. 已知甲公司股票风险收益率为 9%，短期国债收益率为 5%，市场组合收益率为 10%，则该公司股票的 β 系数为（　　）。

   A.1.8　　　　　　　　B.0.8　　　　　　　　C.1　　　　　　　　　D.2

7. 约束性固定成本不受管理当局短期经营决策行动的影响。下列选项中，不属于企业约束性固定成本的是（　　）。

   A. 管理人员的基本工资　　　　　　　　　B. 房屋租金支出

   C. 职工培训费　　　　　　　　　　　　　D. 不动产财产保险费

8. 某保险公司的推销员若销售 100 件商品，每月固定工资 1 800 元，在此基础上，若推销员的业绩超出规定业务量，推销员还可按照超出的数额按比例获得奖金，那么推销员的工资费用是（　　）。

   A. 半变动成本　　　　B. 半固定成本　　　　C. 延期变动成本　　　　D. 曲线变动成本

9. 在利率和计算期相同的条件下，以下公式中，正确的是（　　）。

A. 普通年金终值系数 × 普通年金现值系数 = 1

B. 普通年金终值系数 × 偿债基金系数 = 1

C. 普通年金终值系数 × 投资回收系数 = 1

D. 普通年金终值系数 × 预付年金现值系数 = 1

10. 某投资者购买债券，在名义利率相同的情况下，对其最有利的计息期是（　　　）。

A.1 年　　　　　　　　B.6 个月　　　　　　　C.1 季度　　　　　　　D.1 个月

二、多项选择题

1. 在下列各项中，可以直接或间接利用普通年金终值系数计算出确切结果的项目有（　　　）。

A. 偿债基金　　　　　B. 先付年金终值　　　　C. 永续年金现值　　　　D. 永续年金终值

2. 下列各项中，属于普通年金形式的项目有（　　　）。

A. 零存整取储蓄的整取额　　　　　　B. 定期定额支付的养老金

C. 年资本回收额　　　　　　　　　　D. 偿债基金

3. 下列选项中，属于风险管理措施中风险转移的有（　　　）。

A. 计提企业风险准备金　　　　　　　B. 采取合营方式实现风险共担

C. 向保险公司投保　　　　　　　　　D. 战略上的多种经营

4. 下列引起的风险属于不可分散的风险的有（　　　）。

A. 银行调整利率水平　　　　　　　　B. 公司劳资关系紧张

C. 公司诉讼失败　　　　　　　　　　D. 市场呈现疲软现象

5. 下列表述中可以被看作年金的有（　　　）。

A. 采用直线法计提的折旧　　　　　　B. 投资者每期收到的普通股股利

C. 每年相同的销售收入　　　　　　　D. 按产量基础计算的奖金

6. 下列选项中，属于风险管理原则的有（　　　）。

A. 全员性原则　　　　　B. 重要性原则　　　　C. 系统性原则　　　　D. 专业性原则

7. 混合成本可进一步细分为（　　　）。

A. 半变动成本　　　　　B. 半固定成本　　　　C. 延期变动成本　　　　D. 曲线变动成本

8. 资本资产定价模型的局限性包括（　　　）。

A. 没有解决非系统性风险的定价问题

B. 某些资产或企业的 β 值难以估计

C. 依据历史数据估算出来的 β 值对未来的指导作用要打折扣

D. 资本资产定价模型的建立需要一系列假设

9. 下列关于资产组合预期收益率的说法中，正确的有（　　　）。

A. 组合收益率的影响因素为投资比重和个别资产收益率

B. 资产组合的预期收益率就是组成资产组合的各种资产的预期收益率的加权平均数

C. 不论投资组合中两项资产之间的相关系数如何，只要投资比例不变，各项资产的期望收益率

不变，则该投资组合的期望收益率就不变

D. 即使投资比例不变，各项资产的期望收益率不变，但如果组合中各项资产之间的相关系数发生改变，投资组合的期望收益率就有可能改变

10. 下列关于混合成本分解的说法中，正确的有（　　　）。

　　A. 回归直线法相较于高低点法更为精确

　　B. 工业工程法可以在没有历史成本数据的情况下使用

　　C. 账户分析法简便易行且较为准确

　　D. 合同确认法要配合账户分析法使用

三、判断题

1. 在证券的市场组合中，所有证券 β 系数的加权平均数等于1。（　　　）

2. 收益率的标准差是反映某项资产收益率的各种可能结果对实际收益率的偏离程度的一个指标。（　　　）

3. 相关系数，既影响资产组合的预期收益率，也影响资产组合预期收益率的方差。（　　　）

4. 市场风险溢酬反映了市场整体对风险的厌恶程度，投资者越冒险，市场风险溢酬的数值就越小。（　　　）

5. 混合成本的分解可以采用合同确认法，但合同确认法要配合账户分析法使用。（　　　）

四、计算分析题

1. 已知：企业在经营良好情况下的收益率为 10%，其他情况下的收益率为 5%，经营良好情况下收益率的概率为 0.4，其他情况下的概率为 0.6。企业的贝塔系数为 2.4，无风险收益率为 4%，市场平均风险收益率为 3%。

要求：

（1）计算企业的期望收益率和收益率的方差。

（2）计算企业收益率的标准差和标准差率。

（3）计算企业的必要收益率。

2. 某公司拟进行股票投资，计划购买 A、B、C 三种股票，并分别设计了甲乙两种投资组合。已知三种股票的 β 系数分别为 1.5、1.0 和 0.5，它们在甲投资组合下的投资比重为 50%、30% 和 20%；乙投资组合的风险收益率为 3.4%。同期市场上所有股票的平均收益率为 12%，无风险收益率为 8%。

要求：

（1）根据 A、B、C 股票的 β 系数，分别评价这三种股票相对于市场投资组合而言的投资风险大小。

（2）按照资本资产定价模型计算 A 股票的必要收益率。

（3）计算甲、乙两种投资组合的 β 系数，甲投资组合的风险收益率及乙投资组合的必要

收益率。

（4）比较甲乙两种投资组合的 β 系数，评价它们的投资风险大小。

▲答案与解析

一、单项选择题

1.【解析】设半变动成本 y = a + bx，b =（300 - 250）/（150 - 100）= 1（元 / 小时），a = 300 - 1×150 = 150（元），所以，运行 80 小时的维修费 = 150 + 1×80 = 230（元）。综上，本题应选 B。

【答案】B

2.【解析】期望收益率相同时，比较风险的大小可以用方差或标准差；期望收益率不同时，比较风险大小可以用标准差率。综上，本题应选 D。

【答案】D

3.【解析】选项 A，属于递减曲线成本；选项 B、C，属于递增曲线成本；选项 D，属于延期变动成本。综上，本题应选 A。

【敲黑板】递增曲线成本，随着业务量的增加，成本逐步增加，并且增加幅度是递增的；递减曲线成本，用量越大则总成本越高，但增长越来越慢，变化率是递减的；延期变动成本在一定的业务量范围内有一个固定不变的基数，当业务量增长超出了这个范围，它就与业务量的增长成正比例变动。

【答案】A

4.【解析】如果甲乙两只股票的收益率变化方向和变化幅度完全相同，则两只股票的相关系数为 1，相关系数为 1 时的投资组合不能降低任何风险，组合的风险等于两只股票风险的加权平均数。综上，本题应选 A。

【答案】A

5.【解析】必要收益率也称最低报酬率或最低要求的收益率，表示投资者对某资产合理要求的最低收益率。综上，本题应选 B。

【敲黑板】实际收益率表示已经实现或者确定可以实现的资产收益率，表述为已实现或确定可以实现的利息（股息）率与资本利得收益率之和。当存在通货膨胀时，还应当扣除通货膨胀率的影响，剩余的才是真实的收益率。预期收益率也称期望收益率，是指在不确定的条件下，预测的某资产未来可能实现的收益率。必要收益率由无风险收益率和风险收益率两部分组成。无风险收益率也称无风险利率，它是指无风险资产的收益率，它的大小由纯粹利率和通货膨胀补偿率两部分组成。

【答案】B

6.【解析】根据资本资产定价模型可以得出：风险收益率 = β ×（R_m - R_f），则 9% = β ×

（10% － 5%），求得 β ＝ 1.8。综上，本题应选 A。

【敲黑板】大家要注意，题目给定的是风险收益率而不是股票必要收益率，必要收益率 ＝ 无风险收益率 ＋ 风险收益率。如果给定的 9% 为必要收益率，则本题应该为：9% ＝ R_f ＋ β ×（R_m － R_f）＝ 5% ＋ β ×（10% － 5%），此时 β ＝ 0.8。

【答案】A

7.【解析】约束性固定成本是指管理当局的短期经营决策行动不能改变其具体数额的固定成本。例如：固定的设备折旧、车辆交强险、房屋租金和管理人员的基本工资等。选项 A、B、D 都属于约束性固定成本，选项 C 属于酌量性固定成本。综上，本题应选 C。

【敲黑板】酌量性固定成本是指管理当局的短期经营决策行动能改变其数额的固定成本。例如：广告费、职工培训费、新产品研究开发费等。

【答案】C

8.【解析】本题考查的其实是混合成本的四种类型，按照题目描述应该为延期变动成本。延期变动成本在一定业务量范围内有一个固定不变的基数，当业务量增长超出这个范围，它就与业务量的增长成正比例变动。此题中推销员的工资费用属于延期变动成本。综上，本题应选 C。

【敲黑板】延期变动成本与半变动成本有一定的相似性很容易混淆，半变动成本是指在有一定初始量的基础上，随着产量的变化而成正比例变动的成本。特点就是有一个初始的固定基数，在此基数内与业务量的变化无关，这部分成本有点类似于固定成本；在此基础之上的其余部分，则随着业务量的增加成正比例增加。如，固定电话座机费、水费、煤气费等均属于半变动成本。

【答案】C

9.【解析】偿债基金系数和普通年金终值系数互为倒数，即普通年金终值系数 × 偿债基金系数 ＝ 1。资本回收系数（即投资回收系数）与普通年金现值系数互为倒数，即普通年金现值系数 × 投资回收系数 ＝ 1。综上，本题应选 B。

【敲黑板】"年终偿债，回收年现（限）"记住这个口诀，选择题就容易做了。

【答案】B

10.【解析】i ＝（1 + r/m）^{m} － 1，式中，i 为实际利率，r 为名义利率，m 为每年复利计息次数。在名义利率相同的情况下，实际利率越高对投资者越有利。计息次数越多、计息周期越短，实际利率越高。综上，本题应选 D。

【答案】D

二、多项选择题

1.【解析】选项 A 正确，偿债基金 ＝ 年金终值 × 偿债基金系数 ＝ 年金终值 / 年金终值系数；选项 B 正确，先付年金终值 ＝ 普通年金终值 ×（1 + i）＝ 年金 × 普通年金终值系数 ×（1 + i）；选项 C 错误，永续年金的现值计算与普通年金终值系数无关；选项 D 错误，永续年金不存在终值。综上，本题应选 AB。

【答案】AB

2. 【解析】普通年金是指一定时期内每期期末等额收付的系列款项。选项 A 不是，其显然属于终值。综上，本题应选 BCD。

【答案】BCD

3. 【解析】选项 A 不符合题意，企业自身的风险准备金或应急资本属于风险补偿中的财务补偿形式；选项 B、C 符合题意，风险转移指企业通过合同将风险转移到第三方，企业对转移后的风险不再拥有所有权，例如购买保险；采取合营方式实现风险共担；选项 D 不符合题意，资产组合使用、多种外币结算的使用和战略上的多种经营属于风险管理措施中风险对冲。综上，本题应选 BC。

【答案】BC

4. 【解析】可以通过证券组合分散的风险为可分散风险，它是特定企业或特定行业所特有的，与政治、经济和其他影响所有资产的市场因素无关，公司劳资关系紧张、诉讼失败属于公司特有风险。不可分散风险是影响所有资产的、不能通过资产组合而消除的风险，银行调整利率水平和市场呈现疲软现象属于不可分散风险。综上，本题应选 AD。

【答案】AD

5. 【解析】年金是间隔期相等的系列等额收付款项，普通股股利的多少随企业盈利和资金需求而变动，按产量基础计算的奖金随产量变化，不属于年金。综上，本题应选 AC。

【答案】AC

6. 【解析】风险管理原则包括战略性原则、全员性原则（选项 A）、专业性原则（选项 D）、二重性原则和系统性原则（选项 C）。综上，本题应选 ACD。

【答案】ACD

7. 【解析】混合成本兼有固定与变动两种性质，可进一步细分为半变动成本、半固定成本、延期变动成本和曲线变动成本。综上，本题应选 ABCD。

【答案】ABCD

8. 【解析】资本资产定价模型的局限性包括：①某些资产或企业的 β 值难以估计，特别是对一些缺乏历史数据的新兴行业；②由于经济环境的不确定性和不断变化，使得依据历史数据估算出来的 β 值对未来的指导作用必然要打折扣；③资本资产定价模型是建立在一系列假设之上的，其中一些假设与实际情况有较大偏差。综上，本题应选 BCD。

【答案】BCD

9. 【解析】选项 D 说法错误，不论投资组合中两项资产之间的相关系数如何，只要投资比例不变，各项资产的期望收益率不变，则该投资组合的期望收益率就不变。综上，本题应选 ABC。

【敲黑板】证券资产组合的预期收益率公式 $E(R_p) = \sum_{i=1}^{n} W_i \times E(R_i)$ 根据这个公式可以分析出正确的答案。

【答案】ABC

10. 【解析】选项 A、B、D 说法正确；选项 C 说法错误，账户分析法简便易行，但比较粗糙且带有主观判断。综上，本题应选 ABD。

【答案】ABD

三、判断题

1.【解析】市场组合的 β 系数为 1，而证券的市场组合可以理解为市场上所有证券所构成的投资组合，所以，在证券的市场组合中，所有证券 β 系数的加权平均数等于 1。因此，本题表述正确。

【答案】√

2.【解析】收益率的标准差是反映某项资产收益率的各种可能结果对期望值的偏离程度的一个指标。因此，本题表述错误。

【答案】×

3.【解析】证券资产组合的预期收益率：$E(R_p) = \Sigma W_i \times E(R_i)$。单项资产预期收益率 $E(R) = \Sigma P_i \times R_i$，可见相关系数不影响资产组合预期收益率。资产组合预期收益率的方差计算公式为 $\sigma_p^2 = W_1^2 \sigma_1^2 + W_2^2 \sigma_2^2 + 2W_1 W_2 \rho_{1,2} \sigma_1 \sigma_2$，可见相关系数影响资产组合预期收益率的方差。因此，本题表述错误。

【答案】×

4.【解析】市场风险溢酬反映了市场整体对风险的厌恶程度，对风险越是厌恶和回避，市场风险溢酬的数值越大；而投资者越冒险，则说明对风险的厌恶和回避不是很强烈，因此市场风险溢酬的数值就越小。因此，本题表述正确。

【答案】√

5.【解析】合同确认法是根据企业订立的经济合同或协议中关于支付费用的规定，来确认并估算哪些项目属于变动成本，哪些项目属于固定成本的方法，合同确认法要配合账户分析方法使用。因此，本题表述正确。

【答案】√

四、计算分析题

1.（1）

【解析】期望收益率 $(\overline{E}) = \sum_{i=1}^{n} P_i R_i$，收益率的方差 $(\sigma^2) = \sum_{i=1}^{n} (R_i - \overline{E})^2 \times P_i$，其中 P_i 表示情况 i 出现的概率；R_i 表示情况 i 出现时的收益率。

【答案】企业的期望收益率 $= 10\% \times 0.4 + 5\% \times 0.6 = 7\%$

企业收益率的方差 $= (10\% - 7\%)^2 \times 0.4 + (5\% - 7\%)^2 \times 0.6 = 0.0006$；

（2）

【解析】收益率的标准差 $(\sigma) = \sqrt{\sum_{i=1}^{n} (R_i - \overline{E})^2 \times P_i}$，收益率的标准差率 $(V) = \dfrac{\sigma}{E} \times 100\%$，其中 P_i 表示情况 i 出现的概率；R_i 表示情况 i 出现时的收益率。

【答案】企业收益率的标准差 $= \sqrt{0.0006} = 0.0245$

企业收益率的标准差率 $= 0.0245/7\% = 0.35$

（3）

【解析】根据资本资产定价模型，必要收益率 $(R) =$ 无风险收益率 $+$ 风险收益率 $= R_f + \beta \times$

（R_m － R_f）。

【答案】企业的必要收益率 = 4% + 2.4×3% = 11.2%

2.（1）

【解析】单项资产的 β 系数是指可以反映单项资产收益率与市场平均收益率之间变动关系的一个量化指标，它表示单项资产收益率的变动受市场平均收益率变动的影响程度。当某资产的 β 系数 = 1 时，说明该资产的收益率与市场平均收益率同方向、同比例变化。当某资产的 |β| 系数 < 1 时，说明该资产收益率的变动幅度小于市场组合收益率的变动幅度。当某资产的 |β| 系数 > 1 时，说明该资产收益率的变动幅度大于市场组合收益率的变动幅度。

【答案】A 股票的 β 系数为 1.5，B 股票的 β 系数为 1.0，C 股票的 β 系数为 0.5，所以 A 股票相对于市场投资组合的投资风险大于 B 股票，B 股票相对于市场投资组合的投资风险大于 C 股票。

（2）

【解析】必要收益率 = 无风险收益率 + 风险收益率

【答案】A 股票的必要收益率 = 8% + 1.5×（12% － 8%）= 14%

（3）

【解析】投资组合的 β 系数是所有单项资产 β 系数的加权平均数。风险收益率 = β×（市场组合收益率 – 无风险收益率）

【答案】甲投资组合的 β 系数 = 1.5×50% + 1.0×30% + 0.5×20% = 1.15

甲投资组合的风险收益率 = 1.15×（12% – 8%）= 4.6%

乙投资组合的 β 系数 = 3.4% /（12% – 8%）= 0.85

乙投资组合的必要收益率 = 8% + 3.4% = 11.4%

（4）

【解析】贝塔系数越大说明系统性风险越大。

【答案】甲投资组合的 β 系数大于乙投资组合的 β 系数，说明甲的投资风险大于乙的投资风险。

第三章　预算管理

应试指导

　　本章属于较重要的章节，内容较为简单，难度不大，学习掌握起来比较容易。重点内容是预算编制方法和各类预算的编制。预算编制方法属于纯文字性的内容，考查方式主要是客观题，学习时要掌握三组预算编制方法的特点和优缺点，不需一字不漏背诵，能够复述重点的内容即可；在学习时要注意总结，对比记忆。各类预算编制涉及计算，可以是案例型的选择题，也可以在主观题中考查，并可以和后续章节联合出综合题，是本章需要重点掌握的内容；学习此部分内容时，理解为先，注意总结，最后辅之以练习巩固。

历年考情

　　本章考查形式多样，既可以出客观题，也可以出计算分析题和综合题。近几年平均分在 7 分左右。

题型	2021 年（一）		2021 年（二）		2020 年（一）		2020 年（二）		2019 年（一）		2019 年（二）	
	题量	分值	题量	分值	题量	分值	题量	分值	题量	分值	题量	分值
单选	3	4.5 分	2	3 分	1	1.5 分	3	4.5 分	4	4 分	3	3 分
多选	2	4 分	1	2 分	—		1	2 分	1	2 分	—	
判断	1	1 分	1	1 分	2	2 分	1	1 分	—		—	
计算	—		—		—		—		—		—	
综合	—		—		—		—		—		3	6 分

高频考点列表

考点	单选题	多选题	判断题	计算分析题	综合题
预算的分类及预算体系	—	2020 年	2017 年	—	—
各种预算编制方法的比较	2021 年、2020 年、2019 年	—	2021 年、2020 年、2018 年		

考点	单选题	多选题	判断题	计算分析题	综合题
弹性预算的编制方法	2021年、2020年、2018年	—	2017年	—	—
经营预算的编制	2021年、2020年、2019年	2021年、2020年、2019年	2020年	2021年、2018年	2019年
财务预算的编制	2021年、2020年、2019年	2021年、2020年、2018年	2021年、2020年	2021年、2018年	2019年
预算的执行和考核	—	2016年	—	—	—

第三章 预算管理

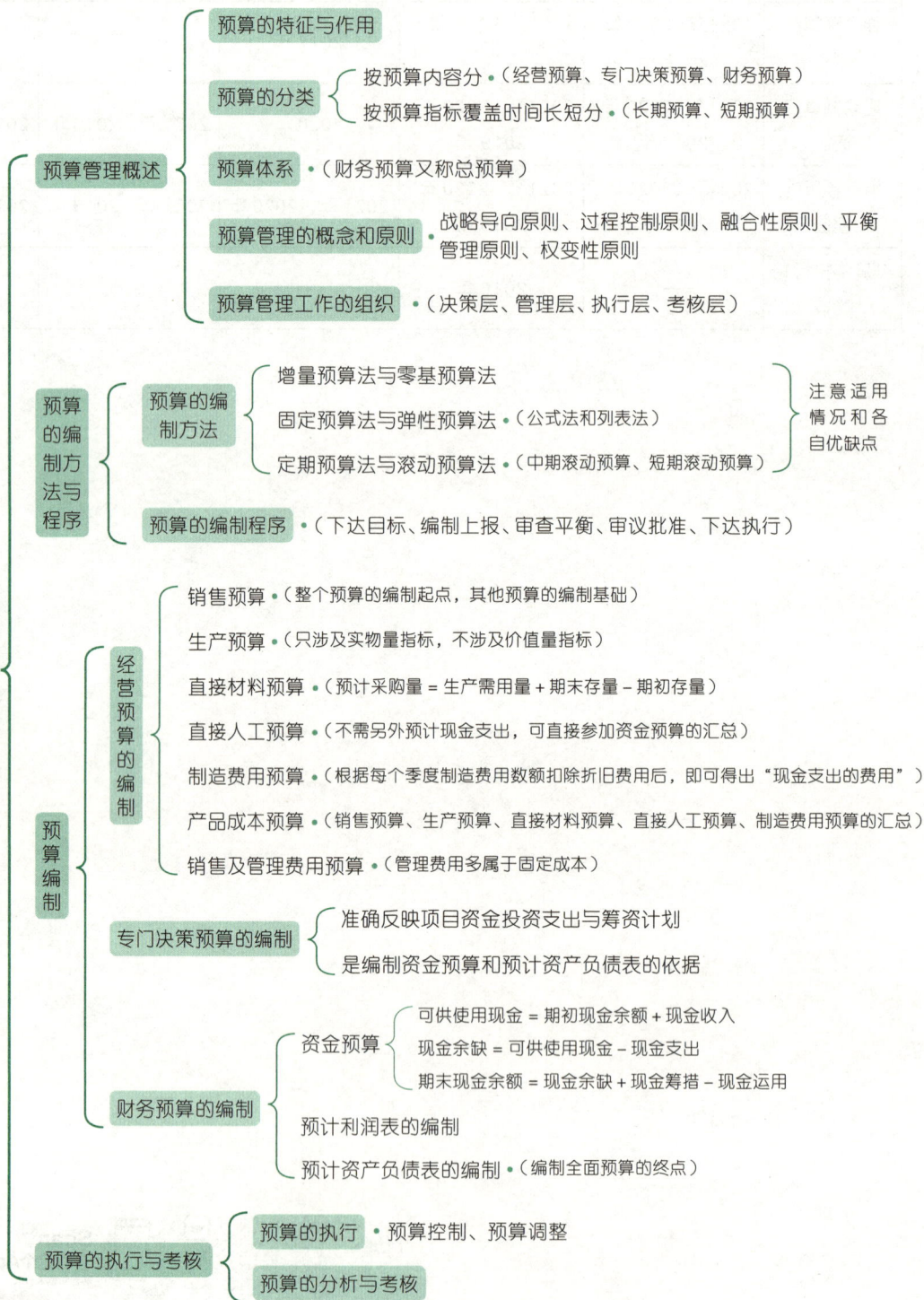

- **预算管理概述**
  - 预算的特征与作用
  - 预算的分类
    - 按预算内容分 •（经营预算、专门决策预算、财务预算）
    - 按预算指标覆盖时间长短分 •（长期预算、短期预算）
  - 预算体系 •（财务预算又称总预算）
  - 预算管理的概念和原则 • 战略导向原则、过程控制原则、融合性原则、平衡管理原则、权变性原则
  - 预算管理工作的组织 •（决策层、管理层、执行层、考核层）

- **预算的编制方法与程序**
  - 预算的编制方法
    - 增量预算法与零基预算法
    - 固定预算法与弹性预算法 •（公式法和列表法）
    - 定期预算法与滚动预算法 •（中期滚动预算、短期滚动预算）
    - 注意适用情况和各自优缺点
  - 预算的编制程序 •（下达目标、编制上报、审查平衡、审议批准、下达执行）

- **预算编制**
  - 经营预算的编制
    - 销售预算 •（整个预算的编制起点，其他预算的编制基础）
    - 生产预算 •（只涉及实物量指标，不涉及价值量指标）
    - 直接材料预算 •（预计采购量 = 生产需用量 + 期末存量 – 期初存量）
    - 直接人工预算 •（不需另外预计现金支出，可直接参加资金预算的汇总）
    - 制造费用预算 •（根据每个季度制造费用数额扣除折旧费用后，即可得出"现金支出的费用"）
    - 产品成本预算 •（销售预算、生产预算、直接材料预算、直接人工预算、制造费用预算的汇总）
    - 销售及管理费用预算 •（管理费用多属于固定成本）
  - 专门决策预算的编制
    - 准确反映项目资金投资支出与筹资计划
    - 是编制资金预算和预计资产负债表的依据
  - 财务预算的编制
    - 资金预算
      - 可供使用现金 = 期初现金余额 + 现金收入
      - 现金余缺 = 可供使用现金 – 现金支出
      - 期末现金余额 = 现金余缺 + 现金筹措 – 现金运用
    - 预计利润表的编制
    - 预计资产负债表的编制 •（编制全面预算的终点）

- **预算的执行与考核**
  - 预算的执行 • 预算控制、预算调整
  - 预算的分析与考核

高频考点 1 预算的分类及预算体系

1. 预算的分类

分类标准	分类	内容
内容不同	经营预算 （业务预算）	①销售预算； ②生产预算； ③直接材料预算、直接人工预算、制造费用预算； ④产品成本预算； ⑤销售费用和管理费用预算
	专门决策预算	资本支出预算等
	财务预算 （总预算）	①资金预算； ②预计利润表； ③预计资产负债表
预算指标覆盖的时间长短	短期预算	经营预算和财务预算多为1年期的短期预算
	长期预算	

2. 预算体系

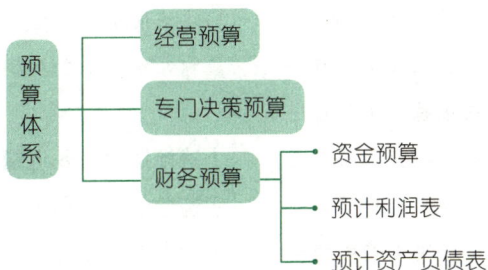

3. 预算管理的原则

原则	具体规定
战略导向原则	预算管理应围绕企业的战略目标和业务计划有序开展，引导各预算责任主体聚焦战略、专注执行、达成绩效
过程控制原则	预算管理应通过及时监控、分析等把握预算目标的实现进度并实施有效评价，对企业经营决策提供有效支撑
融合性原则	预算管理应以业务为先导、以财务为协同，将预算管理嵌入企业经营管理活动的各个领域、层次、环节
平衡管理原则	预算管理应平衡长期目标与短期目标、整体利益与局部利益、收入与支出、结果与动因等关系，促进企业可持续发展
权变性原则	预算管理应刚性与柔性相结合，强调预算对经营管理的刚性约束，又可根据内外环境的重大变化调整预算，并针对例外事项进行特殊处理

第3章

61

【真题实战·多选题】下列各项中，属于经营预算内容的有（　　）。（2020年）

A. 销售预算　　　　B. 采购预算

C. 生产预算　　　　D. 资金预算

【思路导航】经营预算是考试的重点，各种题型都可考查。学习时，首先理解其概念；然后逐个理解记忆相关内容及计算公式；最后要注意横向比较各种预算之间的内在关联。

【解析】选项A、B、C属于，经营预算是指与企业日常业务直接相关的一系列预算，包括销售预算、生产预算、采购预算、费用预算、人力资源预算等；选项D不属于，资金预算属于财务预算。综上，本题应选ABC。

【答案】ABC

【真题实战·判断题】经营预算是全面预算编制的起点，因此专门决策预算应当以经营预算为依据。（　　）（2017年）

【思路导航】对于出现"起点""终点""首要"等词汇的内容要重点记忆，一般是考试的重点。

【解析】编制专门决策预算的依据，是项目财务可行性分析资料以及企业筹资决策资料。专门决策预算主要是长期投资预算（又称资本支出预算），通常是指与项目投资决策相关的专门预算，它往往涉及长期建设项目的资金投放与筹集，并经常跨越多个年度。因此，本题表述错误。

【答案】×

【沙场练兵·多选题】下列关于财务预算表述中，正确的有（　　）。

A. 财务预算多为长期预算

B. 财务预算又称为总预算

C. 财务预算是全面预算体系的最后环节

D. 财务预算主要包括资本支出预算、预计利润表预算和预计资产负债表预算

【解析】选项A、D表述错误，一般情况下企业的经营预算和财务预算多为一年期的短期预算。财务预算包括资金预算、预计利润表和预计资产负债表；选项B、C表述正确，财务预算作为全面预算体系的最后环节，从价值方面总括地反应企业经营预算与专门决策预算的结果，故亦称总预算。综上，本题应选BC。

【答案】BC

【沙场练兵·判断题】财务预算能够综合反映各项经营预算和各项专门决策预算的结果，因此又称为总预算。（　　）

【解析】财务预算作为全面预算体系的最后环节，它从价值方面总括地反映企业经营预算和专门决策预算的结果，故亦称总预算，其他预算相应称为分预算或辅助预算。因此，本题表述正确。

【答案】√

【沙场练兵·多选题】下列各项属于预算管理应遵循的原则有（　　）。

A. 战略导向原则　　　B. 谨慎性原则

C. 融合性原则　　　　D. 权变性原则

【解析】企业进行预算管理，一般应遵循以下原则：战略导向原则、过程控制原则、融合性原则、平衡管理原则和权变性原则。综上，本题应选ACD。

【答案】ACD

高频考点 2 各种预算编制方法的比较

1. 预算编制方法的分类

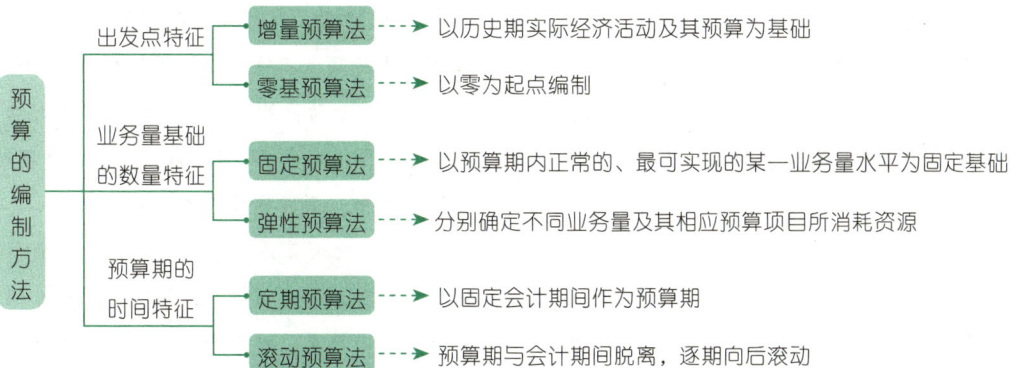

预算的编制方法
- 出发点特征
  - 增量预算法 ┄┄► 以历史期实际经济活动及其预算为基础
  - 零基预算法 ┄┄► 以零为起点编制
- 业务量基础的数量特征
  - 固定预算法 ┄┄► 以预算期内正常的、最可实现的某一业务量水平为固定基础
  - 弹性预算法 ┄┄► 分别确定不同业务量及其相应预算项目所消耗资源
- 预算期的时间特征
  - 定期预算法 ┄┄► 以固定会计期间作为预算期
  - 滚动预算法 ┄┄► 预算期与会计期间脱离，逐期向后滚动

2. 增量预算法 VS 零基预算法

项目	优点	缺点
增量预算法	编制工作量小	可能导致无效费用开支无法得到有效控制，使得不必要开支合理化，造成预算上的浪费
零基预算法	①以零为起点编制预算，不受历史期经济活动中的不合理因素影响，能够灵活应对内外环境的变化，预算编制更贴近预算期企业经济活动需要；②有助于增加预算编制透明度，有利于进行预算控制	①预算编制工作量较大、成本较高；②预算编制的准确性受企业管理水平和相关数据标准准确性影响较大

【真题实战·判断题】与增量预算法相比，采用零基预算法编制预算的工作量较大、成本较高。（　）（2021年）

【解析】零基预算法的缺点主要体现在：①预算编制工作量较大、成本较高；②预算编制的准确性受企业管理水平和相关数据标准准确性影响较大。因此，本题表述正确。

【答案】√

【真题实战·单选题】相对于增量预算，下列关于零基预算的表述中错误的是（　）。（2020年）

A. 预算编制成本相对较高

B. 预算编制工作量相对较少

C. 以零为起点编制预算

D. 不受历史期不合理因素的影响

【解析】零基预算法的优点包括：①以零为起点编制预算，不受历史期经济活动中的不合理因素影响，能够灵活应对内外环境的变化，预算编制更贴近预算期企业经济活动需要（选项CD）；②有助于增加预算编制透明度，有利于进行预算控制。零基预算法的缺点包括：①预算编制工作量较大、成本较高（选项A）；②预算编制的准确性受企业管理水平和相关数据标准准确性影响较大。综上，本题应选B。

【答案】B

【真题实战·判断题】以历史期实际经济活动及其预算为基础，结合预算期经济活动及相关影响因素变动情况编制预算的方法是零基预算法。（　　）（2020年）

【解析】零基预算法，是指企业不以历史期经济活动及其预算为基础，以零为起点，从实际需要出发分析预算期经济活动的合理性，经综合平衡，形成预算的预算编制方法。因此，本题表述错误。

【答案】×

【真题实战·单选题】某企业当年实际销售费用为6 000万元，占销售额的30%。企业预计下年销售额增加5 000万元，于是就将下年销售费用预算简单地确定为7 500万元（6 000 + 5 000×30%）。从中可以看出，该企业采用的预算编制方法为（　　）。（2019年）

A. 弹性预算法　　　　B. 零基预算法
C. 滚动预算法　　　　D. 增量预算法

【思路导航】各种预算编制方法是考试的重点，要注意对其概念的理解，然后是各种预算编制方法的优缺点，注意对比记忆。

【解析】增量预算法，是指以历史期实际经济活动及其预算为基础，结合预算期经济活动及其相关影响因素的变动情况，通过调整历史期经济活动项目及金额形成预算的预算编制方法。综上，本题应选D。

【答案】D

【真题实战·判断题】增量预算法有利于调动各个方面节约预算的积极性，并促使各基层单位合理使用资金。（　　）（2018年）

【解析】零基预算法有利于调动各个方面节约预算的积极性，并促使各基层单位合理使用资金。因此，本题表述错误。

【答案】×

【沙场练兵·单选题】下列预算编制方法中，不受现行预算的束缚，有助于保证各项预算开支合理性的是（　　）。

A. 零基预算法　　　　B. 滚动预算法
C. 弹性预算法　　　　D. 增量预算法

【解析】选项A正确，零基预算法指企业不以历史期经济活动及其预算为基础，以零为起点，从实际需要出发分析预算期经济活动的合理性，经综合平衡，形成预算的预算编制方法；选项B错误，滚动预算法是指企业根据上一期预算执行情况和新的预测结果，按既定的预算编制周期和滚动频率，对原有的预算方案进行调整和补充、逐期滚动、持续推进的预算编制方法；选项C错误，弹性预算法，指企业在分析业务量与预算项目之间数量依存关系的基础上，分别确定不同业务量及其相应预算项目所消耗资源的预算编制方法；选项D错误，增量预算法是零基预算法的相对选项，二者的区别就在于是否以过去基期成本费用水平为基础。综上，本题应选A。

【答案】A

【沙场练兵·单选题】以基期成本费用水平为基础，结合预算期业务量水平及有关降低成本的措施，通过调整有关费用项目而编制预算的方法是（　　）。

A. 固定预算法　　　　B. 增量预算法
C. 零基预算法　　　　D. 定期预算法

【解析】按出发点的特征不同，编制预算的方法分为增量预算法和零基预算法，二者分类标准为是否以基期成本费用水平为基础编制预算。零基预算法不考虑以往会计期间所发生的费用项目或费用数额，一切以零为出发点，根据实际需要逐项审议预算期内各项费用开支是否合理。而题干提到的编制方法是增量预算法的编制依据。综上，本题应选B。

【答案】B

第3章

3. 固定预算法（静态预算法）VS 弹性预算法（动态预算法）

固定预算法	弹性预算法
①适应性差； ②可比性差	①编制工作量大； ②市场及其变动趋势预测的准确性、预算项目与业务量之间依存关系的判断水平等会对弹性预算的合理性造成较大影响

【真题实战·单选题】在分析业务量与预算项目之间数量依存关系的基础上，分别确定不同业务量及其相应预算项目金额的预算编制方法是（　　）。（2021年）

A. 定期预算法　　　　B. 固定预算法

C. 滚动预算法　　　　D. 弹性预算法

【解析】弹性预算法又称动态预算法，是指企业在分析业务量与预算项目之间数量依存关系的基础上，分别确定不同业务量及其相应预算项目所消耗资源的预算编制方法。综上，本题应选D。

【答案】D

【沙场练兵·判断题】相对于弹性预算法，固定预算法以事先确定的目标业务量作为预算编制基础，适应性比较差。（　　）

【解析】编制固定预算的业务量基础是事先假定的某个业务量。在这种方法下，不论预算期内业务量水平实际可能发生哪些变动，都只按事先确定的某一个业务量水平作为编制预算的基础，适应性比较差。因此，本题表述正确。

【答案】√

【沙场练兵·单选题】在下列预算方法中，能够适应多种业务量水平并能克服固定预算方法缺点的是（　　）。

A. 弹性预算法　　　　B. 增量预算法

C. 零基预算法　　　　D. 滚动预算法

【解析】弹性预算法，指企业在分析业务量与预算项目之间数量依存关系的基础上，分别确定不同业务量及其相应预算项目所消耗资源的预算编制方法。综上，本题应选A。

【答案】A

4. 定期预算法 VS 滚动预算法

项目	优点	缺点
定期预算法	①能够使预算期间与会计期间相对应，便于将实际数与预算数进行对比； ②有利于对预算执行情况进行分析和评价	以固定会计期间为预算期，在执行一段时期之后，往往使管理人员只考虑剩下时间的业务量，缺乏长远打算，易导致一些短期行为的出现
滚动预算法	通过持续滚动预算编制、逐期滚动管理，实现动态反映市场、建立跨期综合平衡，从而有效指导企业营运，强化预算的决策与控制职能	①预算滚动的频率越高，对预算沟通的要求越高，预算编制的工作量越大； ②过高的滚动频率容易增加管理层的不稳定感，导致预算执行者无所适从

【**沙场练兵·单选题**】随着预算执行不断补充预算，但始终保持一个固定预算期长度的预算编制方法是（   ）。

A. 滚动预算法　　　　B. 弹性预算法

C. 零基预算法　　　　D. 定期预算法

【**解析**】滚动预算法是指企业根据上一期预算执行情况和新的预测结果，按既定的预算编制周期和滚动频率，对原有的预算方案进行调整和补充、逐期滚动、持续推进的预算编制方法。综上，本题应选 A。

【**答案**】A

【**沙场练兵·单选题**】下列各项中，可能会使预算期间与会计期间相分离的预算方法是（   ）。

A. 增量预算法　　　　B. 弹性预算法

C. 滚动预算法　　　　D. 零基预算法

【**解析**】滚动预算法是指企业根据上一期预算执行情况和新的预测结果，按既定的预算编制周期和滚动频率，对原有的预算方案进行调整和补充、逐期滚动、持续推进的预算编制方法。综上，本题应选 C。

【**答案**】C

【**沙场练兵·单选题**】下列各项中，不属于短期滚动预算方式的是（   ）。

A. 逐年滚动方式　　　B. 逐季滚动方式

C. 逐月滚动方式　　　D. 混合滚动方式

【**解析**】按照预算编制周期，可以将滚动预算分为中期滚动预算和短期滚动预算。短期滚动预算通常以 1 年为预算编制周期，以月度、季度作为预算滚动频率，具体包括：逐月滚动、逐季滚动和混合滚动。综上，本题应选 A。

【**答案**】A

高频考点 3　弹性预算的编制方法

方法	编制要点	优点	缺点
公式法	①根据成本性态，将成本与业务量之间的数量关系用公式表示； ②公式：$y = a + bx$	①在一定范围内计算任何业务量的预算成本； ②可比性和适应性强； ③编制预算的工作量相对较小	按公式进行成本分解比较麻烦，对每个费用子项目甚至细目逐一进行成本分解，工作量很大
列表法	在确定的业务量范围内将业务量分为若干个水平，然后按不同的业务量水平编制预算	不管实际业务量多少，不必经过计算即可找到与业务量相近的预算成本	在评价和考核实际成本时，往往需要使用插值法来计算，比较麻烦

┌───┐

【**敲黑板**】公式法和列表法最大的区别在于：

（1）前者需要进行成本分解，但是一般题目中会直接给出固定成本和变动成本数额，在做题时往往需要注意的是不同范围业务量水平下的固定成本的数额可能不同。

（2）后者的优点在于不需要进行成本分解，但是往往"实际业务量"的成本在表格中没有给定，需要运用插值法进行确定。

└───┘

【真题实战·单选题】根据弹性预算法，已知生产 100 件商品，生产费用是 5 000 元，生产 200 件商品，生产费用是 7 000 元，生产 180 件商品的时候，生产费用是（　　）元。（2021年）

A. 5 000 　　　　　　B. 7 000

C. 6 600 　　　　　　D. 6 000

【解析】根据弹性预算法中的公式法 $y = a + bx$，式中：y 为某项预算成本总额，a 为该项成本中的固定基数，b 为与业务量相关的弹性定额，x 为预计业务量。根据题目中所给数据代入公式，解得 a = 3 000，b = 20，生产 180 件的时候，生产费用 = a + 180b = 3 000 + 180×20 = 6 600（元）。综上，本题应选 C。

【答案】C

【真题实战·单选题】公式法编制财务预算时，固定制造费用为 1 000 元，如果业务量为 100% 时，变动制造费用为 3 000 元；如果业务量为 120%，则总制造费用为（　　）。（2020年）

A. 3 000 　　　　　　B. 4 000

C. 4 600 　　　　　　D. 3 600

【思路导航】弹性预算法包括公式法和列表法两种，要掌握每种方法的内涵。公式法是根据成本性态，求出 a、b，得到公式 $y = a + bx$。列表法要注意插值法的应用。

【解析】根据成本性态，成本与业务量之间的数量关系可以用公式 $y = a + bx$ 表示。单位变动成本 = 3 000/100% = 3 000（元），总成本 = 1 000 + 3 000X = 1 000 + 3 000×120% = 4 600（元）。综上，本题应选 C。

【答案】C

【真题实战·单选题】某公司在编制成本费用预算时，利用成本性态模型（$y = a + bx$），测算预算期内各种可能的业务量水平下的成本费用，这种预算编制方法是（　　）。（2018年）

A. 零基预算法 　　　　B. 固定预算法

C. 弹性预算法 　　　　D. 滚动预算法

【解析】弹性预算法编制预算的具体方法有公式法和列表法两种。公式法是运用总成本性态模型，测算预算期的成本费用数额，并编制成本费用预算。根据成本性态，成本与业务量之间的数量关系可以用公式 $y = a + bx$ 表示。综上，本题应选 C。

【答案】C

【沙场练兵·判断题】编制弹性预算时，以手工操作为主的车间，可以选用人工工时作为业务量的计量单位。（　　）

【解析】编制弹性预算，要选用一个最能代表生产经营活动水平的业务量计量单位。例如，以手工操作为主的车间，就应选用人工工时；自动化生产车间，最适合选用机器工时；制造单一产品或零件的部门，可以选用实物数量；修理部门可以选用直接修理工时等。因此，本题表述正确。

【答案】√

【沙场练兵·单选题】某企业制造费用中油料费用与机器工时密切相关，预计预算期固定油料费用为 10 000 元，单位工时的变动油料费用为 10 元，预算期机器总工时为 3 000 小时，则预算期油料费用预算总额为（　　）元。

A. 10 000 　　　　　　B. 20 000

C. 30 000 　　　　　　D. 40 000

【解析】本题考核的其实是弹性预算法中公式法的应用。根据公式法的基本模型 $y = a + bx = 10 000 + 3 000×10 = 40 000$（元）。综上，本题应选 D。

【答案】D

高频考点 4 经营预算的编制

1. 经营预算的编制流程

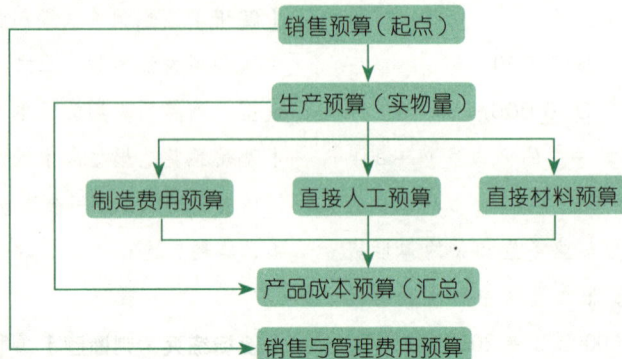

```
销售预算（起点）
        ↓
生产预算（实物量）
   ↓        ↓        ↓
制造费用预算  直接人工预算  直接材料预算
        ↓
产品成本预算（汇总）
        ↓
销售与管理费用预算
```

2. 经营预算编制涉及的公式

预算名称	公式
销售预算（起点）	销售收入 = 单价 × 销售数量 预计的现金收入 = 本期现销收入 + 本期收回以前期间的应收账款
生产预算	**预计生产量 = 预计销售量 + 预计期末产成品存货 − 预计期初产成品存货** 预计期初产成品存货 = 上期期末产成品存货 预计期末产成品存货 = 下期销售量 × 存货保有百分比
直接材料预算	**预计采购量 = 生产需用量 + 期末存量 − 期初存量** 生产需用量 = 预计生产量 × 单位产品材料用量 期初材料存量 = 上期期末材料存量 期末材料存量 = 下期生产需用量 × 一定百分比
直接人工预算	不需另外预计现金支出，可**直接参加资金预算的汇总**
制造费用预算	变动制造费用预算是以生产预算为基础来编制； 固定制造费用通常与本期产量无关，现金支出不包括非付现费用（折旧费）
产品成本预算	期末结存产品成本 = 期初结存产品成本 + 本期产品生产成本 − 本期销售产品成本
销售及管理费用预算	现金支出不包括非付现费用（折旧费）

【真题实战·单选题】在编制直接材料预算时，一般不需要考虑的项目是（   ）。（2021 年）

A. 预计生产量   B. 预计期末存量

C. 预计生产成本   D. 预计期初存量

【解析】直接材料预算以生产预算为基础编制，同时要考虑原材料存货水平。直接材料预算主要内容包括材料的单位产品用量、生产需用量（选项 A）、期初存量（选项 D）和期末存量（选项 B）等，其中"预计生产量"数据来自生产预算，不包括生产成本。综上，本题应选 C。

【答案】C

【真题实战·单选题】某公司 1 月、2 月、3

月的预计销售额分别为 20 000 元、25 000 元、22 000 元。每月销售额在当月收回 30%，次月收回 70%。预计 3 月末的应收账款余额为（　　）。（2021 年）

A. 14 100 元　　　　B. 13 500 元
C. 20 100 元　　　　D. 15 400 元

【解析】3 月末应收账款余额应为当月销售收入的未收回部分（70%），即为 22 000×70% = 15 400（元）。综上，本题应选 D。

【答案】D

【真题实战·多选题】在编制生产预算时，计算某种产品预计生产量应考虑的因素包括（　　）。（2021 年）

A. 预计材料采购量
B. 预计产品销售量
C. 预计期初产品存货量
D. 预计期末产品存货量

【解析】在生产预算中，只涉及实物量指标，不涉及价值量指标。生产预算的主要内容有销售量、期初和期末产品存货、生产量。综上，本题应选 BCD。

【答案】BCD

【真题实战·单选题】某企业各季度销售收入有 70% 于本季度收到现金，30% 于下季度收到现金。已知 2019 年年末应收账款余额为 600 万元，2020 年第一季度预计销售收入 1 500 万元，则 2020 年第一季度预计现金收入为（　　）万元。（2020 年）

A. 1 650　　　　B. 2 100
C. 1 050　　　　D. 1 230

【解析】2020 年第一季度预计现金收入 = 600 + 1 500×70% = 1 650（万元）。综上，本题应选 A。

【答案】A

【真题实战·单选题】企业每季度预计期末产

成品存货为下一季度预计销售量的 10%，已知第二季度预计销售量为 2 000 件，第三季度预计销售量为 2 200 件，则第二季度产成品预计产量为（　　）件。（2020 年）

A. 2 020　　　　B. 2 000
C. 2 200　　　　D. 2 220

【解析】第二季度预计期初产成品存货 = 第一季度期末产成品存货 = 2 000×10% = 200（件），第二季度预计期末产成品存货 = 2 200×10% = 220（件），则第二季度产成品预计产量 = 第二季度预计销售量 + 第二季度预计期末产成品存货 - 第二季度预计期初产成品存货 = 2 000 + 220 - 200 = 2 020（件）。综上，本题应选 A。

【答案】A

【真题实战·判断题】销售预算要在生产预算的基础上编制。（　　）（2020 年）

【思路导航】销售预算是整个预算编制的"起点"，对于"起点""基础""依据"之类，一般是考试的题眼，一定要掌握。

【解析】销售预算是整个预算的编制起点，其他预算的编制都以销售预算作为基础。因此，本题表述错误。

【答案】×

【真题实战·单选题】下列各项中不属于销售预算编制内容的是（　　）。（2019 年）

A. 销售收入　　　　B. 单价
C. 销售费用　　　　D. 销售量

【思路导航】根据常识：收入 = 单价 × 数量，结合销售的实际情况，即可做出本题。对于此类题目，即使没有复习到也不要慌张，根据常识进行分析、推理、判断即可。

【解析】销售预算指在销售预测的基础上编制的，用于规划预算期销售活动的一种经营预算。销售预算是整个预算的编制起点，其他预算的编制都以销售预算作为基础。销售预算的主要内容有三项：①销量：根据市场预测或销货合同并结合企业生产能力确定。②单价：通过价格决策确定。③销售收入：是销量与单价的乘积，在销售预算中计算得出。综上，本题应选C。

【答案】C

【真题实战·单选题】某公司在编制生产预算时，2018年第四季度期末存货量为13万件，2019年四个季度的预计销售量依次为100万件、130万件、160万件和210万件，每季度末预计产品存货量占下季度销售量的10%，则2019年第三季度预计生产量为（　　）万件。（2019年）

A.210　　　　　　　　B.133

C.100　　　　　　　　D.165

【思路导航】历年考试对本类试题都青睐有加。遇到这类试题，根据题干的资料在演草纸上通过简易的表格形式来整理数据能更清晰地了解到数据之间的关系，方便进一步进行计算。

【解析】第三季度期初存货量＝第二季度期末存货量＝160×10%＝16（万件），第三季度期末存货量＝210×10%＝21（万件），所以，第三季度预计生产量＝第三季度销售量＋第三季度期末存货量－第三季度期初存货量＝160＋21－16＝165（万件）。综上，本题应选D。

【答案】D

【真题实战·单选题】某公司2019年第四季度预算生产量为100万件，单位变动制造费用为3元/件，固定制造费用总额为10万元（折旧费2万元），除折旧费外，其余均为付现费用。则2019年第四季度制造费用的现金支出预算为（　　）万元。（2019年）

A.292　　　　　　　　B.308

C.312　　　　　　　　D.288

【思路导航】注意，非付现成本（如折旧费）

不涉及现金的支付，因此在计算现金支出预算时要将其剔除。

【解析】2019年第四季度制造费用的现金支出＝付现固定制造费用＋付现变动制造费用＝（10－2）＋100×3＝308（万元）。综上，本题应选B。

【答案】B

【真题实战·多选题】全面预算体系中，编制产品成本预算的依据是（　　）。（2019年）

A.生产预算　　　　　　B.直接人工预算

C.制造费用预算　　　　D.直接材料预算

【解析】产品成本预算，是销售预算、生产预算（选项A）、直接材料预算（选项D）、直接人工预算（选项B）、制造费用预算（选项C）的汇总。产品成本预算的主要内容是产品的单位成本（料、工、费）和总成本。综上，本题应选ABCD。

【答案】ABCD

【沙场练兵·单选题】某公司预计第一季度和第二季度产品销量分别为140万件和200万件，第一季度期初产品存货量为14万件，预计期末存货量为下季度预计销量的10%，则第一季度的预计生产量（　　）万件。

A.146　　　　　　　　B.154

C.134　　　　　　　　D.160

【解析】第一季度生产量＝第一季度预计产品销售量＋预计期末产成品存货－预计期初产成品存货＝140＋200×10%－14＝146（万件）。综上，本题应选A。

【答案】A

【沙场练兵·单选题】某企业2022年度预计生产某产品1 000件，单位产品耗用材料15千克，该材料期初存量为1 000千克，预计期末存量为3 000千克，则全年预计采购量为（　　）千克。

A. 18 000　　　　　　B. 16 000

C. 15 000　　　　　　D. 17 000

【解析】生产需用量＝预计生产量 × 单位产品材料耗用量＝ 1 000×15 ＝ 15 000（千克），预计采购量＝生产需用量＋期末存量－期初存量＝ 15 000 ＋ 3 000 － 1 000 ＝ 17 000（千克）。综上，本题应选 D。

【答案】D

【沙场练兵·单选题】下列预算中，不直接涉及现金收支的是（　　）。

A. 销售预算

B. 产品成本预算

C. 直接材料预算

D. 销售与管理费用预算

【解析】选项 A、C、D 不符合题意，三者均涉及现金收支；选项 B 符合题意，产品成本预算主要内容是产品的单位成本和总成本，不直接涉及现金收支。综上，本题应选 B。

【答案】B

【沙场练兵·单选题】丙公司预计 2022 年各季度的销售量分别为 100 件、120 件、180 件、200 件，预计每季度末产成品存货为下一季度销售量的 20%。丙公司第二季度预计生产量为（　　）件。

A. 120　　　　　　B. 132

C. 136　　　　　　D. 156

【思路导航】预计生产量＝预计销售量＋预计期末产成品存货－预计期初产成品存货。对于其中的期初、期末的计算要注意，看清具体要求是本期的一定比例还是上期的一定比例，不要把自己绕晕。

【解析】第二季度预计生产量＝第二季度销售量＋第二季度期末产成品存货－第二季度期初产成品存货＝ 120 ＋ 180×20% － 120×20% ＝ 132（件）。综上，本题应选 B。

【答案】B

【真题实战·计算分析题】（2021 年）

某公司第一季度 1 月、2 月、3 月销售量分别是 1 000 件、1 200 件和 1 500 件，单价是 100 元 / 件，销售的货款当月收回 40%，次月收回 60%。

资料一：每期期末商品的库存量是下一期销售量的 30%。

资料二：存货采购价统一为 70 元 / 件。存货的采购货款，当月支付 80%，次月支付 20%。

资料三：第一季度初现金余缺是 － 15 000 元，理想的期末目标现金余额是 4 500 元，如果发生资金短缺，采用期初借款来解决，借款金额是 10 000 元的整数倍，年利率是 8%，按季度支付利息。

（1）根据资料一，计算 2 月末的应收账款余额。

（2）根据资料一和二，计算 2 月末预计存货余额、应付账款余额。

（3）根据资料三，计算第一季度长期借款额、第一季度末预计货币资金余额。

（1）

【解析】应收账款余额＝销售收入 × 未收到比例

【答案】2 月末应收账款余额＝ 2 月份销售收入 ×60% ＝ 1 200×100×60% ＝ 72 000（元）

（2）

【解析】

存货余额＝预计存货销售量＋期末存货量－期初存货量

应付账款余额＝购货成本×未支付比例

【答案】

2月末存货余额＝3月销售量×30%×采购价＝1 500×30%×70＝31 500（元）

2月存货采购量＝2月销售量＋2月期末存货量－2月期初存货量＝1 200＋1 500×30%－1 200×30%＝1 290（件）

2月存货采购金额＝1 290×70＝90 300（元）

2月末预计应付账款余额＝2月存货采购金额×20%＝90 300×20%＝18 060（元）

（3）

【解析】

①可供使用现金＝期初现金余额＋现金收入

②现金余缺＝可供使用现金－现金支出

③期末现金余额＝现金余缺＋现金筹措－现金运用

【答案】

设借款金额为W元，则：

－15 000＋W×（1－8%/4）＝4 500

W＝（4 500＋15 000）/（1－8%/4）＝19 897.96（元）

因借款金额是10 000元的整数倍，因此，W＝20 000元

第一季度末预计货币资金余额＝－15 000＋20 000×（1－8%/4）＝4 600（元）

【沙场练兵·计算分析题】

甲公司编制销售预算的相关资料如下：

资料一：甲公司预计每季度销售收入中，有70%在本季度收到现金，30%于下一季度收到现金，不存在坏账。2021年末应收账款余额为6 000万元。假设不考虑增值税及其影响。

资料二：甲公司2022年的销售预算如下表所示。

甲公司2022年销售预算金额　　　单位：万元

季度	一	二	三	四	全年
预计销售量（万件）	500	600	650	700	2 450
预计单价（元/件）	30	30	30	30	30
预计销售收入	15 000	18 000	19 500	21 000	73 500
预计现金收入					

（续表）

季度	一	二	三	四	全年
上年应收账款	＊				＊
第一季度	＊	＊			＊
第二季度		（B）	＊		＊
第三季度			＊	（D）	＊
第四季度				＊	＊
预计现金收入合计	（A）	17 100	（C）	20 550	＊

注：表内的"＊"为省略的数值。

要求：

（1）确定表格中字母所代表的数值（不需要列示计算过程）。

（2）计算 2022 年末预计应收账款余额。

（1）

【解析】甲公司预计每季度销售收入中，有70%在本季度收到现金，30%于下一季度收到现金，不存在坏账。2021 年末应收账款余额为 6 000 万元。则，

　　　　A ＝ 15 000×70% ＋ 6 000 ＝ 16 500（万元）

　　　　B ＝ 18 000×70% ＝ 12 600（万元）

　　　　C ＝ 19 500×70% ＋ 18 000×30% ＝ 19 050（万元）

　　　　D ＝ 19 500×30% ＝ 5 850（万元）

【答案】A ＝ 16 500，B ＝ 12 600，C ＝ 19 050，D ＝ 5 850

（2）

【答案】2022 年末预计应收账款余额 ＝ 21 000×30% ＝ 6 300（万元）

高频考点 5　财务预算的编制

1. 资金预算

（1）编制依据为各经营预算和专门决策预算；

（2）

可供使用现金 ＝ 期初现金余额 ＋ 现金收入

现金余缺 ＝ 可供使用现金 － 现金支出

期末现金余额 ＝ 现金余缺 ＋ 现金筹措 － 现金运用

【敲黑板】

①现金余缺由期初现金余额、现金收入和现金支出决定，与期末现金余额无关；

②注意区分"期初（期末）现金余额"和"现金余缺"。

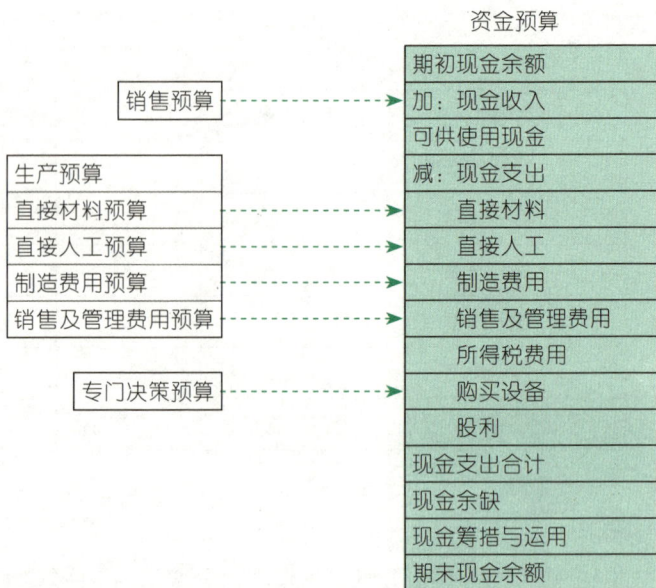

资金预算

资金预算
期初现金余额
加：现金收入 ← 销售预算
可供使用现金
减：现金支出
直接材料 ← 直接材料预算
直接人工 ← 直接人工预算
制造费用 ← 制造费用预算
销售及管理费用 ← 销售及管理费用预算
所得税费用
购买设备 ← 专门决策预算
股利
现金支出合计
现金余缺
现金筹措与运用
期末现金余额

生产预算：直接材料预算、直接人工预算、制造费用预算、销售及管理费用预算

【真题实战·单选题】 某公司在编制资金预算时，期末现金余额要求不低于10 000元，资金不足向银行借款，借款金额要求为10 000元的整数倍。若现金余缺为－55 000元，则应向银行借款的金额为（　）。（2021年）

A.40 000元　　　　B.70 000元

C.60 000元　　　　D.50 000元

【解析】 期末现金余额＝现金余缺＋现金筹措－现金运用＝－55 000＋现金筹措－0（现金运用）≥ 10 000，现金筹措 ≥ 65 000，因为借款金额要求为10 000元的整数倍，所以应向银行借款的金额为70 000元。综上，本题应选B。

【答案】B

【真题实战·多选题】 企业编制预算时，下列各项中，属于资金预算编制依据的有（　）。（2021年）

A.制造费用预算　　　B.直接材料预算

C.销售预算　　　　　D.专门决策预算

【解析】 资金预算是以经营预算和专门决策预算（选项D）为依据编制的，经营预算主要有销售预算（选项C）、直接材料预算（选项B）、直接人工预算、制造费用预算（选项A）、销

售及管理费用预算等。一般不作为资金预算编制依据的是生产预算和产品成本预算。综上，本题应选ABCD。

【答案】ABCD

【真题实战·判断题】 资金预算以经营预算和专门决策预算为依据编制。（　）（2020年）

【解析】 资金预算是以经营预算和专门决策预算为依据编制的，专门反映预算期内预计现金收入与现金支出，以及为满足理想现金余额而进行筹资或归还借款等的预算。因此，本题表述正确。

【答案】√

【真题实战·多选题】 下列预算中，需要以生产预算为基础编制的有（　）。（2018年）

A.直接人工预算　　　B.制造费用预算

C.管理费用预算　　　D.销售费用预算

【解析】 选项A符合题意，直接人工预算是一种既反映预算期内人工工时消耗水平，又规划人工成本开支的经营预算，直接人工预算以生产预算为基础编制；选项B符合题意，制造费用预算通常分为变动制造费用预算和固定制造费用预算两部分，变动制造费用预算以生产预算为基础来编制；选项C不符合题意，管理费

用预算，一般是以过去的实际开支为基础，按预算期的可预见变化来调整；选项 D 不符合题意，销售费用预算，是指为了实现销售预算所需支付的费用预算，它以销售预算为基础，不以生产预算为基础编制。综上，本题应选 AB。

【答案】AB

【沙场练兵·多选题】编制资金预算时，如果现金余缺大于最佳现金持有量，则企业可采取的措施有（　　）。

A. 抛售短期有价证券　B. 偿还部分借款利息

C. 购入短期有价证券　D. 偿还部分借款本金

【解析】财务管理部门应根据现金余缺与理想期末现金余额的比较，并结合固定的利息支出数额以及其他因素，来确定预算期现金运用或筹措的数额。当现金余缺大于最佳现金持有量

时，企业可以偿还部分借款的本金和利息，并购入短期有价证券使现金余缺回归到最佳现金持有量以内。综上，本题应选 BCD。

【答案】BCD

【沙场练兵·多选题】在编制资金预算时，计算现金余缺必须考虑的因素有（　　）。

A. 期初现金余额　　　B. 期末现金余额

C. 现金支出　　　　　D. 现金收入

【解析】现金余缺＝期初现金余额＋现金收入－现金支出。选项 A、C、D 均是在计算某期现金余缺时需要考虑的因素；选项 B，期末现金余额不是计算现金余缺时需要考虑的因素。综上，本题应选 ACD。

【答案】ACD

【真题实战·综合题】（2019 年节选）

甲企业是某公司下属的一个独立分厂，该企业仅生产并销售 W 产品，2018 年有关预算与考核分析资料如下：

资料一：W 产品的预计产销量相同，2018 年第一至第四季度的预计产销量分别是 100 件、200 件、300 件和 400 件。预计产品销售单价为 1 000 元 / 件。预计销售收入中，有 60% 在本季度收到现金，40% 在下一季度收到现金。2017 年末应收账款余额 80 000 元。不考虑增值税及其他因素的影响。

资料二：2018 年年初材料存货量为 500 千克，每季度末材料存货量按下一季度生产需用量 10% 确定。单位产品用料标准为 10 千克 / 件。单位产品材料价格标准为 5 元 / 千克。材料采购款有 50% 在本季度支付现金，另外 50% 下一季度支付。

资料三：企业在每季度末的理想现金余额是 50 000 元，且不得低于 50 000 元。如果当季现金不足，则向银行取得短期借款；如果当季现金溢余，则偿还银行短期借款。短期借款的年利率为 10%，按季度付息。借款和还款的数额均为 1 000 元的整数倍。假设新增借款发生在季度初，归还借款在季度末。2018 年第一季度，在未考虑银行借贷情况下的现金余额（即现金余缺）为 26 700 元，假设 2018 年初企业没有借款。

要求：

（1）根据资料一计算：①W 产品的第一季度现金收入；②资产负债表预算中应收账款的年末数。

（2）根据资料一和资料二计算：①第二季度预计材料期末存货量；②第二季度预计材料采购量；③第三季度预计材料采购金额。

（3）根据资料三计算第一季度资金预算：①取得短期借款金额；②短期借款利息金额；③期末现金余额。

（1）

【解析】第一季度现金收入＝本期收到上季度未收回现金＋本期销售本期收回现金

资产负债表预算中应收账款年末数＝第四季度期末未收款项

【答案】

①W产品的第一季度现金收入＝80 000＋100×1 000×60%＝140 000（元）

②资产负债表预算中应收账款的年末数＝400×1 000×40%＝160 000（元）

（2）

【解析】第二季度预计材料期末存量＝第三季度生产需要量×10%

第二季度采购量＝生产需用量（销售量）＋期末存量－期初存量

第三季度预计材料采购金额＝材料采购量×单价

【答案】第二季度预计材料期末存量＝300×10×10%＝300（千克）

第二季度预计材料采购量＝200×10＋300－200×10×10%＝2 100（千克）

第三季度预计材料采购金额＝（300×10＋400×10×10%－300）×5＝15 500（元）

（3）

【解析】现金余缺＋借款本金－借款利息≥理想期末余额。注意题目中要求借款数额为1 000元的整数倍，借款发生在季度初，归还发生在季度末，按季度付息。这些都是做题的关键。

【答案】假设取得短期借款金额为W元，则：26 700＋W×（1－10%/4）≥50 000，解得W≥23 897.44（元）。由于借款数额为1 000元的整数倍，所以借款24 000元。短期借款利息＝24 000×10%/4＝600（元），期末现金余额＝26 700＋24 000－600＝50 100（元）。

【真题实战·计算分析题】（2018年）

甲公司编制资金预算的相关资料如下：

资料一：甲公司预计2018年每季度的销售收入中，有70%在本季度收到现金，30%在下一季度收到现金，不存在坏账。2017年末应收账款余额为零。不考虑增值税及其他因素的影响。

资料二：甲公司2018年各季度的资金预算如下表：

单位：万元

季度	一	二	三	四
期初现金余额	500	B	1 088	1 090
预计销售收入	2 000	3 000	4 000	3 500
现金收入	A	2 700	C	3 650

（续表）

季度	一	二	三	四
现金支出	1 500	*	3 650	1 540
现金余缺	*	– 700	*	D
向银行借款	*	*	*	*
归还银行借款及利息	*	*	*	*
期末现金余额	1 000	*	*	*

注：表内的 * 为省略的数值。

要求：

（1）计算 2018 年末预计应收账款余额。

（2）计算表中字母代表的数值。

（1）

【解析】每季度的销售收入中，有 70% 在本季度收到现金，30% 在下一季度收到现金，不存在坏账，则 2018 年预计应收账款余额 ＝ 第四季度销售收入 ×30%。

【答案】2018 年末预计应收账款余额 ＝ 3 500×30% ＝ 1 050（万元）

（2）

【解析】每季度销售收入中，有 70% 在本季度收到现金，30% 在下一季度收到现金，不存在坏账，A ＝ 第一季度销售收入 ×70%；B ＝ 第一季度期末余额；C ＝ 第二季度销售收入 ×30% ＋ 第三季度销售收入 ×70%；D（现金余缺）＝ 期初余额 ＋ 现金收入 － 现金支出。

【答案】

A ＝ 2 000×70% ＝ 1 400（万元）

B ＝ 1 000（万元）

C ＝ 3 000×30% ＋ 4 000×70% ＝ 3 700（万元）

D ＝ 1 090 ＋ 3 650 － 1 540 ＝ 3 200（万元）

2. 预计利润表的编制

（1）利润表预算的编制依据为各经营预算、专门决策预算和资金预算。

（2）"所得税费用"项目是在利润规划时估计的，通常不是根据"利润总额"和所得税税率计算出来的。

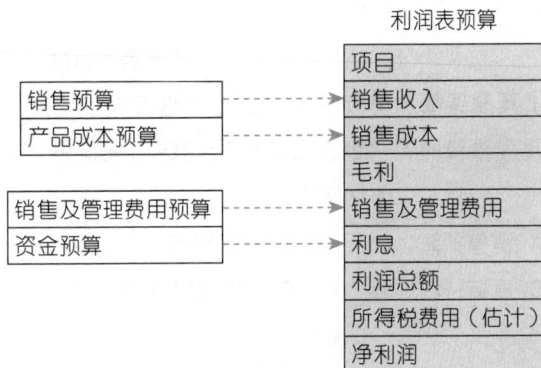

利润表预算

项目
销售收入
销售成本
毛利
销售及管理费用
利息
利润总额
所得税费用（估计）
净利润

销售预算 ┄┄▶ 销售收入
产品成本预算 ┄┄▶ 销售成本

销售及管理费用预算 ┄┄▶ 销售及管理费用
资金预算 ┄┄▶ 利息

3.预计资产负债表的编制

（1）资产负债表预算的编制基础以计划期开始日的资产负债表为基础，结合计划期间各项经营预算、专门决策预算、资金预算和预计利润表进行编制。

（2）资产负债表预算是编制全面预算的终点。

【真题实战·多选题】在企业的全面预算体系中，下列项目属于预计利润表编制内容的有（　　）。（2021年）

A.所得税费用　　　　B.毛利

C.未分配利润　　　　D.利息

【解析】预计利润表编制内容包括销售收入、销货成本、毛利（选项B）、销售及管理费用、利息（选项D）、利润总额、所得税费用（选项A）、净利润等。综上，本题应选ABD。

【答案】ABD

【真题实战·判断题】在全面预算体系中，企业应当首先编制财务预算，在此基础上编制经营预算与专门决策预算。（　　）（2021年）

【解析】财务预算是全面预算体系的最后环节，它是从价值方面总括地反映企业经营预算与专门决策预算的结果。因此，本题表述错误。

【答案】×

【真题实战·多选题】在企业编制的下列预算中，属于财务预算的有（　　）。（2020年）

A.预计资产负债表　　B.预计利润表

C.资本支出预算　　　D.制造费用预算

【解析】选项A、B，属于财务预算内容；选项C，属于专门决策预算；选项D，属于经营预算。综上，本题应选AB。

【答案】AB

【真题实战·单选题】制造业企业在编制利润表预算时，"销售成本"项目数据来源是（　　）。（2019年）

A.销售预算　　　　　B.生产预算

C.直接材料预算　　　D.产品成本预算

【思路导航】预计利润表具有一定的综合性，要在掌握经营预算和资金预算的基础上进行学习。

【解析】销售成本项目的数据来自产品成本预算，而产品成本预算的内容包括单位成本、生产成本、期末存货成本和销货成本。综上，本题应选D。

【答案】D

【真题实战·单选题】关于资产负债表预算，下列说法正确的是（　　）。（2019年）

A.利润表预算编制应当先于资产负债表预算编制而完成

B.编制资产负债表预算的目的在于了解企业预算期的经营成果

C.资本支出的预算结果不会影响到资产负债表预算的编制

D.资产负债表预算是资金预算编制的起点和基础

【解析】选项A正确；选项B错误，编制预计资产负债表的目的，在于判断预算反映的财务状况的稳定性和流动性；选项C错误，资本支出的预算结果会影响资产负债表预算的非流动资产项目；选项D错误，资金预算是以经营预算和专门决策预算为依据编制，资产负债表预算是编制全面预算的终点。综上，本题应选A。

【答案】A

【沙场练兵·单选题】根据企业2021年的资金预算，第一季度至第四季度期初现金余额分别为1万元、2万元、1.7万元、1.5万元，第四季度现金收入为20万元，现金支出为

19 万元，不考虑其他因素，则该企业 2021 年末的预计资产负债表中，货币资金年末数为（　　）万元。

A.2.7

B.7.2

C.4.2

D.2.5

【解析】货币资金年末余额＝第四季度期末现金余额＝第四季度期初现金余额＋本期现金收入－本期现金支出＝1.5＋20－19＝2.5（万元）。综上，本题应选 D。

【答案】D

【沙场练兵·多选题】下列各项中，能够成为预计资产负债表中存货项目金额来源的有（　　）。

A. 销售费用预算

B. 直接人工预算

C. 直接材料预算

D. 产品成本预算

【解析】"存货"包括直接材料和产成品，影响这两项的预算是直接材料预算和产品成本预算。综上，本题应选 CD。

【答案】CD

【沙场练兵·多选题】下列各项预算中，与编制利润表预算直接相关的有（　　）。

A. 销售预算

B. 生产预算

C. 产品成本预算

D. 销售及管理费用预算

【解析】选项 A 相关，利润表预算中"销售收入"项目数据来自销售收入预算；选项 B 不相关，生产预算只涉及实物量指标，不涉及价值量指标，所以生产预算与利润表预算的编制不直接相关；选项 C 相关，"销售成本"项目的数据来自产品成本预算；选项 D 相关，"销售及管理费用"项目的数据来自销售费用及管理费用预算。综上，本题应选 ACD。

【答案】ACD

【沙场练兵·判断题】利润表中的"所得税费用"项目是根据"利润总额"和所得税税率计算出来的。（　　）

【解析】"所得税费用"项目是在利润规划时估计的，通常不是根据"利润总额"和所得税税率计算出来的，因为有诸多纳税调整事项的存在。此外，从预算编制程序上看，如果依据"利润总额"和"税率"重新计算所得税，就要修改"资金预算"，引起信贷计划修订，进而改变"利息"，最终又要修改"利润总额"，从而陷入数据的循环修改。因此，本题表述错误。

【答案】×

高频考点 6　预算的执行和考核

1. 预算的执行

企业预算一经批复下达，各预算执行单位就必须认真组织实施，将预算指标层层分解，从横向到纵向落实到内部各部门、各单位、各环节和各岗位，形成全方位的预算执行责任体系。预算执行一般按照预算控制、预算调整等程序进行。

项目	内容
预算控制	指企业以预算为标准，通过预算分解、过程监督、差异分析等促使日常经营不偏离预算标准的管理活动
预算调整	①基本要求：年度预算经批准后，原则上不作调整。当内外战略环境发生重大或者突发重大事件等，导致预算编制的基本假设发生重大变化时，可进行预算调整；

（续表）

项目	内容
预算调整	②预算调整应遵循的要求：预算调整事项不能偏离企业发展战略；预算调整方案应当在经济上能够实现最优化；预算调整重点应当放在预算执行中出现的重要的、非正常的、不符合常规的关键性差异方面

2.预算的分析与考核

项目	内容
预算分析	①企业应当建立预算分析制度，由预算管理委员会定期召开预算执行分析会议，全面掌握预算的执行情况，研究、解决预算执行中存在的问题，纠正预算的执行偏差； ②企业预算管理委员会应当定期组织预算审计，纠正预算执行中存在的问题。预算审计可以采用全面审计或者抽样审计；特殊情况下企业也可以组织不定期的专项审计
预算考核	①预算年度终了，预算管理委员会应当向董事会或者经理办公会报告预算执行情况，并依据预算完成情况和预算审计情况对预算执行单位进行考核； ②预算考核主要针对定量指标进行考核； ③预算考核主体和考核对象的界定应坚持上级考核下级、逐级考核、预算执行与预算考核职务相分离的原则； ④预算考核以预算完成情况为考核依据，通过预算执行情况与预算目标的比较，确定差异并查明产生差异的原因，进而据以评价各责任中心的工作业绩，并通过与相应的激励制度挂钩，促进其与预算目标相一致

【真题实战·多选题】在预算执行过程中，可能导致预算调整的情形有（　　）。（2016年）

A.原材料价格大幅度上涨

B.公司进行重大资产重组

C.主要产品市场需求大幅下降

D.营改增导致公司税负大幅下降

【思路导航】本题考查的是纯文字性的知识点，内容较简单，理解即可，不需一字不错的背诵。在复习备考时，学会抓重点、抓关键词即可。

【解析】年度预算经批准后，原则上不作调整。当内外部战略环境发生重大或者突发重大事件等，导致预算编制的基本假设发生重大变化时，可进行预算调整。综上，本题应选ABCD。

【答案】ABCD

【沙场练兵·判断题】企业财务管理部门应当利用报表监控预算执行情况，及时提供预算执行进度、执行差异信息。（　　）

【解析】企业财务管理部门应当利用财务报表监控预算的执行情况，及时向预算执行单位、企业预算管理委员会，以至董事会或经理办公会提供财务预算的执行进度、执行差异及其对企业预算目标的影响等财务信息，促进企业完成预算目标。因此，本题表述正确。

【答案】√

【沙场练兵·判断题】当内外战略环境发生重大或者突发重大事件等，导致预算编制的基本假设发生重大变化时，可进行预算调整。（　　）

【解析】年度预算经批准后，原则上不作调整。当内外战略环境发生重大或者突发重大事件等，导致预算编制的基本假设发生重大变化时，可进行预算调整。因此，本题表述正确。

【答案】√

强化练习

一、单项选择题

1. 马桥公司预计计划年度期初应付账款余额为 100 万元。1 到 3 月份采购金额分别为 200 万元、300 万元和 400 万元，每月的采购款当月支付 60%，次月支付 40%。则预计一季度现金支出额是（　　）万元。

   A.740　　　　　　　B.1 000　　　　　　　C.840　　　　　　　D.660

2. 在下列预算编制方法中，在分析业务量和预算项目之间数量依存关系的基础上编制预算是（　　）。

   A. 弹性预算法　　　B. 固定预算法　　　C. 增量预算法　　　D. 零基预算法

3. 在下列各项中，能够同时以实物量指标和价值量指标分别反映企业经营收入和相关现金收支的预算是（　　）。

   A. 资金预算　　　　B. 销售预算　　　　C. 生产预算　　　　D. 产品成本预算

4. 下列有关专门决策预算的表述错误的是（　　）。

   A. 专门决策预算主要是长期投资预算，又称资本支出预算

   B. 专门决策预算通常是指与项目投资决策相关的专门预算

   C. 专门决策预算主要涉及长期建设项目的资金投放与筹集

   D. 专门决策预算属于短期预算

5. 已知甲公司在预算期间，销售当季度收回货款的 70%，次季度收回货款的 25%，第三个季度收回货款的 5%，某预算年度期初应收账款金额为 63 000 元，其中包括上年度第三季度销售的应收账款 6 000 元，则该预算年度第一季度可以收回期初应收账款（　　）元。

   A.67 500　　　　　B.62 500　　　　　C.53 500　　　　　D.68 500

6. 企业按弹性预算法编制费用预算，预算直接人工工时为 10 万小时，变动成本为 60 万元，固定成本为 30 万元，总成本费用为 90 万元；如果预算直接人工工时达到 13 万小时，则总成本费用为（　　）万元。

   A.96　　　　　　　B.108　　　　　　　C.102　　　　　　　D.90

7. （　　）是整个预算的起点，也是其他预算的编制基础。

   A. 生产预算　　　　B. 直接材料预算　　　C. 销售预算　　　D. 资产负债表预算

8. 下列各项中，属于专门决策预算的是（　　）。

   A. 预计利润表　　　B. 产品成本预算　　　C. 资本支出预算　　　D. 预计资产负债表

9. 下列选项中，没有直接在资金预算中得到反映的是（　　）。

   A. 期初、期末现金余额　　　　　　　　　B. 现金筹措及运用

   C. 预算期产量和销量　　　　　　　　　　D. 预算期现金余缺

10. 某企业编制第3季度资金预算，现金多余或不足部分列示金额为 – 17 840 元，资金的筹措与运用部分列示归还借款利息 500 元，若企业需要保留的最低现金余额为 3 000 元，银行借款的金额要求是 1 000 元的整倍数，那么企业第3季度的最低借款额为（　　）元。

　　A.22 000　　　　　　　B.18 000　　　　　　　C.21 000　　　　　　　D.23 000

二、多项选择题

1. 下列各项属于预算管理应遵循的原则有（　　）。

　　A. 过程控制原则　　　　　　　　　　　　B. 重要性原则

　　C. 平衡管理原则　　　　　　　　　　　　D. 融合性原则

2. 根据规定，下列各项属于滚动预算法的特点有（　　）。

　　A. 能够使预算期与会计期间相对应　　　　B. 强化预算的决策与控制职能

　　C. 可比性差　　　　　　　　　　　　　　D. 增加管理层的不稳定感

3. 下列关于全面预算中的利润表预算编制的说法中，不正确的有（　　）。

　　A. "销售收入" 项目的数据，来自销售预算

　　B. "销售成本" 项目的数据，来自生产预算

　　C. "销售及管理费用" 项目的数据，来自销售及管理费用预算

　　D. "所得税费用" 项目的数据，通常是根据利润表预算中的 "利润" 项目金额和本企业适用的法定所得税税率计算出来的

4. 经海公司销售甲商品，第三季度各月预计的销售量分别为 1 000 件、1 200 件和 1 100 件，企业计划每月月末商品存量为下月预计销售量的 20%。下列各项预计中，正确的有（　　）。

　　A.8 月份期初存货为 240 件　　　　　　　B.8 月份采购量为 1 180 件

　　C.8 月份期末存货为 220 件　　　　　　　D. 第三季度采购量为 3 300 件

5. 对于预算执行单位提出的预算调整事项，企业进行决策时，一般应遵循的要求包括（　　）。

　　A. 调整事项不能偏离企业发展战略

　　B. 调整重点应当放在预算执行中出现的重要的、非正常的、不符合常规的关键性差异方面

　　C. 调整方案应当在经济上能够实现最优化

　　D. 调整的全面性，只要出现不符合常规的地方，都需要调整

6. 下列各项中，属于零基预算法优点的有（　　）。

　　A. 不受现有费用项目的限制　　　　　　　B. 有利于促使预算单位合理利用资金

　　C. 不受现行预算的约束　　　　　　　　　D. 编制预算的工作量小

7. 下列计算等式中，正确的有（　　）。

　　A. 某种材料采购量 = 生产需用量 + 期末存量 – 期初存量

　　B. 预计生产量 = 预计销售量 + 预计期末产成品存货 – 预计期初产成品存货

　　C. 本期购货付现 = 本期购货付现部分 + 以前赊购本期付现的部分

　　D. 本期销售商品所收到的现金 = 本期的销售收入 + 期末应收账款 – 期初应收账款

8. 预算的作用包括（　　　）。

 A. 作为业绩考核的依据

 B. 通过规划、控制和引导经济活动，使企业经营达到预期目标

 C. 根据预算目标进行财务决策

 D. 实现企业内部各个部门之间的协调

9. 在下列各项中，被纳入资金预算的有（　　　）。

 A. 缴纳税金　　　　　　　　　　B. 经营性现金支出

 C. 资本性现金支出　　　　　　　D. 现金股利

10. 某企业每季度销售收入中，本季度收到 60% 的现金，另外的 40% 要到下季度才能收回。若预算年度的第四季度销售收入为 40 000 元，则下列各项中，正确的有（　　　）。

 A. 预计资产负债表"应付账款"项目金额为 16 000 元

 B. 预计资产负债表"应收账款"项目金额为 16 000 元

 C. 预计利润表"销售收入"中含第四季度销售收入金额为 24 000 元

 D. 预计利润表"销售收入"中含第四季度销售收入金额为 40 000 元

三、判断题

1. 预算管理委员会应当对企业预算的管理工作负总责。（　　　）

2. 在财务预算的编制过程中，编制预计财务报表的正确程序是：先编制预算资产负债表，然后再编制预计利润表。（　　　）

3. 零基预算法是为克服固定预算法的缺点而设计的一种先进预算方法。（　　　）

4. 预计资产负债表的编制需以计划期开始日的资产负债表为基础。（　　　）

5. 企业预算管理委员会应当定期组织预算审计，纠正预算执行中存在的问题，充分发挥外部审计的监督作用，维护预算管理的严肃性。（　　　）

四、计算分析题

1. 已知：某公司 2022 年第 1~3 月实际销售额分别为 38 000 万元、36 000 万元和 41 000 万元，预计 4 月份销售额为 40 000 万元。每月销售收入中有 70% 能于当月收现，20% 于次月收现，10% 于第三个月收讫，不存在坏账。假定该公司销售的产品在流通环节只需缴纳消费税，税率为 10%，并于当月以现金交纳。该公司 3 月末现金余额为 80 万元，应付账款余额为 5 000 万元（需在 4 月份付清），不存在其他应收应付款项。4 月份有关项目预计资料如下：采购材料 8 000 万元（当月付款 70%）；工资及其他支出 8 400 万元（用现金支付）；制造费用 8 000 万元（其中折旧费等非付现费用为 4 000 万元）；营业费用和管理费用 1 000 万元（用现金支付）；预交所得税 1 900 万元；购买设备 12 000 万元（用现金支付）。现金不足时，通过向银行借款解决。4 月末现金余额要求不低于 100 万元。

要求：根据上述资料，计算该公司 4 月份的下列预算指标：

（1）经营性现金流入。

（2）经营性现金流出。

（3）现金余缺。

（4）应向银行借款的最低金额。

（5）4月末应收账款余额。

五、综合题

甲公司生产A产品，有关产品成本和预算的信息如下：

资料一：A产品由直接材料、直接人工、制造费用三部分构成，其中制造费用属于混合成本。

2021年第一至第四季度A产品的产量与制造费用数据如下所示。

项目	第一季度	第二季度	第三季度	第四季度
产量（件）	5 000	4 500	5 500	4 750
制造费用（元）	50 500	48 000	54 000	48 900

资料二：根据甲公司2022年预算，2022年第一季度A产品预计生产量为5 160件。

资料三：2022年第一至第四季度A产品的生产预算如下表（单位：件）所示，每季度末A产品的产成品存货量按下一季度销售量的10%确定。

项目	第一季度	第二季度	第三季度	第四季度	合计
预计销售量	5 200	4 800	6 000	5 000	×
预计期末产成品存货	480	a	d	×	×
预计期初产成品存货	520	b	e	×	×
预计生产量	5 160	c	f	×	×

注：表内的"×"为省略的数值。

资料四：2022年A产品预算单价为200元。各季度销售收入有70%在本季度收回现金，30%在下一季度收回现金。

要求：

（1）根据资料一，按照高低点法对制造费用进行分解，计算2021年制造费用中单位变动制造费用和固定制造费用总额。

（2）根据要求（1）的计算结果和资料二，计算2022年第一季度A产品的预计制造费用总额。

（3）根据资料三，分别计算表格中a、b、c、d、e、f所代表的数值。

（4）根据资料三和资料四，计算：①2022年第二季度的销售收入预算总额；②2022年第二季度的相关现金收入预算总额。

▲ 答案与解析

一、单项选择题

1. 【解析】根据每月的采购款当月支付60%，次月支付40%。1月、2月的采购金额在一季度已全部支付，期初应付账款余额100万元在1月份支付，3月份的采购款当月支付60%，因此，第一季度现金支出额＝ 100＋200＋300＋400×60%＝840（万元）。综上，本题应选C。
【答案】C

2. 【解析】弹性预算又称动态预算法，是指企业在分析业务量与预算项目之间数量依存关系的基础上，分别确定不同业务量及其相应预算项目所消耗资源的预算编制方法。综上，本题应选A。
【答案】A

3. 【解析】选项A不符合题意，资金预算只能以价值量指标反映企业经营收入和相关现金收支，不能以实物量指标反映；选项C不符合题意，生产预算只反映实物量指标，不反映价值量指标；选项D不符合题意，产品成本预算只能反映现金支出；选项B符合题意，只有销售预算能够同时以实物量指标和价值量指标分别反映企业经营收入和相关现金收支。综上，本题应选B。
【答案】B

4. 【解析】选项A、B、C正确，选项D错误，专门决策预算主要是长期投资预算，又称资本支出预算，通常是指与项目投资决策相关的专门预算。它往往涉及长期建设项目的资金投放与筹集，并经常跨越多个年度。综上，本题应选D。
【答案】D

5. 【解析】预算年度期初应收账款由两部分组成，一是上年第四季度货款的30%，二是上年第三季度货款的5%（可以全部在预算年度第一季度收回）。由此可知上年第四季度的销售额为（63 000－6 000）÷30%＝190 000（元），其中的25%［190 000×25%＝47 500（元）］在预算年度第一季度收回。所以，该预算年度第一季度收回的期初应收账款＝47 500＋6 000＝53 500（元）。综上，本题应选C。
【答案】C

6. 【解析】由公式法 Y＝a＋bx，可知 90＝30＋b×10，得 b＝6，即 Y＝30＋6x，将直接人工工时13万小时代入公式，得总成本费用＝30＋6×13＝108（万元）。综上，本题应选B。
【答案】B

7. 【解析】销售预算是整个预算的编制起点，也是其他预算的编制基础。综上，本题应选C。
【答案】C

8. 【解析】专门决策预算主要是长期投资预算（又称资本支出预算），通常是指与项目投资决策相关的专门决算，它往往涉及长期建设项目的资金投放与筹集，并经常跨越多个年度。选项A、D属于财务预算，选项B属于经营预算。综上，本题应选C。

【答案】C

9.【解析】资金预算体现的是价值量指标，不反映预算期产量和销量。综上，本题应选 C。

【答案】C

10.【解析】本题考查资金预算的编制，现金余缺 + 现金筹措 – 现金运用 = 期末现金余额，假设借入 X 元，则有 – 17 840 + X – 500 ≥ 3 000，解得 X ≥ 21 340 元，由于借款金额是 1 000 元的整倍数，所以借款金额为 22 000 元。综上，本题应选 A。

【答案】A

二、多项选择题

1.【解析】企业进行预算管理，一般应遵循以下原则：战略导向原则、过程控制原则、融合性原则、平衡管理原则和权变性原则。综上，本题应选 ACD。

【答案】ACD

2.【解析】选项 A 不属于，使预算期与会计期间相对应是定期预算法的特点；选项 B 属于，滚动预算法通过持续滚动预算编制、逐期滚动管理，实现动态反映市场、建立跨期综合平衡，从而有效指导企业营运，强化预算的决策与控制职能；选项 C 不属于，适应性、可比性差是固定预算法的特点；选项 D 属于，滚动预算法中，过高的滚动频率容易增加管理层的不稳定感，导致预算执行者无所适从。综上，本题应选 BD。

【答案】BD

3.【解析】选项 A、C 正确；选项 B 错误，销售成本项目的数据，来自产品成本预算；选项 D 错误，所得税费用项目是在利润规划时估计的，并已列入资金预算。它通常不是根据利润总额和所得税税率计算出来的，因为有诸多的纳税调整事项存在。此外从预算编制程序上看，如果根据利润总额和所得税税率重新计算所得税，会陷入数据的循环修改。综上，本题应选 BD。

【答案】BD

4.【解析】选项 A 正确，8 月份期初存货实际上就是 7 月份的期末存货，即 8 月份预计销售量的 20%：1 200×20% = 240（件）；选项 C 正确，8 月份期末存货 = 1 100×20% = 220（件）；选项 B 正确，8 月份采购量 = 生产需用量 + 期末存量 – 期初存量 = 1 200 + 220 – 240 = 1 180（件）；选项 D 错误，因为无法预计第三季度末商品存货量，所以无法计算第三季度的采购量。综上，本题应选 ABC。

【答案】ABC

5.【解析】对于预算执行单位提出的预算调整事项，企业进行决策时，一般应遵循以下要求：①预算调整事项不能偏离企业发展战略；②预算调整方案应当在经济上能够实现最优化；③预算调整重点应当放在预算执行中出现的重要的、非正常的、不符合常规的关键性差异方面。综上，本题应选 ABC。

【答案】ABC

6.【解析】零基预算的优点表现在：①以零为起点编制预算，不受历史期经济活动中的不合理因素影响，能够灵活应对内外环境的变化，预算编制更贴近预算期企业经济活动需要；②有助于增加预算编制透明度，有利于进行预算控制。其缺点是编制工作量大。综上，本题应选 ABC。

【答案】ABC

7.【解析】选项 A、B、C 正确；选项 D 错误，本期销售商品所收到的现金 = 本期销售本期收现 + 以前赊销本期收现 = 本期的销售收入 + 期初应收账款 − 期末应收账款。综上，本题应选 ABC。

【答案】ABC

8.【解析】选项 A、B、D 符合题意；选项 C 不符合题意，财务决策是按照财务战略目标的总体要求，利用专门的方法对各种备选方案进行比较和分析，从中选出最佳方案。综上，本题应选 ABD。

【敲黑板】预算的作用包括：一个目标，一个协调，一个依据。

【答案】ABD

9.【解析】资金预算主要反映现金余缺和现金筹措使用情况。该预算中现金收入主要指销货取得的现金收入；现金支出除了涉及有关直接材料、直接人工、制造费用和销售及管理费用方面的经营性现金支出外，还包括用于缴纳税金、股利分配等支出，另外还包括购买设备等资本性支出。综上，本题应选 ABCD。

【答案】ABCD

10.【解析】选项 B、D 正确，第四季度销售收入 40 000 元，全部计入预计利润表"销售收入"项目中，其中有 16 000 元（40 000×40%）在预算年度年末未收回，即年末应收账款金额，计入预计资产负债表"应收账款"项目中。综上，本题应选 BD。

【答案】BD

三、判断题

1.【解析】企业董事会或类似机构应当对企业预算的管理工作负总责。企业董事会可以根据情况设立预算管理委员会负责预算管理事宜，并对企业法定代表人负责。因此，本题表述错误。

【答案】×

2.【解析】由于预计资产负债表的某些数据需要根据利润表中的相关数据作为基础，如资产负债表所有者权益中的盈余公积和未分配利润项目金额的确定依赖于利润表中的净利润金额的确定。因此，通常先编制预计利润表，然后再编制预计资产负债表。因此，本题表述错误。

【答案】×

3.【解析】零基预算法是指企业不以历史期经济活动及其预算为基础，以零为起点，从实际需要出发分析预算经济活动的合理性，经综合平衡，形成预算的预算编制方法。它克服了增量预算法的缺点。因此，本题表述错误。

【答案】×

4.【解析】预计资产负债表是用来反映企业在计划期末预计的财务状况。它的编制需以计划期开始日的资产负债表为基础，然后根据计划期间各项预算作必要的调整。因此，本题表述正确。

【答案】√

5.【解析】企业预算管理委员会应当定期组织预算审计，纠正预算执行中存在的问题，充分发挥内部审计（而非外部审计）的监督作用，维护预算管理的严肃性。因此，本题表述错误。

【答案】×

四、计算分析题

1.（1）

【解析】每月销售收入中有 70% 能于当月收现，20% 于次月收现，10% 于第三个月收讫，不存在坏账。可以得出 4 月份的 70% 能收回，3 月份的 20% 能收回，2 月份的 10% 能收回。

【答案】经营性现金流入 = 40 000×70% + 41 000×20% + 36 000×10% = 39 800（万元）

（2）

【解析】注意一定是现金流出企业才算。折旧费等非付现费用为 4 000 万元，这项费用是不发生实质性现金流出的。

【答案】经营性现金流出 = 8 000×70% + 5 000 + 8 400 +（8 000 – 4 000）+ 1 000 + 1 900 + 40 000×10% = 29 900（万元）

【敲黑板】需要注意销售商品时还需缴纳消费税（40 000×10%），也属于企业的经营性现金支出。

（3）

【解析】期初现金余额 + 现金收入 – 现金支出 = 现金余缺

【答案】80 + 39 800 – 29 900 – 12 000 = - 2 020（万元）

（4）

【解析】现金不足时，通过向银行借款解决。4 月末现金余额要求不低于 100 万元。

【答案】应向银行借款的最低金额 = 100 + 2 020 = 2 120（万元）

（5）

【解析】4 月销售收入的 30% 未收回，3 月销售收入的 10% 未收回。

【答案】4 月末应收账款余额 = 40 000×30% + 41 000×10% = 16 100（万元）

五、综合题

（1）

【解析】单位变动制造费用 = $\frac{最高点业务量制造费用 - 最低点业务量制造费用}{最高点业务量 - 最低点业务量}$

固定制造费用总额 = 最高点业务量制造费用 – 单位变动制造费用 × 最高点业务量

或固定制造费用总额 = 最低点业务量制造费用 – 单位变动制造费用 × 最低点业务量

【答案】

单位变动制造费用 =（54 000 – 48 000）/（5 500 – 4 500）= 6（元）

固定制造费用总额 = 54 000 – 55 00×6 = 21 000（元）

（2）

【解析】制造费用总额 = 21 000 + 6 × 预计生产量

【答案】2022 年第一季度 A 产品的预计制造费用总额 = 21 000 + 6 × 5 160 = 51 960（元）

（3）

【解析】

预计期末产成品存货 = 下季度销售量 × 10%

预计期初产成品存货 = 上季度期末产成品存货

预计生产量 = 预计销售量 + 预计期末产成品存货 − 预计期初产成品存货

【答案】

a = 6 000 × 10% = 600（件）

b = 480（件）

c = 4 800 + a − b = 4 800 + 600 − 480 = 4 920（件）

d = 5 000 × 10% = 500（件）

e = a = 600（件）

f = 6 000 + d − e = 6 000 + 500 − 600 = 5 900（件）

（4）

【解析】

销售收入 = 单价 × 销售量

第二季度现金收入 = 第一季度销售收入 × 30% + 第二季度销售收入 × 70%

【答案】

① 2022 年第二季度的销售收入预算总额 = 4 800 × 200 = 960 000（元）

② 2022 年第二季度的相关现金收入预算总额 = 960 000 × 70% + 5 200 × 200 × 30% = 984 000（元）

第四章 筹资管理（上）

应试指导

本章主要讲述了债务筹资、股权筹资和衍生工具筹资的特点及优缺点，属于纯文字性的章节，内容较多但考查的重点主要集中在各种筹资方式的优缺点上。学习时不必死记硬背，对相关的内容多看多读多对比，在理解的基础上加深记忆，定能攻克本章。

历年考情

本章属于较重要章节，主要阐述了各种筹资方式的比较。近几年平均分为 8 分左右，主要以客观题形式考核。

题型	2021 年（一）		2021 年（二）		2020 年（一）		2020 年（二）		2019 年（一）		2019 年（二）	
	题量	分值	题量	分值	题量	分值	题量	分值	题量	分值	题量	分值
单选	2	3 分	1	1.5 分	3	4.5 分	3	4.5 分	4	4 分	4	4 分
多选	3	6 分	1	2 分	1	2 分	2	4 分	1	2 分	—	—
判断	1	1 分	1	1 分	2	2 分	2	2 分	1	1 分	1	1 分
综合	1	2 分	—	—	—	—	—	—	—	—	—	—

高频考点列表

考点	单选题	多选题	判断题	综合题
企业的筹资动机	2017 年	—	—	—
筹资的分类	2020 年、2019 年	2021 年、2018 年	2021 年、2020 年	—
银行借款	2021 年	—	—	—
租赁	2021 年、2018 年、2017 年	2018 年、2017 年	—	2018 年
债务筹资特点	2020 年、2019 年、2018 年	2021 年、2020 年	—	—
吸收直接投资	—	2017 年	2020 年	—
发行普通股股票	2020 年、2018 年	2021 年、2018 年	2020 年	—

考点	单选题	多选题	判断题	综合题
留存收益	2019年	2020年、2019年、2018年	2019年	—
股权筹资特点	2019年	2020年	2020年	—
可转换债券	2021年、2020年、2019年、2018年	—	—	—
认股权证	2019年	—	2017年	—
优先股	2020年、2019年	2020年	2021年、2019年、2018年	—

🌲 章逻辑树

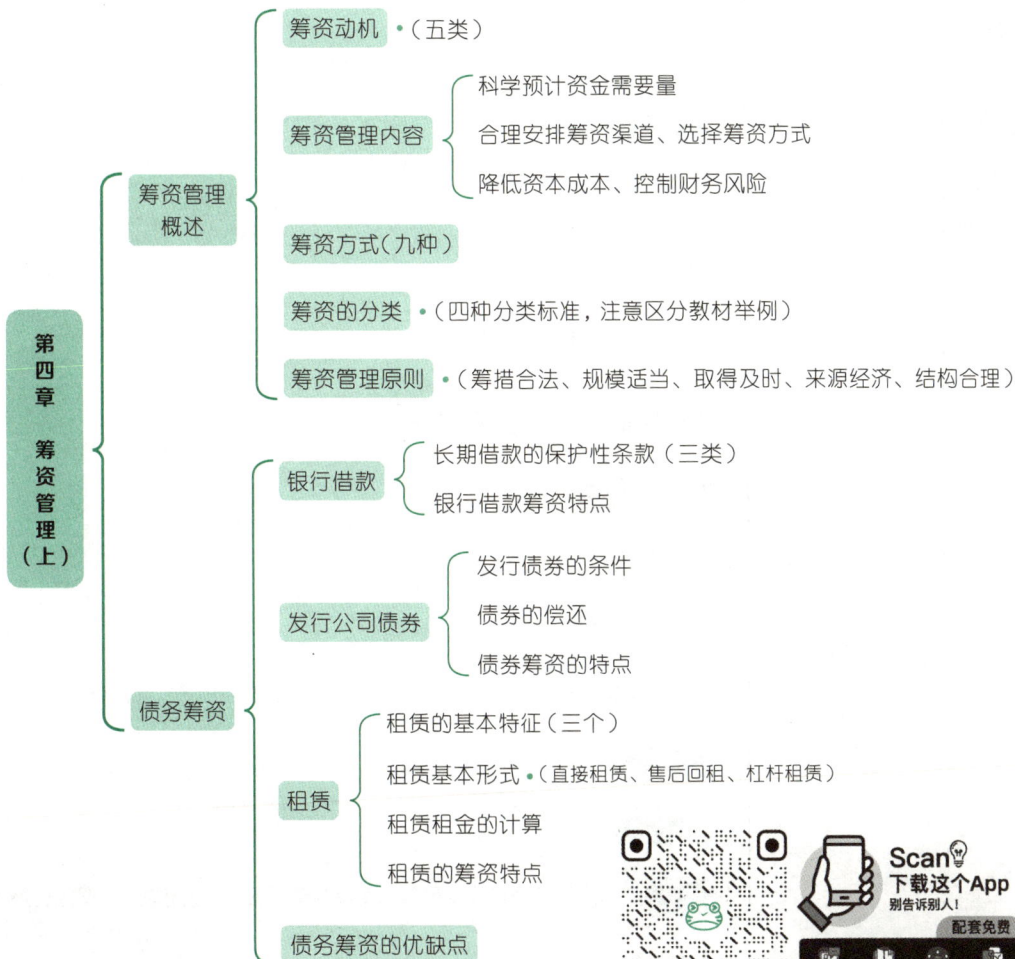

第四章 筹资管理（上）

- 筹资管理概述
  - 筹资动机 •（五类）
  - 筹资管理内容
    - 科学预计资金需要量
    - 合理安排筹资渠道、选择筹资方式
    - 降低资本成本、控制财务风险
  - 筹资方式（九种）
  - 筹资的分类 •（四种分类标准，注意区分教材举例）
  - 筹资管理原则 •（筹措合法、规模适当、取得及时、来源经济、结构合理）
- 债务筹资
  - 银行借款
    - 长期借款的保护性条款（三类）
    - 银行借款筹资特点
  - 发行公司债券
    - 发行债券的条件
    - 债券的偿还
    - 债券筹资的特点
  - 租赁
    - 租赁的基本特征（三个）
    - 租赁基本形式 •（直接租赁、售后回租、杠杆租赁）
    - 租赁租金的计算
    - 租赁的筹资特点
  - 债务筹资的优缺点

Scan 下载这个App 别告诉别人！
配套免费
视频　题库　模考　答疑

```
                                   ┌─ 吸收直接投资 ·（种类、出资方式、筹资特点）
                                   │
                                   │                  ┌─ 股票的特征与分类
                                   │                  │
                                   │                  │  股票的发行与上市条件
                    ┌─ 股权筹资 ──┤  发行普通股股票 ─┤
                    │              │                  │  股票发行中引入战略投资者的意义
                    │              │                  │
                    │              │                  └─ 发行普通股股票的筹资特点
                    │              │
                    │              ├─ 留存收益 ·（筹资途径、筹资特点）
                    │              │
                    │              └─ 股权筹资的优缺点
                    │
                    │                                 ┌─ 基本性质（三个）
                    │                                 │
                    │                                 │  基本要素（八个）
                    │              ┌─ 可转换债券 ────┤
                    │              │                 │  发行条件
                    │              │                 │
                    │              │                 └─ 筹资特点（四个）
          第        │              │
          四        │              │                                ┌─ 认股权证的期权性 ·（没有普通股的红利收入，
          章        │              │             ┌─ 基本性质 ──────┤                       也没有普通股相应的投票权）
                  ──┤  衍生工具筹资─┤  认股权证 ──┤                 └─ 认股权证是一种投资工具
          筹        │              │             │
          资        │              │             └─ 筹资特点（三个）
          管        │              │
          理        │              │             ┌─ 基本性质（三个）
         （上）     │              │             │
                    │              └─ 优先股 ────┤  种类
                    │                            │
                    │                            └─ 特点（五个）
                    │
                    │              ┌─ 非公开定向债务融资工具（PPN）
                    │              │
                    │              │  私募股权投资
                    │              │
                    │              │  产业基金
                    │              │
                    │              │  中期票据融资
                    └─ 筹资实务创新┤
                                   │  资产证券化融资 ·（企业应收账款证券化、融资租赁债权资产证券化）
                                   │
                                   │  商圈融资
                                   │
                                   │  能效信贷
                                   │
                                   └─ 其他融资方式 ·（商业票据融资、股权众筹融资、供应链融资、绿色信贷）
```

高频考点 1 企业的筹资动机

动机类型	内容
创立性筹资动机	指企业设立时，为取得资本金并形成开展经营活动的基本条件而产生的筹资动机
支付性筹资动机	指为了满足经营业务活动的正常波动所形成的支付需要而产生的筹资动机
扩张性筹资动机	指企业因扩大经营规模或满足对外投资需要而产生的筹资动机
调整性筹资动机	指企业因调整资本结构而产生的筹资动机。企业产生调整性筹资动机的具体原因大致有两种：一是优化资本结构，合理利用财务杠杆效应；二是偿还到期债务，债务结构内部调整
混合性筹资动机	企业既为扩大规模又为调整资本结构而产生的筹资动机，称为混合性筹资动机，兼具扩张性筹资动机和调整性筹资动机的特性

【真题实战·单选题】企业因发放现金股利的需要而进行筹资的动机属于（　　）。（2017年）

A. 扩张性筹资动机　　B. 支付性筹资动机

C. 创立性筹资动机　　D. 调整性筹资动机

【解析】支付性筹资动机，是指为了满足经营业务活动的正常波动所形成的支付需要而产生的筹资动机。企业在开展经营活动过程中，经常会出现超出维持正常经营活动资金需求的季节性、临时性的交易支付需要，如原材料购买的大额支付、员工工资的集中发放、银行借款的偿还、股东股利的发放等。综上，本题应选B。

【答案】B

【沙场练兵·单选题】企业为了优化资本结构而筹集资金，这种筹资的动机是（　　）。

A. 创立性筹资动机　　B. 支付性筹资动机

C. 扩张性筹资动机　　D. 调整性筹资动机

【思路导航】企业筹资动机有五类，可以简单地从字面的意思来记忆：创立性筹资动机（开办企业）、支付性筹资动机（支付款项）、扩张性筹资动机（扩大规模）、调整性筹资动机（资本结构调整）和混合性筹资动机（规模扩张和调整资本结构）。其中对调整性支付动机

要予以注意，调整的是资本结构，与企业日常经营活动的调整没有直接的关系。

【解析】企业产生调整性筹资动机的具体原因有二：一是优化资本结构，合理利用财务杠杆效应，而不是为企业经营活动追加资金，这类筹资通常不会增加企业的资本总额；二是偿还到期债务，债务结构内部调整。综上，本题应选D。

【答案】D

【沙场练兵·单选题】当一些债务即将到期，企业虽然有足够的偿债能力，但为了保持现有的资本结构，仍然举新债还旧债。这种筹资动机是（　　）。

A. 扩张性筹资动机　　B. 支付性筹资动机

C. 调整性筹资动机　　D. 创立性筹资动机

【思路导航】调整性筹资动机特别容易出考题，要注意其调整的是"资本结构"。

【解析】调整性筹资动机，是指企业因调整资本结构而产生的筹资动机。当一些债务即将到期，企业虽然有足够的偿债能力，但为了保持现有的资本结构，仍然举借新债以偿还旧债，这是为了调整资本结构。综上，本题应选C。

【答案】C

【沙场练兵·判断题】调整性筹资动机是指企业因调整公司业务所产生的筹资动机。（　　）

【解析】调整性筹资动机指企业因调整资本结构而产生的筹资动机。因此，本题表述错误。

【答案】×

高频考点 2 筹资的分类

分类标准	具体分类	举例
按所取得资金的权益特性	股权筹资	如吸收直接投资、发行股票、内部积累等
	债务筹资	如向金融机构借款、发行债券、租赁、商业信用等
	衍生工具筹资	如可转换债券融资、优先股融资、认股权证融资等
按是否借助于金融机构为媒介	直接筹资	如发行股票、发行债券、吸收直接投资等
	间接筹资	银行借款、租赁等
按资金的来源范围	内部筹资	企业通过利润留存而形成的筹资来源
	外部筹资	如发行股票、发行债券、向银行借款、取得商业信用等
按所筹集资金的使用期限	长期筹资	通常采取吸收直接投资、发行股票、发行债券、长期借款、租赁等方式
	短期筹资	通常利用商业信用、短期借款、保理业务等方式来筹资

【真题实战·多选题】下列各项中，属于直接筹资方式的有（　　）。（2021年）

A. 发行公司债券　　　B. 银行借款

C. 租赁　　　　　　　D. 发行股票

【思路导航】直接筹资：M—N，间接筹资：M—金融机构—N。区分直接筹资与间接筹资的关键：是否借助于金融机构。

【解析】直接筹资是企业直接与资金供应者协商融通资金的筹资活动，如发行股票、发行债券等；间接筹资是企业借助于银行和非银行金融机构而筹集资金，如银行借款、租赁等。综上，本题应选 AD。

【答案】AD

【真题实战·判断题】由于商业信用筹资无需支付利息，所以不属于债务筹资。（　　）

（2021年）

【解析】商业信用指企业之间在商品或劳务交易中，由于延期付款或延期交货所形成的借贷信用关系。商业信用是由于业务供销活动而形成的，它是企业短期资金的一种重要的和经常性的资金来源。因此，本题表述错误。

【答案】×

【真题实战·单选题】以下属于内部筹资的是（　　）。（2020年/2019年）

A. 发行股票　　　　　B. 留存收益

C. 短期借款　　　　　D. 发行债券

【思路导航】按资金的来源范围不同，筹资分为内部筹资和外部筹资，内部筹资主要是利用留存收益筹资，其他基本上是外部筹资。

【解析】内部筹资指企业通过利润留存而形成

的筹资来源。筹资数额取决于企业可分配利润的多少和利润分配政策，即企业的留存收益（选项B）。选项A、C、D，属于外部筹资。综上，本题应选B。

【答案】B

【真题实战·单选题】下列各项中，既可以作为长期筹资方式又可以作为短期筹资方式的是（　　）。（2020年）

A.发行可转换债券　　B.银行借款

C.发行普通股　　D.吸收直接投资

【解析】选项A属于长期筹资；选项B，银行借款筹资广泛适用于各类企业，它既可以筹集长期资金，也可以用于短期融通资金，具有灵活、方便的特点；选项C、D属于长期筹资。综上，本题应选B。

【答案】B

【真题实战·判断题】公司发行的永续债由于没有明确的到期日或期限非常长，因此在实质上属于股权资本。（　　）（2020年）

【解析】永续债实质是一种介于债权和股权之间的融资工具。永续债是分类为权益工具还是金融负债，应把"是否能无条件避免交付现金或其他金融资产的合同义务"作为判断永续债的关键。因此，本题表述错误。

【答案】×

【真题实战·单选题】关于直接筹资与间接筹资，下列表述中，错误的是（　　）。（2019年）

A.租赁属于间接筹资

B.发行股票属于直接筹资

C.直接筹资的筹资费用较高

D.直接筹资仅可筹集股权资金

【解析】按是否借助于金融机构为媒介来获取社会资金，企业筹资可分为直接筹资和间接筹资两种类型。直接筹资是企业直接与资金供应者协商融通资金的筹资活动，主要有发行股票

（选项B表述正确）、发行债券、吸收直接投资等。直接筹资方式既可以筹集股权资金，也可以筹集债务资金（选项D表述错误）；相对来说，直接筹资的筹资手续比较复杂，筹资费用较高（选项C表述正确）；但筹资领域广阔，能够直接利用社会资金，有利于提高企业的知名度和信誉度。间接筹资是企业借助于银行和非银行金融机构而筹集资金。间接筹资的基本方式是银行借款，此外还有租赁等方式（选项A正确）。综上，本题应选D。

【答案】D

【真题实战·多选题】下列筹资方式中，一般属于间接筹资方式的有（　　）。（2018年）

A.优先股筹资　　B.租赁

C.银行借款筹资　　D.债券筹资

【解析】间接筹资，是企业借助于银行和非银行金融机构而筹集资金。间接筹资的基本方式是银行借款，此外还有租赁等方式。综上，本题应选BC。

【答案】BC

【真题实战·多选题】下列各项中属于债务筹资方式的有（　　）。（2018年）

A.商业信用　　B.租赁

C.优先股　　D.普通股

【解析】选项A、B符合题意，债务筹资形成企业的债务资金，债务资金是企业通过向金融机构借款、向社会发行公司债券、租赁等方式筹集和取得的资金。银行借款、发行债券和租赁，是债务筹资的三种基本形式；选项C不符合题意，优先股属于衍生工具筹资；选项D不符合题意，普通股属于股权筹资。综上，本题应选AB。

【答案】AB

【沙场练兵·多选题】下列各项中，属于短期筹资方式的有（　　）。

A.短期借款　　B.商业信用

C. 保理业务　　　　　D. 发行债券

【解析】选项 A、B、C 属于，短期筹资方式包括短期借款、短期融资券、商业信用和保理业务；选项 D 不属于，发行债券是长期筹资方式。综上，本题应选 ABC。

【答案】ABC

【沙场练兵·判断题】企业在初创期通常采用外部筹资，而在成长期通常采用内部筹资。（　　）

【解析】处于成长期的企业，内部筹资往往难以满足需要。这就需要企业广泛地开展外部筹资，如发行股票、债券，取得商业信用、银行借款等。因此，本题表述错误。

【答案】×

高频考点 3　银行借款

1. 银行借款的种类

按提供贷款的机构	按机构对贷款有无担保
· 政策性银行贷款 · 商业银行贷款 · 其他金融机构贷款	· 信用贷款 · 担保贷款

2. 长期借款的保护性条款

例行性保护条款 · 多数借款合同都有这类条款，一般包括：定期向提供贷款的金融机构报送财务报表；保持存货储备量；及时清偿债务，包括到期清偿应缴纳税金和其他债务；不准以资产作其他承诺的担保或抵押；不准贴现应收票据或出售应收账款，以避免或有负债等

一般性保护条款 · 保持企业的资产流动性，限制企业非经营性支出，限制企业资本支出的规模，限制公司再举债规模，限制公司的长期投资

特殊性保护条款 · 例如：要求企业的主要领导人购买人身保险，借款的用途不得改变，违约惩罚条款等。这类条款只有在特殊情形下才生效

【真题实战·单选题】下列选项中，不属于担保贷款的是（　　）。（2021 年）

A. 信用贷款　　　　B. 抵押贷款

C. 保证贷款　　　　D. 质押贷款

【解析】担保贷款是指由借款人或第三方依法提供担保而获得的贷款，包括保证贷款（选项 C）、抵押贷款（选项 B）和质押贷款（选项 D）三种基本类型。综上，本题应选 A。

【答案】A

【沙场练兵·判断题】长期借款的例行性保护条款、一般性保护条款、特殊性保护条款可结合使用，有利于全面保护债权人的权益。（　　）

【解析】长期借款的保护性条款包括例行性保护条款、一般性保护条款和特殊性保护条款。上述各项条款结合使用，将有利于全面保护银行等债权人的权益。因此，本题表述正确。

【答案】√

【沙场练兵·单选题】企业可以将某些资产作为质押品向商业银行申请质押贷款。下列各项中，不能作为质押品的是（　　）。

A. 厂房　　　　　　B. 股票

C. 汇票　　　　　　D. 专利权

【思路导航】质押贷款中质押品的种类可以结合经济法"质押权"的相关内容判断，质押的特性之一是"交付质押权人"，不动产（厂房）肯定不能作为质押品。

【解析】作为贷款担保的质押品，可以是汇票、支票、债券、存款单、提单等信用凭证，可以是依法可以转让的股份、股票等有价证券，也可以是依法可以转让的商标专用权、专利权、著作权中的财产权等。综上，本题应选 A。

【答案】A

【沙场练兵·单选题】下列各项中，属于一般性保护条款内容的是（　　）。

A. 限制企业资本支出的规模

B. 及时清偿债务

C. 保持存货储备量

D. 借款的用途不得改变

【思路导航】一般性保护条款是对企业资产的流动性及偿债能力等方面的要求，这类条款应用于大多数借款合同，主要包括：①保持企业的资产流动性；②限制企业非经营性支出；③限制企业资本支出的规模；④限制公司再举债规模；⑤限制公司的长期投资。

【解析】选项 A 属于一般性保护条款内容；选项 B、C 属于例行性保护条款内容；选项 D 属于特殊性保护条款内容。综上，本题应选 A。

【答案】A

高频考点 4　租赁

1. 使用权资产与租赁负债的初始计量

	使用权资产	租赁负债
初始计量	使用权资产应当按照成本进行初始计量。该成本包括： （1）租赁负债的初始计量金额； （2）在租赁期开始日或之前支付的租赁付款额，存在租赁激励的，扣除已享受的租赁激励相关金额； （3）承租人发生的初始直接费用； （4）承租人为拆卸及移除租赁资产、复原租赁资产所在场地或将租赁资产恢复至租赁条款约定状态预计将发生的成本	（1）租赁负债应当按照租赁期开始日尚未支付的租赁付款额的现值进行初始计量； （2）计算租赁付款额的现值时，首选租赁内含利率，无法确定时，采用承租人增量借款利率

2. 租赁的基本形式

项目	直接租赁	售后回租	杠杆租赁
涉及对象	承租人、出租人	承租人、出租人	承租人、出租人、出借人

（续表）

| 图示 | 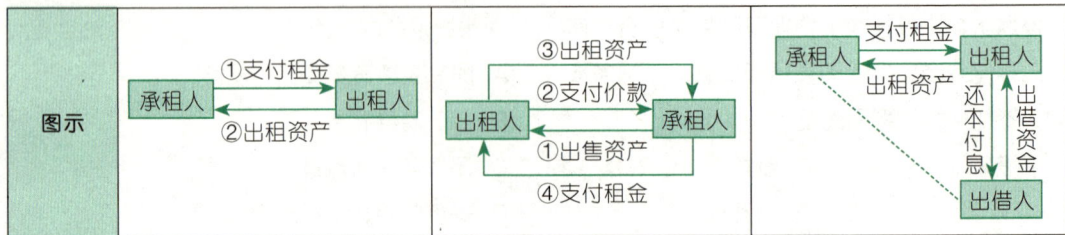 | | |

3. 租赁的租金构成

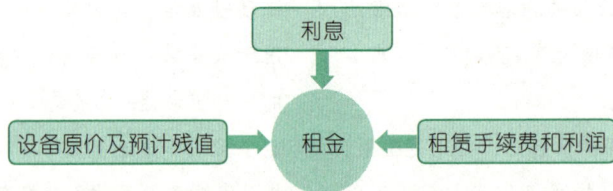

4. 租赁租金的计算

残值归属	支付时间	计算公式
残值归出租人	租金在每期期末支付	$每期租金 = \dfrac{租赁设备价值 - 残值 \times (P/F, i, n)}{(P/A, i, n)}$
	租金在每期期初支付	$每期租金 = \dfrac{租赁设备价值 - 残值 \times (P/F, i, n)}{(P/A, i, n) \times (1 + i)}$
残值归承租人	租金在每期期末支付	$每期租金 = \dfrac{租赁设备价值}{(P/A, i, n)}$
	租金在每期期初支付	$每期租金 = \dfrac{租赁设备价值}{(P/A, i, n) \times (1 + i)}$

【真题实战·单选题】某企业向租赁公司租入一套设备，价值 200 万元，租期 10 年，租赁期满时预计残值 10 万元，归租赁公司所有。年利率为 7%，租赁手续费率为每年 2%，每年初等额支付租金，则每年租金为（　　）万元。（2021 年）

A. ［200 − 10 × (P/F, 9%, 10)］/(P/A, 9%, 10)

B. ［200 − 10 × (P/F, 9%, 10)］/［(1 + 9%) × (P/A, 9%, 10)］

C. ［200 − 10 × (P/F, 7%, 10)］/(P/A, 7%, 10)

D. ［200 − 10 × (P/F, 7%, 10)］/［(1 + 7%) × (P/F, 7%, 10)］

【思路导航】关于租赁租金的计算，我们可以抓住关键点：一是租金的支付时间（期初或期末）；二是设备残值的归属（归承租人或出租人）；三是租赁折现率的计算（利率与租赁手续费率之和）。若本题改为每年末等额支付租金、残值归承租人所有，思考每年租金应如何表示呢？

【解析】本题租赁折现率 = 7% + 2% = 9%，残值归租赁公司所有，承租人支付的租金总额中应扣除残值现值，租金在每年年初等额支付，因此每年租金 = ［200 − 10 × (P/F, 9%, 10)］/［(1 + 9%) × (P/A, 9%, 10)］万元。

综上，本题应选 B。

【答案】B

【真题实战·单选题】某租赁公司购进设备并出租，设备价款为 1 000 万元。该公司出资 200 万元，余款通过设备抵押贷款解决，并用租金偿还贷款，该租赁方式是（　　）。（2021年）

A. 售后回租　　　　B. 经营租赁

C. 杠杆租赁　　　　D. 直接租赁

【解析】租赁按其业务的不同特点，可细分为直接租赁、售后回租和杠杆租赁三种形式。其中，杠杆租赁一般要涉及承租人、出租人和资金出借人三方当事人，对出租人而言，出租人只垫付购买资产所需资金的一部分，其余部分则通过将该资产以抵押担保的方式向第三方（通常是银行）申请贷款解决。综上，本题应选 C。

【答案】C

【真题实战·单选题】某航空公司为开通一条国际航线，需增加两架空客飞机，为尽快形成航运能力，下列筹资方式中，该公司通常会优先考虑（　　）。（2018年）

A. 普通股筹资　　　　B. 债券筹资

C. 优先股筹资　　　　D. 租赁筹资

【解析】租赁无须大量资金就能迅速获得资产，这种筹资方式集融资与融物于一身，一般要比先筹措资金再购置设备来得更快，可使企业尽快形成生产经营能力。综上，本题应选 D。

【答案】D

【真题实战·单选题】下列筹资方式中，能给企业带来财务杠杆效应的是（　　）。（2018年）

A. 发行普通股　　　　B. 认股权证

C. 租赁　　　　　　　D. 留存收益

【思路导航】财务杠杆效应存在的原因是固定性资本成本的存在，除债务利息与优先股股息外，租赁每期固定的租金支付也属于固定性资

本成本。

【解析】选项 A、D 都属于股权筹资，股权筹资比债务筹资财务风险小，不能带来财务杠杆效应；选项 B 属于衍生工具筹资，其本身和股票紧密联系，所以也不能带来财务杠杆效应；选项 C 正确，租赁作为债务筹资方式的一种，可以带来财务杠杆效应。综上，本题应选 C。

【答案】C

【真题实战·多选题】在确定租赁的租金时，一般需要考虑的因素有（　　）。（2018年）

A. 租赁公司办理租赁业务所发生的费用

B. 租赁期满后租赁资产的预计残值

C. 租赁公司购买租赁资产所垫付资金的利息

D. 租赁资产价值

【解析】租赁每期租金的多少，取决于以下几项因素：①设备原价及预计残值，包括设备买价、运输费、安装调试费、保险费等，以及设备租赁期满后出售可得的收入（选项 B、D）；②利息，指租赁公司为承租企业购置设备垫付资金所应支付的利息（选项 C）；③租赁手续费和利润，其中，手续费是指租赁公司承办租赁设备所发生的业务费用，包括业务人员工资、办公费、差旅费等（选项 A）。综上，本题应选 ABCD。

【答案】ABCD

【真题实战·单选题】下列各项中，不计入租赁租金的是（　　）。（2017年）

A. 租赁手续费

B. 承租公司的财产保险费

C. 租赁公司垫付资金的利息

D. 设备的买价

【解析】租赁每期租金的多少，取决于以下几项因素：①设备原价及预计残值，包括设备买价（选项 D）、运输费、安装调试费、保险费等，以及设备租赁期满后出售可得的收入；②利息，指租赁公司为承租企业购置设备垫付资金所应

支付的利息（选项C）；③租赁手续费和利润，其中，手续费是指租赁公司承办租赁设备所发生的业务费用，包括业务人员工资、办公费、差旅费等（选项A）。综上，本题应选B。

【答案】B

【真题实战·多选题】下列关于杠杆租赁的表述中，正确的有（   ）。（2017年）

A. 出租人既是债权人又是债务人

B. 涉及出租人、承租人和资金出借人三方当事人

C. 租赁的设备通常是出租方已有的设备

D. 出租人只投入设备购买款的部分资金

【解析】选项A、B、D正确，杠杆租赁是指涉及承租人、出租人和资金出借人三方的租赁业务，出租方自己只投入部分资金（通常为资产价值的20%-40%），其余资金通过将该资产抵押担保的方式，向第三方申请贷款，将借款购进的设备出租给承租方，用收取的租金偿还贷款。出租人既是债权人也是债务人。选项C错误，租赁的设备通常是出租人根据设备需要者的要求购买的。综上，本题应选ABD。

【答案】ABD

【真题实战·综合题】（2018年节选）

戊公司是一家设备制造商，公司基于市场发展进行财务规划，有关资料如下：

资料三：戊公司计划于2018年1月1日从租赁公司租入一台设备，该设备价值为1 000万元，租期为5年，租赁期满时预计净残值为100万元，归租赁公司所有，年利率为8%，年租赁手续费率为2%。租金每年末支付1次，相关货币时间价值系数为（P/F，8%，5）= 0.6806，（P/A，8%，5）= 3.9927，（P/F，10%，5）= 0.6209，（P/A，10%，5）= 3.7908。

要求：根据资料三，计算下列数值：

（1）计算租金时，使用的折现率；

（2）该设备的年租金。

【解析】租赁的折现率＝年利率＋年租赁手续费率＝10%。残值归出租人所有，租赁设备价值＝每期租金×（P/A，i，n）＋残值×（P/F，i，n），则，1 000 = 100×（P/F，10%，5）＋年租金×（P/A，10%，5），由此可解出年租金为247.42万元。

【答案】

（1）租赁折现率＝8%＋2%＝10%

（2）设备年租金＝[1 000－100×（P/F，10%，5）]/（P/A，10%，5）＝247.42（万元）

高频考点 5 债务筹资特点

1. 银行借款 VS 发行公司债券 VS 租赁

债务筹资方式	优点	缺点
银行借款	①筹资速度快（与债务筹资其他方式相比）； ②资本成本较低（与债务筹资其他方式相比）； ③筹资弹性较大	①限制条款多； ②与发行债券相比筹资数额有限
发行公司债券	①一次筹资数额大； ②与银行借款相比，筹资使用限制少； ③提高公司的社会声誉	与银行借款相比，资本成本负担较高
租赁	①无须大量资金就能迅速获得资产； ②财务风险小，财务优势明显； ③筹资的限制条件较少； ④能延长资金融通的期限	与银行借款和发行债券相比，资本成本负担较高

■神总结■

项目	银行借款	发行债券	租赁
筹资速度	快	慢	较快
资本成本	最低	较高	最高
筹资弹性	较大	较小	——
限制条件	较多	较少	最少
筹资数额	较少	较多	——
筹资风险	较大	最大	较小

2. 债务筹资的优缺点（与股权筹资相比）

优点	缺点
①筹资速度较快； ②筹资弹性较大； ③资本成本较低； ④可以利用财务杠杆； ⑤稳定公司的控制权。	①不能形成企业稳定的资本基础； ②财务风险较大； ③筹资数额有限。

【真题实战·多选题】与普通股筹资相比，下列各项中，属于银行借款筹资优点的有（　　）。（2021年/2020年）

A. 公司的财务风险较低

B. 可以发挥财务杠杆作用

C. 资本成本较低

D. 筹资弹性较大

【思路导航】各种筹资方式的特点是考试的重点，做题时要注意对比的对象，例如本题"相对于普通股筹资"，其本质为考查债务筹资与股权筹资的不同特点，考试时要注意审题。

【解析】银行借款的优点包括：①筹资速度快；②筹资弹性较大（选项D）③资本成本较低（选项C）；④便于发挥财务杠杆作用（选项B）；⑤易于企业保守财务秘密等。综上，本题应选BCD。

【答案】BCD

【真题实战·单选题】下列筹资方式中，属于债务筹资方式的是（　　）。（2020年）

A. 吸收直接投资　　B. 租赁

C. 留存收益　　　　D. 发行优先股

【解析】债务筹资形成企业的债务资金，包括银行借款、发行债券和租赁等，这三种方式筹集的资金一般都是长期债务资本。选项A、C属于股权筹资；选项D属于衍生工具筹资。综上，本题应选B。

【答案】B

【真题实战·多选题】下列筹资方式中，属于债务筹资方式的有（　　）。（2020年）

A. 发行债券　　　　B. 留存收益

C. 商业信用　　　　D. 银行借款

【解析】债务筹资方式包括银行借款（选项D）、发行债券（选项A）、租赁、商业信用（选项C）等方式。选项B属于股权筹资方式。综上，本题应选ACD。

【答案】ACD

【真题实战·单选题】下列筹资方式中，筹资速度较快，但筹资资金使用的限制条件较多的是（　　）。（2019年）

A. 银行借款　　　　B. 债券筹资

C. 股权筹资　　　　D. 租赁

【思路导航】几种筹资方式的特点是历年考试的必考点，要熟练掌握相关的内容。尤其要分清哪种方式筹资速度快，哪种方式筹资风险大，哪种方式筹资限制条件多。

【解析】这里的银行借款通常是长期借款，而长期借款的金额高、期限长、风险大，除借款合同的基本条款之外，债权人通常在借款合同中附加各种保护性条款，以确保企业按要求使用借款和按时足额偿还借款。而其他的筹资方式使用限制条件相对较少。综上，本题应选A。

【答案】A

【真题实战·单选题】下列各项中，不属于债务筹资优点的是（　　）。（2018年）

A. 可形成企业稳定的资本基础

B. 筹资弹性较大

C. 筹资速度较快

D. 筹资成本负担较轻

【解析】债务筹资优点有：①筹资速度较快；②筹资弹性较大；③资本成本负担较轻；④可以利用财务杠杆；⑤稳定公司控制权。选项A不属于，股权筹资是企业稳定的资本基础。综上，本题应选A。

【答案】A

【沙场练兵·单选题】与发行公司债券相比，银行借款筹资的优点是（　　）。

A. 资本成本较低

B. 资金使用的限制条件少

C. 能提高公司的社会声誉

D. 单次筹资数额较大

【思路导航】债务筹资主要包括银行借款、发行公司债券、租赁三种形式。它们有债务筹资的一般优缺点，同时也有自己特有的优缺点，因此在掌握债务筹资总体特征的基础上，掌握各自不同的优缺点。

【解析】与发行公司债券相比，银行借款筹资的优点：①筹资速度快；②资本成本较低；③筹资弹性较大。综上，本题应选A。

【答案】A

【沙场练兵·多选题】与发行股票筹资相比，租赁筹资的特点有（　　）。

A. 财务风险较小

B. 筹资限制条件较少

C. 资本成本负担较低

D. 形成生产能力较快

【思路导航】筹资包括三大类：债务筹资、股权筹资和衍生工具筹资，每大类中有自己的小类。出题有三种方式：①大类之间的比较；②小类之间的比较；③大类与小类之间的比较。但归根到底都是优缺点的比较。

【解析】选项B正确，企业通过发行股票筹资，受到相当多的资格条件的限制，因此与发行股票相比，租赁筹资的限制条件少；选项C正确，租赁是债务筹资，资本成本要低于普通股；选项D正确，租赁无须大量资金就能迅速获得资产，可以尽快形成生产能力；选项A错误，租赁属于债务筹资，所以，财务风险大于发行股票筹资。综上，本题应选BCD。

【答案】BCD

【沙场练兵·单选题】下列各种筹资方式中筹资限制条件最少的是（　　）。

A. 租赁　　　　　　B. 发行股票

C. 发行债券　　　　D. 发行短期融资券

【解析】企业运用股票、债券、长期借款等筹资方式，都受到相当多的资格条件限制，如足够的抵押品、银行贷款的信用标准、发行债券的政府管制等。此外，只有具备一定的信用等级的实力强的企业，才能发行短期融资券筹资。相比之下，租赁筹资的限制条件很少。综上，本题应选A。

【答案】A

【沙场练兵·多选题】与银行借款相比，下列各项中，属于发行债券筹资特点的有（　　）。

A. 资本成本较高

B. 一次筹资数额较大

C. 扩大公司的社会影响

D. 募集资金使用限制较多

【解析】发行公司债券募集资金的特点包括：①一次筹资数额大（选项B）；②募集资金的使用限制条件少；③资本成本负担较高（选项A）；④提高公司的社会声誉（选项C）。与发行公司债券相比较，银行借款合同对借款用途有明确规定，通过借款的保护性条款对公司资本支出额度、再筹资、股利支付等行为有严格的约束。综上，本题应选ABC。

【答案】ABC

高频考点 6 吸收直接投资

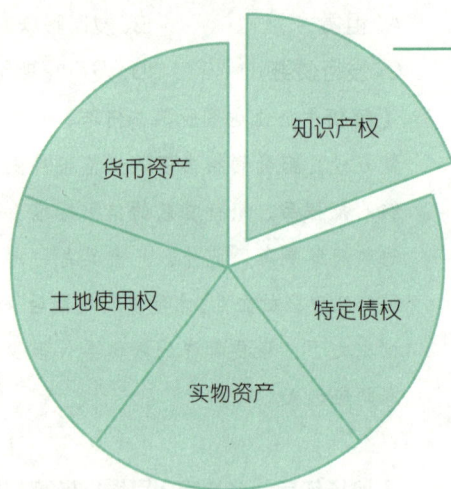

知识产权通常是指专有技术、商标权、专利权、非专利技术等无形资产。相关法律法规对无形资产出资方式另有限制，股东或者发起人不得以劳务、信用、自然人姓名、商誉、特许经营权或者设定担保的财产等作价出资。

【敲黑板】做题时可以采用排除法。记住不得出资的几种方式：务用名誉许保。

【真题实战·判断题】对于吸收直接投资这种筹资方式，投资人可以用土地使用权出资。（　　）（2020年）

【解析】吸收直接投资的出资方式有：①以货币资产出资；②以实物资产出资；③以土地使用权出资；④以知识产权出资；⑤以特定债权出资。因此，本题表述正确。

【答案】√

【真题实战·多选题】下列各项中，能够作为吸收直接投资出资方式的有（　　）。（2017年）

A. 特许经营权　　　B. 土地使用权

C. 商誉　　　D. 非专利技术

【思路导航】"可以""不能"作为吸收直接投资的出资方式是考试常考点，在复习时，可以记好总结、好记的，然后运用排除法做题。本题就可以将"不能"的总结为"务用名誉许保"。

【解析】选项B、D正确，吸收直接投资的出资方式包括：①以货币资产出资；②以实物资产出资；③以土地使用权出资（选项B）；④以知识产权出资。其中知识产权通常是指专有技术、商标权、专利权、非专利技术等无形资产（选项D）；⑤以特定债权出资。选项A、C错误，国家相关法律法规对无形资产出资方式另有限制：股东或者发起人不得以劳务、信用、自然人姓名、商誉、特许经营权或者设定担保的财产等作价出资。综上，本题应选BD。

【答案】BD

【真题实战·判断题】企业吸收直接投资有时能够直接获得所需的设备和技术，及时形成生产能力。（　　）（2017年）

【思路导航】本题考查点是吸收直接投资的出资方式，包括：货币出资、实物资产出资、土地使用权出资、知识产权出资和特定债权出资，这些出资方式可以获得现金，也可以获得生产所需的设备和技术，题目正误即可判断。

【解析】吸收直接投资不仅可以取得一部分货币资金，而且能够直接获得所需的先进设备和技术，尽快形成生产经营能力。因此，本题表述正确。

【答案】√

【沙场练兵·多选题】企业可将特定的债权转为股权的情形有（　　）。

A. 公司重组时的银行借款

B. 改制时未退还职工的集资款

C. 上市公司依法发行的可转换债券

D. 国有金融资产管理公司持有的国有企业债权

【解析】在实践中，企业可以将特定债权转为股权的情形主要有：①上市公司依法发行的可转换债券（选项C）；②金融资产管理公司持有的国有及国有控股企业债权（选项D）；③企业实行公司制改建时，经银行以外的其他债权人协商同意，按照有关协议和企业章程的规定，将其债权转为股权；④根据《利用外资改组国有企业暂行规定》，国有企业的境内债权人将持有的债权转给外国投资者，企业通过债转股改组为外商投资企业；⑤按照《企业公司制改建有关国有资本管理与财务处理的暂行规定》，国有企业改制时，账面原有应付工资余额中欠发职工工资部分，在符合国家政策、职工自愿的条件下，依法扣除个人所得税后可转为个人投资；未退还职工的集资款也可转为个人投资（选项B）。综上，本题应选BCD。

【答案】BCD

高频考点 7 发行普通股股票

1. 普通股股东的权利

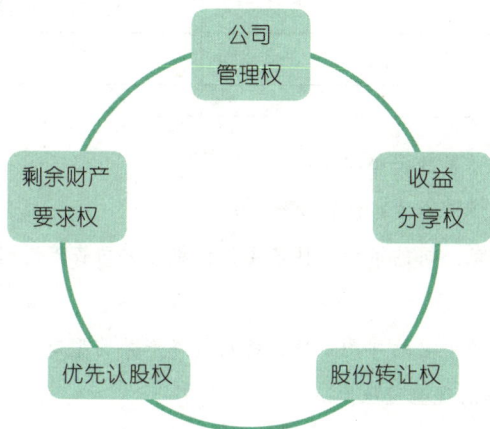

2. 股票的发行方式

项目	公开间接发行	非公开直接发行
含义	指股份公司通过中介机构向社会公众公开发行股票	指股份公司只向少数特定对象直接发行股票，不需要中介机构承销

（续表）

项目	公开间接发行	非公开直接发行
优点	发行范围广，发行对象多，易于足额筹集资本，同时还有利于提高发行公司的知名度	弹性较大，企业能控制股票的发行过程，节省发行费用
缺点	审批手续复杂严格，发行成本高	①发行范围小，不易及时足额筹集资本；②发行后股票的变现性差

3.股票的上市交易

项目	内容
股票上市的目的	①便于筹措新资金；②促进股权流通和转让；③便于确定公司价值
股票上市的不利影响	①上市成本较高，手续复杂严格；②公司负担较高的信息披露成本；③各种信息公开的要求可能会暴露公司的商业秘密；④股价有时会歪曲公司的实际情况，影响公司声誉；⑤可能会分散公司的控制权

4.上市公司的股票发行

项目	发行方式		内容
上市公司发行股票	增发	公开增发	上市公司向社会公众发售股票
		非公开增发	上市公司向特定对象发行股票
	配股		上市公司向原有股东配售股票

┃提个醒┃ 上市公司定向增发的优势在于：

（1）有利于引入战略投资者和机构投资者；

（2）有利于利用上市公司的市场化估值溢价，将母公司资产通过资本市场放大，从而提升母公司的资产价值；

（3）定向增发是一种主要的并购手段，特别是资产并购型定向增发，有利于集团企业整体上市，并同时减轻并购的现金流压力。

【真题实战·多选题】 下列各项中，属于公司股票上市目的的有（　　）。（2021年）

A.促进股权流通和转让

B.巩固公司的控制权

C.拓宽筹资渠道

D.降低信息披露成本

【解析】 公司股票上市的目的是多方面的，主要包括：①便于筹措新资金（选项C）；②促进股权流通和转让（选项A）；③便于确定公司价值。选项B、D错误，股票上市后，公司将负担较高的信息披露成本，也可能会分散公司的控制权，造成管理上的困难。综上，本题应选 AC。

【答案】AC

【真题实战·多选题】与银行借款相比，公开发行股票筹资的特点有（　　）。（2021年/2018年）

A.资本成本较低

B.增强公司的社会声誉

C.不受金融监管政策约束

D.信息披露成本较高

【思路导航】思考这两个问题的异同点：一是相比银行借款，股票筹资的特点；二是相比银行借款，"公开发行股票"的特点。

【解析】选项 A 不符合题意，相比银行借款，普通股筹资的资本成本较高；选项 C 不符合题意，公开发行股票筹资方式审批手续复杂严格，需要受金融监管政策约束。综上，本题应选 BD。

【答案】BD

【真题实战·单选题】下列筹资方式中，更有利于上市公司引入战略投资者的是（　　）。（2020年）

A.发行债券　　　B.定向增发股票

C.公开增发股票　D.配股

【解析】上市公司定向增发的优势在于：①有利于引入战略投资者和机构投资者；②有利于利用上市公司的市场化估值溢价，将母公司资产通过资本市场放大，从而提升母公司的资产价值；③定向增发是一种主要的并购手段，特别是资产并购型定向增发，有利于集团企业整体上市，并同时减轻并购的现金流压力。综上，本题应选 B。

【答案】B

【真题实战·单选题】根据规定，下列说法错误的是（　　）。（2020年）

A.发行股票能够保护商业秘密

B.发行股票筹资有利于公司自主经营管理

C.留存收益筹资的途径之一是未分配利润

D.股权筹资的资本成本负担较重

【思路导航】选项 A 明显错误，发行股票的信息披露要求可能会暴露公司的商业秘密，而不是保护，因此不必再纠结其他三项，可节省大量考试时间。

【解析】选项 A 错误，股票上市需要公司进行信息公开，这可能会暴露公司商业机密；选项 B 正确，发行股票筹资所有权和经营权相分离，有利于公司自主经营管理；选项 C 正确，留存收益的主要筹资途径是提取盈余公积金和未分配利润；选项 D 正确，由于股票投资的风险大，收益具有不确定性，投资者就会要求较高的风险补偿，资本成本比较高。综上，本题应选 A。

【答案】A

【真题实战·判断题】上市公司满足短期融资需求时，一般采用发行股票方式进行融资。（　　）（2020年）

【思路导航】发行股票是权益筹资，满足长期资金需求，题目"满足短期融资需要"错误，一眼就能看出答案。

【解析】公司发行股票所筹集的资金属于公司的长期自有资金，没有期限，无须归还，所以一般满足的是上市公司的长期融资需求。因此，本题表述错误。

【答案】×

【真题实战·单选题】下列各项中，不属于普通股股东权利的是（　　）。（2018年）

A.剩余财产要求权　B.固定收益权

C.转让股份权　　　D.参与决策权

【解析】普通股股东的权利有：公司管理权（选项 D）、收益分享权、股份转让权（选项 C）、优先认股权和剩余财产要求权（选项 A）。综上，本题应选 B。

【答案】B

【真题实战·单选题】关于普通股筹资方式，下列说法错误的是（　　）。（2018 年）

A. 普通股筹资属于直接筹资

B. 普通股筹资能降低公司的资本成本

C. 普通股筹资不需要还本付息

D. 普通股筹资是公司良好的信誉基础

【解析】选项 A 正确，普通股筹资是企业直接与资金供应者协商融通资金的筹资活动，不需要通过金融机构来筹措资金，属于直接筹资；选项 B 错误，选项 C 正确，股权资本一般不用偿还本金，形成了企业的永久性资本，投资者往往要求将大部分盈余作为红利分配，所以付出的资本成本相对较高；选项 D 正确，能发行普通股说明公司具有良好的信誉基础做保障。综上，本题应选 B。

【答案】B

【沙场练兵·多选题】股票上市对公司可能的不利影响有（　　）。

A. 商业机密容易泄露

B. 公司价值不易确定

C. 资本结构容易恶化

D. 信息披露成本较高

【解析】股票上市也有对公司不利影响的一面，主要有：上市成本较高，手续复杂严格；公司将负担较高的信息披露成本（选项 D）；信息公开的要求可能会暴露公司商业机密（选项 A）；股价有时会歪曲公司的实际情况，影响公司声誉；可能会分散公司的控制权，造成管理上的困难。综上，本题应选 AD。

【答案】AD

【沙场练兵·单选题】与配股相比，定向增发的优势是（　　）。

A. 有利于社会公众参与

B. 有利于保持原有股权结构

C. 有利于促进股权的流通转让

D. 有利于引入战略投资者和机构投资者

【解析】定向增发的优势有：①有利于引入战略投资者和机构投资者；②有利于利用上市公司的市场化估值溢价，将母公司资产通过资本市场放大，从而提升母公司的资产价值；③定向增发是一种主要的并购手段，特别是资产并购型定向增发，有利于集团企业整体上市，并同时减轻并购的现金流压力。选项 A、C 是公开增发的优势；选项 B 错误，定向增发会改变股权结构；选定 D 是定向增发的优势。综上，本题应选 D。

【答案】D

5. 引入战略投资者

基本要求	作用
①要与公司的经营业务联系紧密； ②要出于长期投资目的而较长时期地持有股票； ③要具有相当的资金实力，且持股数量较多	①提升公司形象，提高资本市场认同度； ②优化股权结构，健全公司法人治理； ③提高公司资源整合能力，增强公司的核心竞争力； ④达到阶段性的融资目标，加快实现公司上市融资的进程

【沙场练兵·多选题】作为战略投资者的基本要求包括（　　）。

A. 与公司的经营业务联系紧密

B. 出于长期投资目的而较长时期地持有股票

C. 具有相当的资金实力

D. 持股数量较多

【解析】一般来说，作为战略投资者的基本要求有：①要与公司的经营业务联系紧密；②要出于长期投资目的而较长时期地持有股票；③要具有相当的资金实力，且持股数量较多。综上，本题应选ABCD。

【答案】ABCD

【沙场练兵·多选题】上市公司引入战略投资者的主要作用有（　　）。

A. 优化股权结构

B. 提升公司形象

C. 提高资本市场认同度

D. 提高公司资源整合能力

【思路导航】本题是记忆型的纯文字题目，考查方式单一、内容简单。对于此类题目，一般理解性记忆即可，不需一字不差的背诵。通过做题，可以发现正面的、积极地选项基本上都是正确的选项，在复习不全面时可以按此思路做题。

【解析】上市公司引入战略投资者的主要作用有：①提升公司形象，提高资本市场认同度（选项B、C）。②优化股权结构，健全公司法人治理（选项A）。③提高公司资源整合能力，增强公司的核心竞争力（选项D）。④达到阶段性的融资目标，加快实现公司上市融资的进程。综上，本题应选ABCD。

【答案】ABCD

高频考点 8　留存收益

筹资途径

①提取盈余公积金；
②未分配利润

筹资特点

①不用发生筹资费用；
②维持公司的控制权分布；
③筹资数额有限

【真题实战·多选题】关于留存收益筹资的特点，下列表述正确的有（　　）。（2020年）

A. 不发生筹资费用

B. 没有资本成本

C. 筹资数额相对有限

D. 不分散公司的控制权

【解析】利用留存收益的筹资特点包括：不用发生筹资费用、维持公司的控制权分布、筹资数额有限。留存收益筹资只是资本成本较低，

并不是没有资本成本。综上，本题应选ACD。

【答案】ACD

【真题实战·单选题】相对于普通股筹资，下列属于留存收益筹资特点的是（　　）。（2019年）

A. 增强公司声誉　　B. 不发生筹资费用

C. 资本成本较高　　D. 筹资额较大

【思路导航】股权筹资包括：吸收直接投资、发行普通股股票和留存收益三种，有共同的优

缺点，但每种方式又有自身的特点。留存收益最突出的是"不发生筹资费用"，此为考试的重点，要牢固掌握。

【解析】利用留存收益的筹资特点：①不用发生筹资费用。与普通股筹资相比较，留存收益筹资不需发生筹资费用，资本成本较低；②维持公司的控制权分布；③筹资数额有限。综上，本题应选 B。

【答案】B

【真题实战·多选题】下列筹资方式中，可以降低财务风险的有（　　）。（2019 年）

A. 银行借款筹资　　B. 留存收益筹资

C. 普通股筹资　　D. 租赁筹资

【解析】留存收益筹资和普通股筹资属于股权筹资，股权筹资可以降低财务风险；银行借款筹资和租赁筹资属于债务筹资，会提高财务风险。综上，本题应选 BC。

【答案】BC

【真题实战·判断题】留存收益在实质上属于股东对企业的追加投资，因此留存收益资金成本的计算也应像普通股筹资一样考虑筹资费用。（　　）（2019 年）

【解析】留存收益筹资是企业内部筹资，与普通股筹资相比较，留存收益筹资不需要发生筹资费用，资本成本较低。因此，本题表述错误。

【答案】×

【真题实战·多选题】与增发新股筹资相比，留存收益筹资的优点有（　　）。（2018 年）

A. 筹资成本低

B. 有助于增强公司的社会声誉

C. 有助于维持公司的控制权分布

D. 筹资规模大

【解析】与普通股筹资相比，留存收益筹资不发生筹资费用，资本成本较低。维持公司的控制权分布。不吸收新的投资者，增加的权益资本不会改变公司的股权结构，可以稳定公司控制权。但筹资数额有限。当期的留存收益最大数额是当期的净利润，如果发生亏损，当年就不会有利润留存。综上，本题应选 AC。

【答案】AC

高频考点 9　股权筹资特点

1. 吸收直接投资 VS 发行普通股股票 VS 留存收益

股权筹资方式	优点	缺点
吸收直接投资	①能够尽快形成生产能力； ②容易进行信息沟通	①资本成本较高； ②与发行普通股相比公司控制权集中，不利于公司治理； ③不易进行产权交易
发行普通股股票	①两权分离，有利于公司自主经营管理； ②能增强公司的社会声誉，促进股权流通和转让	①资本成本较高； ②与吸收直接投资相比，不易及时形成生产能力
留存收益	①不用发生筹资费用，资本成本较低； ②维持公司的控制权分布	与吸收直接投资和发行普通股相比，筹资数额有限

神总结

项目	吸收直接投资	发行普通股股票	留存收益
形成生产能力的速度	快	较慢	较慢
资本成本	最高	较高	较低
控制权	集中	分散	没有影响
流通性	不容易转让	可以促进股权流通和转让	—

2. 股权筹资的优缺点（与债务筹资相比）

优点

①股权筹资是企业稳定的资本基础；
②股权筹资是企业良好的信誉基础；
③股权筹资的财务风险较小。

缺点

①资本成本较高；
②控制权变更可能影响企业长期稳定发展；
③信息沟通与披露成本较大。

【真题实战·多选题】与债务筹资相比，股权筹资的优点有（　　）。（2020年）

A. 股权筹资是企业稳定的资本基础
B. 股权筹资的财务风险比较小
C. 股权筹资构成企业的信誉基础
D. 股权筹资的资本成本比较低

【解析】股权筹资的优点有：①股权筹资是企业稳定的资本基础（选项A）；②股权筹资是企业良好的信誉基础（选项C）；③股权筹资的财务风险较小（选项B）。选项D错误，一般而言，股权筹资的资本成本要高于债务筹资。这主要是由于投资者投资于股权特别是投资于股票的风险较高，投资者或股东相应要求得到较高的报酬率。从企业成本开支的角度来看，股利、红利从税后利润中支付，而使用债务资金的资本成本允许税前扣除。此外，普通股的发行、上市等方面的费用也十分庞大。综上，本题应选ABC。

【答案】ABC

【真题实战·判断题】相对于债权筹资成本，

股权筹资成本较低、财务风险较高。（　　）（2020年）

【解析】一般来说，债务筹资的资本成本要低于股权筹资，取得资金的手续费用等筹资费用较低，但债务通常有固定的利息负担和固定的偿付期限，因此，筹资的财务风险较高。因此，本题表述错误。

【答案】×

【真题实战·单选题】与银行借款筹资相比，下列属于普通股筹资特点的是（　　）。（2019年）

A. 资本成本较低　　B. 筹资速度较快
C. 筹资数额有限　　D. 财务风险较小

【思路导航】筹资方式主要包括股权筹资、债务筹资和衍生工具筹资，每类筹资方式下又有若干种筹资方式，此处知识点比较多，考查的点主要是各种筹资方式的优缺点对比，建议总结成表格随时翻看加深印象，理解性记忆。

【解析】股权资本不用在企业正常营运期内偿

还，没有还本付息的财务压力。因此相对于债务资金而言，普通股筹资的财务风险较小。综上，本题应选 D。

【答案】D

【沙场练兵·单选题】与发行股票筹资相比，吸收直接投资的优点是（ ）。

A. 筹资费用较低
B. 资本成本较低
C. 易于进行产权交易
D. 有利于提高公司社会声誉

【解析】选项 A 正确，选项 B 错误，相对于股票筹资方式来说，吸收直接投资的资本成本较高。当企业经营较好，盈利较多时，投资者往往要求将大部分盈余作为红利分配，因为向投资者支付的报酬是按其出资额和企业实现利润的比率来计算的。不过，吸收直接投资的手续相对比较简便，筹资费用较低。选项 C 错误，吸收直接投资，由于没有证券为媒介，因此与发行股票筹资相比不易于进行产权交易。选项 D 错误，与吸收直接投资相比，发行股票筹资使得股东大众化，有利于提高公司声誉。综上，本题应选 A。

【答案】A

【沙场练兵·判断题】因为公司债务必须付息，而普通股不一定支付股利，所以普通股资本小于债务资本成本。（ ）

【解析】由于债务利息可以抵税，而股利不能抵税，此外股票投资的风险较大，收益具有不确定性，投资者要求的收益率较高，所以普通股资本成本大于债务资本成本。因此，本题表述错误。

【答案】×

【沙场练兵·单选题】下列各种筹资方式中，最有利于降低公司财务风险的是（ ）。

A. 发行普通股
B. 发行优先股
C. 发行公司债券
D. 发行可转换债券

【思路导航】财务风险产生的原因是固定的还本付息的可能性，因此本题可以用排除法，有固定期限归还本金、利息、股息的排除，最后只剩选项 A 为正确答案。

【解析】选项 C、D 错误，财务风险指的是到期无法还本付息的可能性，由于权益资金没有固定的期限，而债务资金有固定的期限，所以权益资金的财务风险小于债务资金；选项 A 正确，选项 B 错误，由于优先股的股息一般有固定的期限，到期必须支付，而普通股股利没有固定的期限。综上，本题应选 A。

【答案】A

【沙场练兵·单选题】下列各项中，与留存收益筹资相比，属于吸收直接投资特点的是（ ）。

A. 资本成本较低
B. 筹资速度快
C. 筹资规模有限
D. 形成生产能力较快

【解析】吸收直接投资的筹资特点包括：①尽快形成生产能力；②容易进行信息沟通；③资本成本较高；④公司控制权集中，不利于公司治理；⑤不易进行产权交易。综上，本题应选 D。

【答案】D

高频考点 10 可转换债券

可转换债券

基本性质：

（1）证券期权性：实质上是一种未来的买入期权；

（2）资本转换性：转换前属于债权性质，转换后，属于股权性质；

（3）赎回与回售：赎回条款保障筹资者利益，回售条款保障投资者利益。

基本要素：

标的股票、票面利率、转换价格、转换比率、转换期、赎回条款、回售条款、强制性转换条款。

转换比率＝债券面值／转换价格

项目	说明
赎回条款	（1）赎回条款指发债公司按事先约定的价格买回未转股债券的条件规定，赎回一般发生在公司股票价格在一段时期内连续高于转股价格达到某一幅度时； （2）设置赎回条款最主要的功能：使发债公司避免在市场利率下降后，继续向债券持有人按较高的票面利率支付利息所蒙受的损失
回售条款	（1）回售条款指债券持有人有权按照事先约定的价格将债券卖回给发债公司的条件规定。回售一般发生在公司股票价格在一段时期内连续低于转股价格达到某一幅度时； （2）回售对于债券持有人而言实际上是一种卖权，有利于降低其持券风险
强制性转换条款	（1）强制性转换条款指在某些条件具备之后，债券持有人必须将可转换债券转换为股票，无权要求偿还债券本金的条件规定； （2）设立强制性转换条款可以预防投资者到期集中挤兑引发公司破产的悲剧

筹资特点：

（1）筹资灵活性；

（2）资本成本较低；

（3）筹资效率高；

（4）存在一定的财务压力。

【真题实战·单选题】 某公司发行的可转换债券的面值是 100 元，转换价格是 20 元，目前该债券已到转换期，股票市价为 25 元，则可转换债券的转换比率为（ ）。（2021 年 /2018 年）

A. 5　　　　　　B. 4

C. 1.25　　　　　D. 0.8

【思路导航】 第四章涉及计算的有租赁租金的计算、可转换债券转换比率两部分，其中关于转换比率需要注意其分子为债券面值，而非债券市值。

【解析】 可转换债券的转换比率＝债券面值／转换价格＝ 100/20 ＝ 5。综上，本题应选 A。

【答案】A

【真题实战·单选题】关于可转换债券的赎回条款，下列说法错误的是（   ）。（2020年）

A. 赎回条款通常包括不可赎回期间与赎回期间、赎回价格和赎回条件等

B. 赎回条款是发债公司按事先约定的价格买回未转股债券的相关规定

C. 赎回条款的主要功能是促使债券持有人积极行使转股权

D. 赎回条款主要目的在于降低投资者持有债券的风险

【解析】选项A、B、C说法正确；选项D说法错误，赎回条款能使发债公司避免在市场利率下降后，继续向债券持有人按照较高的票面利率支付利息所蒙受的损失，因此有利于保护发债公司的利益；回售条款可以降低投资者持有债券的风险。综上，本题应选D。

【答案】D

【真题实战·单选题】关于可转换债券，下列表述正确的是（   ）。（2019年）

A. 可转换债券的赎回条款有利于降低投资者的持券风险

B. 可转换债券的转换权是授予持有者的一种买入期权

C. 可转换债券的转换比率为标的股票市值与转换价格之比

D. 可转换债券的回售条款有助于可转换债券顺利转换成股票

【思路导航】本题是对可转换债券基本性质和基本要素的考查。基本性质包括：证券期权性、资本转换性、赎回与回售。基本要素主要掌握：转换比率、赎回条款、回售条款和强制性转换条款等。

【解析】选项A、D错误，回售条款是指债券持有人有权按照事先约定的价格将债券卖回给发债公司的条件规定。回售一般发生在公司股票价格在一段时期内连续低于转股价格达到某一幅度时。回售对于投资者而言实际上是一种卖权，有利于降低投资者的持券风险。选项B正确。选项C错误，转换比率为债券面值与转换价格之比。综上，本题应选B。

【答案】B

【真题实战·单选题】下列各项条款中，有利于保护可转换债券持有者利益的是（   ）。（2018年）

A. 无担保条款   B. 赎回条款

C. 回售条款   D. 强制性转换条款

【思路导航】记忆小技巧：债券持有者是出售债券，所以"回售"条款对债券持有者有利；债券发行者是赎回债券，所以"赎回"条款有利于债券发行者。

【解析】回售条款指债券持有人有权按照事先约定的价格将债券卖回给发债公司的条件规定。回售一般发生在公司股票价格在一段时期内连续低于转股价格达到某一幅度时。回售对于投资者而言实际上是一种卖权，有利于降低投资者的持券风险，所以回售条款有利于保护可转换债券持有者利益。综上，本题应选C。

【答案】C

【沙场练兵·单选题】可转换债券的基本性质不包括（   ）。

A. 证券期权性   B. 资本转换性

C. 赎回与回售   D. 筹资灵活性

【思路导航】本题易错点在于将性质和特点两个概念混淆，二者确实有相似之处，但是对于本题，基本性质说的是可转换债券本身，而筹资灵活性其实是可转换债券这种筹资方式的特点，并不是说可转换债券本身的特点，搞清楚这一点就不会误选了。

【解析】可转换债券的基本性质包括证券期权性、资本转换性以及赎回和回售。选项D，筹

资灵活性是可转换债券筹资的优点。综上，本题应选 D。

优点，也继承二者的某些缺点。

【答案】D

【解析】 可转换债券具有以下筹资特点：①筹资灵活性；②资本成本较低；③筹资效率高；④存在一定的财务压力。选项 D 表述错误，可转换债券的票面利率低于同一条件下普通债券的利率，因此节约了利息支出，降低了公司的筹资成本。在可转换债券转换为普通股时，公司无须另外支付筹资费用，与普通股股票相比，又节约了股票的筹资成本。综上，本题应选 D。

【沙场练兵·单选题】 下列有关可转换债券筹资特点的表述中，不正确的是（　　）。

A. 可节约利息支出

B. 筹资效率高

C. 存在不转换的财务压力

D. 资本成本较高

【思路导航】 可转换债券兼具股票和债券的双重性质，所以必然同时拥有股票和债券的一些

【答案】D

高频考点 11　认股权证

> **认股权证**
>
> **基本性质：**
> （1）认股权证的期权性；
> （2）认股权证是一种投资工具。
>
> **筹资特点：**
> （1）认股权证是一种融资促进工具；
> （2）有助于改善上市公司的治理结构；
> （3）有利于推进上市公司的股权激励机制。

【真题实战·单选题】 下列各项中属于衍生工具筹资方式的是（　　）。（2019年）

A. 租赁筹资　　　B. 认股权证筹资

C. 商业信用筹资　D. 普通股筹资

【解析】 衍生工具筹资，包括兼具股权与债务性质的混合融资和其他衍生工具融资。我国上市公司目前最常见的混合融资方式是可转换债券融资和优先股股票筹资，最常见的其他衍生工具融资方式是认股权证融资。综上，本题应选 B。

【答案】B

【真题实战·判断题】 可转换债券是常用的

员工激励工具，可以把管理者和员工的利益与企业价值成长紧密联系在一起。（　　）（2017年）

【解析】 认股权证是常用的员工激励工具，通过给予管理者和重要员工一定的认股权证，可以把管理者和员工的利益与企业价值成长紧密联系在一起，建立一个管理者与员工通过提升企业价值实现自身财富增值的利益驱动机制。因此，本题表述错误。

【答案】×

【沙场练兵·单选题】 下列各种筹资方式中，企业无须支付资金占用费的是（　　）。

A. 发行债券　　　B. 发行优先股

C. 发行短期票据　　D. 发行认股权证

【思路导航】解答本题之前，首先要清楚筹资费与占用费的区分。筹资费是资金筹集过程中发生的，如股票发行费、借款手续费、证券印刷费、公证费、律师费等费用；占用费指使用资金期间支付的使用费，包括利息支出、股利支出、租赁的资金利息等费用。

【解析】发行债券、发行短期票据需要支付利息费用，发行优先股需要支付优先股的股利，这些都会产生资金的占用费。发行认股权证本质是一种股票期权，不需要支付股票的红利，所以无资金的占用费。综上，本题应选 D。

【答案】D

【沙场练兵·多选题】下列各项中，属于认股权证筹资特点的有（　　）。

A. 认股权证是一种融资促进工具

B. 认股权证是一种高风险融资工具

C. 有助于改善上市公司的治理结构

D. 有利于推进上市公司的股权激励机制

【思路导航】认股权证本质上是一种股票期权，具有实现融资和股票期权激励的"双重"功能。

其特点可以从"双重"功能上进行总结。

【解析】认股权证筹资的特点有：①认股权证是一种融资促进工具（选项 A）；②有助于改善上市公司的治理结构（选项 C）；③有利于推进上市公司的股权激励机制（选项 D）。综上，本题应选 ACD。

【答案】ACD

【沙场练兵·多选题】下列关于认股权证的表述中，正确的有（　　）。

A. 认股权证本身有普通股的红利收入，也有普通股相应的投票权

B. 认股权证是一种具有内在价值的投资工具

C. 认股权证是买权

D. 认股权证是常用的员工激励工具

【解析】认股权证本质上是一种股票期权，属于衍生金融工具，具有实现融资和股票期权激励的双重功能。但认股权证本身是一种认购普通股的期权，它没有普通股的红利收入，也没有普通股相应的投票权。投资者可以通过购买认股权证获得市场价与认购价之间的股票价差收益，因此，它是一种具有内在价值的投资工具。综上，本题应选 BCD。

【答案】BCD

高频考点 12　优先股

优先股

基本性质：

（1）约定股息；

（2）权利优先；

（3）权利范围小。

分类：

固定股息率优先股和浮动股息率优先股、强制分红优先股与非强制分红优先股、参与优先股和非参与优先股、可转换优先股和不可转换优先股、可回购优先股和不可回购优先股、累积优先股和非累积优先股。

特点：
（1）有利于丰富资本市场的投资结构。
（2）有利于股份公司股权资本结构的调整。
（3）有利于保障普通股收益和控制权。
（4）有利于降低公司财务风险。
（5）可能给股份公司带来一定的财务压力。

【真题实战·判断题】如果公司增发普通股，则公司的优先股股东具有优先于普通股股东认购新股的权利。（ ）（2021年）

【思路导航】优先股筹资考查的内容包括三个方面：基本性质、分类和特点，相互之间是有联系的，如其性质决定其特点。在复习时，要学会理解记忆。

【解析】优先股的优先权利主要表现在股利分配优先权和分取剩余财产优先权上，公司原有普通股股东拥有优先认购本公司增发股票的优先认股权。因此，本题表述错误。

【答案】×

【真题实战·单选题】"参与优先股"中的参与，指优先股股东按确定股息率获得股息，还能与普通股股东一起进行（ ）。（2020年）

A. 剩余利润分配
B. 认购公司增长的新股
C. 剩余财产清偿分配
D. 公司经营决策

【解析】参与优先股指持有人除按规定的股息率优先获得股息外，还可以与普通股股东分享公司的剩余收益的优先股。综上，本题应选A。

【答案】A

【真题实战·多选题】相对于普通股而言，优先股的优先权包含的内容有（ ）。（2020年）

A. 股利分配优先权
B. 配股优先权
C. 剩余财产分配优先权

D. 表决优先权

【思路导航】优先股的"优先权利"包括优先分配股利和优先分配公司剩余财产。

【解析】优先股是股份公司发行的相对于普通股具有一定优先权的股票。其优先权利主要表现在股利分配优先权和剩余财产分配优先权上。除涉及优先股权利的问题外，优先股股东在股东大会上无表决权，在参与公司经营管理上受到一定限制。综上，本题应选AC。

【答案】AC

【真题实战·单选题】与普通股筹资相比，下列属于优先股筹资优点的是（ ）。（2019年）

A. 有利于降低公司财务风险
B. 优先股股息可以抵减所得税
C. 有利于保障普通股股东的控制权
D. 有利于减轻公司现金支付的财务压力

【思路导航】很多同学可能选了A选项，因为书中确实写到优先股的这条特点，但是我们学习时一定要灵活。本题的前提条件是与普通股相比，那么与普通股相比，优先股有固定股息，肯定比普通股要有财务压力，所以不选A。

【解析】优先股股东除了优先股的事情有表决权外基本不参与表决，因此不影响普通股股东的控制权，也基本上不会稀释原普通股的权益。综上，本题应选C。

【答案】C

【真题实战·判断题】优先股的优先权体现在剩余财产清偿分配顺序上居于债权人之前。

（   ）（2019年）

【思路导航】优先股的含义主要体现在"优先权利"上，包括优先分配股利和优先分配公司剩余财产，此处的"优先"指优先于普通股股东，而非债权人，答案一目了然。

【解析】优先股在年度利润分配和剩余财产清偿分配方面，具有比普通股股东优先的权利。优先股可以先于普通股获得股息，公司的可分配利润先分给优先股股东，剩余部分再分给普通股股东。在剩余财产方面，优先股的清偿顺序先于普通股而次于债权人。一旦公司清算，剩余财产先分给债权人，再分给优先股股东，最后分给普通股股东。因此，本题表述错误。

【答案】×

【真题实战 · 判断题】若某公司当年可分配利润不足以支付优先股的全部股息时，所欠股息在以后年度不予补发，则该优先股属于非累积优先股。（   ）（2018年）

【解析】非累积优先股是指公司不足以支付优先股的全部股息时，对所欠股息部分，优先股股东不能要求公司在以后年度补发。因此，本题表述正确。

【答案】√

【沙场练兵 · 单选题】下列有关优先股表述正确的是（   ）。

A. 优先股在任何事项上都没有表决权

B. 优先股的股息是固定的，每年都不变

C. 优先股在年度利润分配上，优先于普通股股东

D. 优先股在剩余财产分配上优先于债权人和普通股股东

【解析】选项A表述错误，优先股对股份公司的重大经营事项无表决权，但是与自身利益相关的特定事项，具有有限表决权；选项B表述错误，优先股采用固定股息率，但是固定股息率每年可以不同，因此，优先股股东每年获得股息可能不完全相等；选项C表述正确；选项D表述错误，优先股在剩余财产分配上优先于普通股股东，而在债权人之后。综上，本题应选C。

【答案】C

【沙场练兵 · 多选题】下列关于优先股的说法中，正确的有（   ）。

A. 不附有回购条款的优先股，被称为不可回购优先股

B. 回购优先股包括发行人要求赎回优先股和投资者要求回售优先股两种

C. 投资者要求回售优先股的，发行人必须完全支付所欠股息

D. 发行人要求赎回优先股的，必须完全支付所欠股息

【解析】根据发行人或优先股股东是否享有要求公司回购优先股的权利，可分为可回购优先股和不可回购优先股。不附有回购条款的优先股，则被称为不可回购优先股（选项A）。回购优先股包括发行人要求赎回优先股和投资者要求回售优先股两种情况，应在公司章程和招股文件中规定其具体条件（选项B）。发行人要求赎回优先股的，必须完全支付所欠股息（选项D）。综上，本题应选ABD。

【答案】ABD

高频考点 13 筹资实务创新

项目	内容
非公开定向债务融资工具（PPN）	①概念：指在银行间债券市场以非公开定向发行方式发行的债务融资工具。 ②特点：简化的信息披露要求；发行规模没有明确限制；发行方案灵活；融资工具有限度流通；发行价格存在流动性溢价
私募股权投资	①概念：指通过私募基金对非上市公司进行的权益性投资。非上市公司获得私募股权投资是一种股权筹资方式 ②特点：投资期限较长；流动性差等
产业基金	①概念：一般指产业投资基金，向具有高增长潜力的未上市企业进行股权或准股权投资，并参与被投资企业的经营管理，以期所投资企业发育成熟后通过股权转让实现资本增值。 ②我国产业基金的主要形式是政府出资产业投资基金
商业票据融资	通过商业票据进行融通资金，是一种商业信用工具；融资成本较低、灵活方便
中期票据融资	①概念：指具有法人资格的非金融类企业在银行间债券市场按计划分期发行的、约定在一定期限还本付息的债务融资工具； ②特点：发行机制灵活、用款方式灵活、融资额度大、使用期限长、成本较低、无须担保抵押
股权众筹融资	①融资方：小微企业； ②监管机构：证监会
企业应收账款证券化	①概念：是指证券公司、基金管理公司子公司作为管理人，通过设立资产支持专项计划开展资产证券化业务，以企业应收账款债权为基础资产或基础资产现金流来源所发行的资产支持证券； ②不包括的权利：因票据或其他有价证券而产生的付款请求权，以及法律、行政法规禁止转让的付款请求权
融资租赁债权资产证券化	指证券公司、基金管理公司子公司作为管理人，通过设立资产支持专项计划开展资产证券化业务，以租赁债权为基础资产或基础资产现金流来源所发行的资产支持证券
商圈融资	包括商圈担保融资、供应链融资、商铺经营权、租赁权质押、仓单质押、存货质押、动产质押、企业集合债券等
供应链融资	指将供应链核心企业及其上下游配套企业作为一个整体，根据供应链中相关企业的交易关系和行业特点制定基于货权和现金流控制的"一揽子"金融解决方案的一种融资模式
绿色信贷	①概念：也称可持续融资或环境融资。它是指银行业金融机构为支持环保产业、倡导绿色文明、发展绿色经济而提供的信贷融资； ②重点支持产业：节能环保、清洁生产、清洁能源、生态环境、基础设施绿色升级和绿色服务六大类产业
能效信贷	①概念：指银行业金融机构为支持用能单位提高能源利用效率，降低能源消耗而提供的信贷融资； ②方式：用能单位能效项目信贷、节能服务公司合同能源管理信贷

第4章

【沙场练兵·多选题】根据《应收账款质押登记办法》，在企业应收账款证券化中，包括的权利有（   ）。

A. 销售货物产生的债权

B. 出租房屋产生的债权

C. 交通运输建设项目收益权

D. 因商业汇票而产生的付款请求权

【解析】根据《应收账款质押登记办法》，应收账款包括以下权利：①销售、出租产生的债权，包括销售货物，供应水、电、气、暖，知识产权的许可使用，出租动产或不动产等（选项A、B）；②提供医疗、教育、旅游等服务或劳务产生的债权；③能源、交通运输、水利、环境保护、市政工程等基础设施和公用事业项目收益权（选项C）；④提供贷款或其他信用活动产生的债权；⑤其他以合同为基础的具有金钱给付内容的债权。不包括因票据或其他有价证券而产生的付款请求权，以及法律、行政法规禁止转让的付款请求权（选项D）。综上，本题应选ABC。

【答案】ABC

【沙场练兵·多选题】根据规定，商圈融资包括（   ）。

A. 股票融资   B. 商铺经营权

C. 企业集合债券   D. 租赁权质押

【解析】商圈融资模式包括：商圈担保融资、供应链融资、商铺经营权、租赁权质押、仓单质押、存货质押、动产质押、企业集合债券等。综上，本题应选BCD。

【答案】BCD

【沙场练兵·多选题】根据规定，中期票据融资的特点包括（   ）。

A. 用款方式灵活   B. 使用期限长

C. 无须担保抵押   D. 发行机制灵活

【解析】中期票据融资具有如下特点：发行机制灵活（选项D）、用款方式灵活（选项A）、融资额度大、使用期限长（选项B）、成本较低、无须担保抵押（选项C）。综上，本题应选ABCD。

【答案】ABCD

【沙场练兵·多选题】根据规定，下列属于新兴筹资方式的有（   ）。

A. 商业票据融资   B. 股权众筹融资

C. 绿色信贷   D. 能效信贷

【解析】随着经济的发展和金融政策的完善，我国企业融资方式和筹资渠道逐步呈现多样化，包括：非公开定向债务融资工具、私募股权投资、产业基金、商业票据融资、中期票据融资、股权众筹融资、企业应收账款证券化、租赁债权资产证券化、商圈融资、供应链融资、绿色信贷、能效信贷。综上，本题应选ABCD。

【答案】ABCD

【沙场练兵·单选题】下列新型融资方式中，需要通过证券公司，或者基金公司子公司作为管理人的是（   ）。

A. 中期票据融资

B. 供应链融资

C. 商圈融资

D. 融资租赁债权资产证券化

【解析】融资租赁债权资产支持证券，是指证券公司、基金管理公司子公司作为管理人，通过设立资产支持专项计划开展资产证券化业务，以租赁债权为基础资产或基础资产现金流来源所发行的资产支持证券。综上，本题应选D。

【答案】D

强化练习

一、单项选择题

1. 在不考虑筹款限制的前提下，下列筹资方式中个别资本成本最高的通常是（　　）。

　　A. 发行普通股　　　　　　B. 留存收益筹资　　　　C. 长期借款筹资　　　　D. 发行公司债券

2. 上市公司向原股东配售股票的再融资方式称为（　　）。

　　A. 首次上市公开发行股票　　　　　　　　B. 上市公开发行股票

　　C. 配股　　　　　　　　　　　　　　　　D. 增发

3. 与非公开直接发行股票相比，属于公开间接发行股票缺点的是（　　）。

　　A. 公开间接发行股票的发行范围小

　　B. 不利于提高公司的知名度

　　C. 发行后股票的变现性差

　　D. 审批手续复杂严格，发行成本高

4. 下列各项中，不属于股票上市目的的是（　　）。

　　A. 便于筹措新资金　　　　　　　　　　　B. 便于确定公司价值

　　C. 便于降低企业资本成本　　　　　　　　D. 促进股权流通和转让

5. 下列筹资方式中，会稀释原有股东控制权的有（　　）。

　　A. 银行借款　　　　　　　　　　　　　　B. 发行普通股股票

　　C. 发行公司债券　　　　　　　　　　　　D. 利用留存收益筹资

6. 某企业向租赁公司租入一台设备，价值为 500 万元，合同约定租赁期满时设备残值 5 万元归承租人所有，租期为 5 年，租费综合率为 12%，若采用年初付租金的方式，则平均每年支付的租金为（　　）万元。【（P/A，12%，4）= 3.0373；（P/A，12%，5）= 3.6048】

　　A.123.84　　　　　　　　B.137.92　　　　　　　　C.123.14　　　　　　　　D.108.60

7. 企业向租赁公司租入一台设备，价值为 500 万元，合同约定租赁期满时设备残值 5 万元归租赁公司所有，租期为 5 年，租费综合率为 12%，若采用年末付租金的方式，则平均每年支付的租金为（　　）万元。【（P/A，12%，4）= 3.0373；（P/A，12%，5）= 3.6048；（P/F，12%，5）= 0.5674 】

　　A.123.84　　　　　　　　B.137.92　　　　　　　　C.123.14　　　　　　　　D.108.60

8. 企业下列吸收直接投资的出资方式中，潜在风险最大的是（　　）。

　　A. 以货币资产出资　　　　　　　　　　　B. 以实物资产出资

　　C. 以土地使用权出资　　　　　　　　　　D. 以专有技术出资

9. 企业吸收直接投资的出资方式中，不能作为资产出资的是（　　）。

　　A. 存货　　　　　　　　B. 固定资产　　　　　　　C. 可转换债券　　　　　　D. 特许经营权

10. 下列关于留存收益筹资的表述中，错误的是（　　）。

   A. 留存收益筹资可以维持公司的控制权结构

   B. 留存收益筹资不会发生筹资费用，因此没有资本成本

   C. 留存收益来源于提取的盈余公积金和留存于企业的未分配利润

   D. 留存收益筹资有企业的主动选择，也有法律的强制要求

二、多项选择题

1. 按提供贷款的机构，可将银行借款分为（　　）。

   A. 政策性银行贷款 　　　　　　　　B. 商业银行贷款

   C. 担保贷款 　　　　　　　　　　　D. 信用贷款

2. 企业在采用吸收直接投资方式筹集资金时，投资者的出资方式包括（　　）。

   A. 以货币资产出资 　　　　　　　　B. 以实物资产出资

   C. 以知识产权出资 　　　　　　　　D. 以特定债权出资

3. 下列筹资方式中，属于间接筹资的有（　　）。

   A. 商业信用 　　　B. 租赁 　　　C. 银行借款 　　　D. 发行股票

4. 股票上市对公司的不利影响包括（　　）。

   A. 公司将负担较高的信息披露成本

   B. 可能会分散公司的控制权

   C. 信息公开的要求可能会暴露公司的商业秘密

   D. 上市成本较高，手续复杂严格

5. 下列各项中，可以作为无形资产出资的有（　　）。

   A. 专利权 　　　B. 商标权 　　　C. 非专利技术 　　　D. 商誉

6. 留存收益的筹资途径包括（　　）。

   A. 提取盈余公积金 　　B. 资本公积金 　　C. 股本 　　D. 未分配利润

7. 下列各项中，属于特殊性保护条款的内容有（　　）。

   A. 要求公司的主要领导人购买人身保险

   B. 借款的用途不得改变

   C. 违约惩罚条款

   D. 不准贴现应收票据或出售应收账款

8. 下列关于租赁的基本特征，表述正确的有（　　）。

   A. 所有权与使用权相分离 　　　　　B. 融资与融物相结合

   C. 租金的分期支付 　　　　　　　　D. 财务风险大

9. 一般而言，与发行普通股相比，发行优先股的特点有（　　）。

   A. 可以降低公司的资本成本 　　　　B. 可以增强公司的财务杠杆效应

   C. 可以保障普通股股东的控制权 　　D. 可以降低公司的财务风险

10. 企业将本年度的利润部分甚至全部留存下来，其原因主要包括（　　　）。

    A. 调整资本结构，提高资产负债率

    B. 企业不一定有足够的现金将利润全部或部分分派给所有者

    C. 法律限制企业将利润全部分配出去

    D. 企业自身的扩大再生产和筹资要求

三、判断题

1. 政府出资产业投资基金是我国产业基金的主要形式。（　　　）

2. 长期筹资的目的主要在于形成和更新企业的生产和经营能力，或扩大企业生产经营规模，或为对外投资筹集资金。（　　　）

3. 企业在开展经营活动过程中，经常会出现超出维持正常经营活动资金需求的季节性、临时性的交易支付需要，为了满足这些需要而产生的筹资动机属于扩张性筹资动机。（　　　）

4. 参与优先股的持有人除可按规定的股息率优先获得股息外，还可与普通股股东分享公司的剩余收益。（　　　）

5. 与股票筹资相比，吸收直接投资没有证券为媒介，因此资本成本比较低。（　　　）

▲ 答案与解析

一、单项选择题

1. 【解析】整体来说，权益资金的资本成本大于债务资金的资本成本，对于权益资金来说，由于普通股筹资方式在计算资本成本时还需要考虑筹资费用，所以其资本成本高于留存收益的资本成本，即发行普通股的资本成本应是最高的。综上，本题应选 A。

    【答案】A

2. 【解析】上市公司公开发行股票，包括增发和配股两种方式。增发是指上市公司向社会公众发售股票的再融资方式；配股是指上市公司向原股东配售股票的再融资方式。综上，本题应选 C。

    【答案】C

3. 【解析】公开间接发行股票的发行范围广，发行对象多，易于足额筹集资本，同时还有利于提高公司的知名度，扩大其影响力。但公开发行方式审批手续复杂严格，发行成本高。非公开直接发行股票弹性较大，企业能控制股票的发行过程，节省发行费用。但发行范围小，不易及时足额筹集资本，发行后股票的变现性差。综上，本题应选 D。

    【答案】D

4. 【解析】股票上市的目的包括：①便于筹措新资金（选项 A）；②促进股权流通和转让（选项 D）；③便于确定公司价值（选项 B）。选项 C 错误，股票上市成本很高，手续也复杂。综上，本题应选 C。

【答案】C

5.【解析】发行普通股股票容易分散公司的控制权，而债务筹资和留存收益筹资能稳定原有股东的控制权。因为发债并不会有新股东加入，控制权还是掌握在原有股东手中，而如果发行股票会有新股东加入，原有股东的控制权被分割甚至控股股东不再控股。综上，本题应选 B。

【答案】B

6.【解析】因为租赁期满后，设备残值归承租人所有，且承租人取得设备时的设备现值为 500 万元。每年年初支付租金，租金适用于预付年金模型。已知预付年金现值系数 = 普通年金现值系数 × （1 + i），计算每年支付的租金，实际上就是在已知预付年金现值的基础上，计算年金。第一种方法：每年支付的租金 = 500/［（P/A，12%，5）×（1+12%）］= 500/4.0374 = 123.84（万元）；第二种方法：每年支付租金 = 500/［（P/A，12%，4）+1］= 123.85（万元），误差由小数四舍五入造成的。综上，本题应选 A。

【答案】A

7.【解析】因为租赁期满后，设备残值归租赁公司所有，故承租人取得设备时的设备现值 = 500 − 5×（P/F，12%，5），每年年末支付租金，租金适用于普通年金模型，故每年支付的租金 = ［500 − 5×（P/F，12%，5）］÷（P/A，12%，5）= （500 − 2.837）/3.6048 = 137.92（万元）。综上，本题应选 B。

【敲黑板】眼尖的同学是不是发现与上题特别类似。一定要注意看清残值的最后归属与租金支付的时点。

【答案】B

8.【解析】吸收直接投资的出资方式包括：以货币资产出资、以实物资产出资、以土地使用权出资、以知识产权出资和以特定债权出资。其中，知识产权通常是指专有技术、商标权、专利权、非专利技术等无形资产。吸收知识产权等无形资产出资的风险较大。因为以知识产权投资，实际上是把技术转化为资本，使技术的价值固定化了，而技术具有强烈的时效性，会因其不断老化落后而导致实际价值不断减少甚至完全丧失。综上，本题应选 D。

【答案】D

9.【解析】吸收直接投资的出资方式包括：以货币资产出资、以实物资产出资、以土地使用权出资、以知识产权出资和以特定债权出资。选项 A、B 不符合题意，以存货或固定资产出资属于以实物资产出资；选项 C 不符合题意，以可转换债券出资属于以特定债权出资；选项 D 符合题意，国家相关法律法规对无形资产出资方式另有限制：股东或者发起人不得以劳务、信用、自然人姓名、商誉、特许经营权或者设定担保的财产等作价出资。综上，本题应选 D。

【敲黑板】不能用来出资的几种方式：务用名誉许保。

【答案】D

10.【解析】选项 A 不符合题意，利用留存收益筹资，不用对外发行新股或吸收新投资者，由此增加的权益资本不会改变公司的股权结构，不会稀释原有股东的控制权；选项 B 符合题意，留存收益筹资不会发生筹资费用，但是留存收益的资本成本率，表现为股东追加投资要求的

第4章

收益率，所以是有资本成本的；选项 C 不符合题意，留存收益的筹资途径包括：提取盈余公积金和利用未分配利润；选项 D 不符合题意，《公司法》规定，企业每年的税后利润，必须提取 10% 的法定盈余公积金，公司法定公积金累计额为公司注册资本的 50% 以上的，可以不再提取。综上，本题应选 B。

【答案】B

二、多项选择题

1.【解析】银行借款的种类有：①按提供贷款的机构，分为政策性银行贷款、商业银行贷款和其他金融机构贷款；②按机构对贷款有无担保要求，分为信用贷款、担保贷款。综上，本题应选 AB。

【答案】AB

2.【解析】吸收直接投资中的出资方式主要包括：以货币资产出资、以实物资产出资、以知识产权出资、以土地使用权出资利以特定债权出资。综上，本题应选 ABCD。

【敲黑板】国家相关法律法规对无形资产出资方式另有限制：股东或者发起人不得以劳务、信用、自然人姓名、商誉、特许经营权或者设定担保的财产等作价出资。

【答案】ABCD

3.【解析】间接筹资是企业借助于银行和非银行金融机构而筹集资金，其基本方式是银行借款，此外还有租赁等方式。直接筹资是企业直接与资金供应者协商融通资本的筹资活动，主要有发行股票、发行债券、吸收直接投资等。综上，本题应选 BC。

【答案】BC

4.【解析】股票上市对公司的不利影响主要有：①各种信息公开的要求可能会泄露公司的商业秘密（选项 C）；②股价有时会歪曲公司的实际情况，损害公司声誉；③可能分散公司的控制权（选项 B）；④上市成本较高，手续复杂严格（选项 D）；⑤公司负担较高的信息披露成本（选项 A）。综上，本题应选 ABCD。

【答案】ABCD

5.【解析】吸收直接投资的出资方式包括：以货币资产出资、以实物资产出资、以土地使用权出资、以知识产权出资和以特定债权出资。其中，知识产权通常是指专有技术、商标权、专利权、非专利技术等无形资产。股东或者发起人不得以劳务、信用、自然人姓名、商誉、特许经营权或者设定担保的财产等作价出资。综上，本题应选 ABC。

【答案】ABC

6.【解析】留存收益的筹资途径包括：①提取盈余公积金（选项 A）；②未分配利润（选项 D）。综上，本题应选 AD。

【答案】AD

7.【解析】特殊性保护条款是针对某些特殊情况而出现在部分借款合同中的条款，只有在特殊情况下才能生效。主要包括：要求公司的主要领导人购买人身保险；借款的用途不得改变；违约惩罚条款等。选项 D 属于例行性保护条款的内容。综上，本题应选 ABC。

【敲黑板】例行性保护条款，在大多数借款合同中都会出现。主要包括：①定期向提供贷款的金融机构提交公司财务报表；②保持存货储备量，不准在正常情况下出售较多的非产成品存货；③及时清偿债务，包括到期清偿应缴纳税金和其他债务；④不准以资产作其他承诺的担保或抵押；⑤不准贴现应收票据或出售应收账款，以避免或有负债等。

【答案】ABC

8.【解析】租赁的基本特征包括：所有权与使用权相分离（选项 A）；融资与融物相结合（选项 B）；租金的分期支付（选项 C）。选项 D 表述错误，租赁的筹资特点之一是财务风险小，财务优势明显。综上，本题应选 ABC。

【答案】ABC

9.【解析】选项 A 符合题意，普通股的投资风险比优先股大，所以普通股的资本成本高于优先股的资本成本；选项 B 符合题意，优先股股息越高，公司财务杠杆系数越大，财务杠杆效应越强；选项 C 符合题意，优先股股东一般情况下没有表决权，可以保障普通股股东的控制权；选项 D 不符合题意，相对于普通股而言，优先股的股利收益是事先约定的，也是相对固定的，因此财务风险较发行普通股更高。综上，本题应选 ABC。

【答案】ABC

10.【解析】企业将本年度的利润部分甚至全部留存下来，其原因主要包括：第一，收益的确认和计量是建立在权责发生制基础上的，企业有利润，但企业不一定有相应的现金净流量增加，因而企业不一定有足够的现金将利润全部或部分分派给所有者；第二，法律法规从保护债权人利益和要求企业可持续发展等角度出发，限制企业将利润全部配出去；第三，企业基于自身的扩大再生产和筹资要求，也会将一部分利润留存下来。综上，本题应选 BCD。

【答案】BCD

三、判断题

1.【解析】政府出资产业投资基金，是指由政府出资，主要投资于非公开交易企业股权的股权投资基金和创业投资基金，是我国产业基金的主要形式。因此，本题表述正确。

【答案】√

2.【解析】长期筹资的目的主要在于形成和更新企业的生产和经营能力，或扩大企业生产经营规模，或为对外投资筹集资金。短期资金主要用于企业的流动资产和资金日常周转。因此，本题表述正确。

【答案】√

3.【解析】题中表述的是"支付性筹资动机"，而不是"扩张性筹资动机"。支付性筹资动机，是指为了满足经营业务活动的正常波动所形成的支付需要而产生的筹资动机。扩张性筹资动机，是指企业因扩大经营规模或满足对外投资需要而产生的筹资动机。因此，本题表述错误。

【答案】×

第 4 章

4.【解析】持有人除可按规定的股息率优先获得股息外，还可与普通股股东分享公司的剩余收益的优先股，称为参与优先股。因此，本题表述正确。

【答案】√

5.【解析】相对于股票筹资来说，吸收直接投资的资本成本较高。这是因为，当企业经营较好，盈利较多时，投资者往往要求将大部分盈余作为红利分配，因为向投资者支付的报酬是按其出资数额和企业实现利润的比率来计算的。因此，本题表述错误。

【答案】×

第 4 章

第五章 筹资管理（下）

应试指导

本章属于重点章节，主要阐述了资金需要量预测、资本成本计算、杠杆系数和资本结构四部分，内容多、公式多、分值高，但与后续章节相比难度适中，较容易掌握。学习本章要抓重点，注意公式总结、对比记忆。第一节资金需要量预测，以销售百分比法为主，掌握到主观题程度，因素分析法和资金习性预测以客观题为主，作一般掌握即可。第二节资本成本是考试的重点和后续章节学习的基础，需全面掌握其计算公式，对于新增加的项目资本成本和金融工具价值评估，要予以注意，掌握到主观题的程度。第三节杠杆系数的计算，理解为先，掌握计算公式，注意其公式的变形，是考核的重点。第四节资本结构优化的三种方法主要在主观题中出现，同时注意资本结构理论及影响因素，客观题中考核的频率增加。

历年考情

近几年平均分值 13 分左右，各种题型都有可能涉及，2022 年考试很可能会继续把三个杠杆系数、资本成本的计算及影响因素作为首选考点，要注意全面掌握。

题型	2021 年（一）		2021 年（二）		2020 年（一）		2020 年（二）		2019 年（一）		2019 年（二）	
	题量	分值	题量	分值	题量	分值	题量	分值	题量	分值	题量	分值
单选	2	3 分	2	3 分	2	3 分	1	1.5 分	3	3 分	4	4 分
多选	1	2 分	—	—	4	8 分	2	4 分	4	8 分	1	2 分
判断	1	1 分	1	1 分	1	1 分	—	—	1	1 分	1	1 分
计算	—	—	2	4 分	—	—	4	5 分	—	—	1	5 分
综合	2	5 分	3	8 分	3	6 分	1	4 分	2	4 分	5	7 分

高频考点列表

考点	单选题	多选题	判断题	计算分析题	综合题
资金需要量预测方法	2021 年、2017 年	—	2020 年	—	2021 年、2020 年、2018 年
资本成本概述	2019 年、2018 年	2021 年、2020 年、2018 年	2020 年	—	—
资本成本的计算	2021 年、2020 年	2020 年、2019 年	2021 年、2018 年	2020 年	2021 年、2018 年

考点	单选题	多选题	判断题	计算分析题	综合题
杠杆效应	2020年、2018年	2021年、2020年、2019年	2021年、2018年	2021年	2019年
资本结构	2021年、2020年、2019年、	2020年、2018年	2021年	2020年、2019年	2021年、2020年

🌲 章逻辑树

第五章 筹资管理（下）
- 资金需要量预测
  - 因素分析法
  - 销售百分比法
  - 资金习性预测法
- 资本成本
  - 含义 · （筹资费、占用费）
  - 资本成本的作用（四个）
  - 影响因素（四个）
  - 个别资本成本的计算 · （银行借款、公司债券、优先股、普通股、留存收益）
  - 平均资本成本的计算 · （账面价值权数、市场价值权数、目标价值权数）
  - 边际资本成本的计算 · （采用目标价值权数）
  - 项目资本成本
  - 金融工具价值评估 · （债券价值评估、普通股价值评估、优先股价值评估）
- 杠杆效应
  - 经营杠杆效应 · （DOL = 息税前利润变动率 / 产销业务量变动率 = 基期边际贡献 / 基期息税前利润）
  - 财务杠杆效应 · （DFL = 普通股收益变动率 / 息税前利润变动率 = 基期息税前利润 / 基期利润总额）
  - 总杠杆效应 · （DTL = 普通股收益变动率 / 产销量变动率 = 基期边际贡献 / 基期利润总额）
- 资本结构
  - 资本结构优化的目标 · （降低平均资本成本率或提高企业价值）
  - 资本结构理论 · （MM理论、权衡理论、代理理论、优序融资理论）
  - 影响资本结构的因素
  - 资本结构优化
    - 每股收益分析法
    - 平均资本成本比较法
    - 公司价值分析法
  - 双重股权结构

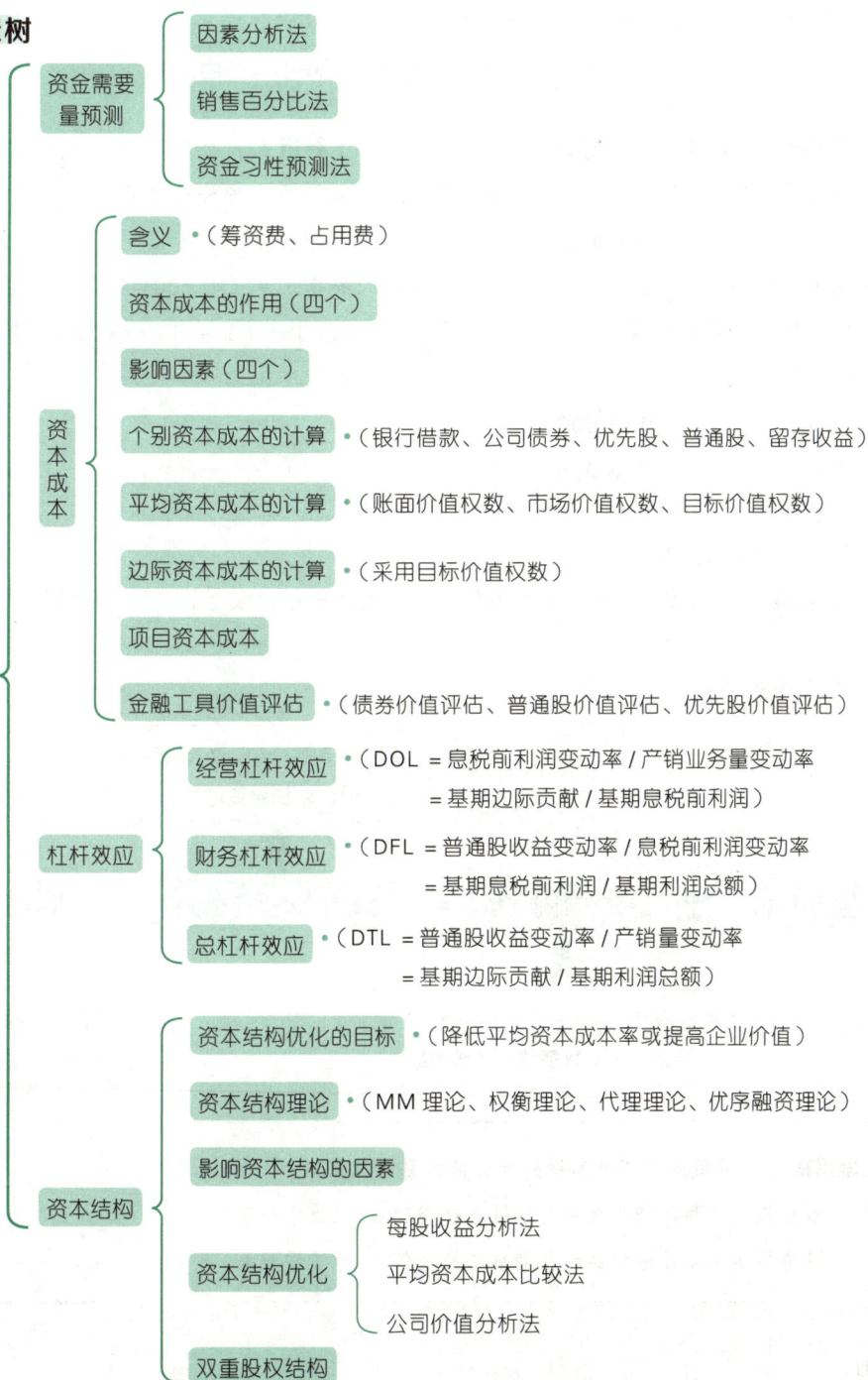

高频考点 1 资金需要量预测方法

1. 因素分析法

（1）计算公式：

资金需要量＝（基期资金平均占用额－不合理资金占用额）×（1＋预测期销售增长率）÷（1＋预测期资金周转速度增长率）

（2）特点：计算简便，容易掌握；预测结果不太精确。

（3）适用范围：品种繁多、规格复杂、资金用量较小的项目。

【真题实战·单选题】某公司2016年度资金平均占用额为4 500万元，其中不合理部分占15%，预计2017年销售增长率为20%，资金周转速度不变，采用因素分析法预测的2017年度资金需求量为（ ）万元。（2017年）

A. 4 590　　　　　　B. 4 500

C. 5 400　　　　　　D. 3 825

【解析】资金需要量＝（基期资金平均占用额－不合理资金占用额）×（1＋预测期销售增长率）÷（1＋预测期资金周转速度增长率）＝（4 500－4 500×15%）×（1＋20%）÷（1＋0）＝4 590（万元）。综上，本题应选A。

【答案】A

2. 销售百分比法

假设某些资产和负债与销售额存在稳定的百分比关系，根据这个假设预计外部资金需要量的方法。

（1）计算公式：

敏感性负债占销售收入的百分比 × 销售变动额

外部融资需求量 ＝ 资产预计增加额 － 敏感性负债预计增加额 － 预期的利润留存额

敏感性资产占销售收入的百分比 × 销售变动额 + 非敏感性资产增加额

预计销售额 × 预计销售净利率 × 预计利润留存率

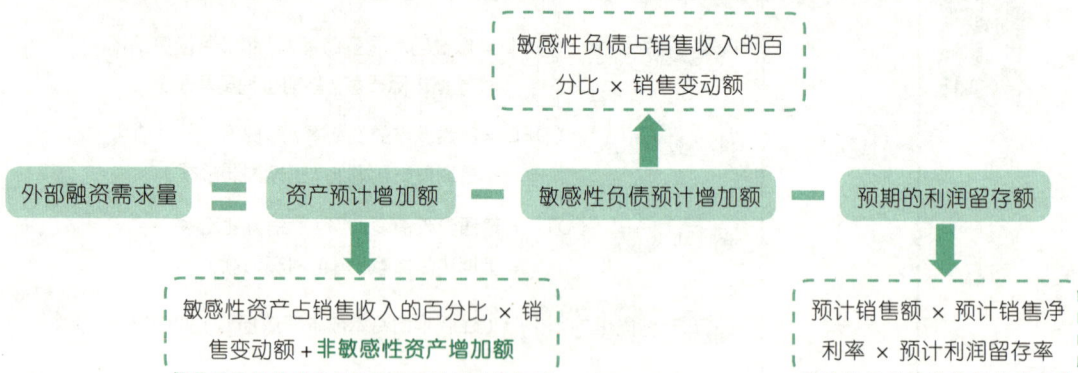

敲黑板 计算敏感性资产和敏感性负债的另一种算法：

敏感性资产预计增加额＝基期敏感性资产 × 销售增长率

敏感性负债预计增加额＝基期敏感性负债 × 销售增长率

（2）常用的敏感项目和非敏感项目：

资产		负债	
敏感性资产	非敏感性资产	敏感性负债	非敏感性负债
库存现金 应收账款 存货等	交易性金融资产 应收利息 固定资产 债权投资等	应付票据 应付账款 应付职工薪酬 应交税费等	短期借款 短期融资券 长期负债等

（3）特点：能够为筹资管理提供短期预计的财务报表，以适应外部筹资的需要，且易于使用。但在有关因素发生变动的情况下，必须相应地调整原来的销售百分比。

【真题实战·单选题】某公司敏感性资产和敏感性负债占销售额的比重分别为 50% 和 10%，并保持稳定不变。2020 年销售额为 1 000 万元，预计 2021 年销售额增长 20%，销售净利率为 10%，利润留存率为 30%。不考虑其他因素，则根据销售百分比法，2021 年的外部融资需求量为（　　）。（2021 年）

A. 80 万元　　　　　B. 64 万元

C. 44 万元　　　　　D. 74 万元

【解析】外部融资需求量＝敏感性资产预计增加额－敏感性负债预计增加额－预期的利润留存额＝（50%－10%）×1 000×20%－1 000×（1＋20%）×10%×30%＝80－36＝44（万元）。综上，本题应选 C。

【答案】C

【真题实战·判断题】采用销售百分比法预测筹资需求量的前提条件是公司所有资产及负债与销售额保持稳定百分比关系。（　　）（2020 年）

【解析】销售百分比法是假设某些资产和负债与销售额存在稳定的百分比关系，根据这个假设预计外部资金需要量的方法。因此，本题表述错误。

【答案】×

【沙场练兵·单选题】根据资金需要量预测的销售百分比法，下列负债项目中，通常会随销售额变动而呈正比例变动的是（　　）。

A. 应付票据　　　　B. 长期负债

C. 短期借款　　　　D. 短期融资券

【解析】在销售百分比下，假设经营性负债与销售额保持稳定的比例关系，经营性负债包括应付票据、应付账款等项目，不包括短期借款、短期融资券、长期负债等筹资性负债。综上，本题应选 A。

【答案】A

【沙场练兵·单选题】采用销售百分比法预测资金需求量时，下列各项中，属于非敏感性项目的是（　　）。

A. 现金　　　　　　B. 存货

C. 长期借款　　　　D. 应付账款

【思路导航】敏感性项目又称为经营性项目，主要是企业在销售商品和提供劳务时产生的，其与销售额存在稳定的百分比关系。在采用销售百分比法确认资金需求量时，首先需要区分敏感性项目和非敏感性项目。

【解析】选项 A、B 属于敏感性资产；选项 C 不属于敏感性负债，属于筹资性的长期债务，即非敏感性项目；选项 D 属于敏感性负债。综上，本题应选 C。

【答案】C

【真题实战·综合题】（2021年节选）

甲公司是一家制造企业，有关资料如下：

资料一：甲公司2020年12月31日资产负债表（单位：万元）如下。

资产			负债与股东权益		
项目	年初数	年末数	项目	年初数	年末数
货币资金	4 400	4 000	短期借款	5 700	5 500
应收账款	4 000	6 000	应付账款	3 500	4 500
存货	4 500	5 500	长期借款	8 300	7 400
固定资产	17 900	17 400	股本	20 000	20 000
无形资产	8 000	8 000	留存收益	1 300	3 500
资产总计	38 800	40 900	负债与股东权益总计	38 800	40 900

资料二：公司2020年度营业收入（即销售额，下同）为50 000万元，营业成本为40 000万元。

资料三：公司预计2021年度的营业收入将达到70 000万元，净利润预计为7 000万元，利润留存率40%。假定公司2020年末的货币资金、应收账款、存货、应付账款项目与营业收入的比例关系在2021年度保持不变。此外，因销售额增长，现有生产能力不足，公司需要在2021年追加固定资产投资6 000万元。

要求：根据资料一、资料二和资料三，计算2021年的外部融资需求量。

【解析】外部融资需求量＝（敏感性资产预计增加额－敏感性负债预计增加额）－预期的利润留存额＋非敏感性资产增加额

【答案】2021年的外部融资需求量＝（4 000＋6 000＋5 500－4 500)/50 000×（70 000－50 000）－7 000×40%＋6 000＝7 600（万元）

【真题实战·综合题】（2020年节选）

甲公司生产销售A产品，有关资料如下：

资料一：公司2019年12月31日资产负债表如下：（单位：万元）

资产	年末余额	负债与股东权益	年末余额
货币资金	200	应付账款	600
应收账款	400	长期借款	2 400
存货	900	股本	4 000
固定资产	6 500	留存收益	1 000
资产总计	8 000	负债与股东权益总计	8 000

资料二：2019 年销售收入为 6 000 万元，净利润 600 万元，股利支付率为 70%。

资料三：预计 2020 年销售收入将增长到 9 000 万元，公司流动资产和流动负债占销售收入的比例一直保持稳定不变。此外，随销售增长而需要追加设备投资 1 500 万元。2020 年销售净利率和股利支付率与 2019 年相同。

要求：

（1）根据资料二，计算 2019 年销售净利率。

（2）根据资料三，计算：① 2020 年增加的流动资产；② 2020 年增加的流动负债；③ 2020 年留存收益增加额；④ 2020 年的外部融资需求量。

【思路导航】本题需要先计算销售的增长率，而公司流动资产和流动负债占销售收入的比例一直保持稳定不变。根据现有的 2019 年末的流动资产和流动负债和销售增长率可以计算得出增加的流动资产和增加的流动负债，而 2020 年留存收益的增加根据销售净利率和股利支付率也能计算得出，外部资金需求量就是总的需求量减去内部留存收益的增加额。此外要注意若"非敏感性"资产增加，外部筹资需要量也应相应增加。

（1）

【解析】销售净利率＝净利润 ÷ 销售收入

【答案】销售净利率＝600/6 000 ＝10%

（2）

【解析】外部融资需要量＝资产预计增加额－敏感性负债预计增加额－预期的利润留存额

【答案】

销售增长率＝（9 000 － 6 000）/6 000 ＝50%

增加的流动资产＝（200 ＋ 400 ＋ 900）×50% ＝750（万元）

增加的流动负债＝600×50% ＝300（万元）

2020 年的留存收益增加额＝9 000×10%×（1 － 70%）＝270（万元）

外部资金需求量＝750 － 300 － 270 ＋ 1 500 ＝1 680（万元）

【真题实战·综合题】（2018 年节选）

戊公司是一家设备制造商，公司基于市场发展进行财务规划，有关资料如下：

资料一：戊公司 2017 年 12 月 31 日的资产负债表简表及相关信息如下表所示。

戊公司资产负债表简表及相关信息

2017 年 12 月 31 日　　　　　　　　　金额单位：万元

资产	金额	占销售额百分比 %	负债与权益	金额	占销售额百分比 %
现金	1 000	2.5	短期借款	5 000	N
应收票据	8 000	20.0	应付票据	2 000	5.0

（续表）

资产	金额	占销售额百分比 %	负债与权益	金额	占销售额百分比 %
应收账款	5 000	12.5	应付账款	8 000	20.0
存货	4 000	10.0	应付债券	6 000	N
其他流动资产	4 500	N	实收资本	20 000	N
固定资产	23 500	N	留存收益	5 000	N
合计	46 000	45	合计	46 000	25.0

注：表中"N"表示该项目不随销售额的变动而变动。

资料二：戊公司2017年销售额为40 000万元，销售净利率为10%，利润留存率为40%，预计2018年销售额增长率为30%，销售净利率和利润留存率保持不变。

假设：一年按360天计算，戊公司适用的企业所得税税率为25%，不考虑增值税及其他因素的影响。

要求：

根据资料一和资料二，计算戊公司2018年下列各项金额：

（1）因销售增加而增加的资产额；

（2）因销售增加而增加的负债额；

（3）因销售增加而增加的资金量；

（4）预计利润的留存增加额；

（5）外部融资需要量。

【解析】由本题已知各项目与销售额的百分比关系，可以对应计算出相应的资金增加量。预计利润的留存收益增加额＝营业收入×销售净利率×（1＋增长率）×利润留存率。

外部融资需求量＝总的资金需求量－留存收益增加额。

【答案】

（1）因销售增加而增加的资产额＝40 000×30%×（2.5%＋20%＋12.5%＋10%）＝5 400（万元）

（2）因销售增加而增加的负债额＝40 000×30%×（5%＋20%）＝3 000（万元）

（3）因销售增加而增加的资金量＝5 400－3 000＝2 400（万元）

（4）预计利润的留存增加额＝40 000×（1＋30%）×10%×40%＝2 080（万元）

（5）外部融资需要量＝2 400－2 080＝320（万元）

第5章

3.资金习性预测法

方法	说明
根据资金占用总额与产销量的关系预测	$$\begin{cases} \sum Y = na + b\sum X \\ \sum XY = a\sum X + b\sum X^2 \end{cases}$$ 根据方程组解得a、b值，代入 $Y = a + bX$ 式中，Y为资金占用额；X为产销量；a为不变资金；b为单位产销量所需变动资金
采用逐项分析法预测	b =（最高收入期资金占用量 – 最低收入期资金占用量）/（最高销售收入 – 最低销售收入） a = 最高收入期资金占用量 – b × 最高销售收入 解得a、b值，代入 $Y = a + bX$

┃敲黑板┃

高低点法下，高低点的判断以业务量为准，而不是以资金占用量为准。

【真题实战·单选题】某公司2012 – 2016年度销售收入和资金占用的历史数据（单位：万元）分别为（800，18），（760，19），（1 000，22），（1 100，21），运用高低点法分离资金占用中的不变资金与变动资金时，应采用的两组数据是（　）。（2017年）

A.（760，19）和（1 000，22）
B.（760，19）和（1 100，21）
C.（800，18）和（1 000，22）
D.（800，18）和（1 100，21）

【解析】采用高低点法来计算资金占用项目中不变资金和变动资金的数额，应该采用销售收入的最大值和最小值作为最高点和最低点，故应该选择（760，19）和（1 100，21）。综上，本题应选B。

【答案】B

【沙场练兵·单选题】在财务管理中，将资金划分为变动资金与不变资金两部分，并据以预测企业未来资金需要量的方法称为（　）。

A.定性预测法　　B.销售百分比法
C.资金习性预测法　D.成本习性预测法

【解析】资金习性预测法是将资金划分为变动资金与不变资金两部分，并据以预测企业未来资金需要量的方法。综上，本题应选C。

【答案】C

高频考点 2　资本成本概述

项目		内容
含义		指企业为筹集和使用资本而付出的代价
内容	筹资费	指企业在资本筹措过程中为获取资本而付出的代价，如借款手续费、股票发行费等 （筹集资金时）

（续表）

项目		内容
内容	占用费	指企业在资本使用过程中因占用资本而付出的代价，如向银行等债权人支付的利息，向股东支付的股利等（资金持续使用过程中）
	作用	①资本成本是比较筹资方式、选择筹资方案的依据； ②平均资本成本是衡量资本结构是否合理的重要依据； ③资本成本是评价投资项目可行性的主要标准； ④资本成本是评价企业整体业绩的重要依据
影响因素	总体经济环境	①如果经济过热，通货膨胀持续居高不下，投资的风险大，筹资的资本成本率就高； ②如果国民经济保持健康、稳定、持续增长，投资的风险小，筹资的资本成本率相应就比较低
	资本市场条件	如果资本市场缺乏效率，证券的市场流动性低，投资者投资风险大，要求的预期收益率高，资本市场的资本成本水平就比较高
	企业经营状况和融资状况	如果企业经营风险高，财务风险大，那么企业总体风险水平高，投资者要求的预期收益率高，企业筹资的资本成本相应就大
	企业对筹资规模和时限的需求	企业一次性需要筹集的资金规模大、占用资金时限长，资本成本就高

【真题实战·多选题】资本成本一般包括筹资费用和占用费用，下列属于占用费用的有（　　）。（2021年）

A. 向债权人支付的利息

B. 发行股票支付的佣金

C. 发行债券支付的手续费

D. 向股东支付的现金股利

【解析】选项 A、D 正确，占用费是指企业在资本使用过程中因占用资本而付出的代价，如向银行等债权人支付的利息，向股东支付的股利等；选项 B、C 属于筹资费。综上，本题应选 AD。

【答案】AD

【真题实战·多选题】下列各项中，属于资本成本中筹资费的有（　　）（2020年）

A. 股票发行费　　　B. 借款手续费

C. 证券印刷费　　　D. 股利支出

【思路导航】资金筹资费和占用费区分的关键是"发生的时点"，在筹集资金时发生的费用属于"筹资费"，如股票发行费、借款手续费；在持续使用过程中发生的费用为"占用费"，如向银行等债权人支付的利息，向股东支付的股利。

【解析】选项 A、B、C 属于，在资金筹集过程中，发生的股票发行费、借款手续费、证券印刷费、公证费、律师费等费用，属于筹资费；选项 D 不属于，股利支出是资金占用费。综上，本题应选 ABC。

【答案】ABC

【真题实战·判断题】支付的银行借款利息属于企业的筹资费用。（　　）（2020年）

【解析】占用费指企业在资本使用过程中因占用资本而付出的代价，如向银行等债权人支付的利息，向股东支付的股利等。因此，本题表述错误。

【答案】×

【真题实战·单选题】下列各项中，属于资本成本中筹资费用的是（　　）。（2019年）

第5章

A. 优先股的股利支出

B. 银行借款的手续费

C. 租赁的资金利息

D. 债券的利息费用

【解析】筹资费是指企业在资本筹措过程中为获取资本而付出的代价，如向银行支付的借款手续费，因发行股票、公司债券而支付的发行费等。选项A、C、D都属于占用费，选项B属于筹资费。综上，本题应选B。

【答案】B

【真题实战·单选题】下列各项中，通常会引起资本成本上升的情形是（　　）。（2019年）

A. 证券市场流动性呈恶化趋势

B. 预期通货膨胀率呈下降趋势

C. 投资者要求的预期收益率下降

D. 企业总体风险水平得到改善

【思路导航】对待这种题目的选项可以用常识分析，比如证券市场流动性恶化导致整个大的经济环境都不好了，那想要从市场筹资肯定比平时要难，故资本成本肯定要上升；而企业总体风险水平得到改善时，想向外界筹资肯定要容易一些，资本成本也就比之前要低一些了。

【解析】选项A符合题意，如果资本市场缺乏效率，证券的市场流动性低，投资者投资风险大，要求的预期收益率高，那么通过资本市场融通的资本，其成本水平就比较高；选项B、C、D通常会引起资本成本下降。综上，本题应选A。

【答案】A

【真题实战·单选题】资本成本一般由筹资费和占用费两部分构成。下列各项中，属于占用费的是（　　）。（2018年）

A. 向银行支付的借款手续费

B. 向股东支付的股利

C. 发行股票支付的宣传费

D. 发行债券支付的发行费

【解析】选项A、C、D不属于占用费，均属于筹资费，筹资费是指企业在资本筹措过程中为获取资本而付出的代价，如向银行支付的借款手续费，因发行股票、公司债券而支付的发行费等；选项B属于，占用费是指企业在资本使用过程中因占用资本而付出的代价，如向银行等债权人支付的利息，向股东支付的股利等。综上，本题应选B。

【答案】B

【真题实战·多选题】下列因素中，一般会导致企业借款资本成本上升的有（　　）。（2018年）

A. 资本市场流动性增强

B. 企业经营风险加大

C. 通货膨胀水平提高

D. 企业盈利能力上升

【解析】选项A错误，资本市场流动性增强，投资者投资风险小，所以会导致借款资本成本下降；选项B正确，企业经营风险大，债权人投资面临的投资风险就比较大，所以会导致借款资本成本上升；选项C正确，通货膨胀水平提高，无风险利率上升，利息率会上升，所以会导致借款资本成本上升；选项D错误，企业盈利能力上升，企业的经营风险下降，投资者投资风险小，所以会导致借款资本成本下降。综上，本题应选BC。

【答案】BC

【真题实战·判断题】不考虑其他因素的影响，通货膨胀一般导致市场利率下降，从而降低了企业的筹资难度。（　　）（2018年）

【解析】通货膨胀一般导致市场利率上升，从而增加了企业的筹资难度。因此，本题表述错误。

【答案】×

第5章

高频考点 3 资本成本的计算

1.债务资本成本的计算

资本来源		资本成本
银行借款	一般模式（短期借款）	$$K_b = \frac{i(1-T)}{1-f}$$ 式中：K_b 为银行借款资本成本率；i 为银行借款年利率；f 为筹资费用率；T 为所得税税率
	贴现模式（长期借款）	借款额 ×（1 － 手续费率） ＝年利息 ×（1 － 所得税税率）×（P/A，K_b，n）＋借款额 ×（P/F，K_b，n）
公司债券	一般模式	$$K_b = \frac{I \times (1-T)}{L \times (1-f)}$$ 式中：L 为公司债券筹资总额；f 为筹资费用率；I 为公司债券年利息；T 为所得税税率
	贴现模式	假定每年支付一次利息： 筹资总额 ×（1 － 手续费率） ＝年利息 ×（1 － 所得税税率）×（P/A，K_b，n）＋债券面值 ×（P/F，K_b，n）

┃敲黑板┃ 考试如果不特别说明时，就采用一般模式来计算。

【真题实战·单选题】某公司取得 5 年期长期借款 200 万元，年利率为 8%，每年付息一次，到期一次还本，筹资费用率为 0.5%。企业所得税税率为 25%，不考虑货币时间价值，该借款的资本成本率为（　）。（2021年）

A.6%　　　　　　B.8%

C.6.03%　　　　　D.8.04%

【解析】根据一般模式，银行借款资本成本率＝银行借款年利率 ×（1 － 所得税税率）/（1 － 筹资费用率）＝8%×（1 － 25%）/（1 － 0.5%）＝6.03%。综上，本题应选 C。

【答案】C

【真题实战·单选题】某企业发行公司债券，发行价 90 万元，面值 100 万元，筹资费用率为 5%，票面年利率为 8%。所得税税率为 25%，则债券实际利率为（　）。（2020年）

A.8%　　　　　　B.6%

C.7.02%　　　　　D.9.36%

【解析】债券资本成本＝年利息 ×（1 － 所得税税率）/[债券筹资总额 ×（1 － 手续费率）]＝100×8%×（1 － 25%）/[90×（1 － 5%）]＝7.02%。综上，本题应选 C。

【答案】C

【真题实战·多选题】下列各项中，影响债券资本成本的有（　）。（2020年）

A.债券发行费用　　B.债券票面利率

C.债券发行价格　　D.利息支付频率

【解析】公司债券资本成本包括债券利息和借款发行费用，计算公式为：债券资本成本＝年利息 ×（1 － 所得税税率）÷[债券筹资总额 ×

（1－手续费率）］。通过公式可以看出，债券发行费用、债券票面利率、债券发行价格和利息支付频率均会影响债券资本成本。综上，本题应选 ABCD。

【答案】ABCD

【真题实战·多选题】关于银行借款筹资的资本成本，下列说法错误的有（　　）。（2019年）
A. 银行借款手续费会影响银行借款的资本成本
B. 银行借款的资本成本仅包括银行借款利息支出
C. 银行借款的资本成本率一般等于无风险利率
D. 银行借款的资本成本与还本付息方式无关

【解析】资本成本是指企业为筹集和使用资本而付出的代价，包括筹资费和占用费。选项 A 正确、选项 B 错误，借款手续费属于筹资费，借款利息支出属于占用费；选项 C 错误，无风险收益率也称无风险利率，它是指无风险资产的收益率，它的大小由纯粹利率（资金的时间价值）和通货膨胀补贴两部分组成。纯利率是指在没有通货膨胀、无风险利率情况下资本市场的平均利率，银行借款的资本成本是存在风险的；选项 D 错误，还本付息方式会影响银行借款的利息费用，进而影响资本成本的计算。综上，本题应选 BCD。

【答案】BCD

【沙场练兵·单选题】某公司发行总面额 1 000 万元，票面利率为 10%，偿还期限 4 年，发行费用率为 4%，所得税税率为 25% 的债券，该债券发行价为 1 200 万元，采用贴现模式计算的债券资本成本为（　　）。［已知，（P/A，2%，4）= 3.8077，（P/F，2%，4）= 0.9238，（P/A，4%，4）= 3.6299，（P/F，4%，4）= 0.8548］
A. 2%　　　　　　　　B. 3.39%
C. 4%　　　　　　　　D. 3.11%

【解析】$1\,200 \times (1 - 4\%) = 1\,000 \times 10\% \times (1 - 25\%) \times (P/A，K_b，4) + 1\,000 \times (P/F，K_b，4)$，即 $1\,152 = 75 \times (P/A，K_b，4) + 1\,000 \times (P/F，K_b，4)$；当贴现率为 2% 时，$75 \times (P/A，2\%，4) + 1\,000 \times (P/F，2\%，4) = 1\,209.3775$；当贴现率为 4% 时，$75 \times (P/A，4\%，4) + 1\,000 \times (P/F，4\%，4) = 1\,127.0425$；运用插值法，贴现率 $= 2\% + \dfrac{1\,152 - 1\,209.3775}{1\,127.0425 - 1\,209.3775} \times (4\% - 2\%) = 3.39\%$。综上，本题应选 B。

【答案】B

【敲黑板】用贴现模式时，一般都要借助插值法来计算贴现率。

【真题实战·综合题】（2021年节选）
甲公司是一家制造企业，有关资料如下：
资料四：对于外部资金需求，公司选择按面值发行债券，期限为 5 年，票面利率为 9%，每年付息一次，到期一次性还本，筹资费用率为 2%。公司适用的企业所得税税率为 25%。
要求：根据资料四，计算债券的资本成本率（不考虑货币时间价值）。
【解析】$K_b = $ 年利息 $\times (1 - T) / [$债券筹资总额 $\times (1 -$手续费率$)] = I \times (1 - T) / [L \times (1 - f)]$
式中：L 为公司债券筹资总额；f 为筹资费用率；I 为公司债券年利息；T 为所得税税率
【答案】债券资本成本率 $= 9\% \times (1 - 25\%) / (1 - 2\%) = 6.89\%$

【真题实战·综合题】（2018年节选）

甲公司是一家生产经营比较稳定的制造企业，长期以来仅生产A产品。公司2019年和2020年的有关资料如下：

资料四：公司在2020年有计划地进行外部融资，其部分资金的融资方案如下：溢价发行5年期公司债券，面值总额为900万元，票面利率为9%，发行总价为1000万元，发行费用率为2%；另向银行借款4200万元，年利率为6%。公司适用的企业所得税税率为25%。

要求：根据资料四，不考虑货币时间价值，计算下列指标：

（1）债券的资本成本率；

（2）银行存款的资本成本率。

（1）

【解析】债券的资本成本率＝［年利息×（1－所得税税额）］／［债券筹资总额×（1－发行费用率）］

【答案】债券的资本成本率＝900×9%×（1－25%）／［1000×（1－2%）］＝6.20%

（2）

【解析】银行存款的资本成本率＝［年利率×（1－所得税税率）］／（1－手续费费率）

【答案】银行存款的资本成本率＝6%×（1－25%）＝4.5%

2.权益资本成本的计算

资金来源		资本成本
优先股	一般模式（固定股息率）	$$K_s = \frac{D}{P_n(1-f)}$$ 式中：K_s为优先股资本成本率；D为优先股年固定股息；P_n为优先股发行价格；f为筹资费用率
	贴现模式	如果是浮动股息率优先股，只能按照贴现模式计算，并假定各期股利变化呈一定的规律性。计算方法与普通股资本成本的股利增长模型计算方法相同
普通股	股利增长模型法	$$K_s = \frac{D_0(1+g)}{P_0(1-f)} + g = \frac{D_1}{P_0(1-f)} + g$$ 式中：K_s为普通股资本成本率；f为筹资费用率；g为股利增长速度；D_1为下期股票股利；P_0为目前股票市价；D_0为本期股票股利
	资本资产定价模型法	$$K_s = R_f + \beta(R_m - R_f)$$ 式中：K_s为普通股资本成本率；R_f为无风险收益率；R_m为市场平均收益率；β为某股票贝塔系数
留存收益	说明	除了不考虑筹资费用之外，计算方式与普通股相同

【敲黑板】

（1）"D_0"指的是最近已经发放的股利；

（2）"D_1"指的是预计要发放的第一期股利；

（3）二者的本质区别是，与"D_0"对应的股利"已经发放"，而与"D_1"对应的股利"还未支付"。

【真题实战·单选题】某公司发行普通股的筹资费率为6%，当前股价为10元/股，本期已支付的现金股利为2元/股，未来各期股利按2%的速度持续增长，则该公司留存收益的资本成本率为（　　）。（2021年）

A. 23.7%　　　　B. 22.4%

C. 21.2%　　　　D. 20.4%

【思路导航】留存收益的资本成本计算与普通股资本成本的计算基本相同，也分为股利增长模型法和资本资产定价模型法，不同点在于不考虑筹资费用。

【解析】留存收益资本成本率＝下期股利/股价＋股利增长率＝本期股利×（1＋股利增长率）/股价＋股利增长率＝2×（1＋2%）/10＋2%＝22.4%。综上，本题应选B。

【答案】B

【真题实战·判断题】其他条件不变时，优先股发行价格越高，其资本成本率也越高。（　　）（2021年）

【思路导航】本题可以选择从两个角度解题：一是通过公式分析各因素与优先股资本成本的关系，二是通过对资本成本的理解，若同样面值的优先股可以筹集更多的资金，那么资本成本率也会更低。

【解析】根据优先股资本成本计算公式：优先股资本成本率＝优先股年固定股息/[优先股发行价格×（1－筹资费用率）]，可知优先股发行价格与资本成本呈反方向变动，即优先股

股价越高，其资本成本越低。因此，本题表述错误。

【答案】×

【真题实战·单选题】某公司发行优先股，面值总额为8 000万元，年股息率为8%，股息不可税前抵扣。发行价格为10 000万元，发行费用占发行价格的2%，则该优先股的资本成本率为（　　）。（2020年）

A. 8.16%　　　　B. 6.4%

C. 8%　　　　D. 6.53%

【解析】该优先股的资本成本率＝年股息/[发行价格×（1－筹资费用率）]＝8 000×8%/[10 000×（1－2%）]＝6.53%。综上，本题应选D。

【答案】D

【沙场练兵·单选题】某公司普通股目前的股价为20元/股，筹资费率为2%，刚刚支付的每股股利为1元，股利固定增长率为4%，则该普通股的资本成本率为（　　）。

A. 8.33%　　　　B. 8.68%

C. 9.31%　　　　D. 9.02%

【解析】普通股资本成本率＝D_0（1＋g）/[P_0（1－f）]＋g＝1×（1＋4%）/[20×（1－2%）]＋4%＝9.31%。综上，本题应选C。

【答案】C

【沙场练兵·判断题】由于内部筹资一般不产生筹资费用，所以内部筹资的资本成本最低。（　　）

【解析】内部筹资主要指企业的留存收益，留存收益属于股权筹资方式，一般而言，股权筹资的资本成本要高于债务筹资。因此，本题表述错误。

【答案】×

【真题实战·计算分析题】（2020年）

甲适用企业所得税税率25%，计划追加投资20 000万，方案如下：向银行借款3 000万，年利率为4.8%，每年付息一次。发行面值5 600万，发行价格为6 000万的公司债券，票面利率为6%，每年付息一次。增发普通股11 000万元，假定市场有效，当前无风险收益率4%，市场平均收益率为10%，普通股的β系数1.5，其他不考虑。

要求：

（1）长期借款的资本成本率。

（2）发行债券的资本成本率。

（3）利用资本资产定价模型，计算普通股的资本成本率。

（4）计算追加筹资方案的平均资本成本率。

（1）

【解析】长期借款的资本成本率＝［年利率×（1－T）］/（1－手续费率）

【答案】长期借款的资本成本率＝4.8%×（1－25%）＝3.6%

（2）

【解析】债券的资本成本率＝［年利息费用×（1－T）］/［债券筹资总额×（1－手续费率）］

【答案】债券的资本成本率＝（5 600×6%）×（1－25%）/6 000＝4.2%

（3）

【解析】必要收益率＝无风险收益率＋β×（市场组合收益率－无风险收益率）

【答案】普通股的资本成本＝4%＋1.5×（10%－4%）＝13%

（4）

【解析】根据市场价值权数计算加权平均资本成本：

$$K_w = K_b \times \frac{B}{V} + K_s \times \frac{S}{V}$$

其中：K_w为加权平均资本成本，K_b为税后债务资本成本，V为公司价值，B为债务资金价值，S为权益资本价值。

【答案】平均资本成本＝（3 000/20 000）×3.6%＋（6 000/20 000）×4.2%＋（11 000/20 000）×13%＝8.95%

3. 平均资本成本率的计算

平均资本成本

意义：

在个别资本成本率一定的情况下，企业平均资本成本率的高低是由资本结构决定的，这是资本结构决策的依据之一。

计算公式：

$$K_W = \sum_{j=1}^{n} K_j W_j$$

式中：K_W 为平均资本成本；K_j 为第 j 种个别资本成本率；W_j 为第 j 种个别资本在全部资本中的比重。

权数的价值形式：

账面价值权数——直接从资产负债表获取数据，但不适合评价现时的资本结构。

市场价值权数——反映现时的资本成本水平，但不适用未来的筹资决策。

目标价值权数——以预计的未来价值为基础来确定资本权数，适用于未来的筹资决策，但目标价值的确定难免具有主观性。

┃**敲黑板**┃

（1）市场价值权数和目标价值权数都可以反映市场资本情况。

（2）记忆技巧：账面反映的是过去，市场反映的是现在，那么目标自然是为未来而定的。

【真题实战·多选题】平均资本成本计算涉及对个别资本的权重选择问题，对于有关价值权数，下列说法正确的有（　　）。（2019年）

A. 账面价值权数不适合评价现时的资本结构合理性

B. 目标价值权数一般以历史账面价值为依据

C. 目标价值权数更适用于企业未来的筹资决策

D. 市场价值权数能够反映现时的资本成本水平

【解析】选项 A 正确，账面价值权数用来评价过去资本结构的合理性；选项 B 错误，选项 C 正确，目标价值权数的确定，可以选择未来的市场价值，也可以选择未来的账面价值，其被用来确定未来企业筹资决策；选项 D 正确，市场价值权数反映现时的资本成本水平。综上，本题应选 ACD。

【答案】ACD

【真题实战·判断题】在计算加权平均资本成

本时，采用市场价值权数能够反映企业期望的资本结构，但不能反映筹资的现时资本成本。（　　）（2018年）

【解析】采用目标价值权数能够反映企业期望的资本结构，采用市场价值权数反映筹资的现时资本结构。因此，本题表述错误。

【答案】×

【真题实战·判断题】相对于采用目标价值权数，采用市场价值权数计算的平均资本成本更适用于未来的筹资决策。（　　）（2018年）

【解析】市场价值权数即以各项个别资本的现行市价为基础来计算资本权数，确定各类资本占总资本的比重，能够反映现时的资本成本水平，有利于进行资本结构决策，并不适用于未来筹资的决策；而目标价值权数即以各项个别资本预计的未来价值为基础来确定资本权数，确定各类资本占总资本的比重，适用于未来的

第5章

筹资决策。因此，本题表述错误。

【答案】×

【沙场练兵·单选题】为反映现时资本成本水平，计算平均资本成本最适宜采用的价值权数是（　　）。

A. 账面价值权数　　B. 目标价值权数

C. 市场价值权数　　D. 历史价值权数

【解析】市场价值权数以各项个别资本的现行市价为基础计算资本权数，确定各类资本占总资本的比重。其优点是能够反映现时的资本成本水平，有利于进行资本结构决策。综上，本题应选C。

【答案】C

【沙场练兵·单选题】甲企业负债资金的市场价值为4 000万元，股东权益的市场价值为6 000万元。债务的税前资本成本为7.5%，股票的β系数为1.25，市场的风险溢酬为12%，无风险利率为11%，适用的所得税税率为25%，则平均资本成本为（　　）。

A. 10.35%　　　　B. 18.60%

C. 11.35%　　　　D. 17.85%

【解析】$K_s = R_f + \beta(R_m - R_f) = 11\% + 1.25 \times 12\% = 26\%$；平均资本成本 $= 4\,000 \div (6\,000 + 4\,000) \times 7.5\% \times (1 - 25\%) + 6\,000 \div (6\,000 + 4\,000) \times 26\% = 17.85\%$。综上，本题应选D。

【答案】D

【真题实战·综合题】（2021年节选）

甲公司是一家制造企业，计划在2021年初新增一套设备，用于生产一种新产品。相关资料如下：

资料一：公司拟通过外部筹资购置新设备，根据目标资本结构设计的筹资组合方案如下：银行借款筹资占40%，资本成本为7%；发行普通股筹资占60%，资本成本为12%。

要求：根据资料一，计算筹资组合的平均资本成本率。

【思路导航】考试时要注意债务资本成本是否需要考虑所得税的影响，中级考试中若题目没有说明为"债务税前资本成本"，则默认为债务的税后资本成本。

【解析】平均资本成本，是以各项筹资方式的个别资本在企业总资本中的比重为权数，对各项个别资本成本率进行加权平均而得到的总资本成本率。

【答案】筹资组合的平均资本成本率 $= 40\% \times 7\% + 60\% \times 12\% = 10\%$

4. 项目资本成本

项目资本成本的估计有两种方法：

估计方法	内容
使用企业当前综合资本成本作为投资项目资本成本（风险相同）	应具备两个条件：①项目的风险与企业当前资产的平均风险相同；②公司继续采用相同的资本结构为新项目筹资

（续表）

估计方法	内容
运用可比公司法估计投资项目资本成本（风险显著不同）	寻找一个**经营业务与待估计的投资项目类似的上市公司**，以该上市公司的 β 值替代待评估项目的系统风险；如果可比公司的资本结构与估计项目的资本结构不同，则在估计项目的 β 值时，应针对资本结构差异作出相应调整。调整的基本步骤如下： ①卸载可比公司财务杠杆 $β_{资产} = β_{权益} ÷ [1 + （1 - T）× （负债／权益）]$ 上述公式中"负债／权益"是指可比公司的财务杠杆。 ②加载待估计的投资项目财务杠杆 $β_{权益} = β_{资产} × [1 + （1 - T）× （负债／权益）]$ 上述公式中"负债／权益"是指待估计的投资项目的财务杠杆。 ③根据得出的投资项目 $β_{权益}$ 计算股东权益成本 投资项目股东权益成本采用资本资产定价模型计算。 ④计算投资项目的资本成本 **综合资本成本＝负债利率 × （1−税率）× 负债／资本＋股东权益成本 × 股东权益／资本**

【沙场练兵·多选题】运用可比公司估计项目的资本成本时需要加载或卸载相应的财务杠杆，下列关于加载或卸载财务杠杆的公式，正确的有（　　）。

A. 加载财务杠杆：$β_{权益} = β_{资产} × [1 - （1 - T）× （负债／权益）]$

B. 加载财务杠杆：$β_{资产} = β_{权益} × [1 + （1 - T）× （负债／权益）]$

C. 卸载财务杠杆：$β_{资产} = β_{权益} ÷ [1 + （1 - T）× （负债／权益）]$

D. 卸载财务杠杆：$β_{权益} = β_{资产} ÷ [1 + （1 - T）× （负债／权益）]$；

【解析】卸载可比公司财务杠杆：$β_{资产} = β_{权益} ÷ [1 + （1 - T）× （负债／权益）]$；加载待估计的投资项目财务杠杆：$β_{权益} = β_{资产} × [1 + （1 - T）× （负债／权益）]$。综上，本题应选 AC。

【答案】AC

【沙场练兵·多选题】运用可比公司法估计项目的资本成本时，基本步骤有（　　）。

A. 卸载可比公司财务杠杆

B. 加载目标企业财务杠杆

C. 根据得出的投资项目的 $β_{权益}$ 计算股东要求的报酬率

D. 计算目标企业的加权平均成本

【解析】如果可比公司的资本结构与估计项目的资本结构不同，则在估计项目的值时，应针对资本结构差异作出相应调整。调整的基本步骤如下：①卸载可比公司财务杠杆；②加载待估计的投资项目财务杠杆；③根据得出的投资项目 $β_{权益}$ 计算股东权益成本；④计算投资项目的资本成本。综上，本题应选 ABCD。

【答案】ABCD

【沙场练兵·判断题】企业估计投资项目的风险与企业当前资产的平均风险显著不同，可以使用企业当前综合资本成本作为投资项目资本成本。（　　）

【解析】使用企业当前综合资本成本作为投资项目资本成本，应同时具备两个条件：①项目的风险与企业当前资产的平均经营风险相同；②公司继续采用相同的资本结构为新项目筹资。因此，本题表述错误。

【答案】×

高频考点 4 金融工具价值评估

1.债券价值评估方法

债券类型	估值方法
典型债券	典型债券是指固定利率、每年计算并支付利息、到期归还本金的债券。其债券价值计算的基本模型为： $$V = \frac{I}{(1+i)^1} + \frac{I}{(1+i)^2} + \cdots \frac{I}{(1+i)^n} + \frac{M}{(1+i)^n}$$ 式中，V 为债券价值；I 为每年的利息；M 为面值；i 为贴现率，一般采用当时的市场利率或投资人要求的最低（必要）报酬率；n 为债券到期期限
纯贴现债券	纯贴现债券是指到期按面值兑付的债券。其价值的计算公式如下： $$V = \frac{M}{(1+i)^n}$$
永续债券	永续债券，又称无期债券，没有到期日。若每年的利息相同，则其债券价值的计算公式如下： $$V = \frac{I}{i}$$

2.普通股价值评估

项目	估值方法
股票估值的基本模型	（1）永远持有股票价值的计算公式： $$V = \frac{D_1}{(1+R)^1} + \frac{D_2}{(1+R)^2} + \cdots \frac{D_n}{(1+R)^n} = \sum_{t=1}^{n} \frac{D_t}{(1+R)^t}$$ 式中，V 为股票的价值；D_t 为第 t 年的股利；R 为贴现率，一般采用该股票的资本成本率或投资该股票的必要报酬率；t 为年份。 （2）短期持有、准备出售股票的价值计算公式为： $$V = \sum_{t=1}^{n} \frac{D_t}{(1+R)^t} + \frac{V_n}{(1+R)^n}$$ 式中，V_n 为未来准备出售时预计的股票价格
零成长股票的估值	假设股票未来股利不变，其支付过程是一个永续年金，这种股票称为零成长股票，则其价值的计算公式为： $V = D/R$ 式中，V 为股票的价值；D 为每年的股利
固定成长股票的估值	假设某公司的今年的股利为 D_0，股利每年的增长率为 g，则股票价值计算公式为： $$V = \frac{D_0 \times (1+g)}{R-g} = \frac{D_1}{R-g}$$ 式中，D_0 为今年的股利，g 为股利每年增长率，R 为股票的必要报酬率

3.优先股价值评估

当优先股存续期内采用固定股利率时，每期股息就形成了无限期的年金，即永续年金，则其估值公式为：

$$V = \frac{D_p}{R}$$

式中，V 为优先股的价值，D_p 为每年的股息，R 一般采用该股票的资本成本率或投资该股票的必要报酬率。

【沙场练兵·单选题】甲公司计划购买 B 公司的股票，预计必要报酬率为 10%，每年每股股利为 5 元，则该股票的价值为（　　）元。

A. 5

B. 50

C. 0.5

D. 500

【解析】股票未来股利不变，每股为 5 元，其支付过程是一个永续年金，该股票为零成长股票，$V = D/R = 5/10\% = 50$（元）。综上，本题应选 B。

【答案】B

【沙场练兵·单选题】甲公司股票为固定增长股票，年增长率为 4%，其必要报酬率为 14%，D_0 为每股 5 元，则该股票的价值为（　　）元。

A. 52

B. 50

C. 130

D. 37

【解析】该股票为固定成长股票，股票价值计算公式为：$V = D_0 \times (1 + g) / [R - g] = 5 \times (1 + 4\%) / (14\% - 4\%) = 52$（元）。综上，本题应选 A。

【答案】A

【沙场练兵·单选题】乙公司发行 A 债券：面值为 1 000 元，期限为 5 年，纯贴现发行，发行时的市场利率为 10%，则该债券的价值为（　　）元。

A. 1 100

B. 1 000

C. 620.92

D. 1 610.51

【解析】纯贴现债券是指到期按面值兑付的债券，其价值的计算公式为：$V = M / (1 + i)^n = 1\,000 / (1 + 10\%)^5 = 620.92$（元）。综上，本题应选 C。

【答案】C

高频考点 5　杠杆效应

1.经营杠杆

含义	息税前利润变动率与产销业务量变动率的比值
计算公式	$DOL = \dfrac{\text{基期边际贡献}}{\text{基期边际贡献} - \text{基期固定成本}} = \dfrac{\text{基期息税前利润} + \text{基期固定成本}}{\text{基期息税前利润}} = 1 + \dfrac{\text{基期固定成本}}{\text{基期息税前利润}}$
影响因素	产品销售量（Q）、产品销售单价（P）、单位变动成本（V_c）和固定性经营成本（F）
效应和风险	①经营杠杆放大了市场和生产等因素变化对利润波动的影响。 ②经营杠杆系数越高，表明息税前利润受产销量变动的影响程度越大，经营风险也就越大。 ③在息税前利润为正的前提下，经营杠杆系数最低为 1，不会为负数；只要有固定性经营成本存在，经营杠杆系数总是大于 1

【真题实战·多选题】在息税前利润为正的情况下，与经营杠杆系数同方向变化的有（　　）。（2021年）

A. 销售量　　　　　B. 单价

C. 变动成本　　　　D. 固定成本

【解析】根据公式经营杠杆系数＝（销售收入－变动成本）/（销售收入－变动成本－固定成本），从公式可以看出，在息税前利润为正的情况下，变动成本、固定成本与经营杠杆系数呈同方向变动。综上，本题应选CD。

【答案】CD

【真题实战·单选题】基于本量利分析模式，各相关因素变动对于利润的影响程度的大小可用敏感系数来表达，其数值等于经营杠杆系数的是（　　）。（2020年）

A. 利润对销售量的敏感系数

B. 利润对单位变动成本的敏感系数

C. 利润对单价的敏感系数

D. 利润对固定成本的敏感系数

【思路导航】三种杠杆系数的计算要注意定义公式和简化公式。定义公式要与第八章敏感性分析联系起来学习。简化公式主要记住公式及每个字母代表的含义，主客观题均可考查。

【解析】经营杠杆系数＝息税前利润变动率/产销业务量变动率＝利润对销售量的敏感系数。综上，本题应选A。

【答案】A

【真题实战·多选题】下列各项中，影响经营杠杆系数的因素有（　　）。（2020年/2019年）

A. 债务利息　　　　B. 销售量

C. 所得税　　　　　D. 固定性经营成本

【解析】经营杠杆系数，是息税前利润变动率与产销业务量变动率的比值，用来测算经营杠杆效应程度。经营杠杆系数＝基期边际贡献/基期息税前利润，而基期息税前利润＝（单价－

单位变动成本）×销售量－固定成本。所以影响因素有单价、单位变动成本、销售量和固定成本。综上，本题应选BD。

【答案】BD

【真题实战·判断题】如果企业的全部资本来源于普通股权益资本，则其总杠杆系数与经营杠杆系数相等。（　　）（2018年）

【解析】财务杠杆系数＝息税前利润/（息税前利润－利息－税前优先股股利），当企业的全部资产来源于普通股权筹资，即不存在利息和优先股股利，财务杠杆系数等于1，总杠杆系数＝经营杠杆系数×财务杠杆系数＝经营杠杆系数×1＝经营杠杆系数。因此，本题表述正确。

【答案】√

【沙场练兵·单选题】某公司经营风险较大，准备采取系列措施降低经营杠杆系数程度，下列措施中，无法达到这一目的的是（　　）。

A. 降低利息费用

B. 降低固定成本水平

C. 降低变动成本水平

D. 提高产品销售单价

【解析】影响经营杠杆的因素包括：企业成本结构中的固定成本比重和息税前利润水平。其中，息税前利润水平又受产品销售数量、销售价格、成本水平(单位变动成本和固定成本总额)高低的影响。成本结构中的固定成本比重越低、成本水平越低、产品销售数量和销售价格水平越高，经营杠杆效应越小。选项B、C、D能够降低经营杠杆程度。选项A不属于影响经营杠杆系数的因素。综上，本题应选A。

【答案】A

【沙场练兵·判断题】在企业不发生经营性亏损、息税前利润为正的前提下，经营杠杆系数总是大于1。（　　）

【解析】 DOL ＝ 1 ＋基期固定成本／基期息税前利润，由这个公式可看出，在企业不发生经营性亏损、息税前利润为正的前提下，经营杠杆系数最低为 1，不会为负数；只要有固定性

经营成本存在，经营杠杆系数总是大于 1；如果没有固定性经营成本，则经营杠杆系数等于 1。因此，本题表述错误。

【答案】 ×

2. 财务杠杆

含义		指由于固定性资本成本的存在，而使得企业的普通股收益变动率大于息税前利润变动率的现象
计算公式	不考虑优先股	$DFL = \dfrac{普通股收益变动率}{息税前利润变动率} = \dfrac{基期息税前利润}{基期息税前利润 - 基期利息费用}$
	考虑优先股	$DFL = \dfrac{基期息税前利润}{基期息税前利润 - 基期利息费用 - \dfrac{优先股股利}{1 - 所得税税率}}$
影响因素		息税前利润（EBIT）、固定性资本成本（F）、所得税税率（T） **【提个醒】** 固定资本性成本包括利息（I）和优先股股利（D_0）。
效应和风险		①放大了资产收益变化对普通股收益的影响； ②财务杠杆系数越高，表明普通股收益的波动程度越大，财务风险也就越大； ③在企业为正的税后利润的前提下，财务杠杆系数最低为 1，不会为负数；只要有固定性资本成本存在，财务杠杆系数总是大于 1

【真题实战·判断题】 如果公司存在固定股息优先股，优先股股息越高，财务杠杆系数越大。（　　）（2021 年）

【解析】 根据财务杠杆系数计算公式：$DFL = EBIT_0 / [EBIT_0 - I_0 - D_p/(1-T)]$，其中优先股股息（$D_p$）与财务杠杆系数（DFL）同方向变动，即优先股股息越高，财务杠杆系数越大。因此，本题表述正确。

【答案】 √

【真题实战·单选题】 某公司 2019 年普通股收益为 100 万元，2020 年息税前利润预计增长 20%，假设财务杠杆系数为 3，则 2020 年普通股收益预计为（　　）万元。（2020 年）

A. 300　　　　　　　　B. 120

C. 100　　　　　　　　D. 160

【解析】 财务杠杆系数＝普通股收益变动率／

息税前利润变动率＝普通股收益变动率／20% ＝ 3，则普通股收益增长率＝ 20%×3 ＝ 60%，可以得出 2020 年普通股收益＝ 100×（1 ＋ 60%）＝ 160（万元）。综上，本题应选 D。

【答案】 D

【真题实战·多选题】 关于经营杠杆和财务杠杆，下列表述错误的有（　　）。（2020 年）

A. 经营杠杆反映了权益资本收益的波动性

B. 经营杠杆效应使得企业的业务量变动率大于息税前利润变动率

C. 财务杠杆反映了资产收益的波动性

D. 财务杠杆效应使得企业的普通股收益变动率大于息税前利润变动率

【解析】 选项 A、B 错误，经营杠杆，是指由于固定性经营成本的存在，而使得企业的资产收益（息税前利润）变动率大于业务量变动率

的现象，经营杠杆反映了资产收益的波动性，用以评价企业的经营风险；选项C错误、选项D正确，财务杠杆，是指由于固定性资本成本的存在，而使得企业的普通股收益（或每股收益）变动率大于息税前利润变动率的现象，财务杠杆反映了权益资本收益的波动性，用以评价企业的财务风险。综上，本题应选ABC。

【答案】ABC

【真题实战·单选题】某公司基期息税前利润为1 000万元，基期利息费用为400万元，假设与财务杠杆相关的其他因素保持不变，则该公司本期的财务杠杆系数为（　　）。（2018年）

A.1.67　　　　　　　B.1.22
C.1.35　　　　　　　D.1.93

【解析】财务杠杆系数（DFL）＝基期息税前利润÷（基期息税前利润－基期利息费用）＝1 000÷（1 000-400）＝1.67。综上，本题应选A。

【答案】A

【沙场练兵·多选题】下列各项中，影响财务杠杆系数的有（　　）。

A.息税前利润　　　　B.普通股股利
C.优先股股息　　　　D.借款利息

【思路导航】一定要看清题目有没有说不考虑优先股这个条件，这个很重要。

【解析】由$DFL = \dfrac{EBIT_0}{EBIT_0 - I_0 - \dfrac{D_P}{1-T}}$，得出影响财务杠杆系数的因素有基期息税前利润

（选项A）、基期利息费用（选项D）、优先股股息（选项C）和所得税税率。综上，本题应选ACD。

【答案】ACD

【沙场练兵·单选题】某企业某年的财务杠杆系数为2.5，息税前利润（EBIT）的计划增长率为10%，假定无优先股，则该年普通股每股收益（EPS）的增长率为（　　）。

A.4%　　　　　　　　B.5%
C.20%　　　　　　　D.25%

【思路导航】计算DFL的公式有好几种形式，要根据条件和问题来选择最合适的形式。公式不必死记硬背，记住基本形式加以推导。

【解析】财务杠杆系数＝普通股收益变动率/息税前利润变动率。所以，普通股每股收益（EPS）的增长率＝财务杠杆系数×息税前利润增长率＝2.5×10%＝25%。综上，本题应选D。

【答案】D

【沙场练兵·单选题】甲企业只生产一种产品，产品单价为6元，单位变动成本为4元，产品销量为10万件/年。固定成本为5万元/年，利息支出为3万元/年，无优先股，则甲公司的财务杠杆系数为（　　）。

A.1.18　　　　　　　B.1.25
C.1.33　　　　　　　D.1.66

【解析】财务杠杆系数＝息税前利润/（息税前利润－利息）＝[（6-4）×10-5]/[（6-4）×10-5-3]＝1.25。综上，本题应选B。

【答案】B

3.总杠杆

含义	指由于固定性经营成本和固定性资本成本的存在，导致普通股每股收益变动率大于产销业务量变动率的现象
计算公式	$DTL = \dfrac{普通股收益变动率}{产销量变动率} = \dfrac{基期边际贡献}{基期利润总额} = \dfrac{基期税后边际贡献}{基期税后利润} = DOL \times DFL$

（续表）

影响因素	债务资金比重、普通股收益水平、所得税税率水平。其中，普通股收益水平又受息税前利润、固定性资本成本高低的影响
意义	①反映了企业的整体风险。总杠杆系数一定的情况下，经营杠杆系数与财务杠杆系数此消彼长。 ②能够说明产销业务量变动对普通股收益的影响，据以预测未来的每股收益水平。 ③揭示了财务管理的风险管理策略，即要保持一定的风险状况水平，需要维持一定的总杠杆系数，经营杠杆和财务杠杆可以有不同的组合
应用	固定资产比重较大的资本密集型企业→主要依靠权益资本，以保持较小的财务杠杆系数和财务风险。 变动成本比重较大的劳动密集型企业→主要依靠债务资金，保持较大的财务杠杆系数和财务风险 企业初创阶段——主要依靠权益资本，在较低程度上使用财务杠杆； 企业扩张成熟期——可扩大债务资本比重，在较高程度上使用财务杠杆

【真题实战·单选题】某公司基期有关数据如下：销售额为100万元，变动成本率为60%，固定成本总额为20万元，利息费用为4万元，不考虑其他因素，该公司的总杠杆系数为（　　）。（2020年）

A.1.25　　　　　　B.2

c.2.5　　　　　　D.3.25

【解析】该公司的总杠杆系数＝基期边际贡献/基期利润总额＝100×（1－60%）/[100×（1－60%）－20－4]＝2.5。综上，本题应选C。

【答案】C

【沙场练兵·单选题】公司在创立时首先选择的筹资方式是（　　）。

A. 租赁　　　　　B. 向银行借款

C. 吸收直接投资　　D. 发行企业债券

【解析】一般来说，在企业初创阶段，产品市场占有率低，产销业务量小，经营杠杆系数大，此时企业筹资主要依靠权益资本，在较低程度上使用财务杠杆；选项C属于股权筹资。综上，本题应选C。

【答案】C

【沙场练兵·多选题】如果企业存在固定性经营成本和债务利息成本，在没有优先股股息且其他因素不变的情况下，下列措施能降低总杠杆系数的有（　　）。

A. 增加边际贡献总额

B. 提高单价

C. 增加债务利息

D. 增加单位变动成本

【思路导航】这种题型可以将公式摆出，题目各个选项往往就是公式的各个因子，将选项一一代入逐个分析，答案很快就出来了。

【解析】影响总杠杆系数的因素有：单价、单位变动成本、销售量（额）、固定性经营成本、利息。总杠杆系数与单价、销售量（额）反向变动，与其他影响因素同向变动。单纯提高边际贡献总额，会使总杠杆系数的分子、分母同时增加，杠杆系数会降低。综上，本题应选AB。

【答案】AB

【沙场练兵·判断题】在企业承担总风险能力一定且利率相同的情况下，对于经营杠杆水平较高的企业，应当保持较低的负债水平，而对

于经营杠杆水平较低的企业，则可以保持较高的负债水平。（　　）

【解析】在总杠杆系数（总风险）一定的情况下，经营杠杆系数与财务杠杆系数此消彼长。因此，本题表述正确。

【答案】√

【真题实战·计算分析题】（2021年）

甲公司是一家制造业股份有限公司，生产销售一种产品，产销平衡。2020年度销售量为100 000件，单价为0.9万元/件，单位变动成本为0.5万元/件，固定成本总额为30 000万元。2020年度的利息费用为2 000万元。公司预计2021年产销量将增长5%，假设单价、单位变动成本与固定成本总额保持稳定不变。

要求：

（1）计算2020年度的息税前利润。

（2）以2020年为基期，计算下列指标：①经营杠杆系数；②财务杠杆系数；③总杠杆系数。

（3）计算2021年下列指标：①预计息税前利润；②预计每股收益增长率。

（1）

【解析】息税前利润＝（单价—单位变动成本）×销售量—固定成本

【答案】2020年度的息税前利润＝（0.9—0.5）×100 000—30 000＝10 000（万元）

（2）

【解析】

①经营杠杆系数＝基期边际贡献/基期息税前利润

②财务杠杆系数＝基期息税前利润/（基期息税前利润—基期利息）

③总杠杆系数＝经营杠杆系数×财务杠杆系数

【答案】①经营杠杆系数＝（0.9—0.5）×100 000/10 000＝4

②财务杠杆系数＝10 000/（10 000—2 000）＝1.25

③总杠杆系数＝4×1.25＝5

（3）

【解析】

①经营杠杆系数＝息税前利润变动率/产销业务量变动率

②财务杠杆系数＝普通股收益变动率/息税前利润变动率

【答案】

①预计息税前利润增长率＝5%×4＝20%

预计息税前利润＝10 000×（1＋20%）＝12 000（万元）

②预计每股收益增长率＝5%×5＝25%

【真题实战·综合题】（2019年）

甲公司是一家制造企业，近几年公司生产经营比较稳定，并假定产销平衡，公司结合自身发展和资本市场环境，以利润最大化为目标，并以每股收益作为主要评价指标。有关资料如下：

资料一：2016年度公司产品产销量为2 000万件，产品销售单价为50元，单位变动成本为30元，固定成本总额为20 000万元，假定单价、单位变动成本和固定成本总额在2017年保持不变。

资料二：2016年度公司全部债务资金均为长期借款，借款本金为200 000万元，年利率为5%，全部利息都计入费用，假定债务资金和利息水平在2017年保持不变。

资料三：公司在2016年末预计2017年的产销量将比2016年增长20%。

要求：

（1）根据资料一，计算2016年边际贡献总额和息税前利润。

（2）根据资料一和资料二，以2016年为基期计算经营杠杆系数，财务杠杆系数和总杠杆系数。

（3）根据要求（2）的计算结果和资料三，计算：① 2017年息税前利润预计增长率；② 2017年每股收益预计增长率。

（1）

【思路导航】息税前利润=（单价—单位变动成本）×销售量—固定成本，这个内容的详细讲解在第八章，但本章计算杠杆系数时会用到，主要是"息税前利润"这一概念的理解和计算公式的记忆。

【解析】边际贡献=（单价—单位变动成本）×销售量，息税前利润=边际贡献总额—固定成本。

【答案】

2016年边际贡献总额=2 000×（50—30）=40 000（万元）

2016年息税前利润=40 000—20 000=20 000（万元）

（2）

【解析】

经营杠杆系数=基期边际贡献总额/基期息税前利润

财务杠杆系数=基期息税前利润/基期税前利润

总杠杆系数=经营杠杆系数×财务杠杆系数=基期边际贡献总额/基期税前利润

【答案】

经营杠杆系数=40 000/20 000=2

财务杠杆系数=20 000/（20 000—200 000×5%）=2

总杠杆系数=2×2=4 或总杠杆系数=40 000/（20 000—200 000×5%）=4

第5章

（3）

【解析】息税前利润预计增长率＝经营杠杆系数 × 销售量增长率，每股收益增长率＝总杠杆系数 × 销售量增长率。

【答案】

① 2017 年息税前利润预计增长率＝ 2×20% ＝ 40%

② 2017 年每股收益预计增长率＝ 4×20% ＝ 80%

高频考点 6 资本结构

1.资本结构理论

（1）最佳资本结构：是指在一定条件下使平均资本成本率最低、企业价值最大的资本结构。

（2）资本结构理论：

理论		具体内容
MM 理论	无税 MM 理论	不考虑企业所得税，有无负债不改变企业的价值。因此企业价值不受资本结构的影响
	修正 MM 理论	①有负债企业的价值 = 同一风险等级中某一无负债企业的价值 + 赋税节余的价值 ②有负债企业的股权成本 = 相同风险等级的无负债企业的股权成本 + 以市值计算的债务与股权比例成比例的风险收益，且风险收益取决于企业的债务比例及所得税税率
权衡理论		有负债企业的价值 = 无负债企业价值 + 税赋节约现值 – 财务困境成本的现值
代理理论		均衡的企业所有者结构是由股权代理成本和债务代理成本之间的平衡关系来决定的
优序融资理论		企业的筹资优序模式首先是内部筹资，其次是借款、发行债券、可转换债券，最后是发行新股筹资

（3）影响因素：企业经营状况的稳定性和成长率；企业财务状况和信用等级；企业资产结构；企业投资人和管理当局的态度；行业特征和企业发展周期；经济环境的税务政策和货币政策。

【真题实战·单选题】下列各项中，属于修正的 MM 理论观点的是（　　）。（2021年）

A. 企业有无负债均不改变企业价值

B. 企业负债有助于降低两权分离所带来的的代理成本

C. 企业可以利用财务杠杆增加企业价值

D. 财务困境成本会降低有负债企业的价值

【解析】选项 A 不符合题意，属于最初的 MM 理论的观点；选项 B 不符合题意，属于代理理论的观点；选项 C 符合题意，修正的 MM 理论认为有负债企业的价值等于同一风险等级中某一无负债企业的价值加上赋税节余的价值；选项 D 不符合题意，属于权衡理论的观点。综上，本题应选 C。

【答案】C

【真题实战·判断题】基于优序融资理论，在成熟的金融市场中，企业筹资方式的优先顺序依次为内部筹资、股权筹资和债务筹资。（　　）（2021年）

【解析】优序融资理论下，企业的筹资优序模式首先是内部筹资，其次是借款、发行债券、可转换债券，最后是股权筹资。因此，本题表述错误。

【答案】×

【真题实战·单选题】根据优序融资理论，企业筹资的优序模式为（　　）。（2020年）

A. 内部筹资、借款、发行债券、发行股票
B. 发行股票、内部筹资、借款、发行债券
C. 借款、发行债券、发行股票、内部筹资
D. 借款、发行债券、内部筹资、发行股票

【解析】优序融资理论以非对称信息条件以及交易成本的存在为前提，认为企业外部融资要支付各种成本，因此企业偏好内部融资。当需要外部融资时，债务融资优于股权筹资。其优序融资模式：内部筹资＞借款＞发行债券＞可转换债券＞发行新股。综上，本题应选A。

【答案】A

【真题实战·多选题】下列资本结构理论中，认为资本结构影响企业价值的有（　　）。（2020年）

A. 最初的MM理论　　B. 修正的MM理论
C. 代理理论　　　　D. 权衡理论

【解析】最初的MM理论认为，不考虑企业所得税，有无负债不改变企业的价值，因此企业价值不受资本结构的影响。修正的MM理论、代理理论、权衡理论都考虑所得税的影响，即企业的资本结构影响企业价值。综上，本题应选BCD。

【答案】BCD

【真题实战·单选题】有一种资本结构理论认为，有负债企业的价值等于无负债企业价值加上赋税节约现值，再减去财务困境成本的现值，这种理论是（　　）。（2019年）

A. 代理理论　　　　B. 权衡理论
C. MM理论　　　　D. 优序融资理论

【解析】权衡理论认为，有负债企业的价值等于无负债企业价值加上税赋节约现值，再减去财务困境成本的现值。综上，本题应选B。

【答案】B

【沙场练兵·判断题】使企业税后利润最大的资本结构是最佳资本结构。（　　）

【解析】所谓最佳资本结构，是指在一定条件下使企业平均资本成本率最低，企业价值最大的资本结构。因此，本题表述错误。

【答案】×

【沙场练兵·单选题】下列关于最佳资本结构的表述中，错误的是（　　）。

A. 最佳资本结构在理论上是存在的
B. 资本结构优化的目标是提高企业价值
C. 企业平均资本成本最低时资本结构最佳
D. 企业的最佳资本结构应当长期固定不变

【解析】选项A、B、C表述均正确。选项D表述错误，由于企业内部条件和外部环境的经常性变化，动态地保持最佳资本结构十分困难。综上，本题应选D。

【答案】D

【沙场练兵·多选题】下列各项因素中，影响企业资本结构决策的有（　　）。

A. 企业的经营状况
B. 企业的信用等级
C. 国家的货币供应量
D. 管理者的风险偏好

【解析】影响资本结构的因素有：①企业经营状况的稳定性和成长率（选项A）；②企业的

第5章

财务状况和信用等级（选项B）；③企业的资产结构；④企业投资人和管理当局的态度（选项D）；⑤行业特征和企业发展周期；⑥经济

环境的税务政策和货币政策（选项C）。综上，本题应选ABCD。

【答案】ABCD

2. 资本结构优化

（1）每股收益分析法

计算公式	$$\frac{(\overline{EBIT} - I_1)(1 - T) - DP_1}{N_1} = \frac{(\overline{EBIT} - I_2)(1 - T) - DP_2}{N_2}$$ 式中，$\overline{EBIT}$ 为息税前利润平衡点，即每股收益无差别点；T 为所得税税率；I_1、I_2 为两种筹资方式下的债务利息；DP_1、DP_2 为两种筹资方式下的优先股股利；N_1、N_2 为两种筹资方式下普通股股数
方案选择	当 EBIT 或业务量水平 > 每股收益无差别点时，选择债务筹资；当 EBIT 或业务量水平 < 每股收益无差别点时，选择股权筹资
图示	
应用	由上图可以看出，负债筹资方案在每股收益无差别点右侧时，EPS 比较大，则此时适宜采取债务筹资方案 / 上图是三种筹资方案时的每股收益无差别点的分布情况，我们在做题时，可以结合上图，一一作出判断

（2）平均资本成本比较法

该方法认为能够降低平均资本成本的资本结构，就是合理的资本结构；决策原则是选择平均资本成本率最低的方案。

（3）公司价值分析法

①公司市场总价值的计算公式：公司价值（V）＝权益资本价值（S）＋债务资金价值（B）

②权益资本的市场价值的计算公式：$S = \dfrac{(EBIT - I) \cdot (1 - T)}{K_s}$

③权益资本成本的计算公式：$K_s = R_f + \beta(R_m - R_f)$

④加权平均资本成本的计算公式：$K_W = K_b \cdot \dfrac{B}{V} + K_s \cdot \dfrac{S}{V}$

第5章

‖敲黑板‖

（1）在做题时，通常假定债务资金的市场价值等于其面值。

（2）最佳资本结构即公司市场价值最大的资本结构。在公司价值最大的资本结构下，公司的平均资本成本率也是最低的。主要适用于资本规模较大的上市公司资本结构优化分析。

【真题实战·多选题】下列财务决策方法中，可用于资本结构优化决策的有（　　）。（2018年）

A. 公司价值分析法

B. 安全边际分析法

C. 每股收益分析法

D. 平均资本成本比较法

【解析】选项A、C、D正确，每股收益分析法、平均资本成本比较法是从账面价值的角度进行资本结构优化分析，没有考虑市场反应，也即没有考虑风险因素。公司价值分析法，是在考虑市场风险基础上，以公司市场价值为标准，进行资本结构优化。选项B错误，安全边际分析是本量利分析方法。综上，本题应选ACD。

【答案】ACD

【沙场练兵·单选题】下列方法中，能够用于资本结构优化分析并考虑了市场风险的是（　　）。

A. 利润敏感分析法　　B. 公司价值分析法

C. 杠杆分析法　　　　D. 每股收益分析法

【解析】公司价值分析法，是在考虑市场风险基础上，以公司市场价值为标准，进行资本结构优化。综上，本题应选B。

【答案】B

【沙场练兵·单选题】下列各种财务决策方法中，可以用于确定最优资本结构且考虑了市场反应和风险因素的是（　　）。

A. 现值指数法

B. 每股收益分析

C. 公司价值分析法

D. 平均资本成本比较法

【解析】每股收益分析法、平均资本成本比较法都是从账面价值的角度进行资本结构的优化分析，没有考虑市场反应，也即没有考虑风险因素。公司价值分析法，是在考虑市场风险基础上，以公司市场价值为标准，进行资本结构优化。综上，本题应选C。

【答案】C

【沙场练兵·多选题】下列关于平均资本成本比较法的说法中，正确的有（　　）。

A. 能够降低平均资本成本的资本结构是合理的资本结构

B. 没有考虑市场反应和风险因素

C. 侧重于从资本投入的角度对筹资方案和资本结构进行优化分析

D. 根据个别资本成本的高低来确定最优资本结构

【解析】选项A、B、C说法正确；选项D说法错误，平均资本成本比较法，是通过计算和比较各种可能的筹资组合方案的平均资本成本（而非个别资本成本），选择平均资本成本率最低的方案。综上，本题应选ABC。

【答案】ABC

【沙场练兵·判断题】不考虑风险的情况下，当预计息税前利润大于每股收益无差别点时，企业采用财务杠杆效应较大的筹资方案比采用财务杠杆效应较小的筹资方案更为有利。

（　　）

【解析】当预计息税前利润大于每股收益无差别点时，运用财务杠杆效应较大的筹资方案可获得较高的每股收益；反之，当预计的息税前利润或业务量水平小于每股收益无差别点时，运用财务杠杆效应较小的筹资方案可获得较高的每股收益。因此，本题表述正确。

【答案】√

【真题实战·综合题】（2021年节选）

甲公司生产和销售 A 产品，有关资料如下：

资料一：2020 年产销量为 45 000 件，单价为 240 元/件，单位变动成本为 200 元/件，固定成本总额为 1 200 000 元。

资料二：2020 年公司负债为 4 000 000 元，平均利息率为 5%；发行在外的普通股为 800 000 股。公司适用的企业所得税税率为 25%。

资料三：公司拟在 2021 年初对生产线进行更新，更新后，原有产销量与单价保持不变，单位变动成本将降低到 150 元/件，年固定成本总额将增加到 1 800 000 元。

资料四：生产线更新需要融资 6 000 000 元，公司考虑如下两种融资方案：一是向银行借款 6 000 000 元，新增借款利息率为 6%；二是增发普通股 200 000 股，每股发行价为 30 元。

要求：

（1）根据资料一和资料二，以 2020 年为基期，计算：①经营杠杆系数；②财务杠杆系数；③总杠杆系数。

（2）根据资料一至资料四，计算每股收益无差别点下的息税前利润，并据此判断应选择哪种融资方案。

（1）

【解析】经营杠杆系数＝基期边际贡献／基期息税前利润

财务杠杆系数＝基期息税前利润／基期税前利润

总杠杆系数＝经营杠杆系数×财务杠杆系数

【答案】①息税前利润＝45 000×（240－200）－1 200 000＝600 000（元）

经营杠杆系数＝45 000×（240－200）/600 000＝3

②财务杠杆系数＝600 000/（600 000－4 000 000×5%）＝1.5

③总杠杆系数＝3×1.5＝4.5

（2）

【解析】

$$\frac{(\overline{EBIT}-I_1)(1-T)-DP_1}{N_1}=\frac{(\overline{EBIT}-I_2)(1-T)-DP_2}{N_2}$$

式中，$\overline{EBIT}$ 为息税前利润平衡点，即每股收益无差别点；T 为所得税税率；I_1、I_2 为两种筹资方式下的债务利息；DP_1、DP_2 为两种筹资方式下的优先股股利；N_1、N_2 为两种筹资方式下普通股股数。

【答案】$(\overline{EBIT} - 4\,000\,000 \times 5\% - 6\,000\,000 \times 6\%) \times (1 - 25\%)/800\,000 = (\overline{EBIT} - 4\,000\,000 \times 5\%) \times (1 - 25\%)/(800\,000 + 200\,000)$

解得：每股收益无差别点 $\overline{EBIT} = 2\,000\,000$（元）

生产线更新后息税前利润大于每股收益无差别点息税前利润，甲公司应选择向银行借款的融资方案。

【真题实战·计算分析题】（2020年）

甲公司是一家上市公司，企业所得税税率为25%，相关资料如下：

资料二：为满足生产线的资金需求，公司设计了两个筹资方案。方案一：向银行借款6 000万元，期限为6年，年利率为6%、每年年末付息一次，到期还本。方案二：发行普通股1 000万股，每股发行价格为6元。公司将执行持续稳定增长的股利政策，每年股利增长率为3%，预计公司2020年每股股利为0.48元。

资料三：已知筹资方案实施前，公司发行在外的普通股股数为3 000万股，年利息费用为500万元。经测算，追加投资后预计年息税前利润可达到2 200万元。

要求：

（1）根据资料二计算：①银行借款资本成本率；②股票资本成本率。

（2）根据资料二、三，计算两个筹资方案的每股收益无差别点，判断公司应该选择哪个筹资方案，并说明理由。

（1）

【解析】

①银行借款资本成本率＝年利率×（1－所得税税率）/（1－手续费率）

②权益资本成本率＝$D_0(1+g)/[P_0 \times (1-f)] + g = D_1/[P_0(1-f)] + g$

其中：f为筹资费用率，g为股利增长速度，D_1为下期股票股利，P_0为目前股票市场价格，D_0为本期支付的股票股利。

【答案】

①银行借款资本成本率＝6%×（1－25%）＝4.5%

②股票资本成本率＝0.48/6＋3%＝11%

（2）

【解析】

$$\frac{(\overline{EBIT} - I_1)(1-T) - DP_1}{N_1} = \frac{(\overline{EBIT} - I_2)(1-T) - DP_2}{N_2}$$

式中，$\overline{EBIT}$为息税前利润平衡点，即每股收益无差别点；T为所得税税率；I_1、I_2为两种筹资方式下的债务利息；DP_1、DP_2 为两种筹资方式下的优先股股利；N_1、N_2 为两种筹资方式下普通股股数

【答案】

$$\frac{(\overline{EBIT} - 500 - 6\,000 \times 6\%)(1 - 25\%)}{3\,000} = \frac{(\overline{EBIT} - 500)(1 - 25\%)}{3\,000 + 1\,000}$$

解得：$\overline{EBIT} = 1\,940$（万元）

公司应采用方案一。追加投资后预计年息税前利润可达到 2 200 万元 > 1 940 万元，因此应采用负债筹资。

【真题实战·计算分析题】（2019年）

甲公司发行在外的普通股总股数为 3 000 万股，全部债务为 6 000 万元（年利息率 6%）。现业务发展需要，计划追加筹资 2 400 万元，有两种方案可供选择。

方案A：增发普通股 600 万股，股价 4 元/股。

方案B：债务筹资 2 400 万元，票面利率 8%。

公司采用资本结构优化的每股收益分析法进行方案选择，假设不考虑两个方案的筹资费用，公司追加筹资后销售总额达到 3 600 万元，变动成本率为 50%，固定成本为 600 万元，企业所得税税率 25%。

要求：

（1）计算两种方案的每股收益无差别点的息税前利润。

（2）计算追加筹资后的息税前利润。

（3）根据前两问计算结果，选择最优方案。

（1）

【解析】

$$\frac{(\overline{EBIT} - I_1)(1 - T) - DP_1}{N_1} = \frac{(\overline{EBIT} - I_2)(1 - T) - DP_2}{N_2}$$

式中，$\overline{EBIT}$ 为息税前利润平衡点，即每股收益无差别点；T 为所得税税率；I_1、I_2 为两种筹资方式下的债务利息；DP_1、DP_2 为两种筹资方式下的优先股股利；N_1、N_2 为两种筹资方式下普通股股数。

【答案】

$(\overline{EBIT} - 6\,000 \times 6\%) \times (1 - 25\%)/(3\,000 + 600) = (\overline{EBIT} - 6\,000 \times 6\% - 2\,400 \times 8\%) \times (1 - 25\%)/3\,000$

求得：$\overline{EBIT} = 1\,512$（万元）

（2）

【解析】息税前利润＝销售额×（1－变动成本率）－固定成本

【答案】追加筹资后的息税前利润＝3 600×（1－50%）－600＝1 200（万元）

（3）

【解析】运用每股收益无差别点法决策原则：如果息税前利润大于每股收益无差别点则选择债务筹资；反之选择股权筹资。

【答案】追加筹资后的息税前利润（1 200万元）小于每股收益无差别点$\overline{\text{EBIT}}$（1 512万元），运用权益筹资可以获得更高的每股收益，因此选择方案A。

强化练习

一、单项选择题

1. 甲公司如果采用优序融资理论，管理层应当选择的融资顺序是（   ）。

 A. 内部留存收益、公开增发新股、发行公司债券、发行可转换债券

 B. 内部留存收益、公开增发新股、发行可转换债券、发行公司债券

 C. 内部留存收益、发行公司债券、发行可转换债券、公开增发新股

 D. 内部留存收益、发行可转换债券、发行公司债券、公开增发新股

2. 已知 A 股票的当前市价为 30 元，筹资费率为 3%，预计下期股利为 6 元 / 股，股利每年增长率为 5%，则该股票的资本成本为（   ）。

 A. 25.62%   B. 10%   C. 25%   D. 20%

3. 如果企业的资金来源全部为自有资金，且没有优先股存在，则企业财务杠杆系数（   ）。

 A. 等于 0   B. 等于 1   C. 大于 1   D. 小于 1

4. 某公司的财务杠杆系数为 1.5，经营杠杆系数为 1.4，则该公司销售额每增长 1 倍，就会造成每股收益增长（   ）倍。

 A. 1.9   B. 1.5   C. 2.1   D. 0.1

5. 某公司普通股目前的股价为 25 元 / 股，筹资费率为 6%，刚刚支付的每股股利为 2 元，股利固定增长率 2%，则该企业利用留存收益的资本成本为（   ）。

 A. 10.16%   B. 10%   C. 8%   D. 8.16%

6. 在不考虑筹款限制的前提下，下列筹资方式中个别资本成本最高的通常是（   ）。

 A. 发行公司债券   B. 留存收益筹资   C. 长期借款筹资   D. 发行普通股

7. 甲企业上年度资金平均占用额为 1 000 万元，经分析，其中不合理部分为 50 万元，由于经济萎缩，预计本年度销售下降 5%，资金周转放缓 1%。则预测年度资金需要量为（   ）万元。

 A. 950   B. 911.62   C. 893.46   D. 1 045

8. 下列关于双重股权结构的优点的表述中，错误的是（   ）。

 A. 可以避免企业内部股权纷争，保障企业创始人或管理层对企业的控制权

 B. 可以防止公司被恶意收购

 C. 可以提高企业运行效率，有利于企业的长期发展

 D. 可以防止管理中独裁行为的发生

9. 下列各项因素中，不影响经营杠杆系数计算结果的是（   ）。

 A. 销售单价   B. 销售数量   C. 固定成本   D. 所得税税率

10. 在通常情况下，适宜采用较高负债比例的企业发展阶段是（   ）。

 A. 初创阶段   B. 破产清算阶段   C. 发展成熟阶段   D. 收缩阶段

二、多项选择题

1. 采用股利增长模型计算普通股的资本成本时，下列各项中，会导致资本成本降低的有（　　）。

    A. 提高股票市场价格
        B. 降低筹资费率

    C. 提高股利年增长率
        D. 预计每年股利支付增加

2. 相对于普通股股东而言，优先股股东可以优先行使的权利有（　　）。

    A. 优先认股权
        B. 优先表决权

    C. 优先分配股利权
        D. 优先分配剩余财产权

3. 在边际贡献大于固定成本的情况下，下列措施中有利于降低企业整体风险的有（　　）。

    A. 增加产品销量
        B. 提高产品单价

    C. 提高资产负债率
        D. 节约固定成本支出

4. 某公司发行一笔期限为 5 年的债券，债券面值为 1 000 万元，溢价发行，实际发行价格为面值的 110%，票面利率为 10%，每年年末支付一次利息，筹资费率为 5%，所得税税率为 25%。则下列说法正确的有（　　）。【已知：（P/A，6%，5）= 4.2124，（P/A，7%，5）= 4.1002，（P/F，6%，5）= 0.7473，（P/F，7%，5）= 0.7130。】

    A. 采用一般模式计算的债券资本成本率为 7.18%

    B. 采用贴现模式计算的债券资本成本率为 6.43%

    C. 采用一般模式计算的债券资本成本率为 7.25%

    D. 采用贴现模式计算的债券资本成本率为 6.8%

5. 资本结构中负债的意义有（　　）。

    A. 一定程度的负债有利于降低企业的资本成本

    B. 负债筹资具有财务杠杆作用

    C. 负债资金会降低企业经营风险

    D. 负债资金会降低企业财务风险

6. 下列各项资金占用中，属于不变资金的有（　　）。

    A. 必要的成品储备
        B. 构成产品实体的原材料、外购件

    C. 最低储备以外的应收账款
        D. 机械设备占用的资金

7. 在计算资金需要量时，运用线性回归法确定 a 和 b 时，必须注意的问题有（　　）。

    A. 资金需要量与营业业务量之间线性关系的假定应符合实际情况

    B. 应利用连续若干年的历史资料，一般要有 3 年以上的资料

    C. 应考虑价格等因素的变动情况

    D. 应采用高低点法来计算项目中不变资金和变动资金数额

8. 下列各项中，会提高公司债券资本成本率的有（　　）。

    A. 所得税税率提高
    B. 票面利率提高
    C. 筹资费率提高
    D. 市场利率提高

9. 资本成本是指企业为筹集和使用资本而付出的代价，包括（　　）。

    A. 占用费
    B. 筹资费
    C. 筹资额
    D. 以上答案均正确

10. 下列关于影响资本结构的因素中，表述正确的有（　　　）。

    A. 企业经营状况的稳定性和成长率　　　B. 企业的财务状况和信用等级

    C. 企业的资产结构　　　　　　　　　　D. 企业投资人和管理当局的态度

三、判断题

1. 在采用资金习性预测法预测资金需用量时，通常认为最低储备以外的现金、存货、应收账款具有半变动资金的性质。（　　　）

2. 企业的融资规模不会对资本成本产生影响。（　　　）

3. 发行普通股筹资，既能为企业带来杠杆利益，又具有抵税效应，所以企业在筹资时应优先考虑发行普通股。（　　　）

4. 在采用公司价值分析法确定最优资本结构时，计算权益资本的市场价值所用的折现率为无风险收益率。（　　　）

5. 销售百分比法计算简便，容易掌握，但预测结果不太准确。（　　　）

四、计算分析题

1. 某企业计划筹集一批资金，所得税税率为 25%。有关资料如下：

（1）向银行借款 2 000 万元，借款年利率 7%，手续费率 2%。

（2）按溢价发行债券，债券面值 2 800 万元，发行价格为 3 000 万元，票面利率 9%，期限为 5 年，每年支付一次利息，其筹资费率为 3%。

（3）发行普通股 13 000 万元，每股发行价格 10 元，筹资费率为 6%。预计第一年每股股利 1.2元，以后每年按 8% 递增。

（4）其余所需资金通过发行优先股取得，每股面值 100 元，平价发行，年固定股息率 12%，筹资费用率为 5%。

要求：

（1）计算上述各筹资方式的个别资本成本（债券资本成本按照一般模式计算）。

（2）计算该企业平均资本成本（银行借款占 10%、发行债券占 15%、发行普通股占 65%、发行优先股占 10%）。

2. 某公司 2021 年 12 月 31 日的长期负债及所有者权益总额为 18 000 万元，其中，发行在外的普通股 8 000 万股（每股面值 1 元），公司债券 2 000 万元（按面值发行，票面年利率为 8%，每年年末付息，3 年后到期）。资本公积 4 000 万元，其余均为留存收益。2022 年 1 月 1 日，该公司拟投资一个新的建设项目需追加筹资 2 000 万元。现在有 A、B 两个筹资方案：

A 方案：发行普通股，预计每股发行价格为 5 元；

B 方案：按面值发行票面年利率为 8% 的公司债券（每年年末付息）。

假定该建设项目投产后，2022 年度公司可实现息税前利润 4 000 万元。公司适用的所得税税率为 25%。

要求：

（1）计算 A 方案的下列指标：①增发普通股的股份数；②2022 年公司的全年债券利息。

（2）计算 B 方案下的 2022 年公司的全年债券利息。

（3）计算两个方案每股收益无差别点下的息税前利润，并据此为公司作出筹资决策。

答案与解析

一、单项选择题

1.【解析】企业的筹资优先模式首先是内部筹资，其次是借款、发行债券、可转换债券，最后是发行新股筹资。综上，本题应选 C。

【答案】C

2.【解析】该股票的资本成本 = 下期股利 /［股票市价 ×（1 – 筹资费率）］+ 股利增长速度 = 6/［30 ×（1 – 3%）］+ 5% = 25.62%。综上，本题应选 A。

【答案】A

3.【解析】只要在企业的筹资方式中有固定支出的债务或优先股，就存在财务杠杆的作用。所以，如果企业的资金来源全部为自有资金，且没有优先股存在，则企业财务杠杆系数就等于1。综上，本题应选 B。

【答案】B

4.【解析】总杠杆系数 = 财务杠杆系数 × 经营杠杆系数 = 1.4 × 1.5 = 2.1，总杠杆系数指的是普通股收益变动率与产销业务量变动率的比值，因此该公司销售额每增长 1 倍，就会造成每股收益增长 2.1 倍。综上，本题应选 C。

【答案】C

5.【解析】留存收益资本成本 = 已支付股利 ×（1 + 股利增长率）/ 股价 + 股利增长率 = 2 ×（1 + 2%）/25 + 2% = 10.16%。综上，本题应选 A。

【敲黑板】留存收益来源于企业的内部筹资，不需要考虑筹资费用。

【答案】A

6.【解析】一般情况下，股权筹资的筹资成本大于债务筹资的筹资成本，主要是由于股利从税后净利润中支付，不能抵税，而债务资本的利息可在税前扣除，可以抵税；另外从投资人的风险来看，普通股的求偿权在债权之后，持有普通股的风险要大于持有债权的风险，股票持有人会要求有一定的风险补偿，所以股权资本的资本成本大于债务资本的资本成本；留存收益的资本成本与普通股类似，只不过没有筹资费，而普通股的发行费用较高，所以其资本成本高于留存收益的资本成本。因此发行普通股的资本成本通常是最高的。个别资本成本从低到高排序：长期借款 < 发行公司债券 < 租赁 < 留存收益筹资 < 发行普通股。综上，本题应选 D。

【答案】D

7. 【解析】预测年度资金需要量 =（基期资金平均占用额 – 不合理资金占用额）×（1 + 预测期销售增长率）÷（1 + 预测期资金周转速度增长率）=（1 000 – 50）×（1 – 5%）÷（1 – 1%）= 911.62（万元）。综上，本题应选 B。

【答案】B

8. 【解析】双重股权结构的优点有：同股不同权制度能避免企业内部股权纷争，保障企业创始人或管理层对企业的控制权（选项 A），防止公司被恶意收购（选项 B）；提高企业运行效率，有利于企业的长期发展（选项 C）。选项 D 表述错误，双重股权结构容易导致管理中独裁行为的发生。综上，本题应选 D。

【答案】D

9. 【解析】经营杠杆系数 = 基期边际贡献 / 基期息税前利润，息税前利润 = 边际贡献 – 固定性经营成本，边际贡献 = 销售量 ×（销售单价 – 单位变动成本），从以上公式可以看出销售单价（选项 A）、销售数量（选项 B）、变动成本和固定成本（选项 C）影响经营杠杆系数。综上，本题应选 D。

【答案】D

10. 【解析】一般来说，在企业初创阶段，产品市场占有率低，产销业务量小，经营杠杆系数大，此时企业筹资主要依靠权益资本，在较低程度上使用财务杠杆；在企业扩张成熟期，产品市场占有率高，产销业务量大，经营杠杆系数小，此时，企业资本结构中可扩大债务资本，在较高程度上使用财务杠杆。同样企业在破产清算阶段和收缩阶段都不宜采用较高负债比例。综上，本题应选 C。

【答案】C

二、多项选择题

1. 【解析】由股利增长模型计算普通股资本成本的公式 $K_s = \dfrac{D_0(1+g)}{P_0(1-f)} + g = \dfrac{D_1}{P_0(1-f)} + g$ 可知，资本成本率与股利、筹资费率、股利年增长率同向变化，与股票市场价格反向变动。选项 A、B 会导致资本成本降低。选项 C、D 会导致资本成本提高。综上，本题应选 AB。

【答案】AB

2. 【解析】优先股的"优先"是相对于普通股而言的，这种优先权主要表现在优先分配股利权、优先分配剩余财产权。注意：优先认股权指的是当公司增发普通股股票时，原有股东有权按持有公司股票的比例，优先认购新股票。优先认股权是普通股股东的权利。综上，本题应选 CD。

【答案】CD

3. 【解析】衡量企业整体风险的指标是总杠杆系数，总杠杆系数 = 经营杠杆系数 × 财务杠杆系数，在边际贡献大于固定成本的情况下，A、B、D 均可以导致经营杠杆系数降低，总杠杆系数降低，从而降低企业整体风险；选项 C 会导致财务杠杆系数增加，总杠杆系数变大，从而提高企业整体风险。综上，本题应选 ABD。

【答案】ABD

4. 【解析】选项 A 正确，选项 C 错误，采用一般模式计算的债券资本成本 = 年资金占用费 /〔筹资总额 ×（1 − 筹资费用率）〕=〔1 000 × 10% ×（1 − 25%）〕/〔1 000 × 110% ×（1 − 5%）〕= 7.18%；选项 B 正确，选项 D 错误，采用贴现模式：筹资净额现值 − 未来资本清偿额现金流量现值 = 0，1 000 × 110% ×（1 − 5%）= 1 000 × 10% ×（1 − 25%）×（P/A，K，5）+ 1 000 ×（P/F，K，5），采用逐次测试法：当 K = 6% 时，右端 = 1 063.23；当 K = 7% 时，右端 = 1 020.515，所以，6% < K < 7%，用内插法：（K − 6%）/（7% − 6%）=（1 045 − 1 063.23）/（1 020.515 − 1 063.23）解得：K = 6.43%。综上，本题应选 AB。

【答案】AB

5. 【解析】选项 A、B 正确；选项 C 错误，负债的多少与经营风险无关；选项 D 错误，负债越多，财务风险越高。综上，本题应选 AB。

【答案】AB

6. 【解析】变动资金是指随产销量的变动而同比例变动的那部分资金。它一般包括直接构成产品实体的原材料、外购件等占用的资金，另外，在最低储备以外的现金、存货、应收账款等也具有变动资金的性质；不变资金是指在一定的产销量范围内，不受产销量变动的影响而保持固定不变的那部分资金，它一般包括为维持营业而占用的最低数额的现金，原材料的保险储备，必要的成品储备，厂房、机器设备等固定资产占用的资金。综上，本题应选 AD。

【答案】AD

7. 【解析】运用线性回归法必须注意以下几个问题：①资金需要量与营业业务量之间线性关系的假定应符合实际情况；②确定 a、b 数值，应利用连续若干年的历史资料，一般要有 3 年以上的资料；③应考虑价格等因素的变动情况。选项 D 错误，资金习性预测法包括线性回归法和高低点法，两者之间是并列关系。综上，本题应选 ABC。

【答案】ABC

8. 【解析】市场利率高低与公司债券资本成本率的计算无关，影响公司债券资本成本率计算的有票面利率、面值、所得税税率、筹资额、筹资费率，其中与公司债券资本成本率同向变动的有票面利率、面值、筹资费率。综上，本题应选 BC。

【答案】BC

9. 【解析】资本成本包括筹资费和占用费。筹资费，是指企业在资本筹措过程中为获取资本而付出的代价，如向银行支付的借款手续费，因发行股票、公司债券而支付的发行费用等。占用费，是指企业在资本使用过程中因占用资本而付出的代价，如向银行等债权人支付的利息，向股东支付的股利等。综上，本题应选 AB。

【答案】AB

10. 【解析】选项 A、B、C、D 都会影响，此外行业特征和企业发展周期、经济环境的税务政策和货币政策都会对资本结构产生影响。综上，本题应选 ABCD。

【答案】ABCD

三、判断题

1.【解析】变动资金是指随产销量的变动而同比例变动的那部分资金。它一般包括直接构成产品实体的原材料、外购件等占用的资金。另外，在最低储备以外的现金、存货、应收账款等也具有变动资金的性质。而半变动资金是指虽然受产销量变化的影响，但不呈同比例变动的资金，如一些辅助材料上占用的资金。因此，本题表述错误。

【答案】×

2.【解析】如果融资规模突破一定限度，就会引起资本成本的明显变化。因此，本题表述错误。

【答案】×

3.【解析】普通股股利在税后支付，没有抵税作用；且股利支付不固定，也不具有杠杆作用。因此，本题表述错误。

【答案】×

4.【解析】在采用公司价值分析法确定最优资本结构时，计算权益资本的市场价值所用的折现率为权益资本成本率。因此，本题表述错误。

【答案】×

5.【解析】因素分析法又称分析调整法，是以有关项目基期年度的平均资金需要量为基础，根据预测年度的生产经营任务和资金周转加速的要求，进行分析调整，来预测资金需要量的一种方法。这种方法计算简便，容易掌握，但预测结果不太准确。销售百分比法的优点是能为筹资管理提供短期预计的财务报表，以适应外部筹资的需要，且易于使用。但在有关因素发生变动的情况下，必须相应地调整原有的销售百分比。因此，本题表述错误。

【答案】×

四、计算分析题

1.（1）

【解析】银行借款资本成本率＝年利率×（1－所得税税率）/（1－手续费率）

债券资本成本率＝年利息×（1－所得税税率）/［债券筹资总额×（1－手续费率）］

普通股资本成本率＝预期股利/［发行价格×（1－筹资费率）］

优先股资本成本率＝优先股年固定股息/［优先股发行价格×（1－筹资费率）］

【答案】银行借款资本成本率＝7%×（1－25%）÷（1－2%）＝5.36%

债券资本成本率＝［2 800×9%×（1－25%）］÷［3 000×（1－3%）］＝6.49%

普通股资本成本率＝1.2/［10×（1－6%）］＋8%＝20.77%

优先股资本成本率＝12%/（1－5%）＝12.63%

（2）

【解析】平均资本成本用于衡量企业资本成本水平，确立理想的资本结构。

【答案】企业平均资本成本＝5.36%×10%＋6.49%×15%＋20.77%×65%＋12.63%×10%＝16.27%

2.（1）

【解析】发行普通股，预计每股发行价格为 5 元，需要 2 000 万元的筹资，则要发行 400 万股。

利息 = 面值 × 利率

【答案】增发普通股的股份数 = 2 000/5 = 400（万股）

方案 A 下 2022 年公司的全年债券利息 = 2 000×8% = 160（万元）

（2）

【解析】B 方案继续发行债券，所以利息包括两部分。

【答案】方案 B 下 2022 年公司的全年债券利息 = 2 000×8%+2 000×8% = 320（万元）

（3）

【解析】在每股收益无差别点中，各种筹资方式的每股收益都是相等的。当预期息税前利润大于每股收益无差别点时，应当选择债务筹资；反之，选择股权筹资。

【答案】$(\overline{EBIT} - 2\,000×8\% - 2\,000×8\%)(1 - 25\%)/8\,000 = (\overline{EBIT} - 2\,000×8\%)(1 - 25\%)/(8\,000 + 2\,000/5)$

解得：$\overline{EBIT} = 3\,520$（万元）

因为预计可实现息税前利润（4 000 万元）大于无差别点息税前利润（3 520 万元），所以选择 B 方案发行债券筹资较为有利。

第六章　投资管理

应试指导

本章是全书最重要、难度最大的章节，也是通过考试必须掌握的章节。项目现金流量的估计是本章学习的重难点，一定要理解现金流量的概念，熟练掌握项目投资期、营业期和终结期现金流量构成及其计算方法。在学习过程中，一定要多加练习，提高做题速度与准确性。债券和股票价值与第五章资本成本的计算有密切的联系，要将两者联系起来学习。2022年增加了期权投资的部分内容，要掌握期权合约的构成要素、分类、期权到期日价值与净损益的计算。

本章主观题的考点主要有：计算项目的现金净流量、净现值、现值指数、回收期、年金净流量和内含收益率，并应用这些评价指标分析项目的可行性；固定资产更新决策；债券和股票价值的计算；期权到期日价值与净损益的计算等。

历年考情

本章近几年平均分值为12分左右，偏重于考主观题。经常和第五章、第八章的知识结合起来考查企业筹资决策、经营决策和项目投资决策的综合应用，是相关内容的综合大演练，是理论联系实际最为密切的典范。因此，考生应全面理解和掌握。

题型	2021年（一）		2021年（二）		2020年（一）		2020年（二）		2019年（一）		2019年（二）	
	题量	分值	题量	分值	题量	分值	题量	分值	题量	分值	题量	分值
单选	2	3分	3	4.5分	1	1.5分	2	3分	3	3分	2	2分
多选	1	2分	1	2分	1	2分	1	2分	—	—	—	—
判断	—	—	1	1分	—	—	—	—	1	1分	3	3分
计算	1	4分	—	—	1	2分	—	—	—	—	—	—
综合	2	10分	1	5分	2	5分	1	3分	4	8分	—	—

高频考点列表

考点	单选题	多选题	判断题	计算分析题	综合题
投资管理的主要内容	2018年	—	—	—	—
项目现金流量	2021年	—	2019年	—	2021年、2020年

考点	单选题	多选题	判断题	计算分析题	综合题
净现值（NPV）	—	2021年	2018年	—	2021年、2020年
年金净流量（ANCF）	2018年	2020年	—	—	2021年、2020年
现值指数（PVI）	—	2021年	2021年、2019年	—	2021年、2020年
内含收益率（IRR）	2021年、2020年、2019年	—	—	—	—
回收期（PP）	2020年、2019年	2021年、2019年	—	—	2021年、2019年
项目投资决策	2021年、2018年	—	2018年	2019年	—
证券投资管理	2020年、2019年、2018年	2021年	2019年	2021年	2018年
证券投资基金	2021年、2020年	—	—	—	—

投资管理概述

项目现金流量
- 投资期 ▪（长期资产投资、营运资金垫支）
- 营业期
  - 不考虑税 ▶ NCF＝营业收入－付现成本＝营业利润＋非付现成本
  - 考虑税 ▶ NCF＝营业收入－付现成本－所得税＝税后营业利润＋非付现成本
- 终结期
  - 固定资产变价净收入
  - 固定资产变现净损益对现金净流量的影响
  - 垫支营运资金的收回

投资项目财务评价指标
- 净现值
- 年金净流量
- 现值指数 ｝掌握计算公式和各自优缺点
- 内含收益率
- 回收期

第六章 投资管理

项目投资管理
- 独立投资方案的决策
- 互斥投资方案的决策 ｝掌握计算公式和各自优缺点
- 固定资产更新决策

证券投资管理
- 证券资产的特点（五个）
- 证券投资的目的（四个）
- 证券投资的风险
  - 系统性风险 ▪（价格风险、再投资风险、购买力风险）
  - 非系统性风险 ▪（违约风险、变现风险、破产风险）
- 债券投资
  - 债券的价值
  - 债券投资的收益率
- 股票投资
  - 股票的价值
  - 股票投资的收益率

基金投资与期权投资
- 证券投资基金
  - 证券投资基金的特点
  - 证券投资基金的分类
  - 证券投资基金业绩评价
- 私募股权投资基金 ▪（特点、三种退出方式）
- 期权合约 ▪（构成要素、分类、期权到期日价值与净损益的计算）

高频考点 1　投资管理的主要内容

投资的意义	①投资是企业生存与发展的基本前提； ②投资是企业获取利润的基本前提； ③投资是企业风险控制的重要手段
投资管理的特点	①属于企业的战略性决策； ②属于企业的非程序化管理； ③投资价值的波动性大
投资的分类	①按投资活动与企业本身的生产经营活动的关系 → 直接投资与间接投资； ②按投资对象的存在形态和性质 → 项目投资与证券投资； ③按投资活动对企业未来生产经营前景的影响 → 发展性投资与维持性投资； ④按投资活动资金投出的方向 → 对内投资与对外投资； ⑤按投资项目之间的相互关联关系 → 独立投资与互斥投资
投资管理的原则	①可行性分析原则→环境可行性、技术可行性、市场可行性、财务可行性等； ②结构平衡原则； ③动态监控原则

【敲黑板】

（1）直接投资与间接投资、项目投资与证券投资，两种投资分类方式的内涵和范围是一致的，只是分类角度不同。直接投资与间接投资强调的是投资的方式性，项目投资与证券投资强调的是投资的对象性。

（2）对内投资都是直接投资，对外投资主要是间接投资也可以是直接投资。

【真题实战·单选题】下列投资活动中，属于间接投资的是（　　）。（2018年）

A. 建设新的生产线

B. 开办新的子公司

C. 吸收合并其他企业

D. 购买公司债券

【解析】间接投资，是将资金投放于股票、债券等资产上的企业投资。选项A、B、C不属于，均是直接投资；选项D属于，是将资金直接购买债券的间接投资。综上，本题应选D。

【答案】D

【沙场练兵·多选题】按照企业投资的分类，下列各项中，属于发展性投资的有（　　）。

A. 开发新产品的投资

B. 更新替换旧设备的投资

C. 企业间兼并收购的投资

D. 大幅度扩大生产规模的投资

【解析】发展性投资，是指对企业未来的生产经营发展全局有重大影响的企业投资。发展性投资也可以称为战略性投资，如企业间兼并合并的投资（选项C）、转换新行业和开发新产品投资（选项A）、大幅度扩大生产规模的投资（选项D）等。

选项 B 属于维持性投资。综上，本题应选 ACD。

【答案】ACD

【沙场练兵·多选题】维持性投资也可以称为战术性投资，下列属于维持性投资的有(   )。

A. 更新替换旧设备的投资

B. 配套流动资金投资

C. 开发新产品投资

D. 转换新行业

【解析】维持性投资，是为了维持企业现有的生产经营正常顺利进行，不会改变企业未来生产经营发展全局的企业投资。维持性投资也可以称为战术性投资，如更新替换旧设备的投资（选项 A）、配套流动资金投资（选项 B）等。维持性投资项目所需要的资金不多，对企业生产经营的前景影响不大，投资风险相对也较小。

选项 C、D 属于发展性投资。综上，本题应选 AB。

【答案】AB

【沙场练兵·判断题】某投资者进行间接投资，与其交易的筹资者是在进行直接筹资；某投资者进行直接投资，与其交易的筹资者是在进行间接筹资。(   )

【解析】直接筹资，是企业直接与资金供应者协商融通资金的筹资活动；间接筹资，是企业借助于银行和非银行金融机构而筹集资金。直接投资是将资金直接投放于形成生产经营能力的实体性资产，直接谋取经营利润的企业投资；间接投资是将资金投放于股票、债券等资产上的企业投资。因此，本题表述错误。

【答案】×

高频考点 2 项目现金流量

1. 项目的寿命周期

2. 项目现金流量的构成（考虑所得税）

阶段	现金流量的构成及公式
投资期	投资期现金流量 = 长期资产投资 + 垫支的营运资金
营业期	NCF = 营业收入 – 付现成本 – 所得税 = 税后营业利润 + 非付现成本 = 营业收入 ×（1 – 所得税税率）– 付现成本 ×（1 – 所得税税率）+ 非付现成本 × 所得税税率
终结期	终结期现金流量 = 固定资产变价净收入 + 固定资产变现净损益对现金净流量的影响 + 垫支营运资金的收回

▌敲黑板▐ 营业期内某一年发生的大修理支出，如果会计处理在本年内一次性作为损益性支出，则直接作为该年付现成本；如果跨年摊销处理，则本年作为投资性的现金流出量，摊销年份以非付现成本形式处理。营业期内某一年发生的改良支出是一种投资，应作为该年的现金流出量，以后年份通过折旧收回。

【真题实战·单选题】 在固定资产更新决策中，旧设备原值为 1 000 万元，累计折旧为 800 万元，变价收入为 120 万元，企业所得税税率为 25%。不考虑其他因素，旧设备变现产生的现金净流量为（ ）。（2021 年）

A. 150 万元　　　　　B. 100 万元

C. 140 万元　　　　　D. 90 万元

【解析】 旧设备变现产生的现金净流量 = 120 +（1 000 - 800 - 120）×25% = 140（万元）。综上，本题应选 C。

【答案】C

【真题实战·判断题】 投资项目是否具有财务可行性，主要取决于该项目在整个寿命周期内获得的利润总额是否超过整个项目投资成本。（ ）（2019 年）

【解析】 现金流量是投资项目财务可行性分析的主要分析对象。利润只是期间财务报告的结果，对于投资方案财务可行性来说，项目的现金流量状况比会计期间盈亏状况更为重要。一个投资项目能否顺利进行，有无经济上的效益，不一定取决于有无会计期间利润，而在于能否带来正现金流量，即整个项目能否获得超过项目投资的现金回收。因此，本题表述错误。

【答案】×

【沙场练兵·单选题】 某投资项目某年的营业收入为 600 000 元，付现成本为 400 000 元，折旧额为 100 000 元，所得税税率为 25%，则该年营业现金净流量为（ ）元。

A. 250 000　　　　　B. 175 000

C. 75 000　　　　　D. 100 000

【解析】 营业现金净流量 = 税后收入 - 税后付现成本 + 非付现成本抵税 = 600 000×（1 - 25%）- 400 000×（1 - 25%）+ 100 000×25% = 175 000（元），或者营业现金净流量 = 税后营业利润 + 非付现成本 =（600 000 - 400 000 - 100 000）×（1 - 25%）+ 100 000 = 175 000（元）。综上，本题应选 B。

【答案】B

【沙场练兵·单选题】 某公司预计 M 设备报废时的净残值为 3 500 元，税法规定的净残值为 5 000 元，该公司适用的所得税税率为 25%，则该设备报废引起的预计现金净流量为（ ）元。

A. 3 125　　　　　B. 3 875

C. 4 625　　　　　D. 5 375

【解析】 由于税法规定净残值 5 000 元与实际报废残值 3 500 元产生可抵税差异，可以看作是企业的现金流入，故该设备报废引起的预计现金净流量 = 报废时的净残值 + 报废时净损失抵税收益 = 3 500 +（5 000 - 3 500）×25% = 3 875（元）。综上，本题应选 B。

【答案】B

【沙场练兵·多选题】 在考虑所得税影响的情况下，下列可以用于计算营业现金净流量的算式中，正确的有（ ）。

A. 税后营业利润 + 非付现成本

B. 营业收入 - 付现成本 - 所得税

C.（营业收入 - 付现成本）×（1 - 所得税税率）

D. 营业收入×（1－所得税税率）＋非付现成本 × 所得税税率

业收入×（1－所得税税率）—付现成本×（1－所得税税率）＋非付现成本 × 所得税税率。综上，本题应选AB。

【解析】营业现金净流量＝营业收入—付现成本—所得税＝税后营业利润＋非付现成本＝营

【答案】AB

【真题实战·综合题】（2021年节选）

甲公司计划在2021年初构建一条新生产线，现有A、B两个互斥投资方案，有关资料如下：

资料一：A方案需要一次性投资30 000 000元，建设期为0，该生产线可用3年，按直线法计提折旧，净残值为0，第1年可取得税后营业利润10 000 000元，以后每年递增20%。

资料二：B方案需要一次性投资50 000 000元，建设期为0，该生产线可用5年，按直线法计提折旧，净残值为0，投产后每年可获得营业收入35 000 000元，每年付现成本为8 000 000元。在投产期初需垫支营运资金5 000 000元，并于营业期满时一次性收回。

资料三：甲公司适用的企业所得税税率为25%，项目折现率为8%。有关货币时间价值系数如下：（P/A，8%，3）＝2.5771，（P/A，8%，4）＝3.3121，（P/A，8%，5）＝3.9927；（P/F，8%，1）＝0.9259，（P/F，8%，2）＝0.8573，（P/F，8%，3）＝0.7938，（P/F，8%，5）＝0.6806。

要求：

（1）根据资料一和资料三，计算A方案的下列指标：①第1年的营业现金净流量；②净现值；③现值指数。

（2）根据资料二和资料三，不考虑利息费用及其影响，计算B方案的下列指标：①投资时点的现金净流量；②第1—4年的营业现金净流量；③第5年的现金净流量；④净现值。

（3）根据资料一、资料二和资料三，计算A方案和B方案的年金净流量，据此进行投资方案选择，并给出理由。

【思路导航】本题主要涉及项目现金流量的计算、投资项目财务评价指标的计算及决策原则，在做题时，要按照投资期、营业期、终结期三个阶段，梳理各个阶段的现金流入和流出，准确计算；然后再按照要求计算相关的财务指标。2021年考试题目中数据设置特别大，做题时要注意数据的正确计算。

（1）

【解析】营业现金净流量（NCF）＝营业收入—付现成本—所得税＝税后营业利润＋非付现成本

净现值＝未来现金净流量现值—原始投资额现值

现值指数＝未来现金净流量现值/原始投资额现值

【答案】①年折旧额＝30 000 000/3＝10 000 000（元）

第1年的营业现金净流量＝税后营业利润＋年折旧额＝10 000 000＋10 000 000＝20 000 000（元）

第2年的营业现金净流量＝10 000 000×（1＋20%）＋10 000 000＝22 000 000（元）

第3年的营业现金净流量＝10 000 000×（1＋20%）^{2}＋10 000 000＝24 400 000（元）

②净现值＝20 000 000×（P/F，8%，1）＋22 000 000×（P/F，8%，2）＋24 400 000×（P/F，8%，3）—30 000 000＝20 000 000×0.9259＋22 000 000×0.8573＋24 400 000×0.7938—30 000 000＝26 747 320（元）

③现值指数＝（20 000 000×0.9259＋22 000 000×0.8573＋24 400 000×0.7938)/30 000 000＝1.89

（2）

【解析】营业现金净流量（NCF）＝营业收入—付现成本—所得税＝税后营业利润＋非付现成本

净现值＝未来现金净流量现值—原始投资额现值

【答案】①投资时点的现金净流量＝—（50 000 000＋5 000 000）＝—55 000 000（元）

②年折旧额＝50 000 000/5＝10 000 000（元）

第1—4年的营业现金净流量＝35 000 000×（1—25%）—8 000 000×（1—25%）＋10 000 000×25%＝22 750 000（元）

③第5年的现金净流量＝22 750 000＋5 000 000＝27 750 000（元）

④净现值＝22 750 000×（P/A，8%，4）＋27 750 000×（P/F，8%，5）—55 000 000＝22 750 000×3.3121＋27 750 000×0.6806—55 000 000＝39 236 925（元）

（3）

【解析】年金净流量＝现金净流量总现值（净现值）/年金现值系数

【答案】A方案年金净流量＝26 747 320/（P/A，8%，3）＝26 747 320/2.5771＝10 378 844.44（元）

B方案年金净流量＝39 236 925/（P/A，8%，5）＝39 236 925/3.9927＝9 827 165.83（元）

A方案年金净流量大于B方案年金净流量，所以选择A方案。

【真题实战·综合题】（2020年节选）

甲公司是一家上市公司，企业所得税税率为25%，相关资料如下：

资料一：公司为扩大生产经营而准备购置一条新生产线，计划于2020年年初一次性投入资金6 000万元，全部形成固定资产并立即投入使用，建设期为0，使用年限为6年，新生产线每年营业收入3 000万元，付现成本1 000万元。新生产线开始投产时需要垫支营运资金700万元，在项目终结时一次性收回。固定资产采用直线法计提折旧，预计净残值为1 200万元。公司要求的最低投资收益率为8%，相关资金时间价值系数为:（P/A,8%,5）＝3.9927,（P/F，8%，6）＝0.6302。

要求：

（1）根据资料一，计算生产线项目下列指标：①第 0 年现金净流量；②第 1-5 年每年的现金净流量；③第 6 年现金净流量；④现值指数。

（2）根据现值指数指标，判断是否应进行生产线投资，并说明理由。

（1）

【解析】

原始投资额＝固定资产投资＋无形资产投资＋垫支的营运资金

营业现金净流量＝税后营业利润＋折旧＝营业收入×（1－T）－付现营业成本×（1－T）＋折旧×T

净现值＝未来现金净流量现值－原始投资额现值

现值指数＝未来现金净流量现值/原始投资额现值

【答案】

$NCF_0 = -(6\,000 + 700) = -6\,700$（万元）

年折旧＝（6 000 － 1 200）/6 ＝ 800（万元）

$NCF_{1-5} = 3\,000 \times (1 - 25\%) - 1\,000 \times (1 - 25\%) + 800 \times 25\% = 1\,700$（万元）

$NCF_6 = 1\,700 + 700 + 1\,200 = 3\,600$（万元）

未来现金净流量现值＝$1\,700 \times (P/A, 8\%, 5) + 3\,600 \times (P/F, 8\%, 6) = 1\,700 \times 3.9927 + 3\,600 \times 0.6302 = 9\,056.31$（万元）

现值指数＝$9\,056.31/6700 = 1.35$

（2）

【解析】

现值指数≥1，说明方案实施后的投资收益率≥必要收益率，方案可行；

现值指数＜1，说明方案实施后的投资收益率＜必要收益率，方案不可行。

【答案】应进行生产线投资。因为现值指数 1.35＞1，方案可行。

高频考点 3 净现值（NPV）

1.净现值（NPV）＝未来现金净流量现值－原始投资额现值

2.贴现率选择

（1）以市场利率为标准；

（2）以投资者希望获得的预期最低投资收益率为标准；

（3）以企业平均资本成本率为标准。

3. 决策

（1）单个方案：净现值 ≥ 0，方案可行；净现值 < 0，方案不可行。

（2）多个方案：净现值越大越好。

4. 特点

优点	缺点
①适用性强，能基本满足项目年限相同的互斥投资方案的决策； ②能灵活地考虑投资风险	①所采用的贴现率不易确定； ②不适用于独立投资方案的比较决策。如果各方案的原始投资额现值不相等，有时无法作出正确决策； ③不能直接对寿命期不同的互斥投资方案进行决策

【真题实战·多选题】下列各项中，会随着贴现率的下降而上升的指标是（　　）。（2021年）

A. 动态回收期　　　B. 净现值

C. 内含收益率　　　D. 现值指数

【解析】折现率越高，折现价值越低，折现价值越低，需要的折现时间越长。故动态回收期与贴现率同方向变化，内含收益率不随贴现率的变化而变化。综上，本题应选BD。

【答案】BD

【真题实战·判断题】净现值法可直接用于对寿命期不同的互斥投资方案进行决策。（　　）（2018年）

【解析】净现值不能直接用于对寿命期不同的互斥投资方案进行决策。某项目尽管净现值小，但其寿命期短；另一项目尽管净现值大，但它是在较长的寿命期内取得的。两项目由于寿命期不同，因而净现值是不可比的。要采用净现值法对寿命期不同的投资方案进行决策，需要

将各方案均转化为相等寿命期进行比较。因此，本题表述错误。

【答案】×

【沙场练兵·多选题】采用净现值法评价投资项目可行性时，贴现率选择的依据通常有（　　）。

A. 市场利率

B. 期望最低投资收益率

C. 企业平均资本成本率

D. 投资项目的内含收益率

【解析】确定贴现率的参考标准可以是：①以市场利率（选项A）为标准；②以投资者希望获得的预期最低投资收益率（选项B）为标准；③以企业平均资本成本率（选项C）为标准。选项D不能采用，投资项目的内含收益率是使得该项目的净现值为0时的折现率。综上，本题应选ABC。

【答案】ABC

【沙场练兵·计算分析题】

乙公司为了扩大生产能力，拟购买一台新设备，该投资项目相关资料如下：

资料一：新设备的投资额为1 800万元，经济寿命期为10年。采用直接法计提折旧，预计期末净残值为300万元。假设设备购入即可投入生产，不需要垫支营运资金，该企业计提折旧的方法、年限、预计净残值等与税法规定一致。

资料二：新设备投资后第 1-6 年每年为企业增加营业现金净流量 400 万元，第 7-10 年每年为企业增加营业现金净流量 500 万元，项目终结时，预计设备净残值全部收回。

资料三：假设该投资项目的贴现率为 10%，相关货币时间价值系数如下表所示：

期数（n）	4	6	10
（P/F，10%，n）	0.6830	0.5645	0.3855
（P/A，10%，n）	3.1699	4.3553	6.1446

要求：

（1）计算项目净现值。

（2）评价项目投资可行性并说明理由。

（1）

【解析】项目净现值＝未来现金净流量现值－原始投资额现值，各年的现金流情况如下图所示。

```
   0     1     2    …    6     7     8     9     10
  -1 800 400   400       400   500   500   500   500
                                                 300
```

【答案】项目净现值＝－1 800＋400×（P/A，10%，6）＋500×（P/A，10%，4）×（P/F，10%，6）＋300×（P/F，10%，10）＝－1 800＋400×4.3553＋500×3.1699×0.5645＋300×0.3855＝952.47（万元）

（2）

【答案】项目净现值大于 0，所以项目投资可行。

高频考点 4 年金净流量（ANCF）

1. 年金净流量（ANCF）＝现金净流量总现值/年金现值系数＝现金净流量总终值/年金终值系数

2. 决策

（1）单个方案：年金净流量＞0，则净现值＞0，则方案的收益率＞所要求的收益率，方案可行。反之，则不可行。

（2）多个方案：年金净流量越大越好。

3. 实质

净现值的辅助方法。在各方案寿命期相同时，实质上就是净现值法。

4. 特点

优点	缺点
适用于期限不同的投资方案决策	不便于对原始投资额不相等的独立投资方案进行决策

【真题实战·多选题】下列投资项目评价指标中，考虑了资金时间价值因素的有（　　）。（2020年）

A. 内含收益率　　　　B. 净现值

C. 年金净流量　　　　D. 动态回收期

【解析】选项A，内含收益率指对投资方案未来的每年现金净流量进行贴现，使所得的现值恰好与原始投资额现值相等，从而使净现值等于零时的贴现率，考虑了资金的时间价值；选项B，净现值指未来现金净流量现值与原始投资额现值之间的差额，考虑了资金时间价值；选项C，年金净流量指将项目期间内全部现金净流量总额的总现值（即净现值）或总终值折算为等额年金的平均现金净流量，考虑了资金时间价值；选项D，将投资引起的未来现金净流量进行贴现，以未来现金净流量的现值等于原始投资额现值时所经历的时间为动态回收期，考虑了资金时间价值。综上，本题应选ABCD。

【答案】ABCD

【真题实战·单选题】某投资项目需要在第一年年初投资840万元，寿命期为10年，每年可带来营业现金流量180万元，已知按照必要收益率计算的10年期年金现值系数为7，则该投资项目的年金净流量为（　　）万元。（2018年）

A.60　　　　　　　B.12

C.96　　　　　　　D.126

【解析】投资项目的年金净流量＝现金净流量总现值／年金现值系数＝（未来现金净流量现值－原始投资额现值）／年金现值系数＝（180×7－840）/7＝60（万元）。综上，本题应选A。

【答案】A

【沙场练兵·单选题】某投资项目的项目寿命期为5年，净现值为20 000万元，项目贴现率为8%，则该项目的年金净流量约为（　　）万元。［已知（P/A，8%，5）＝3.9927］（结果保留整数）

A. 5 022　　　　　　B. 5 012

C. 5 009　　　　　　D. 4 987

【解析】该项目的年金净流量＝现金净流量总现值（净现值）／年金现值系数＝20 000÷3.9927＝5 009（万元）。综上，本题应选C。

【答案】C

【真题实战·综合题】（2020年节选）

甲公司是一家制造企业，企业所得税税率为25%。公司考虑用效率更高的新生产线来代替现有旧生产线。有关资料如下。

资料一：旧生产线原价为5 000万元，预计使用年限为10年，已经使用5年。采用直线法计提折旧。使用期满无残值。每年生产的产品销售收入为3 000万元，变动成本总额为1 350万元，固定成本总额为650万元。

资料二：旧生产线每年的全部成本中，除折旧外均为付现成本。

资料三：如果采用新生产线取代旧生产线。相关固定资产投资和垫支营运资金均于开始时一次性投入（建设期为0），垫支营运资金于营业期结束时一次性收回。新生产线使用直线法计提折旧。使用期满无残值。有关资料如下表所示。

项目	固定资产投资	垫支营运资金	使用年限	年营业收入	年营运资本
数额	2 400万元	600万元	8年	1 800万元	500万元

资料四：公司进行生产线更新投资决策时采用的折现率为15%。有关资金时间价值系数如下。
$(P/F, 15\%, 8) = 0.3269$，$(P/A, 15\%, 7) = 4.1604$，$(P/A, 15\%, 8) = 4.4873$，

资料五：经测算，新生产线的净现值大于旧生产线的净现值，而其年金净流量小于旧生产线的年金净流量。

要求：

（1）根据资料一和资料二，计算旧生产线的年营运成本（即付成本）和年营业现金净流量。

（2）根据资料三计算新生产线的如下指标：①投资时点（第0年）的现金流量；②第1年到第7年营业现金净流量；③第8年的现金净流量。

（3）根据资料三和资料四，计算新生产线的净现值和年金净流量。

（4）根据资料五，判断公司是否采用新生产线替换旧生产线，并说明理由。

【答案】

（1）

年折旧额 $= 5\ 000/10 = 500$（万元）

旧生产线的年营运成本（即付成本）$= 1\ 350 + 650 - 500 = 1\ 500$（万元）

年营业现金净流量 $= (3\ 000 - 1\ 500) \times (1 - 25\%) + 500 \times 25\% = 1\ 250$（万元）

（2）

①投资时点（第0年）的现金流量 $= -2\ 400 - 600 = -3\ 000$（万元）

②年折旧额 $= 2\ 400/8 = 300$（万元）

第1年到第7年营业现金净流量 $= (1\ 800 - 500) \times (1 - 25\%) + 300 \times 25\% = 1\ 050$（万元）

③第8年的现金净流量 $= 1\ 050 + 600 = 1\ 650$（万元）

（3）

净现值 $= -3\ 000 + 1\ 050 \times (P/A, 15\%, 7) + 1\ 650 \times (P/F, 15\%, 8) = 1\ 907.81$（万元）

年金净流量 $= 1\ 907.81/(P/A, 15\%, 8) = 425.16$（万元）

（4）

不应该采用新生产线替换旧生产线。因为新、旧生产线的期限不同，所以应采用年金净流量法，新生产线的年金净流量小于旧生产线的年金净流量，所以不应该采用新生产线替换旧生产线。

高频考点 5 现值指数（PVI）

1. 现值指数（PVI）＝未来现金净流量现值/原始投资额现值

2. 决策

（1）现值指数≥1，方案的投资收益率≥必要收益率，方案可行；

（2）现值指数<1，方案的投资收益率<必要收益率，方案不可行。

（3）现值指数越大，方案越好。

3. 实质

现值指数法也是净现值法的辅助方法，在各方案原始投资额现值相同时，实质上就是净现值法。

4. 评价

（1）现值指数是一个相对数指标，反映了投资效率。

（2）现值指数指标可以对原始投资额现值不同的独立投资方案进行比较和评价。

【真题实战·多选题】下列投资项目财务评价指标中，考虑了项目寿命期内全部现金流量的有（　　）。（2021年）

A. 现值指数　　　　B. 动态回收期

C. 年金净流量　　　D. 内含收益率

【解析】选项 A、C、D 符合题意，都考虑了项目寿命期内全部现金流量；选项 B 不符合题意，计算动态回收期时只考虑了未来现金净流量现值总和中等于原始投资额现值的部分，没有考虑超过原始投资额现值的部分。综上，本题应选 ACD。

【答案】ACD

【真题实战·判断题】在独立投资方案决策中，只要方案的现值指数大于 0，该方案就具有财务可行性。（　　）（2021年）

【解析】现值指数＝未来现金净流量现值/原始投资额现值，若现值指数大于或等于 1，方案可行，说明方案实施后的投资收益率高于或等于必要收益率。因此，本题表述错误。

【答案】×

【真题实战·判断题】对单个投资项目进行财务可行性评价时，利用净现值法和现值指数法所得出的结论是一致的。（　　）（2019年）

【解析】现值指数法是净现值法的辅助方法，在各方案原始投资额现值相同时，实质上就是净现值法。对单个投资项目进行财务可行性评价时，净现值大于 0、现值指数大于 1，则项目可行，反之，则不可行。因此，本题表述正确。

【答案】√

【沙场练兵·单选题】已知某投资项目的原始投资额现值为 100 万元，净现值为 25 万元，则该项目的现值指数为（　　）。

A. 0.25　　　　B. 0.75

C. 1.05　　　　D. 1.25

【解析】现值指数＝未来现金净流量现值/原始投资额现值＝（100＋25)/100＝1.25。综上，本题应选 D。

【答案】D

【记忆狂】公式的记忆小技巧，M＝未来现金净流量现值，N＝原始投资额现值，NPV＝M－N；PVI＝M÷N。

高频考点 6 内含收益率（IRR）

1. 计算公式

（1）未来每年现金净流量相等时，通过查年金现值系数表，可得内含收益率。

未来每年现金净流量 × 年金现值系数 – 原始投资额现值 = 0

（2）未来每年现金净流量不相等时，采用逐次测试法，计算求出内含收益率。

2. 特点

优点	缺点
①内含收益率反映了投资项目可能达到的收益率，易于被高层决策人员所理解； ②对于独立投资方案的比较决策，如果各方案原始投资额现值不同，可以通过计算各方案的内含收益率，反映各独立投资方案的获利水平	①计算复杂，不易直接考虑投资风险大小； ②在互斥投资方案决策时，如果各方案的原始投资额现值不相等，有时无法作出正确的决策

【真题实战·单选题】某投资项目在折现率为10%时，净现值为100万元；折现率为14%时，净现值为 – 150万元。则该项目的内含收益率为（　　）。（2021年）

A. 12.4%　　　　　　B. 11.33%

C. 11.6%　　　　　　D. 12.67%

【解析】内含收益率是使净现值等于零时的贴现率。运用内插法计算：（IRR – 10%）/（14% – 10%）=（0 – 100）/（– 150 – 100），IRR =（0 – 100）/（– 150 – 100）×（14% – 10%）+ 10% = 11.6%。综上，本题应选C。

【答案】C

【真题实战·单选题】下列各项中，不影响项目投资内含收益率大小的是（　　）。（2021年）

A. 原始投资额　　　B. 资本成本率

C. 经营现金净流量　D. 项目寿命期

【解析】内含收益率，是指对投资方案未来的每年现金净流量进行贴现，使所得的现值恰好与原始投资额现值相等，从而使净现值等于零时的贴现率。它与项目的资本成本没有关系。

综上，本题应选B。

【答案】B

【真题实战·单选题】关于项目决策的内含收益率法，下列表述正确的是（　　）。（2020年）

A. 项目的内含收益率大于0，则项目可行

B. 内含收益率指标有时无法对互斥方案作出正确决策

C. 内含收益率指标没有考虑资金时间价值因素

D. 内含收益率不能反映投资项目可能达到的收益率

【解析】选项A错误，内含收益率大于必要收益率时，项目可行；选项B正确，在互斥投资方案决策时，如果各方案的原始投资额现值不相等，内含收益率指标有时无法作出正确的决策；选项C、D错误，内含收益率是使净现值等于零时的贴现率，这个贴现率就是投资方案的实际可能达到的投资收益率，考虑了资金时间价值因素。综上，本题应选B。

【答案】B

【真题实战·单选题】如果某投资项目在建设

起点一次性投入资金，随后每年都有正的现金净流量，在采用内含收益率对该项目进行财务可行性评价时，下列说法正确的是（　　）。（2019年）

A. 如果内含收益率大于折现率，则项目净现值大于1

B. 如果内含收益率大于折现率，则项目现值指数大于1

C. 如果内含收益率小于折现率，则项目现值指数小于0

D. 如果内含收益率等于折现率，则项目动态回收期小于项目寿命期

【解析】选项A错误，内含收益率是使净现值等于零时的贴现率，内含收益率大于项目折现率时，项目净现值大于0；选项B正确，选项C错误，内含收益率大于项目折现率时，即未来现金净流量现值＞原始投资额现值，现值指数＝未来现金净流量现值/原始投资额现值＞1，反之，内含收益率小于折现率可以得出现值指数小于1；选项D错误，内含收益率等于项目折现率时，项目动态回收期等于项目寿命期。综上，本题应选B。

【答案】B

【沙场练兵·多选题】某项目需要在第一年年初投资76万元，寿命期为6年，每年末产生现金净流量20万元。已知（P/A，14%，6）＝3.8887，（P/A，15%，6）＝3.7845。若公司根据内含收益率法认定该项目是有可行性，则该项目的必要投资收益率不可能是（　　）。

A.16%　　　　　　　　B.13%

C.14%　　　　　　　　D.15%

【解析】由20×（P/A，R，6）＝76，解得（P/A，R，6）＝3.8，利用内插法，解得R＝14.85%，当该项目的内含收益率大于投资者的必要收益率，方案才可行。也就是说必要收益率必须小于14.85%，否则方案不可行。综上，本题应选AD。

【答案】AD

【沙场练兵·单选题】某投资项目各年现金净流量按13%折现时，净现值大于零；按15%折现时，净现值小于零。则该项目的内含收益率一定是（　　）。

A. 大于14%　　　　　　B. 小于14%

C. 小于13%　　　　　　D. 小于15%

【解析】内含收益率是净现值为0时的折现率，根据题目条件说明内含收益率在13%-15%之间。综上，本题应选D。

【答案】D

高频考点 7　回收期（PP）

1. 计算公式

（1）静态回收期

静态回收期 ┃ 等额现金流 → 静态回收期＝原始投资额/每年现金净流量

静态回收期 ┃ 非等额现金流 → 静态回收期＝M＋第M年的尚未收回金额/（第M+1年的现金净流量）设M是收回原始投资额的前1年

（2）动态回收期

动态回收期
- 等额现金流
- 非等额现金流

（P/A，i，n）＝原始投资额现值/每年现金净流量，计算出年金现值系数后，通过查年金现值系数表，利用插值法，即可推算出动态回收期 n

动态回收期＝M＋第 M 年的尚未收回额的现值/（第 M+1 年的现金净流量现值），设 M 是收回原始投资的前 1 年

2.决策：投资回收期越短，所冒的风险越小。

3.两种回收期计算方法的特点

（1）优点：计算简便，易于理解。

（2）缺点：静态回收期的不足之处是没有考虑货币的时间价值。静态回收期和动态回收期，它们计算回收期时只考虑了未来现金净流量（或现值）总和中等于原始投资额（或现值）的部分，没有考虑超过原始投资额（或现值）的部分。显然回收期长的项目，其超过原始投资额（或现值）的现金流量并不一定比回收期短的项目少。

【真题实战·判断题】如果投资项目A的动态回收期小于投资项目B，那么项目A的收益高于项目B。（　　）（2021年）

【解析】动态回收期计算回收期时只考虑了未来现金净流量（或现值）总和中等于原始投资额（或现值）的部分，没有考虑超过原始投资额（或现值）的部分。显然，回收期长的项目，其超过原始投资额（或现值）的现金流量并不一定比回收期短的项目少，因此项目A的收益不一定高于项目B。因此，本题表述错误。

【答案】×

【真题实战·单选题】采用静态回收期法进行项目评价时，下列表述错误的是（　　）。（2020年）

A.若每年现金净流量不相等，则无法计算静态回收期

B.静态回收期法没有考虑资金时间价值

C.若每年现金净流量相等，则静态回收期等于原始投资额除以每年现金净流量

D.静态回收期法没有考虑回收期后的现金流量

【解析】静态回收期是没有考虑货币时间价值，直接用未来现金净流量累计到原始投资数额时

所经历的时间作为静态回收期。①未来每年现金净流量相等时，静态回收期＝原始投资额/每年现金净流量；②未来每年现金净流量不等时，设 M 是收回原始投资的前 1 年，则静态投资回收期＝M＋第 M 年的尚未收回额/第（M＋1）年的现金净流量。综上，本题应选 A。

【答案】A

【真题实战·单选题】某投资项目只有第一年年初产生现金净流出，随后各年均产生现金净流入，且其动态回收期短于项目的寿命期，则该投资项目的净现值（　　）。（2019年）

A.大于0　　　　　　　B.无法判断

C.等于0　　　　　　　D.小于0

【思路导航】这种题目可以举特例来判断，比如第一年设现金净流出为1，第2至4年净流入均为2，假设折现率为10%，则可求得净现值为 $2 \times (P/A, 10\%, 3) - 1 = 3.9738 > 0$。

【解析】动态回收期是未来现金净流量现值等于原始投资额现值时所经历的时间。本题中动态回收期短于项目的寿命期，所以项目未来现金净流量现值大于项目原始投资额现值。净现值＝未来现金净流量现值－原始投资额现值＞0。综上，本题应选 A。

【答案】A

【真题实战·多选题】如果某项目投资方案的内含收益率大于必要收益率，则（   ）。（2019年）

A. 年金净流量大于原始投资额现值

B. 现值指数大于1

C. 净现值大于0

D. 静态回收期小于项目寿命期的一半

【解析】选项A不符合题意，选项B、C符合题意，某项目内含收益率大于必要收益率，则说明该项目具有可行性，则净现值大于0，年金净流量大于0，现值指数大于1；未来现金净流量现值大于原始投资额现值。选项D不符合题意，项目可行，则静态回收期小于项目寿命期，但"静态回收期小于项目寿命期的一半"无法判断。综上，本题应选BC。

【答案】BC

【沙场练兵·单选题】某投资项目需在开始时一次性投资50 000元，其中固定资产投资45 000元，营运资金垫支5 000元，没有建设期。各年营业现金净流量分别为10 000元、12 000元、16 000元、20 000元、21 600元、14 500元，则该项目的静态投资回收期是（   ）年。

A. 3.35   B. 4.00

C. 3.60   D. 3.40

【解析】截至第三年年末还未补偿的原始投资额＝50 000－10 000－12 000－16 000＝12 000（元），所以静态回收＝收回原始投资的前1年＋收回原始投资前1年尚未收回额÷下年现金净流量＝3＋12 000÷20 000＝3.6（年）。综上，本题应选C。

【答案】C

【沙场练兵·单选题】某公司计划投资建设一条生产线，投资总额为60万元，预计新生产

线投产后每年可为公司新增净利润4万元，生产线的年折旧额为6万元，则该投资的静态回收期为（   ）年。

A. 5   B. 6

C. 10   D. 15

【解析】未来每年现金净流量相等时，静态回收期＝原始投资额/每年现金净流量，每年现金净流量＝4＋6＝10（万元），原始投资额为60万元，所以静态投资回收期＝60/10＝6（年）。综上，本题应选B。

【答案】B

【沙场练兵·单选题】已知某投资项目的使用寿命是5年，资金于建设起点一次性投入，当年完工并投产，若投产后每年的现金净流量相等，经预计该项目的静态回收期为3.6年，则计算内含收益率时确定的年金现值系数是（   ）。

A. 3.5   B. 2.4

C. 3.6   D. 2.5

【解析】每年的现金净流量相等，静态回收期＝原始投资额/每年现金净流量＝3.6（年），每年现金净流量×（P/A，IRR，5）－原始投资额＝0，（P/A，IRR，5）＝原始投资额/每年现金净流量＝3.6。综上，本题应选C。

【答案】C

【沙场练兵·多选题】在其他因素不变的情况下，下列财务评价指标中，指标数值越大表明项目可行性越强的有（   ）。

A. 净现值   B. 现值指数

C. 内含收益率   D. 动态回收期

【解析】选项A、B、C三个指标数值越大越好。选项D，用回收期评价方案时，回收期越短（而非越长），说明所担的风险越小，表明项目可行性越强。综上，本题应选ABC。

【答案】ABC

【真题实战·综合题】（2019年节选）

甲公司是一家上市公司，适用的企业所得税税率为25%，公司现阶段基于发展需要，将实施新的投资计划，有关资料如下：

资料一：公司项目投资的必要收益率为15%，有关货币时间价值系数如下：

（P/A，15%，2）	（P/A，15%，3）	（P/A，15%，6）	（P/F，15%，3）	（P/F，15%，6）
1.6257	2.2832	3.7845	0.6575	0.4323

资料二：公司的资本支出预算为5 000万元。有A、B两种互斥投资方案可供选择。

A方案的建设期为0年。需要于建设起点一次性投入资金5 000万元，运营期为3年，无残值。现金净流量每年均为2 800万元。

B方案的建设期为0年，需要于建设起点一次性投入资金5 000万元，其中，固定资产投资4 200万元，采用直线法计提折旧，无残值，项目寿命期6年。垫支营运资金800万元。第6年末收回垫支的营运资金，预计投产后第1－6年每年营业收入2 700万元，每年付现成本700万元。

资料三：经测算，A方案的年金净流量为610.09万元。

要求：

（1）根据资料一和资料二，计算A方案的静态回收期、动态回收期、净现值、现值指数。

（2）根据资料一和资料二，计算B方案的净现值、年金净流量。

（3）根据资料二，判断公司在选择A、B两种方案时，应采用净现值法还是年金净流量法。

（4）根据要求（1）、要求（2）、要求（3）的结果和资料三，判断公司应选择A方案还是B方案。

（1）

【解析】

①不含建设期的静态回收期＝原始投资额/各年相等的现金流量

②对于动态回收期，我们也可以有如下做法：

假设动态回收期为n年，则：$2\ 800 \times （P/A，15\%，n）＝5\ 000$，则：

$（P/A，15\%，n）＝1.79$

由于（P/A，15%，2）＝1.6257，（P/A，15%，3）＝2.2832

所以$（n－2）/（3－2）＝（1.79－1.6257）/（2.2832－1.6257）$，解得：$n＝2.25$（年）。

误差属于四舍五入造成的。

③净现值＝未来现金净流量现值－原始投资额现值

④现值指数＝未来现金净流量现值/原始投资额现值

【答案】

①静态回收期＝$5\ 000 \div 2\ 800＝1.79$（年）

②动态回收期＝2＋［5 000－2 800×（P/A，15%，2）］/［2 800×（P/F，15%，3）］＝2.24（年）

③净现值＝2 800×（P/A，15%，3）－5 000＝1 392.96（万元）

现值指数＝2 800×（P/A，15%，3）÷5 000＝1.28

（2）

【解析】净现值＝未来现金净流量现值－原始投资额现值，年金净流量＝净现值/年金现值系数。

【答案】

B方案的年折旧抵税＝4 200/6×25%＝175（万元）

$NCF_{1~5}$＝（2 700－700）×（1－25%）＋175＝1 675（万元）

NCF_6＝1 675＋800＝2 475（万元）

B方案净现值＝1 675×（P/A，15%，6）＋800×（P/F，15%，6）－5 000＝1 684.88（万元）

B方案年金净流量＝1 684.88/（P/A，15%，6）＝445.21（万元）

（3）

【答案】净现值法不能直接用于对寿命期不同的互斥投资方案进行决策，故应选择年金净流量法。

（4）

【答案】A方案的年金净流量（610.09万元）＞B方案的年金净流量（445.21万元），故应选择A方案。

高频考点8　项目投资决策

1.独立投资方案的决策

决策原则 ⎰ 内含收益率 ──→ 各种情况的独立方案比较决策
　　　　 ⎱ 现值指数 ──→ 项目寿命期相同的独立投资方案

2.互斥投资方案的决策

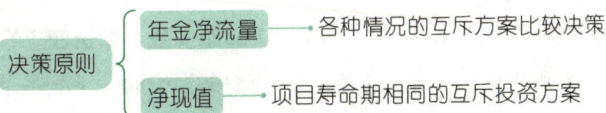

决策原则 ⎰ 年金净流量 ──→ 各种情况的互斥方案比较决策
　　　　 ⎱ 净现值 ──→ 项目寿命期相同的互斥投资方案

3.固定资产更新决策

从决策性质上看，固定资产更新决策属于互斥投资方案的决策类型。因此，固定资产更新决策所采用的决策方法是**净现值法和年金净流量法**，一般不采用内含收益率法。

（1）固定资产更新改造（以旧换新）

①继续使用旧设备现金流量

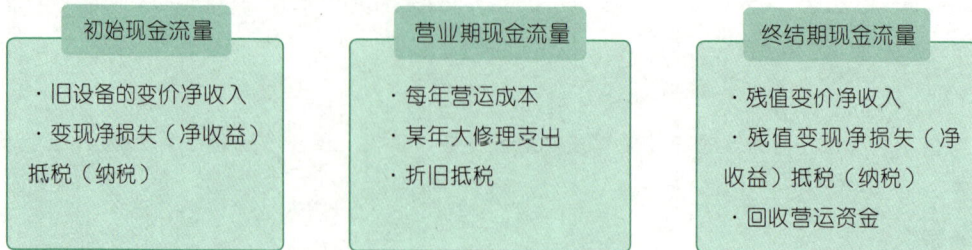

初始现金流量	营业期现金流量	终结期现金流量
·旧设备的变价净收入 ·变现净损失（净收益）抵税（纳税）	·每年营运成本 ·某年大修理支出 ·折旧抵税	·残值变价净收入 ·残值变现净损失（净收益）抵税（纳税） ·回收营运资金

②新设备现金流量

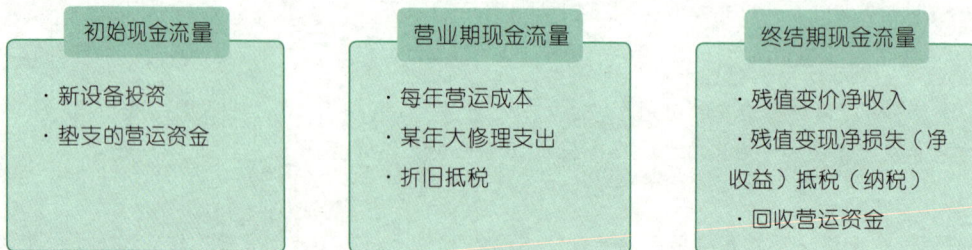

初始现金流量	营业期现金流量	终结期现金流量
·新设备投资 ·垫支的营运资金	·每年营运成本 ·某年大修理支出 ·折旧抵税	·残值变价净收入 ·残值变现净损失（净收益）抵税（纳税） ·回收营运资金

（2）固定资产更新决策原则

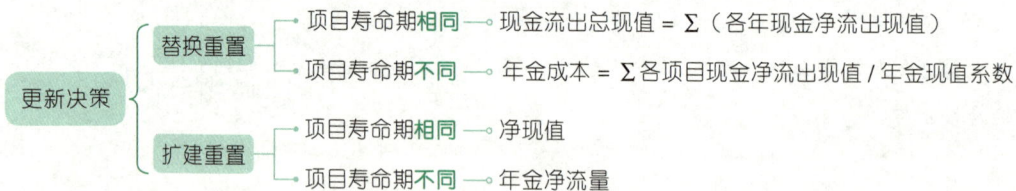

更新决策
- 替换重置
  - 项目寿命期相同 —— 现金流出总现值 = Σ（各年现金净流出现值）
  - 项目寿命期不同 —— 年金成本 = Σ各项目现金净流出现值 / 年金现值系数
- 扩建重置
  - 项目寿命期相同 —— 净现值
  - 项目寿命期不同 —— 年金净流量

【真题实战·单选题】对于两个寿命期相同、原始投资额现值不同的互斥投资方案，下列各项中，最为适用的决策指标是（　　）。（2021年）

A.内含收益率　　　　B.净现值

C.动态回收期　　　　D.现值指数

【思路导航】决策方案的选择，要注意三点：寿命期是否相同、原始投资额是否相同、属于独立投资方案还是互斥投资方案。

【解析】在互斥投资方案的决策中，如果两个项目寿命期相同，可以直接采用净现值作为决策指标。综上，本题应选B。

【答案】B

【真题实战·单选题】对于寿命期不同的互斥投资方案，下列各项中，最为适用的决策指标是（　　）。（2021年）

A.动态回收期　　　　B.净现值

C.内含收益率　　　　D.年金净流量

【解析】在互斥投资方案的决策中，如果两个项目寿命期不同，可采用共同年限法或年金净流量法。综上，本题应选D。

【答案】D

【真题实战·单选题】在对某独立投资项目进行财务评价时，下列各项中，并不能据以判断该项目具有财务可行性的是（　　）。（2018年）

A.以必要收益率作为折现率计算的项目，现值指数大于1

B.以必要收益率作为折现率计算的项目，净

现值大于0

C.项目静态投资回收期小于项目寿命期

D.以必要收益率作为折现率，计算的年金净流量大于0

【解析】选项A、B、D都可以判断，净现值大于0，现值指数大于1，年金净流量大于0，都是独立方案可行的判断依据；选项C不可以，静态回收期小于项目寿命期并不能说明盈利性就好，因为没有考虑回收期以后的现金流量。综上，本题应选C。

【答案】C

【真题实战·判断题】在固定资产投资决策中，当税法规定的净残值和预计净残值不同时，终结期现金流量的计算一般应考虑所得税的影响。（ ）（2018年）

【解析】固定资产投资决策中，当期末税法规定的净残值和预计净残值不同时，应该考虑所得税的影响。固定资产变现净损益对现金净流量的影响＝（账面净残值－预计的净残值）×所得税税率。因此，本题表述正确。

【答案】√

【沙场练兵·多选题】运用年金成本法对设备重置方案进行决策时，应考虑的现金流量有（ ）。

A.旧设备年营运成本

B.旧设备残值变价收入

C.旧设备的初始购置成本

D.旧设备目前的变现价值

【解析】选项A、B、D都要考虑，选项C不考虑，旧设备的初始购置成本是沉没成本，不需要考虑。综上，本题应选ABD。

【答案】ABD

【真题实战·计算分析题】（2019年）

甲公司拟购置一套监控设备，有X和Y两种设备可供选择，二者具有同样的功用。X设备购买成本为480 000元，每年付现成本为40 000元，使用寿命为6年。该设备采用直线法折旧，年折旧额为80 000元，税法净残值为0，最终报废残值为12 000元。Y设备使用寿命为5年，经测算，年金成本为105 000元。投资决策采用的折现率为10%，公司适用的企业所得税税率25%。有关货币时间价值系数如下：（P/F，10%，6）＝0.5645；（P/A，10%，6）＝4.3553；（F/A，10%，6）＝7.7156。

要求：

（1）计算X设备每年税后付现成本。

（2）计算X设备每年的折旧抵税额和最后一年末的税后残值收入。

（3）计算X设备的年金成本。

（4）运用年金成本方式，判断公司应选择哪一种设备。

（1）

【解析】税后付现成本＝付现成本×（1－所得税税率）

【答案】40 000×（1－25%）＝30 000（元）

（2）

【解析】折旧抵税＝折旧额 × 所得税税率，最后一年末的税后残值收入＝最终报废残值－报废残值缴税。

【答案】

X设备每年折旧抵税额＝80 000×25%＝20 000（元）

最后一年末的税后残值收入＝12 000－12 000×25%＝9 000（元）

（3）

【解析】年金成本＝现金净流出量现值/年金现值系数

【答案】

X设备的现金净流出量现值＝480 000＋（30 000－20 000）×（P/A，10%，6）－9 000×（P/F，10%，6）＝518 472.5（元）

X设备的年金成本＝518 472.5/（P/A，10%，6）＝119 044.04（元）

（4）

【解析】年金成本是流出企业的成本，当然是越少对于企业越有利。

【答案】由于X设备的年金成本（119 044.04元）＞Y设备的年金成本（105 000元），所以选择Y设备。

【沙场练兵·综合题】

乙公司现有生产线已满负荷运转，鉴于其产品在市场上供不应求，公司准备购置一条生产线，相关资料如下：

资料一：乙公司生产线的购置有两个方案可供选择：

A方案生产线的购买成本为7 200万元，预计使用6年，采用直线法计提折旧，预计净残值率为10%。生产线投产时需要投入营运资金1 200万元，以满足日常经营活动需要，生产线运营期满时垫支的营运资金全部收回。生产线投入使用后，预计每年新增销售收入11 880万元，每年新增付现成本8 800万元，假定生产线购入后可立即投入使用。

B方案生产线的购买成本为200万元，预计使用8年，当设定贴现率为12%时净现值为3 228.94万元。

资料二：乙公司适用的企业所得税税率为25%，不考虑其他相关税金，公司要求的最低投资收益率为12%，部分时间价值系数如表所示：

货币时间价值系数表

期数（n）	1	2	3	4	5	6	7	8
（P/F，12%，n）	0.8929	0.7972	0.7118	0.6355	0.5674	0.5066	0.4523	0.4039
（P/A，12%，n）	0.8929	1.6901	2.4018	3.0373	3.6048	4.1114	4.5638	4.9676

要求：

（1）根据资料一和资料二，计算 A 方案的下列指标： ①投资期现金净流量；②年折旧额；③生产线投入使用后第 1-5 年每年的营业现金净流量；④生产线投入使用后第 6 年的现金净流量；⑤净现值。

（2）分别计算 A、B 方案的年金净流量，据以判断乙公司应选择哪个方案，并说明理由。

【答案】

（1）

①投资期现金净流量 $NCF_0 = -(7\ 200 + 1\ 200) = -8\ 400$（万元）

②年折旧额 $= 7\ 200 \times (1 - 10\%)/6 = 1\ 080$（万元）

③生产线投入使用后第 1-5 年每年的营业现金净流量

$NCF_{1-5} = (11\ 880 - 8\ 800) \times (1 - 25\%) + 1\ 080 \times 25\% = 2\ 580$（万元）

④生产线投入使用后第 6 年的现金净流量 $NCF_6 = 2\ 580 + 1\ 200 + 7\ 200 \times 10\% = 4\ 500$（万元）

⑤净现值＝未来现金净流量现值－原始投资额现值

$$= 2\ 580 \times (P/A, 12\%, 5) + 4\ 500 \times (P/F, 12\%, 6) - 8\ 400$$

$$= 2\ 580 \times 3.6048 + 4\ 500 \times 0.5066 - 8\ 400$$

$$= 3\ 180.08\ （万元）$$

（2）A 方案的年金净流量＝现金净流量总现值／年金现值系数

$$= 3\ 180.08/(P/A, 12\%, 6)$$

$$= 3\ 180.08/4.1114$$

$$= 773.48\ （万元）$$

B 方案的年金净流量 $= 3\ 228.94/(P/A, 12\%, 8) = 3\ 228.94/4.9676 = 650$（万元）

由于 A 方案的年金净流量大于 B 方案的年金净流量，因此乙公司应选择 A 方案。

高频考点 9　证券投资管理

1. 证券投资的风险

项目		内容
系统性风险	含义	是指由于外部经济环境因素变化引起整个资本市场不确定性加强，从而对所有证券都产生影响的共同性风险
	种类	价格风险，是指由于市场利率上升，而使证券资产价格普遍下跌的可能性
		再投资风险，是指由于市场利率下降而造成的无法通过再投资而实现预期收益的可能性
		购买力风险，是指由于通货膨胀而使货币购买力下降的可能性

（续表）

项目		内容
非系统性风险	含义	是指由特定经营环境或特定事件变化引起的不确定性，从而对个别证券资产产生影响的特有风险
	种类	违约风险，是证券资产发行者无法按时兑付证券资产利息和偿还本金的可能性
		变现风险，是证券资产持有者无法在市场上以正常的价格平仓出货的可能性
		破产风险，是在证券资产发行者破产清算时投资者无法收回应得权益的可能性

【真题实战·单选题】下列关于风险的表述，不正确的是（　　）。（2020年）

A. 利率风险属于系统性风险

B. 购买力风险属于系统性风险

C. 违约风险不属于系统性风险

D. 破产风险不属于非系统性风险

【解析】系统性风险包括价格风险（利率变动）、再投资风险和购买力风险；非系统性风险包括违约风险、变现风险和破产风险。综上，本题应选D。

【答案】D

【真题实战·单选题】某公司预期未来市场利率上升而将闲置资金全部用于短期证券投资，而到期时市场利率却大幅度下降，这意味着公司的证券投资出现（　　）。（2020年）

A. 再投资风险　　　B. 购买力风险

C. 汇率风险　　　　D. 变现风险

【解析】再投资风险，是指由于市场利率下降所造成的无法通过再投资而实现预期收益的可能性。短期证券资产会面临市场利率下降的再投资风险，即无法按预定收益率进行再投资而实现所要求的预期收益率。综上，本题应选A。

【答案】A

【真题实战·单选题】下列属于系统性风险的是（　　）。（2019年）

A. 违约风险　　　　B. 购买力风险

C. 变现风险　　　　D. 破产风险

【解析】系统性风险包括价格风险、再投资风险和购买力风险（选项B）。非系统性风险包括违约风险、变现风险和破产风险。综上，本题应选B。

【答案】B

【真题实战·单选题】某ST公司在2018年3月5日宣布其发行的公司债券本期利息总额为8 980万元将无法于原定付息日2018年3月9日全额支付，仅能够支付500万元，则该公司债券的投资者所面临的风险是（　　）。（2018年）

A. 价格风险　　　　B. 购买力风险

C. 变现风险　　　　D. 违约风险

【解析】违约风险是证券资产发行者无法按时兑付证券资产利息和偿还本金的可能性。综上，本题应选D。

【答案】D

【沙场练兵·单选题】一般认为，企业利用闲置资金进行债券投资的主要目的是（　　）。

A. 控制被投资企业　　B. 谋取投资收益

C. 降低投资风险　　　D. 增强资产流动性

【解析】企业在生产经营过程中，由于各种原因有时会出现资金闲置、现金结余较多的情况。这些闲置的资金可以投资于股票、债券、基金等有价证券上，谋取投资收益，这些投资收益主要表现在股利收入、利息收入、证券买卖差价、基金收益等方面。综上，本题应选B。

【答案】B

【沙场练兵·单选题】持续通货膨胀期间，投资人把资本投向实体性资产，减持证券资产，这种行为所体现的证券投资风险类别是（　　）。

A. 经营风险　　　　B. 变现风险

C. 再投资风险　　　D. 购买力风险

【解析】购买力风险是指由于通货膨胀而使货币购买力下降的可能性。证券资产是一种货币性资产，通货膨胀会使证券资产投资的本金和收益贬值，名义收益率不变而实际收益率降低。购买力风险对具有收款权利性质的资产影响很大，债券投资的购买力风险远大于股票投资。如果通货膨胀长期延续，投资人会把资本投向实体性资产以求保值，对证券资产的需求量减少，引起证券资产价格下跌。综上，本题应选D。

【答案】D

2. 债券投资

（1）债券价值的影响因素

债券期限	①引起债券价值随债券期限的变化而波动的原因，是债券票面利率与市场利率的不一致。 ②债券期限越短，债券票面利率对债券价值的影响越小。 ③在票面利率偏离市场利率的情况下，债券期限越长，债券价值越偏离于债券面值。 ④随着债券期限延长（在票面利率偏离市场利率的情况下），债券的价值会越偏离债券的面值，但这种偏离的变化幅度最终会趋于平稳
市场利率	①市场利率的上升会导致债券价值的下降，市场利率的下降会导致债券价值的上升。 ②长期债券对市场利率的敏感性会大于短期债券，在市场利率较低时，长期债券的价值远高于短期债券，在市场利率较高时，长期债券的价值远低于短期债券。 ③市场利率低于票面利率时，债券价值对市场利率的变化较为敏感，市场利率稍有变动，债券价值就会发生剧烈的波动；市场利率超过票面利率后，债券价值对市场利率变化的敏感性减弱，市场利率的提高，不会使债券价值过分降低

（2）债券价值和投资收益率

债券价值		债券投资的收益率	
计算	$V_b = I(P/A, R, n) + M(P/F, R, n)$ 式中，V_b 为债券的价值；I 为债券各期的利息；M 为债券的面值；R 为债券价值评估时采用的贴现率	估价模型	$P_0 = I(P/A, R, n) + M(P/F, R, n)$ 式中，P_0 为购买价格；I 为债券的利息；M 为本金
		简便算法	$R = \dfrac{I + (B - P)/N}{(B + P)/2} \times 100\%$ 式中，P 为当前购买价格；B 为债券面值；N 为债券持有期限；分母是平均资金占用；分子是平均收益
决策	当债券价值＞购买价格，值得投资	决策	内部收益率＞投资人要求的收益率，值得投资

【真题实战·多选题】下列情形中，债券的实际利率与票面利率不一致的有（　　）。（2021年）

A. 债券溢价发行，每年年末付息一次，到期一次偿还本金

B. 债券折价发行，按年复利计息，到期一次

还本付息

C.债券按面值发行,每年年末付息一次,到期一次偿还本金

D.债券按面值发行,按年复利计息,到期一次还本付息

【解析】选项A符合题意,溢价发行的情况下,实际利率低于票面利率;选项B符合题意,折价发行的情况下,实际利率高于票面利率;选项C、D不符合题意,债券按面值发行的情况下,"每年年末付息一次,到期一次偿还本金"和"按年复利计息,到期一次还本付息"实质上是相同的,实际利率与票面利率是一致的。综上,本题应选AB。

【答案】AB

【真题实战·单选题】根据债券估价基本模型,不考虑其他因素的影响,当市场利率上升时,固定利率债券价值的变化方向是( )。(2019年)

A.不变　　　　　　B.不确定

C.下降　　　　　　D.上升

【解析】债券价值与市场利率是反向变动的。市场利率下降,债券价值上升;市场利率上升,债券价值下降。综上,本题应选C。

【答案】C

【真题实战·判断题】不考虑其他因素的影响,如果债券的票面利率大于市场利率,则债券的期限越长,价值就越低。( )(2019年)

【解析】债券的票面利率大于市场利率时,为债券溢价发行,则债券的期限越长,价值就越高;如果是折价发行,则债券的期限越长,价值就越低。因此,本题表述错误。

【答案】×

【真题实战·单选题】债券内在价值计算公式中不包含的因素是( )。(2018年)

A.债券市场价格　　B.债券面值

C.债券期限　　　　D.债券票面利率

【解析】$V_b = i \times M \times (P/A, R, n) + M \times (P/F, R, n)$,从公式中可以看出要考虑面值(M)、票面利率(i)、期限(n),债券价值与市价无关。综上,本题应选A。

【答案】A

【沙场练兵·判断题】假设其他条件不变,市场利率变动会引起债券价格反方向变动,即市场利率上升,债券价格下降。( )

【解析】债券的内在价值也称为债券的理论价格,是将在债券投资上未来收取的利息和收回的本金折为现值。债券一旦发行,其面值、期限、票面利率都相对固定了,市场利率成为债券持有期间影响债券价值的主要因素。市场利率是决定债券价值的贴现率,市场利率的变化会造成系统性的利率风险。市场利率的上升会导致债券价值的下降,市场利率的下降会导致债券价值的上升。因此,本题表述正确。

【答案】√

【沙场练兵·单选题】债券内含收益率的计算公式中不包含的因素是( )

A.债券面值　　　　B.债券期限

C.市场利率　　　　D.票面利率

【解析】债券内含收益率是指按当前市场价格购买债券并持有至到期日或转让日所产生的预期收益率。从其定义中可知,未来的现金流量分为两部分,一部分是本金的回收,即面值;另一部分是利息收入,其等于票面价值和票面利率的乘积,将这两部分折现到现在等于市场价格,折现期为债券期限。因此上述三者都会影响债券的内含收益率。选项C不影响。综上,本题应选C。

【答案】C

【沙场练兵·单选题】市场利率和债券期限对债券价值都有较大的影响。下列相关表述中,不正确的是( )。

A. 市场利率上升会导致债券价值下降

B. 长期债券的价值对市场利率的敏感性小于短期债券

C. 债券期限越短，债券票面利率对债券价值的影响越小

D. 债券票面利率与市场利率不同时，债券面值与债券价值存在差异

【解析】选项 A、C、D 表述均正确，选项 B 表述错误，长期债券对市场利率的敏感性会大于短期债券，在市场利率较低时，长期债券的价值远高于短期债券，在市场利率较高时，长期债券的价值远低于短期债券。综上，本题应选 B。

【答案】B

3. 股票投资

	股票价值	股票投资的收益率
计算	①固定增长模式：$V_s = \dfrac{D_0 \times (1 + g)}{R_s - g}$ ②零增长模式：$V_s = \dfrac{D_0}{R_s}$ ③阶段性增长模式：分段计算，确定股票的价值 a. 高速增长期股利的现值 $X = \sum D_0 (1+g_1)^n (P/F, R_s, n)$ b. 正常增长期股利在第 n 年末的价值 $Y = \dfrac{D_n (1 + g_2)}{R_s - g_2}$ c. 股票价值 $V = X + Y(P/F, R_s, n)$ 式中：D_0 为本期股利，g_1 为第一个阶段的高速增长率，g_2 为第二个阶段的稳定增长率，R_s 为股票收益率，X 为高速增长期股利的现值，Y 为正常增长期股利在第 n 年末的现值，V 为股票价值	①收益 = 股利收益 + 股利再投资收益 + 转让价差收益 ②股票投资的内部收益率： $R = \dfrac{D_1}{P_0} + g$ 式中，R 为股票内部收益率；D_1 为下期股利；P_0 为购买价格；g 为股利增长率
决策	价格小于内在价值的股票，是值得投资者购买的	股票的内部收益率 > 投资者要求的最低收益率，投资者才愿意购买

【真题实战·单选题】假设投资者要求达到 10% 的收益率，某公司当期每股股利（D_0）为 0.5 元，预计股利增长率为 5%，则该公司股票的价值为（　　）元。（2020 年）

A.10　　　　　　　B.10.5

C.5　　　　　　　D.5.25

【解析】该公司股票的价值 $= \dfrac{D_0 \times (1 + g)}{R_s - g} =$ $0.5 \times (1 + 5\%)/(10\% - 5\%) = 10.5$（元）。综上，本题应选 B。

【答案】B

【真题实战·单选题】某公司股票的当前市场价格为 10 元 / 股，今年发放的现金股利为 0.2 元 / 股（$D_0 = 0.2$），预计未来每年股利增长率为 5%，则该股票的内部收益率为（　　）。（2019 年）

A.7%　　　　　　B.5%

C.7.1%　　　　　D.2%

【思路导航】股票投资的收益率 $= D_0 \times (1 + g)/$ $P_0 + g$ 与股票的资本成本公式 $k_s = D_0 \times (1 + g)/$ $[P_0 (1 - f)] + g$，很容易混淆。其实股票投资收益率是站在投资者角度来说的，而股票资本成本是站在筹资人角度来说的所以多了筹资费，二者是一个事物的对立两面，这样理解

第6章

起来是不是会好一些呢。

【解析】该股票的内部收益率 = $D_1/P_0 + g$ = $0.2 \times (1 + 5\%)/10 + 5\% = 7.1\%$。综上，本题应选C。

【答案】C

【沙场练兵·判断题】依据固定股利增长模型，股票投资内部收益率由两部分构成，一部分是预期股利收益率 D_1/P_0，另一部分是股利增长率g。（ ）

【解析】依据固定股利增长模型 "$R = \dfrac{D_1}{P_0} + g$" 可以看出，股票投资内部收益率由两部分构成：一部分是预期股利收益率 $\dfrac{D_1}{P_0}$，另一部分是股利

增长率g。因此，本题表述正确。

【答案】√

【沙场练兵·单选题】某投资者购买 A 公司股票，并且准备长期持有，要求的最低收益率为 11%，该公司本年的股利为 0.6 元/股，预计未来股利年增长率为 5%，则该股票的内在价值是（ ）元/股。

A. 10.00　　　　　　 B. 10.50

C. 11.50　　　　　　 D. 12.00

【解析】股票的内在价值 = $\dfrac{D_0 \times (1 + g)}{R_S - g}$ = $0.6 \times (1 + 5\%)/(11\% - 5\%) = 10.5(元/股)$。综上，本题应选B。

【答案】B

【真题实战·计算分析题】（2021年）

某投资者准备购买甲公司的股票，并打算长期持有。甲公司股票当前的市场价格为32元/股，预计未来3年每年股利均为2元/股，随后股利年增长率为10%。甲公司股票的 β 系数为2，当前无风险收益率为5%，市场平均收益率为10%。有关货币时间价值系数如下：

（P/F，10%，3）= 0.7513，（P/A，10%，3）= 2.4869；（P/F，15%，3）= 0.6575，（P/A，15%，3）= 2.2832。

要求：

（1）采用资本资产定价模型计算甲公司股票的必要收益率。

（2）以要求（1）的计算结果作为投资者要求的收益率，采用股票估价模型计算甲公司股票的价值。

（3）根据要求（2）的计算结果，判断甲公司股票是否值得购买，并说明理由。

（1）

【解析】必要收益率 = 无风险收益率 + 风险收益率，资本资产定价模型中 $R = R_f + \beta \times (R_m - R_f)$。

【答案】甲公司股票的必要收益率 = $5\% + 2 \times (10\% - 5\%) = 15\%$

（2）

【解析】股利在某一阶段有一个超常的增长率，这一期间的增长率g可能大于 R_s，而后阶段公司的股利固定不变或正常增长。对于阶段性增长的股票，需要分段计算，才能确定股票的价值。

【答案】甲公司股票的价值 = $2 \times (P/A，15\%，3) + 2 \times (1 + 10\%)/(15\% - 10\%) \times (P/$

F，15%，3）＝2×2.2832＋44×0.6575＝33.50（元／股）

（3）

【解析】只有当股票价值高于股票价格时，股票才值得投资。

【答案】甲公司股票的价值33.50元／股大于股票当前的市场价格32元／股，甲公司股票值得投资。

【真题实战·综合题】（2018年节选）

己公司和庚公司是同一行业，规模相近的两家上市公司。有关资料如下：

资料二：己公司股票的β系数为1.2，无风险收益率为4%，证券市场平均收益率为9%，己公司按每年每股3元发放固定现金股利。目前该公司的股票市价为46.20元。

资料四：庚公司股票的必要收益率为11%。该公司2017年度股利分配方案是每股现金股利1.5元（即 $D_0 = 1.5$），预计未来各年的股利年增长率为6%。目前庚公司的股票市价为25元。

要求：

（1）根据资料二，计算并回答下列问题：

①运用资本资产定价模型计算己公司股票的必要收益率；

②计算己公司股票的价值；

③给出"增持"或"减持"该股票的投资建议，并说明理由。

（2）根据资料四，计算并回答如下问题：

①计算庚公司股票的内部收益率；

②给出"增持"或"减持"该股票的投资建议，并说明理由。

（1）

【解析】

必要收益率＝无风险收益率＋风险收益率；

己公司股票为固定股利模型，则己公司股票价值＝固定股利÷期望的必要收益率。

【答案】

①必要收益率＝4%＋1.2×（9%－4%）＝10%

②己公司股票价值＝3/10%＝30（元／股）

③减持己公司股票。由于己公司股票价值（30元／股）低于该公司的股票市价（46.20元／股），故应该减持己公司股票。

（2）

【解析】

通过题干可知，庚公司的股票符合股利增长模型，所以通过股利增长模型来计算公司股票的内部收益率：内部收益率＝本期支付股利×（1＋股利增长率）/股票市价＋股利增长率。

【答案】

①内部收益率＝1.5×（1＋6%）/25＋6%＝12.36%

②增持庚公司股票。由于庚公司股票的内部收益率12.36%大于庚公司股票的必要收益率11%，所以应该增持庚公司股票。

高频考点 10 证券投资基金

1. 基金投资的特点

（1）集合理财实现专业化管理；

（2）通过组合投资实现分散风险的目的；

（3）投资者利益共享且风险共担；

（4）权力隔离的运作机制；

（5）严格的监管制度。

2. 证券投资基金的分类

分类标准	具体分类
依据法律形式	契约型基金、公司型基金
依据运作方式	封闭式基金、开放式基金
依据投资对象	股票基金、债券基金、货币市场基金、混合基金
依据投资目标	增长型基金、收入型基金、平衡型基金
依据投资理念	主动型基金、被动型基金
依据募集方式	私募证券投资基金、公募证券投资基金

3. 证券投资基金业绩评价考虑因素

（1）投资目标和范围

（2）风险水平

（3）基金规模

（4）时间区间

4. 常用的基金业绩评估指标

分类		计算
绝对收益	持有期间收益率	持有期间收益率 $= \dfrac{\text{期末资产价格} - \text{期初资产价格} + \text{持有期间红利收入}}{\text{期初资产价格}} \times 100\%$

（续表）

分类		计算
绝对收益	现金流和时间加权收益率	将收益率计算区间划分为若干个子区间，每个子区间以现金流发生时间划分，以各个子区间收益率为基础计算整个期间的绝对收益水平
	平均收益率	①算术平均收益率（R_A）的计算公式为： $$R_A = \frac{\sum_{t=1}^{n} R_t}{n} \times 100\%$$ 式中：R_t 表示 t 期收益率；n 表示期数。 ②几何平均收益率（R_G）的计算公式为： $$R_G = \left[\left(\sqrt[n]{\prod_{i=1}^{n}(1 + R_i)} - 1 \right) \right] \times 100\%$$ 式中：R_i 表示 i 期收益率；n 表示期数
相对收益		基金的相对收益，是基金相对于一定业绩比较基准的收益。根据基金投资的目标选取对应的行业或市场指数，以此指数成分股股票收益率作为业绩比较基准，求解相对收益

【真题实战·单选题】某基金的全部资产中，有 10% 投资于股票，5% 投资于短期国债，85% 投资于公司债券。则该基金被认定为（　　）。（2021 年）

A. 股票基金　　　　B. 货币市场基金

C. 混合基金　　　　D. 债券基金

【解析】根据中国证监会对基金类别的分类标准，股票基金为基金资产 80% 以上投资于股票的基金。债券基金为基金资产 80% 以上投资于债券的基金。仅投资于货币市场工具的为货币市场基金。混合基金是指投资于股票、债券和货币市场工具，但股票投资和债券投资的比例不符合股票基金、债券基金规定的基金。综上，本题应选 D。

【答案】D

【真题实战·单选题】私募证券投资基金与公募证券投资基金对比，下列选项中不属于公募证券投资基金特点的是（　　）。（2021 年）

A. 监管宽松

B. 发行对象不确定

C. 投资金额较低

D. 要求更高的信息透明度

【解析】公募证券投资基金可以面向社会公众公开发售，募集对象不确定（选项 B），投资金额较低（选项 C），适合中小投资者，由于公募证券投资基金涉及的投资者数量较多，因此受到更加严格的监管并要求更高的信息透明度（选项 D）。综上，本题应选 A。

【答案】A

【真题实战·单选题】关于证券投资风险的表述，说法错误的是（　　）。（2020 年）

A. 基金投资风险由基金托管人和基金管理人承担

B. 系统性风险不能随着资产种类的增加而降低

C. 非系统性风险能随着资产种类的增加而降低

D. 国家经济政策的变化属于系统性风险

【解析】选项 A 说法错误，投资基金是指基金投资者通过投资组合的方式进行投资，实现利益共享、风险共担。参与基金运作的基金管理人和基金托管人仅按照约定的比例收取管理费用和托管费用，无权参与基金收益的分配，不承担基金投资的风险；选项B、C、D说法正确。综上，本题应选A。

【答案】A

【沙场练兵·多选题】以下关于基金投资的分类中，不属于依据募集方式分类的有（　　）。

A.私募证券投资基　　B.公募证券投资基金
C.封闭式基金　　　　D.股票基金

【解析】依据募集方式分类的基金投资分为私募证券投资基金和公募证券投资基金。综上，本题应选CD。

【答案】CD

【沙场练兵·判断题】契约型基金为独立法人，依据基金公司章程设立，基金投资者是基金公司的股东，按持有股份比例承担有限责任，分享投资收益。（　　）

【解析】公司型基金为独立法人，依据基金公司章程设立，基金投资者是基金公司的股东，按持有股份比例承担有限责任，分享投资收益。因此，本题表述错误。

【答案】×

【沙场练兵·计算分析题】

某股票投资基金2021年12月公布的近三年收益率分别为10%、8%和6%，分别计算这三年来的该股票基金的算术平均收益率和几何平均收益率。

【答案】

算术平均收益率＝（10% ＋ 8% ＋ 6%）/3×100% ＝ 8%；

几何平均收益率＝$\left[\sqrt[3]{(1+10\%)\times(1+8\%)\times(1+6\%)}-1\right]\times100\% = 7.99\%$

高频考点 11 期权合约

1. 期权合约的构成要素

要素名称	含义
标的资产	标的资产指期权合约中约定交易的资产，包括商品、金融资产、利率、汇率或综合价格指数等
期权买方	买方通过支付费用获取期权合约规定的权利，也称为期权的**多头**
期权卖方	卖出期权的一方通过获得买方支付的合约购买费用，承担在规定时间内履行期权合约义务的责任，也称为期权的**空头**
执行价格	或称之为协议价格，指依据合约规定，期权买方在**行权时所实际执行的价格**。该价格与行权时的实际价格之差将体现为期权买方的收益或损失
期权费用（期权价格）	期权买方为获取期权合约所赋予的权利而向卖方支付的费用，一旦支付，无论买方是否选择行权，费用不予退回。期权费用对于**买方而言是该项投资的成本**，对于**卖方向言，是一项回报**
通知日与到期日	通知日为预先确定的交货日之前的某一天，以便做好准备。到期日为期权合约必须履行的时间点

第6章

2. 期权合约的分类

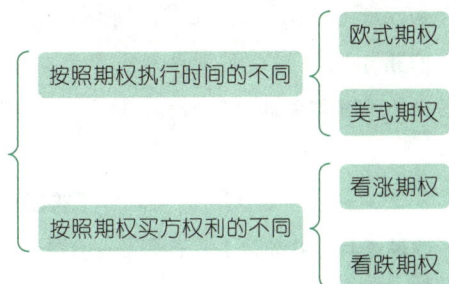

```
                          ┌─── 欧式期权
        按照期权执行时间的不同 ┤
                          └─── 美式期权
  ┤
                          ┌─── 看涨期权
        按照期权买方权利的不同 ┤
                          └─── 看跌期权
```

3. 期权到期日价值与净损益的计算

（1）买入和卖出看涨期权合约

项目		计算公式
买入看涨期权合约	期权到期日价值（V）	$V = \max(A_m - X, 0)$ 当 $A_m > X$ 时，期权买方将选择行权，期权到期价值为 $A_m - X$； 当 $A_m < X$ 时，期权买方不会行权，期权到期价值为 0
	期权净损益（P）	$P = V - $ 期权费用 买入看涨期权方的净损失最大为期权费用，净收益则没有上限
卖出看涨期权合约	期权到期日价值（V）	$V = -\max(A_m - X, 0)$ 当 $A_m > X$ 时，期权买方将选择行权，则对于卖方而言，期权到期价值为 $-(A_m - X)$； 当 $A_m < X$ 时，期权买方不会行权，则对于卖方而言，期权到期价值为 0
	期权净损益（P）	$P = V + $ 期权费用 卖出看涨期权方的净损失没有下线，净收益最大为期权费用

（2）买入和卖出看跌期权合约

项目		计算公式
买入看跌期权合约	期权到期日价值（V）	$V = \max(X - A_m, 0)$ 当 $A_m < X$ 时，期权买方将选择行权，期权到期价值为 $X - A_m$； 当 $A_m > X$ 时，期权买方不会行权，期权到期价值为 0
	期权净损益（P）	$P = V - $ 期权费用 买入看跌期权方的净损失最大为期权费用，净收益上限为（X – 期权费用），即标的资产市场价格 A_m 降至 0
卖出看跌期权合约	期权到期日价值（V）	$V = -\max(X - A_m, 0)$ 当 $A_m < X$ 时，期权买方将选择行权，则对于卖方而言，期权到期价值为 $-(X - A_m)$； 当 $A_m > X$ 时，期权买方不会行权，则对于卖方而言，期权到期价值为 0
	期权净损益（P）	$P = V + $ 期权费用 卖出看跌期权方的净收益最大为期权费用，净损失最大为（X – 期权费用），即标的资产市场价格 A_m 降至 0

【沙场练兵·单选题】根据期权合约的规定，下列说法正确的是（　　）。

A.对于买入看涨期权而言，到期日股票价格高于执行价格时，净损益大于0

B.买入看跌期权，获得在到期日或到期日之前按照执行价格购买某种资产的权利

C.多头看涨期权的最大净损益为期权价格

D.空头看涨期权的最大净损益为期权价格

【解析】选项A说法错误，买入看涨期权到期日价值＝max（股票市价－执行价格，0），买入看涨期权净损益＝买入看涨期权到期日价值－期权价格，因此，到期日价值大于等于0，但净损益不确定；选项B说法错误，买入看跌期权，获得在到期日或到期日之前按照执行价格卖出某种资产的权利；选项C说法错误，"买入看涨期权"也称"多头看涨期权"，对于多头看涨期权而言，最大净损失为期权价格，而净收益没有上限；选项D说法正确，空头看涨期权净损益＝到期日价值＋期权价格＝期权价格－max（股票市价－执行价格，0），由此可知，由于max（股票市价－执行价格，0）的最小值为0，因此，空头看涨期权的最大净收益为期权价格。综上，本题应选D。

【答案】D

【沙场练兵·多选题】按照期权买方权利的不同，期权合约分为（　　）。

A.看涨期权　　　　　　B.看跌期权

C.欧式期权　　　　　　D.美式期权

【解析】按照期权买方权利的不同，期权合约分为看涨期权和看跌期权。综上，本题应选AB。

【答案】AB

【沙场练兵·单选题】王某购买一份看涨期权，该期权到期日为5月2日，期权合约规定的标的股票执行价格为30元，其看涨期权价格为5元。预测该股票在期权到期日时的市场价格为57元，则此时期权到期日价值为（　　）元。

A.30　　　　　　　　　B.57

C.5　　　　　　　　　　D.27

【解析】投资者买入看涨期权，投资者预测在期权到期日时，标的资产市场价格为57元，高于执行价格，因此期权到期日价值＝股票到期日市价－执行价格＝57－30＝27（元）。综上，本题应选D。

【答案】D

【沙场练兵·判断题】买入看跌期权合约，其最大净损失是无限的。（　　）

【解析】买入看跌期权方的净损失最大为期权费用，净收益上限为（X－期权费用），即标的资产市场价格 A_m 降至0。因此，本题表述错误。

【答案】×

强化练习

一、单项选择题

1. 下列各项中，其计算结果等于项目投资方案年金净流量的是（　　）。

　　A. 现金净流量总现值 × 年金现值系数

　　B. 现金净流量 × 年金现值系数

　　C. 现金净流量总现值 × 年金现值系数的倒数

　　D. 现金净流量 × 年金现值系数的倒数

2. 在财务管理中，将企业为使项目完全达到设计生产能力、开展正常经营而投入的全部现实资金称为（　　）。

　　A. 投资总额　　　　　　B. 现金流量　　　　　　C. 建设投资　　　　　　D. 原始总投资

3. 已知某投资项目按 14% 折现率计算的净现值大于零，按 16% 折现率计算的净现值小于零，则该项目的内含收益率肯定（　　）。

　　A. 大于 14%，小于 16%　　　　　　　　　B. 小于 14%

　　C. 等于 15%　　　　　　　　　　　　　　D. 大于 16%

4. 某企业拟进行一项固定资产投资项目决策，资本成本为 10%，有四个方案可供选择。其中甲方案的项目寿命期为 5 年，净现值为 600 万元；乙方案的现值指数为 0.93；丙方案的项目寿命期为 10 年，年金净流量为 100 万元；丁方案的内含收益率为 8%。最优的投资方案是（　　）。〔已知（P/A，10%，5）= 3.7908〕

　　A. 甲方案　　　　　　B. 乙方案　　　　　　C. 丙方案　　　　　　D. 丁方案

5. 甲投资项目的原始投资额现值为 500 万元，净现值为 35 万元，该项目的现值指数为（　　）。

　　A.1　　　　　　　　B.1.07　　　　　　　　C.0.93　　　　　　　　D.0.07

6. 已知某设备原值为 60 000 元，税法规定残值率为 10%，最终报废残值为 5 000 元，该公司所得税税率为 25%，则该设备最终报废时，由于残值带来的现金流入量为（　　）元。

　　A.6 000　　　　　　B.5 250　　　　　　C.5 000　　　　　　D.4 750

7. 某股票的未来股利不变，当股票市价低于股票价值时，则股票内含收益率与投资人要求的最低收益率相比（　　）。

　　A. 较高　　　　　　　　　　　　　B. 较低

　　C. 相等　　　　　　　　　　　　　D. 可能较高也可能较低

8. 当其他因素不变，下列哪个因素上升会使债券的内在价值下降（　　）。

　　A. 票面价值　　　　　B. 票面利率　　　　　C. 市场利率　　　　　D. 购买价格

9. 下列各项中，不属于私募股权投资基金退出方式的是（　　）。

　　A. 股份上市转让或挂牌转让　　　　　　B. 股权转让

C.私人交易   D.清算退出

10.甲投资方案的年营业收入为 100 000 元，年营业成本为 60 000 元，其中年折旧额 10 000 元，所得税税率为 25%，该方案的年营业现金净流量为（   ）元。

    A.30 000   B.40 000   C.16 800   D.43 200

二、多项选择题

1.在下列各项中，属于证券投资风险的有（   ）。

    A.违约风险   B.再投资风险   C.购买力风险   D.破产风险

2.某企业拟按 15% 的必要收益率进行一项固定资产投资决策，所计算的净现值指标为 100 万元，无风险收益率为 8%，下列表述中正确的有（   ）。

    A.该项目的现值指数大于 1   B.该项目内含收益率小于 8%

    C.该项目风险收益率为 7%   D.该企业应进行此项投资

3.下列关于投资项目现金流量的表述中，正确的有（   ）。

    A.现金流量中所指的现金是指货币资金

    B.现金流量有现金流出量和现金流入量之分

    C.净现金流量等于现金流入量减现金流出量

    D.经营期内的净现金流量多为正值

4.下列关于债券价值的说法中，正确的有（   ）。

    A.当市场利率高于票面利率时，债券价值高于债券面值

    B.债券期限越长，溢价发行债券的价值会越高

    C.债券期限越短，票面利率对债券价值的影响越小

    D.当票面利率与市场利率一致时，期限长短对债券价值没有影响

5.评价投资方案的静态回收期指标的主要缺点有（   ）。

    A.不能衡量企业的投资风险

    B.没有考虑资金时间价值

    C.没有考虑回收期满后的现金流量

    D.不能衡量投资方案投资收益的高低

6.下列各项中，属于私募股权投资基金特点的有（   ）。

    A.具有较长的投资周期

    B.较大的投资收益波动性

    C.对投资决策与管理的专业要求较高，投后需进行非财务资源注入

    D.有可以预见的较高的收益率回报

7.下列关于企业投资分类的说法中正确的有（   ）。

    A.按投资活动与企业本身生产经营活动的关系可分为项目投资和证券投资

    B.根据投资对象的存在形态和性质可以分为直接投资和间接投资

    C.对内投资和对外投资是按投资活动投出的方向分类

D. 按投资项目之间的相互关联关系，企业投资可以分为独立投资和互斥投资

8. 债券投资的收益是投资于债券所获得的全部投资收益，这些投资收益来源于（   ）。

   A. 名义利息收益   B. 利息再投资收益

   C. 到期回收本金收益   D. 价差收益

9. 甲债券和乙债券是两只刚发行的每年付息一次的债券，两个债券的面值、票面利率、市场利率均相同，下列选项中，表述正确的有（   ）。

   A. 若市场利率高于票面利率，偿还期限长的债券价值低

   B. 若市场利率低于票面利率，偿还期限长的债券价值高

   C. 若市场利率高于票面利率，偿还期限短的债券价值低

   D. 若市场利率低于票面利率，偿还期限短的债券价值高

10. 股票投资的收益包括（   ）。

   A. 股利收益   B. 利息收益   C. 股利再投资收益   D. 转让价差收益

三、判断题

1. 对于分期支付利息、到期还本的非平价发行的债券，随着债券期限延长，债券的价值会偏离债券的面值，这种偏离的变化幅度会越来越大。（   ）

2. 证券资产具有很强的流动性，其流动性表现在变现能力强和持有目的可以相互转换。（   ）

3. 在互斥投资方案中，由于原始投资额的大小影响决策的结论，所以决策时必须考虑原始投资额的大小。（   ）

4. 年金净流量法不便于对原始投资额不相等的独立投资方案进行决策。（   ）

5. 为了避免市场利率下降的价格风险，投资者可能会投资于短期证券资产，但短期证券资产又会面临市场利率上升的再投资风险。（   ）

四、计算分析题

1. 乙公司是一家机械制造企业，适用的所得税税率为25%，公司现有一套设备（以下简称旧设备），已经使用6年，为降低成本，公司管理层拟将该设备提前报废，另行购置一套新设备，新设备的投资于更新起点一次性投入并能立即投入运营，设备更新后不改变原有的生产能力，但运营成本有所降低，会计上对于新设备折旧年限、折旧方法及净残值等的处理与税法保持一致，假定折现率为12%，要求考虑所得税费用的影响。相关资料如下表所示：

新旧设备相关资料   单位：万元

项目	旧设备	新设备
原价	5 000	6 000
预计使用年限（年）	12	10
已使用年限（年）	6	0
净残值	200	400

（续表）

项目	旧设备	新设备
当前变现价值	2 600	6 000
年折旧费（直线法）	400	560
年营运成本（付现成本）	1 200	800

相关货币时间价值系数

期数（n）	6	7	8	9	10
（P/F,12%,n）	0.5066	0.4523	0.4039	0.3606	0.322
（P/A,12%,n）	4.1114	4.5638	4.9676	5.3282	5.6502

要求：

（1）计算新设备在其可使用年限内形成的现金净流出量的现值（不考虑设备运营所带来的营业收入，也不把旧设备的变现价值作为新设备投资的减项）。

（2）计算新设备的年金成本。

（3）对于该更新项目，应采用净现值和年金净流量法哪个指标进行比较？并说明理由。

（4）已知使用旧设备的净现值（NPV）为 5 787.8 万元，根据上述计算作出固定资产是否更新的决策，并说明理由。

2. 经海公司是一家生产电子产品的制造类企业，采用直线法计提折旧，适用的企业所得税税率为 25%。在公司最近一次经营战略分析会上，多数管理人员认为，现有设备效率不高，影响了企业市场竞争力。公司准备配置新设备扩大生产规模，推进结构转型，生产新一代电子产品。公司配置新设备后，预计每年营业收入扣除税金及附加后的差额为 51 000 000 元，预计每年的相关费用如下：外购原材料、燃料和动力费为 18 000 000 元，工资及福利费为 16 000 000 元，其他费用为 2 000 000 元，财务费用为零。市场上该设备的购买价（即非含税价格，按现行增值税法规定，增值税进项税额不计入固定资产原值，可以全部抵扣）为 40 000 000 元，折旧年限为 5 年，预计净残值为零。新设备当年投产时需要追加流动资金投资 20 000 000 元。假设基准折现率为 9%，部分时间价值系数如表所示。

n	1	2	3	4	5
（P/F，9%，n）	0.9174	0.8417	0.7722	0.7084	0.6499
（P/A，9%，n）	0.9174	1.7591	2.5313	3.2397	3.8897

要求：

（1）根据上述资料，计算下列指标：①使用新设备每年折旧额和 1 ~ 5 年每年的经营成本；②运营期 1 ~ 5 年每年息税前利润；③建设期净现金流量（NCF_0），运营期所得税后净现金流量（NCF_{1-4} 和 NCF_5）及该项目净现值。

（2）运用净现值法进行项目投资决策并说明理由。

▲答案与解析

一、单项选择题

1. **【解析】**选项 A、B、D 不等于，选项 C 等于。年金净流量就是将项目现金净现值分配至等额年金的模型中，使得期限不同、不均等现金流量的项目具有可比性。计算方法如下：年金净流量 = 现金净流量总现值 ÷ 年金现值系数 = 现金净流量总现值 × 年金现值系数的倒数。综上，本题应选 C。

   【答案】C

2. **【解析】**原始总投资是反映企业为使项目完全达到设计生产能力、开展正常经营而投入的全部现实资金。综上，本题应选 D。

   【答案】D

3. **【解析】**内含收益率是指使净现值等于零时的折现率。此题结合插值法原理可以理解内含收益率一定是介于 14%–16% 之间。综上，本题应选 A。

   【答案】A

4. **【解析】**由于乙方案的现值指数小于 1，丁方案的内含收益率为 8%，小于设定折现率 10%，所以乙方案和丁方案均不可行；甲方案和丙方案的项目寿命期不等，应选择年金净流量最大的方案为最优方案。甲方案的年金净流量 = 600/（P/A，10%，5）= 600/3.7908 = 158.28（万元），高于丙方案，所以甲方案较优。综上，本题应选 A。

   【答案】A

5. **【解析】**现值指数 = 未来现金净流量现值 / 原始投资额现值 =（500 + 35）/500 = 1.07。综上，本题应选 B。

   【答案】B

6. **【解析】**在本题中，税法上规定的设备残值 = 60 000 × 10% = 6 000（元），最终报废残值 = 5 000（元），因为 6 000 元 > 5 000 元，即报废发生损失，残值净损失抵税。由于残值带来的现金流入量 = 最终报废残值 + 残值净损失抵税 = 5 000 + 1 000 × 25% = 5 250（元）。综上，本题应选 B。

   【答案】B

7. **【解析】**当未来股利不变时，股票价值 = 股利 ÷ 投资人要求的最低收益率，股票市价 = 股利 ÷ 股票内含收益率，所以当股票市价低于股票价值时，则内含收益率高于投资人要求的最低收益率。综上，本题应选 A。

   【答案】A

8. **【解析】**选项 A、B 不符合题意，债券票面价值、票面利率上升，会使债券价值提高；选项 C

符合题意，市场利率上升，计算债券价值时所采用的贴现率上升，则债券价值下降； 选项 D 不符合题意，债券的购买价格不影响债券价值。综上，本题应选 C。

【答案】C

9.【解析】私募股权投资基金主要通过退出项目实现收益，选择恰当的时机，将被投资企业股权变现。其退出方式主要有三种：股份上市转让或挂牌转让（选项 A）、股权转让（选项 B）、清算退出（选项 C）。综上，本题应选 C。

【答案】C

10.【解析】营业现金净流量 = 税后营业利润 + 折旧 = （营业收入 – 营业成本）×（1 – 所得税税率）+ 折旧 = （100 000 – 60 000）×（1 – 25%）+ 10 000 = 40 000（元）。综上，本题应选 B。

【答案】B

二、多项选择题

1.【解析】证券投资风险主要有两大类：一类是系统性风险，包括价格风险、再投资风险和购买力风险；另一类是非系统性风险，包括违约风险、变现风险和破产风险。综上，本题应选 ABCD。

【答案】ABCD

2.【解析】选项 A、D 正确，选项 B 错误，由于净现值大于 0，则现值指数大于 1，内含收益率大于 15%，该企业应进行此项投资；选项 C 错误，必要收益率 = 无风险收益率 + 风险收益率，15% = 8% + 风险收益率，风险收益率 = 7%，因为该项目的内含收益率大于 15%，所以该项目的风险收益率应大于 7%。综上，本题应选 AD。

【答案】AD

3.【解析】选项 A 错误，现金流量中所指的现金是广义的现金，不仅包括货币资金，还包括企业相关非货币性资产（如原材料、设备等）的变现价值。综上，本题应选 BCD。

【答案】BCD

4.【解析】选项 A 说法错误，当市场利率高于票面利率时，债券价值低于债券面值；当市场利率低于票面利率时，债券价值高于债券面值。选项 B 说法正确，债券期限越长，债券价值越偏离于债券面值；选项 C 说法正确，债券期限越短，债券票面利率对债券价值的影响越小。不论是溢价债券还是折价债券，当债券期限较短时，票面利率与市场利率的差异，不会使债券的价值过于偏离债券的面值；选项 D 说法正确，引起债券价值随债券期限的变化而波动的原因，是债券票面利率与市场利率的不一致。如果债券票面利率与市场利率之间没有差异，债券期限的变化不会引起债券价值的变动。也就是说，只有溢价债券或折价债券，才产生不同期限下债券价值有所不同的现象。综上，本题应选 BCD。

【答案】BCD

5.【解析】选项 B、C、D 正确，静态回收期指标能在一定程度上反映项目投资风险的大小，静态回收期越短，投资风险越小。静态回收期属于非折现指标，不考虑时间价值，只考虑回收期满以前的现金流量。正由于回收期只考虑部分现金流量，没有考虑方案全部的流量及收益。所以，不能根据静态回收期的长短判断收益率的高低。综上，本题应选 BCD。

【答案】BCD

6.【解析】私募股权投资基金的特点有：①具有较长的投资周期（选项 A）；较大的投资收益波动性（选项 B）；对投资决策与管理的专业要求较高，投后需进行非财务资源注入（选项 C）。综上，本题应选 ABC。

【答案】ABC

7.【解析】选项 A 错误，按投资活动与企业本身生产经营活动的关系，企业投资可以分为直接投资和间接投资；选项 B 错误，根据投资对象的存在形态和性质可以分为项目投资和证券投资；选项 C、D 正确。综上，本题应选 CD。

【答案】CD

8.【解析】债券投资的收益是投资于债券所获得的全部投资收益，这些投资收益来源于三方面，名义利息收益（面值与票面利率的乘积）、利息再投资收益、价差收益。综上，本题应选 ABD。

【答案】ABD

9.【解析】债券期限越长，债券价值越偏离债券面值。由于市场利率与债券价值反向变动，当市场利率提高时，债券价值会低于面值，期限越长的债券价值会越低；当市场利率降低时，债券价值会高于面值，期限越长的债券价值会越高。综上，本题应选 AB。

【答案】AB

10.【解析】股票投资的收益由股利收益、股利再投资收益、转让价差收益三部分构成。并且，只要按货币时间价值的原理计算股票投资收益，就无须单独考虑再投资收益的因素。选项 A、C、D 符合题意，选项 B 不符合题意，利息收益是债券投资的收益构成。综上，本题应选 ACD。

【答案】ACD

三、判断题

1.【解析】对于分期支付利息、到期还本的非平价发行的债券，随着债券期限延长，债券的价值会越偏离债券的面值，但这种偏离的变化幅度最终会趋于平稳。或者说，超长期债券的期限差异，对债券价值的影响不大。因此，本题表述错误。

【答案】×

2.【解析】证券资产的特点之一是强流动性，表现在：①变现能力强；②持有目的可以相互转换。因此，本题表述正确。

【答案】√

3.【解析】在互斥投资方案的选优决策中，如果寿命期相同，则比较净现值；否则，比较年金净流量（净现值/年金现值系数），由此可知，原始投资额的大小并不影响决策的结论，无须考虑原始投资额的大小。因此，本题表述错误。

【答案】×

4.【解析】对独立投资方案进行决策时，比较的是获利程度，优先考虑内含收益率高的方案。年金净流量法同净现值法一样不便于对原始投资额不等的独立投资方案进行决策。因此，本题表述正确。

【答案】√

5.【解析】再投资风险是指由于市场利率下降，而造成的无法通过再投资而实现预期收益的可能性。价格风险是由于市场利率上升，而使证券资产价格普遍下跌的可能性。因此，正确的说法应该是：为了避免市场利率上升的价格风险，投资者可能会投资于短期证券资产，但短期证券资产又会面临市场利率下降的再投资风险。因此，本题表述错误。

【答案】×

四、计算分析题

1.（1）

【解析】新设备现金流出中，当前变现价值可以看成一种机会成本；折旧费是非付现费用所以不产生真正的现金流出；净残值也作为流出的递减项属于流入。

【答案】新设备每年折旧抵税额 = 560×25% = 140（万元）

新设备现金净流出量现值 = 6 000 − 140×（P/A，12%，10）+ 800×（1 − 25%）×（P/A，12%，10）− 400×（P/F，12%，10）= 8 470.29（万元）

（2）

【解析】年金成本 = 现金净流出量现值 ÷ 年金现值系数

【答案】年金成本 = 8 470.29/（P/A，12%，10）= 1 499.11（万元）

（3）

【解析】年金净流量法是净现值的辅助方法，在各方案寿命期相同时，实质上就是净现值法。因此它适用于期限不同的投资方案决策。但同时，它也具有与净现值法同样的缺点，不便于对原始投资额不相等的独立方案进行决策。

【答案】应当采用年金净流量法，因为净现值法不能评价寿命期不同的互斥项目，而年金净流量法克服了这一缺点。

（4）

【解析】如果不考虑各方案的营业现金流入量变动，只比较各方案的现金流出量，我们把按年金净流量原理计算的等额年金流出量称为年金成本。替换重置方案的决策标准，是要求年金成本最低。年金成本 = 年金净流出量现值 ÷ 年金现值系数。

【答案】旧设备年金成本 = 5 787.8/（P/A，12%，6）= 1 407.74（万元），新设备年金成本 1 499.11 万元 > 1 407.74 万元，所以不应更新，应选择继续使用旧设备。

2.（1）

【解析】经营成本一般包括直接材料、直接人工和其他费用。息税前利润 = 营业收入 − 经营成本 − 非付现费用（折旧费等），投资阶段的现金流量主要是现金流出量，包括长期资产投资及垫支的营运资金；营业阶段是投资项目的主要阶段，该阶段既有现金流入量，也有现金流出量。现金流入量主要是营运各年的营业收入，现金流出量主要是营运各年的付现营运成本；终结阶段的现金流量主要是现金流入量，包括固定资产变价净收入、固定资产变价净损益的影响和垫支营运资金的收回。净现值＝未来现金净流量现值－原始投资额现值。

【答案】①使用新设备每年折旧额 = 40 000 000/5 = 8 000 000（元）

1～5 年每年的经营成本 = 18 000 000 + 16 000 000 + 2 000 000 = 36 000 000（元）

②运营期 1～5 年每年息税前利润 = 51 000 000 − 36 000 000 − 8 000 000 = 7 000 000（元）

③ NCF_0 = − 40 000 000 − 20 000 000 = − 60 000 000（元）

NCF_{1-4} = 7 000 000 ×（1 − 25%）+ 8 000 000 = 13 250 000（元）

NCF_5 = 13 250 000 + 20 000 000 = 33 250 000（元）

该项目净现值 = − 60 000 000 + 13 250 000 ×（P/A，9%，4）+ 33 250 000 ×（P/F，9%，5）= − 60 000 000 + 13 250 000 × 3.2397 + 33 250 000 × 0.6499 = 4 535 200（元）

（2）

【解析】单个项目，净现值越大越好，大于 0 项目可行。

【答案】该项目净现值 4 535 200 元大于 0，所以该项目是可行的。

第七章 营运资金管理

应试指导

本章客观题考点主要集中在营运资金管理的主要内容、现金管理和流动负债管理，主观题主要考点是信用政策、目标现金余额的确定和最优存货量的确定。教材上的例题全部掌握，应对考试问题不大。

历年考情

本章属于重点章节，考试难度适中，近几年的平均分值在 12 分左右，各种题型均可能出现。

题型	2021 年（一）		2021 年（二）		2020 年（一）		2020 年（二）		2019 年（一）		2019 年（二）	
	题量	分值	题量	分值	题量	分值	题量	分值	题量	分值	题量	分值
单选	2	3 分	3	4.5 分	1	2 分	1	2 分	3	3 分	3	3 分
多选	1	2 分	2	4 分	1	2 分	—	—	—	—	3	6 分
判断	1	1 分	2	2 分	1	1 分	2	2 分	3	3 分	2	2 分
计算	—	—	5	5 分	—	—	—	—	5	5 分	4	5 分
综合	—	—	1	4 分	3	7 分	3	9 分	—	—	—	—

高频考点列表

考点	单选题	多选题	判断题	计算分析题	综合题
营运资金的特点和管理原则	2018 年	2020 年	—	—	—
营运资金管理策略	2021 年、2019 年	2021 年	—	—	2020 年
现金管理	2020 年、2019 年	—	2021 年、2020 年、2019 年	—	2020 年
现金收支日常管理	2021 年	—	—	—	2021 年、2020 年
应收账款的功能、成本和保理	2021 年	2021 年	2020 年	—	—

考点	单选题	多选题	判断题	计算分析题	综合题
信用政策	—	—	—	2021年、2020年、2019年	2021年、2020年
最优存货量的确定	2021年、2020年、2019年、2018年	2020年	2021年	2019年	2020年
短期借款	2019年	—	2021年、2020年、2019年	—	—
短期融资券	—	2019年	2018年	—	—
商业信用	2021年	2019年	2020年、2019年	—	2018年

🌲 章逻辑树

第七章　营运资金管理

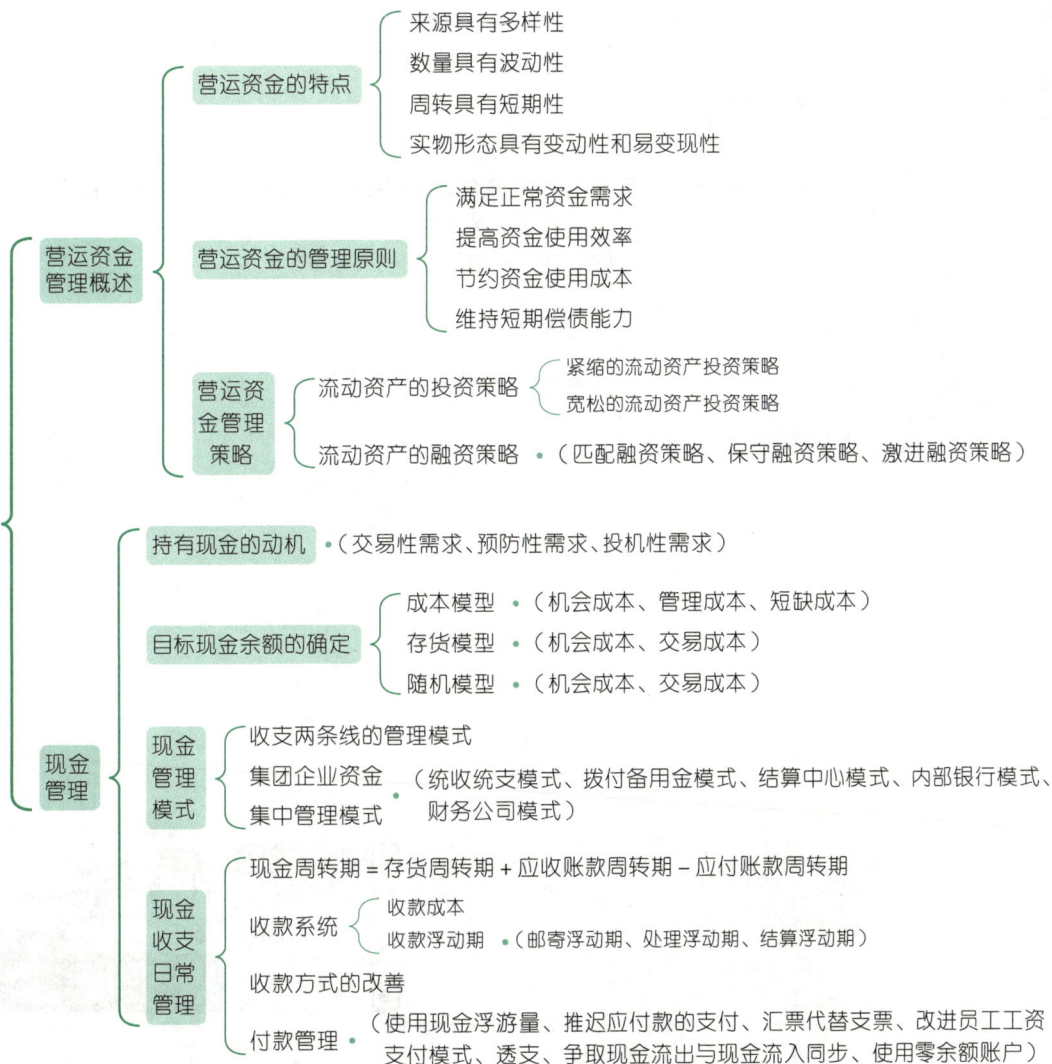

- 营运资金管理概述
  - 营运资金的特点
    - 来源具有多样性
    - 数量具有波动性
    - 周转具有短期性
    - 实物形态具有变动性和易变现性
  - 营运资金的管理原则
    - 满足正常资金需求
    - 提高资金使用效率
    - 节约资金使用成本
    - 维持短期偿债能力
  - 营运资金管理策略
    - 流动资产的投资策略
      - 紧缩的流动资产投资策略
      - 宽松的流动资产投资策略
    - 流动资产的融资策略 •（匹配融资策略、保守融资策略、激进融资策略）

- 现金管理
  - 持有现金的动机 •（交易性需求、预防性需求、投机性需求）
  - 目标现金余额的确定
    - 成本模型 •（机会成本、管理成本、短缺成本）
    - 存货模型 •（机会成本、交易成本）
    - 随机模型 •（机会成本、交易成本）
  - 现金管理模式
    - 收支两条线的管理模式
    - 集团企业资金集中管理模式 •（统收统支模式、拨付备用金模式、结算中心模式、内部银行模式、财务公司模式）
  - 现金收支日常管理
    - 现金周转期＝存货周转期＋应收账款周转期－应付账款周转期
    - 收款系统
      - 收款成本
      - 收款浮动期 •（邮寄浮动期、处理浮动期、结算浮动期）
    - 收款方式的改善
    - 付款管理 •（使用现金浮游量、推迟应付款的支付、汇票代替支票、改进员工工资支付模式、透支、争取现金流出与现金流入同步、使用零余额账户）

应收账款管理
- 应收账款的功能 • (增加销售的功能、减少存货的功能)
- 应收账款的成本 • (机会成本、管理成本、坏账成本)
- 信用政策
  - 信用标准
    - 信用的定性分析 (5C 信用评价系统)
    - 信用的定量分析 (比率分析法)
  - 信用条件 • (信用期限、折扣条件)
  - 收账政策
- 应收账款的监控
- 应收账款日常管理

第七章 营运资金管理

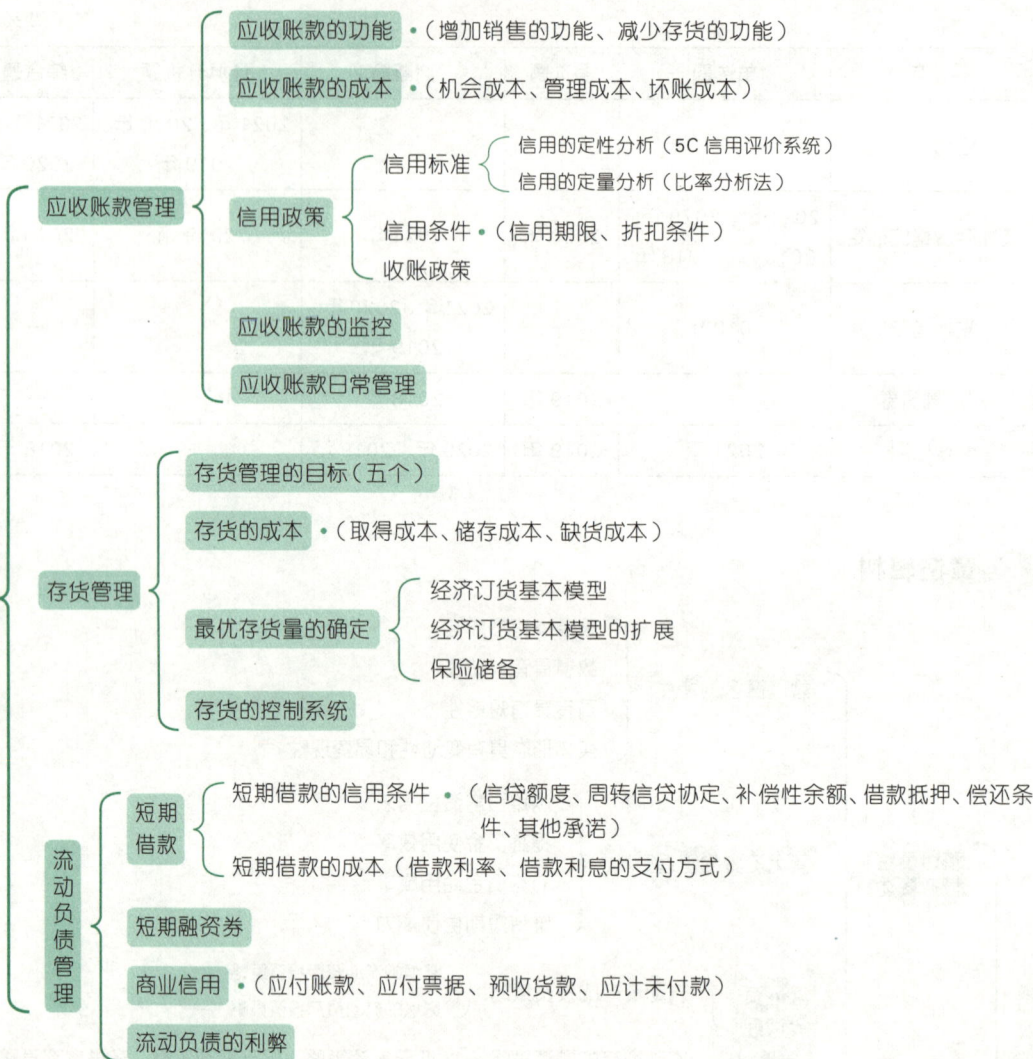

存货管理
- 存货管理的目标 (五个)
- 存货的成本 • (取得成本、储存成本、缺货成本)
- 最优存货量的确定
  - 经济订货基本模型
  - 经济订货基本模型的扩展
  - 保险储备
- 存货的控制系统

流动负债管理
- 短期借款
  - 短期借款的信用条件 • (信贷额度、周转信贷协定、补偿性余额、借款抵押、偿还条件、其他承诺)
  - 短期借款的成本 (借款利率、借款利息的支付方式)
- 短期融资券
- 商业信用 • (应付账款、应付票据、预收货款、应计未付款)
- 流动负债的利弊

高频考点 1　营运资金的特点和管理原则

营运资金特点	营运资金管理原则
来源**多**样性 数量波**动**性 周转短**期**性 实物形态**变**动性、**易**变现性	满足正常资金需求 提高资金使用效率 节约资金使用成本 维持短期偿债能力

‖敲黑板‖ 营运资金的特点："多动期变易"。

【真题实战·多选题】对营运资金占用水平有影响的有（　　）。（2020 年）

A. 应收账款　　　　B. 存货

C. 预付账款　　　　D. 货币资金

【解析】营运资金＝流动资产－流动负债，选项 A、B、C、D 均属于流动资产。综上，本题应选 ABCD。

【答案】ABCD

【真题实战·单选题】一般而言，营运资金指的是（　　）。（2018 年）

A. 流动资产减去存货后的余额

B. 流动资产减去流动负债后的余额

C. 流动资产减去速动资产后的余额

D. 流动资产减去货币资金后的余额

【解析】营运资金＝流动资产－流动负债，综上，本题应选 B。

【答案】B

【沙场练兵·多选题】营运资金管理是企业财务管理工作中很重要的内容，企业进行营运资金管理时，应遵循的原则有（　　）。

A. 满足全部资金需求

B. 提高资金使用效率

C. 节约资金使用成本

D. 维持短期偿债能力

【解析】企业在进行营运资金管理时，应遵循以下原则：①满足正常资金需求，并不是全部资金需求都是要满足的，需要认真分析资金需求是否合理；②提高资金使用效率；③节约资金使用成本；④维持短期偿债能力。综上，本题应选 BCD。

【答案】BCD

【沙场练兵·判断题】营运资金具有多样性、波动性、短期性、变动性和不易变现性等特点。（　　）

【解析】营运资金一般具有如下特点：来源多样性、数量波动性、周转短期性、实物形态变动性、易变现性。因此，本题表述错误。

【答案】×

高频考点 2 营运资金管理策略

1. 投资策略

（1）制定流动资产投资策略的影响因素有：资产的收益性与风险性；企业经营的内外部环境；产业因素的影响；企业政策的决策者。

（2）紧缩的流动资产投资策略 VS 宽松的流动资产投资策略

项目	紧缩的流动资产投资策略	宽松的流动资产投资策略
流动资产与销售收入比率	低	高
持有成本		
流动性	低	高
资金成本		
财务与经营风险	高	低
短缺成本		
收益水平		

【真题实战·多选题】下列各项中，不属于宽松的流动资产投资策略特点的有（　　）。（2021年）

A. 风险较低　　　　　B. 流动性低

C. 较少的流动资产　　D. 收益较低

【解析】宽松的流动资产投资策略：①维持高水平的流动资产与销售收入比率。②由于流动性较高，企业的财务与经营风险较小。③过多的流动资产投资，会承担较大的流动资产持有成本，提高企业的资金成本，降低收益水平。综上，本题应选BC。

【答案】BC

【真题实战·多选题】不考虑其他因素，企业采用宽松的流动资产投资策略将导致（　　）。（2019年）

A. 较低的资产流动性

B. 较低的偿债能力

C. 较低的流动资产短缺成本

D. 较低的收益水平

【思路导航】本考点是出题人比较热衷的出题点，大家可以这样理解相关知识：紧缩型过日子一般家里都不会有太多流动资产，而宽松型的都是家里有粮心里不慌，大量流动资产留在家中。

【解析】在宽松的流动资产投资策略下，企业将保持较高的流动资产，会增加流动资产的持有成本，降低资产的收益性水平（选项D），但会提高资产的流动性，短缺成本会降低（选项C），会提高偿债能力。综上，本题应选CD。

【答案】CD

【沙场练兵·多选题】下列关于营运资金管理的表述中，正确的有（　　）。

A. 销售稳定并可预测时，投资于流动资产的资金可以相对少一些

B. 加速营运资金周转，有助于降低资金使用成本

C. 管理者偏好高风险高收益时，通常会保持较低的流动资产投资水平

D. 销售变数较大且难以预测时，通常要维持较低的流动资产与销售收入比率

【解析】选项 A 正确，如果销售既稳定又可预测，则只需维持较低的流动资产投资水平；选项 B 正确，营运资金周转加速，则可以提高资金使用效率，降低资金使用成本；选项 C 正确，管理者偏好高风险高收益时，通常会保持较低的流动资产投资水平；选项 D 错误，销售额越不稳定，越不可预测，投资于流动资产上的资金就应越多，以保证有足够的存货和应收账款占用来满足生产经营和顾客的需要。综上，本题应选 ABC。

【答案】ABC

【沙场练兵·判断题】在紧缩型流动资产投资策略下，企业一般会维持较高水平的流动资产与销售收入比率，因此财务风险与经营风险较小。（　）

【解析】在紧缩型流动资产投资策略下，企业一般会维持较低水平的流动资产与销售收入比率，因此财务风险与经营风险较大。因此，本题表述错误。

【答案】×

【沙场练兵·单选题】某公司在营运资金管理中，为了降低流动资产的持有成本、提高资产的收益性，决定保持一个低水平的流动资产与销售收入比率，据此判断，该公司采取的流动资产投资策略是（　）。

A. 紧缩的流动资产投资策略

B. 宽松的流动资产投资策略

C. 匹配的流动资产投资策略

D. 稳健的流动资产投资策略

【解析】在紧缩的流动资产投资策略下，企业维持较低水平的流动资产与销售收入比率。紧缩的流动资产投资策略可以节约流动资产的持有成本。综上，本题应选 A。

【答案】A

【沙场练兵·多选题】企业选用流动资产投资策略时需要考虑的影响因素包括（　）。

A. 企业对资产风险和收益的权衡

B. 企业经营的内外部环境

C. 产业因素

D. 影响企业政策的决策者

【解析】选项 A 正确，增加流动资产投资会增加流动资产的持有成本，降低资产的收益性，但会提高资产的流动性；减少流动资产则相反。选项 B 正确，通常，银行和其他借款人对企业流动性水平非常重视，因为流动性是这些债权人确定信用额度和借款利率的主要依据之一。选项 C 正确，在销售边际毛利较高的产业，如果从额外销售中获得的利润超过额外应收账款所增加的成本，宽松的信用政策可能为企业带来更为可观的收益。选项 D 正确，保守的决策者更倾向于宽松的流动资产投资策略，而风险承受能力较强的决策者则倾向于紧缩的流动资产投资策略。综上，本题应选 ABCD。

【答案】ABCD

2. 融资策略

（1）可供选择的流动资产融资策略

资产划分	非流动资产	永久性流动资产	波动性流动资产
匹配策略	长期来源		短期来源
保守策略	长期来源		短期来源
激进策略	长期来源		短期来源

（2）流动资产融资策略的含义及特点

种类	含义	特点
期限匹配融资策略	波动性流动资产 = 短期融资 非流动资产 + 永久性流动资产 = 权益资本 + 长期负债	风险和成本适中
激进融资策略（短资长用）	波动性流动资产 < 短期融资 非流动资产 + 永久性流动资产 > 权益资本 + 长期负债	高风险、低成本
保守融资策略（长资短用）	波动性流动资产 > 短期融资 非流动资产 + 永久性流动资产 < 权益资本 + 长期负债	低风险、高成本

【真题实战·单选题】关于保守型流动资产融资策略，下列表述正确的是（　　）。（2021年）

A. 长期资金来源 = 非流动资产 + 永久性流动资产

B. 长期资金来源 > 非流动资产 + 永久性流动资产

C. 短期资金来源 > 波动性流动资产

D. 长期资金来源 < 非流动资产 + 永久性流动资产

【思路导航】流动资产的融资策略，首先要重新划分流动资产和流动负债，然后分析"短期/长期资金需求"和"短期/长期资金来源"的匹配程度。

【解析】在保守型融资策略中，长期融资支持非流动资产、永久性流动资产和部分波动性流动资产。企业通常以长期融资来源为波动性流动资产的平均水平融资，短期融资仅用于融通剩余的波动性流动资产，因此长期资金来源 > 非流动资产 + 永久性流动资产。综上，本题应

选 B。

【答案】B

【真题实战·多选题】企业在制定流动资产融资策略时，下列各项中被视为长期资金来源的有（　　）。（2021年）

A. 股东权益资本　　　B. 临时性流动负债

C. 自发性流动负债　　D. 长期负债

【解析】在流动资产的融资策略中，长期资金来源包括自发性流动负债（选项 C）、长期负债（选项 D）以及股东权益资本（选项 A）；短期资金来源主要是指临时性流动负债，例如短期银行借款。综上，本题应选 ACD。

【答案】ACD

【沙场练兵·判断题】一般而言，企业依靠大量短期负债来满足自身资金需求的做法体现出一种较为保守的融资策略。（　　）

【解析】短期负债在较短期限内就需要还本付息，过多地使用短期融资会导致较高的流动性风险，所以是较为激进的策略。因此，本题表

述错误。

【答案】×

【沙场练兵·单选题】某公司资产总额为 9 000 万元，其中永久性流动资产为 2 400 万元，波动性流动资产为 1 600 万元，该公司长期资金来源金额为 8 100 万元，不考虑其他情形，可以判断该公司的融资策略属于（　　）。

A. 期限匹配融资策略

B. 保守融资策略

C. 激进融资策略

D. 风险匹配融资策略

【解析】在保守融资策略中，长期融资支持非流动资产、永久性流动资产和部分波动性流动资产。本题中，永久性流动资产为 2 400 万元，波动性流动资产为 1 600 万元，所以非流动资产＝9 000－2 400－1 600＝5 000（万元），非流动资产＋永久性流动资产＝5 000＋2 400＝7 400（万元）＜8 100 万元，说明长期资金不仅支持了非流动资产和全部永久性流动资产，还支持了部分波动性流动资产，故属于保守融资策略。综上，本题应选 B。

【答案】B

【沙场练兵·单选题】下列流动资产融资策略中，收益和风险均较低的是（　　）。

A. 保守融资策略　　　B. 激进融资策略

C. 产权匹配融资策略　D. 期限匹配融资策略

【解析】流动资产的融资策略包括保守融资策略、期限匹配融资策略、激进融资策略。三种融资策略中，保守融资策略的短期来源比重最低，由于短期来源的融资风险大，所以，保守融资策略的风险较低。但是由于保守融资策略的长期来源比重最大，而长期负债成本高于短期负债成本，所以，保守融资策略的收益较低。

综上，本题应选 A。

【答案】A

【沙场练兵·单选题】某公司用长期资金来源满足非流动资产和部分永久性流动资产的需要，而用短期资金来源满足剩余部分永久性流动资产和全部波动性资产的需要，则该公司的流动资产融资策略是（　　）。

A. 激进融资策略　　　B. 保守融资策略

C. 折中融资策略　　　D. 期限匹配融资策略

【解析】在激进融资策略中，公司以长期资金来源为所有的非流动资产融资，仅对一部分永久性流动资产使用长期融资方式融资，短期融资方式支持剩下的永久性流动资产和所有的波动性流动资产。综上，本题应选 A。

【答案】A

【沙场练兵·单选题】某企业非流动资产为 800 万元，永久性流动资产为 200 万元，波动性流动资产为 200 万元。已知长期负债、自发性负债和权益资本可提供的资金为 1 100 万元，则该企业（　　）。

A. 采取的是期限匹配融资策略

B. 采取的是激进融资策略

C. 采取的是保守融资策略

D. 资本成本较高

【解析】在保守型融资策略下，长期融资支持非流动资产、永久性流动资产和部分波动性流动资产。本题中，非流动资产＋永久性流动资产＝800＋200＝1 000（万元），长期资金来源为 1 100 万元，说明还有 100 万元用于支持波动性流动资产的融资需求，所以属于保守型融资策略。综上，本题应选 C。

【答案】C

【真题实战·综合题】（2020年节选）

甲公司是一家制造业公司，两年来经营状况稳定，并且产销平衡，相关资料如下：

资料一：公司2019年度资产负债表和利润表，如下表所示：（单位：万元）

资产负债表项目				利润表项目	
资产	2019年年末余额	负债和股东权益	2019年年末余额	项目	2019年发生额
货币资金	1 000	应付账款	2 100	营业收入	30 000
应收账款	5 000	短期借款	3 100	营业成本	18 000
存货	2 000	长期借款	4 800	期间费用	6 000
固定资产	12 000	股东权益	10 000	利润总额	6 000
资产合计	20 000	负债和股东权益合计	20 000	净利润	4 500

假定2019年年末各资产负债表项目余额均能代表全年平均水平。

资料二：2019年公司全年购货成本为9 450万元，一年按照360天计算。

资料三：2019年公司全部流动资产中，波动性流动资产为5 500万元。

要求：

根据资料一、三，依据公司资产与资金来源期限结构的匹配情况，判断流动资产融资策略属于哪种类型，并说明理由。

【解析】 判断属于哪种融资策略，本题主要是判断波动性流动资产和临时性流动负债之间的关系。

【答案】 公司采用的是保守型融资策略。因为波动性流动资产为5 500万元，短期来源为3 100万元，波动性流动资产大于短期来源。

高频考点 3 现金管理

1. 持有现金的动机

种类	内容
交易性需求	指企业为了维持**日常周转**及**正常商业活动**所需持有的现金额
预防性需求	指企业需要持有一定量的现金，**以应付突发事件**
投机性需求	企业需要持有一定量的现金以抓住突然出现的**获利机会**

【真题实战·判断题】公司为应对未来可能出现的突发事件而持有一定量的现金，该现金持有动机在于满足预防性需求。（　）（2021年）

【思路导航】三种持有现金的动机很多同学容易混淆，其实从字面意思就能理解个大概，交易性需求那肯定是为了交易准备的，预防性需求肯定是预防一些突然的事件，而投机性需求一般是和投资有价证券相关。理解到这种程度基本能做题了。

【解析】持有现金是出于三种需求：交易性需求、预防性需求和投机性需求。其中，预防性需求是指企业需要持有一定量的现金，以应付突发事件。因此，本题表述正确。

【答案】√

【真题实战·判断题】为满足每年双十一大促销的备货需求而增持现金，反映了企业持有现金的交易性需求。（　）（2021年）

【解析】持有现金是出于三种需求：交易性需求、预防性需求和投机性需求。其中，交易性需求是指企业为了维持日常周转及正常商业活动所需持有的现金额。双十一促销产生的备货需求，企业需要增持现金来调节，维持正常的商业活动。因此，本题表述正确。

【答案】√

【真题实战·单选题】某企业因供应商收紧了信用政策，导致资金支付需求增加，需要补充持有大量现金，这种持有现金的动机属于（　）。（2020年）

A. 交易性需求　　　　B. 投资性需求
C. 预防性需求　　　　D. 投机性需求

【解析】交易性需求指企业为了维持日常周转及正常商业活动所需持有的现金额。综上，本题应选A。

【答案】A

【真题实战·单选题】某公司发现某股票的价格因突发事件而大幅度下降，预判有很大的反

弹空间，但苦于没有现金购买。这说明该公司持有的现金未能满足（　）。（2019年）

A. 投机性需求　　　　B. 预防性需求
C. 决策性需求　　　　D. 交易性需求

【解析】投机性需求是企业需要持有一定量的现金以抓住突然出现的获利机会。这种机会大多是一闪即逝的，如证券价格的突然下跌，企业若没有用于投机的现金，就会错过这一机会。综上，本题应选A。

【答案】A

【沙场练兵·单选题】各种持有现金的动机中，属于应付未来现金流入和流出随机波动的动机是（　）。

A. 交易性需求　　　　B. 预防性需求
C. 投机性需求　　　　D. 长期投资性需求

【解析】预防性需求是企业为应付意外紧急情况而需要保持的现金支付能力。综上，本题应选B。

【答案】B

【沙场练兵·多选题】下列各项中，决定预防性现金需求数额的影响因素有（　）。

A. 企业临时融资的能力
B. 企业预测现金收支的可靠性
C. 金融市场上的投资机会
D. 企业愿意承担短缺风险的程度

【解析】为应付意料不到的现金需要，企业需要掌握的现金额取决于：①企业愿冒现金短缺风险的程度；②企业预测现金收支可靠的程度；③企业临时融资的能力。希望尽可能减少风险的企业倾向于保留大量的现金余额，以应付其交易性需求和大部分预防性资金需求。现金收支预测可靠性程度较高，信誉良好，与银行关系良好的企业，预防性需求的现金持有量一般较低。选项C，是影响投机性需求的因素。综上，本题应选ABD。

【答案】ABD

2.成本模型

项目		内容
成本 类型	管理成本（固定成本）	如管理人员的工资、安全措施费等
	机会成本（正相关成本）	持有现金额×某企业的资本成本
	短缺成本（负相关成本）	随现金持有量的增加而下降，随现金持有量的减少而上升
决策 原则	①最佳现金持有量下的现金持有总成本＝Min（管理成本＋机会成本＋短缺成本）； ②当机会成本＝短缺成本时，企业所持有的现金持有量为最佳现金持有量	

【真题实战·判断题】在确定目标现金余额时，无论成本模型还是存货模型，都需要考虑持有现金的机会成本。（　　）（2020年）

【解析】成本模型需要考虑的成本有机会成本、管理成本和短缺成本。存货模型需要考虑的成本有机会成本和交易成本。所以两种模型都需要考虑持有现金的机会成本。因此，本题表述正确。

【答案】√

【真题实战·单选题】在利用成本模型进行最佳现金持有量决策时，下列成本因素中没有考虑在内的是（　　）。（2019年）

A. 交易成本　　　　B. 短缺成本
C. 管理成本　　　　D. 机会成本

【思路导航】

项目	机会 成本	管理 成本	交易 成本	短缺 成本
成本模式		√	——	√
存货模式	√			
随机模式		——	√	——

【解析】成本模型考虑的现金持有成本包括机会成本、管理成本和短缺成本。综上，本题应选A。

【答案】A

【真题实战·判断题】企业持有现金的机会成本主要是指企业为了取得投资机会而发生的佣

金、手续费等有关成本。（　　）（2019年）

【解析】现金的机会成本，是指企业因持有一定现金余额丧失的再投资收益。现金的转换成本是指企业用现金购入有价证券以及用有价证券换取现金时付出的交易费用，即现金同有价证券之间相互转换的成本，如买卖佣金、手续费、证券过户费、印花税、实物交割费等。因此，本题表述错误。

【答案】×

【沙场练兵·单选题】运用成本模型计算最佳现金持有量时，下列公式中，正确的是（　　）。

A. 最佳现金持有量下的现金持有总成本＝Min（管理成本＋机会成本＋转换成本）

B. 最佳现金持有量下的现金持有总成本＝Min（管理成本＋机会成本＋短缺成本）

C. 最佳现金持有量下的现金持有总成本＝Min（管理成本＋经营成本＋转换成本）

D. 最佳现金持有量下的现金持有总成本＝Min（机会成本＋经营成本＋转换成本）

【解析】成本模型是根据现金有关成本，分析预测其总成本最低时现金持有量的一种方法。其计算公式为：最佳现金持有量下的现金持有总成本＝Min（管理成本＋机会成本＋短缺成本）下的现金持有总成本。综上，本题应选B。

【答案】B

【沙场练兵·单选题】下列项目中属于持有现金的机会成本的是（　　）。

A. 现金管理人员工资　B. 现金安全措施费用

C. 现金被盗损失　　　D. 现金的再投资收益

【解析】选项 A、B、C 错误，属于持有现金的管理成本；选项 D 正确，持有过量现金会导致机会成本加大，从而使收益水平下降。综上，本题应选 D。

【答案】D

【沙场练兵·多选题】运用成本模型确定企业最佳现金持有量时，现金持有量与持有成本之间的关系表现为（　　）。

A. 现金持有量越小，机会成本越大

B. 现金持有量越大，机会成本越大

C. 现金持有量越小，短缺成本越大

D. 现金持有量越大，管理成本越大

【解析】运用成本模型确定企业最佳现金持有量时，需要考虑三种成本：机会成本，与现金持有量呈正相关的关系；管理成本，一般为固定成本，与现金持有量无关；短缺成本，与现金持有量呈负相关的关系。综上，本题应选 BC。

【答案】BC

3. 存货模型

项目		内容
成本类型	交易成本	有价证券转换回现金所付出的代价（如支付手续费用），与转换次数正相关
	机会成本	持有现金额 × 某企业的资本成本
内容		**机会成本 = 交易成本**时，相关总成本最低，则此时的现金持有量为最佳现金持有量
计算公式		现金持有总成本 = 机会成本 + 交易成本 =（C/2）× K +（T/C）× F **最佳现金持有量（C^*）= $\sqrt{(2TF)/K}$** 式中，T：一定期间内的现金需求量；F：一定时期内出售有价证券的总交易成本；K：持有现金的机会成本率

【真题实战·判断题】现金存货模型中，最佳现金持有量是机会成本和交易成本线交叉的点所对应的现金持有量。（　　）（2020 年）

【思路导航】最佳现金持有量的确定共三种模型，要分清每种模型下要考虑哪些成本，根据其考虑的成本确定最佳现金持有量。平时要注意多总结归纳，不至于考试时发蒙。

【解析】现金存货模型中，现金持有的总成本线是现金的交易成本与现金的机会成本所组成的，而最佳现金持有量就是机会成本线与交易成本线交叉点所对应的现金持有量。因此，本题表述正确。

【答案】√

【沙场练兵·多选题】在确定目标现金余额的存货模型中，需要考虑的相关现金成本有（　　）。

A. 机会成本　　　　　B. 短缺成本

C. 管理成本　　　　　D. 交易成本

【解析】存货模型的现金成本包括机会成本和交易成本。综上，本题应选 AD。

【答案】AD

【沙场练兵·单选题】某公司根据存货模型确定的最佳现金持有量为 100 000 元，有价证券的年利率为 10%。在最佳现金持有量下，该公司与现金持有量相关的现金使用总成本为（　　）元。

A. 5 000   B. 10 000

C. 15 000   D. 20 000

【解析】在存货模型下，达到最佳现金持有量时，机会成本等于交易成本，即与现金持有量相关的现金使用总成本应为机会成本的 2 倍，机会成本＝（C/2）×K＝100 000÷2×10%＝5 000（元），所以，与最佳现金持有量相关的现金使用总成本＝2×5 000＝10 000（元）。综上，本题应选 B。

【答案】B

【沙场练兵·计算分析题】

乙公司使用存货模型确定最佳现金持有量。根据有关资料分析，2021 年该公司全年现金需求量为 8 100 万元，每次现金转换的成本为 0.2 万元，持有现金的机会成本率为 10%。

要求：

（1）计算最佳现金持有量。

（2）计算最佳现金持有量下的现金转换次数。

（3）计算最佳现金持有量下的现金交易成本。

（4）计算最佳现金持有量下持有现金的机会成本。

（5）计算最佳现金持有量下的相关总成本。

【思路导航】此知识点出的题目都没有难度，直接套用公式就可以了，公式也不用死记硬背，理解公式含义就可以了。

【提个醒】在最佳现金持有量下，机会成本＝交易成本

【答案】

（1）最佳现金持有量（C*）＝ $\sqrt{(2\times8\,100\times0.2)/10\%}$ ＝180（万元）

（2）最佳现金持有量下的现金转换次数 8 100/180＝45（次）

（3）最佳现金持有量下的现金交易成本＝45×0.2＝9（万元）

（4）最佳现金持有量下持有现金的机会成本＝180/2×10%＝9（万元）

（5）最佳现金持有量下的相关总成本＝9＋9＝18（万元），或＝ $\sqrt{2\times8\,100\times0.2\times10\%}$ ＝18（万元）

4. 随机模型

计算公式	$$R = \sqrt[3]{\dfrac{3b\times\delta^2}{4i}} + L \qquad H = 3R - 2L$$
	式中，b：证券转换为现金或现金转换为证券的成本；δ：企业每日现金流量变动的标准差；i：以日为基础计算的现金机会成本；L：现金持有量的最低控制线；R：现金持有量回归线；H：现金持有量的最高控制线

（续表）

因素分析	正相关	①转换成本（b） ②每日现金流量变动标准差（δ） ③最低现金持有量（L）	以日为基础计算的现金机会成本（i）	负相关
决策	\multicolumn{4}{l}{①L＜现金持有量＜H，不需要进行现金和有价证券的转换；}	
	\multicolumn{4}{l}{②现金持有量≤L，需要出售部分有价证券（R－现金持有量）；}	
	\multicolumn{4}{l}{③现金持有量≥H，需要购买部分有价证券（现金持有量－R）。}	
	\multicolumn{4}{l}{【敲黑板】最低控制线L取决于模型之外的因素，其数额是由现金管理部经理在综合考虑短缺现金的风险程度、企业借款能力、企业日常周转所需资金、银行要求的补偿性余额等因素的基础上确定的。}	
方法评价	\multicolumn{4}{l}{①运用随机模型求最佳现金持有量符合随机思想，即企业现金支出是随机的，收入是无法预知的，所以，适用于所有企业现金最佳持有量的测算。}	
	\multicolumn{4}{l}{②另一方面，随机模型建立在企业的现金未来需求总量和收支不可预测的前提下，因此，计算出来的现金持有量比较保守}	

【真题实战·单选题】 某公司采用随机模型计算得出目标现金余额为 200 万元，最低限额为 120 万元，则根据该模型计算的现金上限为（　　）万元。（2019 年）

A.280　　　　　　　　B.360

C.240　　　　　　　　D.320

【思路导航】 H－R＝2（R－L），从最高线到回归线的距离是回归线到最低线距离的 2 倍。记住这个结论对于解题很有帮助。

【解析】 H＝3R－2L＝3×200－2×120＝360（万元）。综上，本题应选 B。

【答案】B

【沙场练兵·单选题】 某企业根据现金持有量随机模型进行现金管理。已知现金最低持有量为 15 万元，现金余额回归线为 80 万元。如果公司现有现金 220 万元，此时应当投资于有价证券的金额是（　　）万元。

A. 65　　　　　　　　B. 95

C. 140　　　　　　　D. 205

【解析】 在随机模型中，最高控制线 H＝3R－2L，将本题中的数据代入可得，H＝3×80－2×15＝210（万元）＜220 万元，因此需投资 140 万元（220－80）于有价证券。综上，本题应选 C。

【答案】C

【沙场练兵·单选题】 在确定最佳现金持有量时，成本模型、存货模型和随机模型均需考虑的因素是（　　）。

A. 持有现金的机会成本

B. 固定性转换成本

C. 现金短缺成本

D. 现金管理费用

【解析】 成本模型只考虑持有现金的机会成本、管理成本和短缺成本；存货模型只考虑现金的机会成本和交易成本；随机模型考虑持有现金的机会成本、每日现金流量变动的标准差、最低控制线和固定性转换成本，所以现金的机会成本是三者均需考虑的因素。综上，本题应选 A。

第 7 章

【答案】A

【沙场练兵·单选题】甲公司现金部经理决定采用随机模型进行现金余额管理，确定 L 值应为 10 000 元，估计公司每日现金流量变动标准差 δ 为 2 000 元，持有现金的年机会成本为 12.6%，转换成本 b 为 210 元，一年按 360 天计算。则该公司最优回归线 R 应为（ ）元。

A. 12 805.79　　　　B. 22 164.40

C. 1 449 137.68　　D. 1 467 137.68

【解析】持有现金的日机会成本 i＝12.6%/360＝0.035%；最优回归线 $R = \sqrt[3]{\dfrac{3b \times \delta^2}{4i}} + L =$

$\sqrt[3]{\dfrac{3 \times 210 \times 2\,000^2}{4 \times 0.035\%}} + 10\,000 = 22\,164.40$

（元）。综上，本题应选 B。

【答案】B

【沙场练兵·多选题】甲公司采用随机模型确定最佳现金持有量，回归线水平为 7 000 元，最低控制线为 2 000 元，公司财务人员的下列做法中，正确的有（ ）。

A. 当持有的现金余额为 1 000 元时，转让 6 000

元的有价证券

B. 当持有的现金余额为 5 000 元时，转让 2 000 元的有价证券

C. 当持有的现金余额为 12 000 元时，购买 1 000 元的有价证券

D. 当持有的现金余额为 18 000 元时，购买 11 000 元的有价证券

【思路导航】当现金持有量高于最高控制线或低于最低控制线时，需要回到的是"回归线 R"的现金水平，此处不要混淆。

【解析】H＝3R－2L＝3×7 000－2×2 000＝17 000（元），当现金余额为 5 000 元和 12 000 元时，均介于最高控制线 17 000 元和最低控制线 2 000 元之间，不必采取任何措施。当现金余额为 1 000 元时，低于最低控制线 2 000 元，存在现金短缺，需要转让 6 000 元的有价证券，使得现金存量达到回归线 7 000 元的水平；当现金余额为 18 000 元时，高于最高控制线 17 000 元，存在现金多余，需要购买 11 000 元的有价证券，使得现金存量达到回归线 7 000 元的水平。综上，本题应选 AD。

【答案】AD

高频考点 4 现金收支日常管理

1. 现金周转期

（1）图示

（2）计算公式：

现金周转期 = 经营周期 − 应付账款周转期

　　　　　 = 存货周转期 + 应收账款周转期 − 应付账款周转期

$$= \frac{存货平均余额}{每天的销货成本} + \frac{应收账款平均余额}{每天的销货收入} - \frac{应付账款平均余额}{每天的购货成本}$$

（3）减少现金周转期的方法：

①加快制造与销售产成品，来减少存货周转期；

②加速应收账款的回收，来减少应收账款周转期；

③减缓支付应付账款，来延长应付账款周转期。

2. 收付款管理

项目		内容
收款管理	收款成本	包括浮动期成本、管理收款系统的相关费用及第三方处理费用或清算相关费用
	收款浮动期	包括：邮寄浮动期、处理浮动期、结算浮动期
付款管理	**主要任务：**尽可能延缓现金的支出时间； **方法：**使用现金浮游量；推迟应付款的支付；汇票代替支票；改进员工工资支付模式；透支；争取现金流出与流入同步；使用零余额账户	

【真题实战·单选题】已知存货周转期为45天，应收账款周转期为60天，应付账款周转期为40天，则现金周转期为（　　）。（2021年）

A. 145 天　　　　B. 65 天

C. 105 天　　　　D. 25 天

【思路导航】现金周转期＝存货周转期＋应收账款周转期－应付账款周转期，历年的考查方式基本相同，代入公式即可得出正确的答案。

【解析】经营周期＝存货周转期＋应收账款周转期＝45＋60＝105（天），现金周转期＝经营周期－应付账款周转期＝105－40＝65（天）。综上，本题应选B。

【答案】B

【沙场练兵·单选题】关于现金周转期的计算，下列公式正确的是（　　）。

A. 现金周转期 = 存货周转期 + 应收账款周转期 + 应付账款周转期

B. 现金周转期 = 应收账款周转期 + 应付账款周转期 – 存货周转期

C. 现金周转期 = 存货周转期 + 应收账款周转期 – 应付账款周转期

D. 现金周转期 = 存货周转期 + 应付账款周转期 – 应收账款周转期

【解析】现金周转期＝存货周转期＋应收账款周转期－应付账款周转期。综上，本题应选C。

【答案】C

【沙场练兵·单选题】在其他条件相同的情况下，下列各项中，可以加速现金周转的是（　　）。

A. 减少存货量

B. 减少应付账款

C. 放宽赊销信用期

D. 利用供应商提供的现金折扣

【解析】现金周转期＝应收账款周转期＋存货周转期－应付账款周转期。选项A，减少存货量会减少存货周转期，在其他条件不变的情况下，会减少现金周转期，即加速现金周转；选项B，减少应付账款会减少应付账款周转期，在其他条件不变的情况下，会增加现金周转期，即减缓现金周转；选项C，放宽赊销信用期，即增加应收账款周转期，在其他条件不变的情况下，会增加现金周转期，即减缓现金周转；选项D，利用供应商提供的现金折扣，会提前付款，进而减少应付账款周转期，在其他条件不变的情况下，会增加现金周转期，即减缓现金周转。综上，本题应选A。

【答案】A

【沙场练兵·多选题】下列管理措施中，可以缩短现金周转期的有（　　　）。

A. 加快制造和销售产品

B. 提前偿还短期融资券

C. 加大应收账款催收力度

D. 利用商业信用延期付款

【解析】减少现金周转期的措施：①减少存货周转期（选项A）；②减少应收账款周转期（选

项C）；③延长应付账款周转期（选项D）。综上，本题应选ACD。

【答案】ACD

【沙场练兵·单选题】下列各项中，不属于现金支出管理措施的是（　　　）。

A. 推迟支付应付款

B. 提高信用标准

C. 以汇票代替支票

D. 争取现金收支同步

【解析】现金支出管理的主要任务是不损害企业信誉的条件下，尽可能延缓现金的支出时间。现金支出管理的措施有：①使用现金浮游量；②推迟应付款的支付（选项A）；③汇票代替支票（选项C）；④改进员工工资支付模式；⑤透支；⑥争取现金流出与流入同步（选项D）；⑦使用零余额账户。选项A、C、D都属于现金管理的措施，选项B不属于。综上，本题应选B。

【答案】B

【真题实战·综合题】（2020年节选）

甲公司是一家制造业公司，两年来经营状况稳定，并且产销平衡，相关资料如下：

资料一：公司2019年度资产负债表和利润表，如下表所示：（单位：万元）

资产负债表项目				利润表项目	
资产	2019年年末余额	负债和股东权益	2019年年末余额	项目	2019年发生额
货币资金	1 000	应付账款	2 100	营业收入	30 000
应收账款	5 000	短期借款	3 100	营业成本	18 000
存货	2 000	长期借款	4 800	期间费用	6 000
固定资产	12 000	股东权益	10 000	利润总额	6 000
资产合计	20 000	负债和股东权益合计	20 000	净利润	4 500

假定2019年年末各资产负债表项目余额均能代表全年平均水平。

资料二：2019年公司全年购货成本为9 450万元，一年按照360天计算。

要求:

（1）根据资料一、二，计算：①存货周转期，②应付账款周转期，③应收账款周转期，④现金周转期。（以上结果均用天数表示）

【解析】

存货周转期＝存货平均余额 ÷ 每天的销货成本

应收账款周转期＝应收账款平均余额 ÷ 每天的销货收入

应付账款周转期＝应付账款平均余额 ÷ 每天的购货成本

现金周转期＝存货周转期＋应收账款周转期－应付账款周转期

【答案】

①存货周转期＝2 000÷（18 000÷360）＝40（天）

②应付账款周转期＝2 100÷（9 450÷360）＝80（天）

③应收账款周转期＝5 000÷（30 000÷360）＝60（天）

④现金周转期＝40＋60－80＝20（天）

高频考点 5　应收账款的功能、成本和保理

1. 应收账款的功能

（1）增加销售

$$增加的收益 ＝ 增加的销售量 × 单位边际贡献$$

$$增加的税前损益 ＝ 增加的收益 － 新增成本费用$$

$$新增成本费用 ＝ 新增应收账款机会成本 ＋ 新增现金折扣成本 ＋ 新增坏账成本 ＋ 新增收账费用$$

（2）减少存货

2. 应收账款的成本

应收账款的机会成本	应收账款的管理成本	应收账款的坏账成本
· 应收账款平均余额 ＝ 日销售额 × 平均收现期 · 应收账款占用资金 ＝ 应收账款平均余额 × 变动成本率 · 应收账款占用资金的应计利息（即机会成本）＝ 全年变动成本 ÷ 360 × 平均收现期 × 资本成本	· 调查顾客信用状况的费用； · 收集各种信息的费用； · 账簿的记录费用； · 收账费用； · 数据处理成本； · 相关管理人员成本； · 从第三方购买信用信息的成本	· 应收账款的坏账成本 ＝ 赊销额 × 预计坏账损失率

【真题实战·单选题】某公司信用条件为"0.8/10，N/30"，预计有25%（按销售额计算）的客户选择现金折扣优惠，若其余客户在信用期满时付款，则平均收现期为（　　）。（2021年）

A. 15天　　　　　　B. 20天

C. 30天　　　　　　D. 25天

【解析】平均收现期为各种收现期的加权平均数。本题中，有25%（按销售额计算）的客户在10天内付款，75%的客户在信用期满（第30天）付款，则平均收现期＝10×25%＋30×75%＝25（天）。综上，本题应选D。

【答案】D

【沙场练兵·单选题】下列各项中，可用来表示应收账款机会成本的是（　　）。

A. 坏账损失

B. 给予客户的现金折扣

C. 应收账款占用资金的应计利息

D. 应收账款日常管理费用

【解析】应收账款的机会成本是因投放于应收账款而放弃其他投资所带来的收益，也称为应收账款占用资金的应计利息。选项A不符合，坏账损失是债权人有可能因无法收回应收账款而发生的损失，属于应收账款的坏账成本；选项B、D不符合，给予客户的现金折扣和应收账款日常管理费用是企业在进行应收账款管理时增加的费用，属于应收账款的管理成本；选项C符合，应收账款占用资金的应计利息是将这笔款项放在应收账款所放弃的收益，属于应收账款的机会成本。综上，本题应选C。

【答案】C

【沙场练兵·单选题】某企业预计下年度销售净额为1 800万元，应收账款周转天数为90天（一年按360天计算），变动成本率为60%，资本成本为10%，则应收账款的机会成本是（　　）万元。

A. 27　　　　　　B. 45

C. 108　　　　　D. 180

【解析】应收账款机会成本＝日销售额×平均收现期×变动成本率×资本成本＝1 800÷360×90×60%×10%＝27（万元）。综上，本题应选A。

【答案】A

【沙场练兵·单选题】某公司销售货物采用的信用条件为"3/10，2/20，N/30"，预计有40%的客户会在10天内付款，有30%的客户会在20天内付款，剩余均在信用期付款。则平均收现期为（　　）天。

A. 19　　　　　　B. 28

C. 26　　　　　　D. 22

【解析】平均收现期＝10×40%＋20×30%＋30×（1－40%－30%）＝19（天）。综上，本题应选A。

【答案】A

【沙场练兵·单选题】某公司2021年年底的应收账款为1 200万元，该公司的信用条件为"N/60"，2021年的赊销额为5 400万元，假设一年有360天，则应收账款的平均逾期天数为（　　）天。

A. 6　　　　　　B. 50

C. 30　　　　　D. 20

【解析】平均日赊销额＝5 400/360＝15（万元），应收账款周转天数＝期末应收账款/平均日赊销额＝1 200/15＝80（天），平均逾期天数＝应收账款周转天数－平均信用期天数＝80－60＝20（天）。综上，本题应选D。

【答案】D

3. 应收账款保理

项目			内容
定义			指企业将赊销形成的未到期应收账款，在满足一定条件的情况下转让给保理商，以获得流动资金，加快资金的周转
种类	是否有追索权	有追索权保理	指供应商将债权转让给保理商，供应商向保理商融通货币资金后，如果购货商拒绝付款或无力付款，保理商有权向供应商要求偿还预付的货币资金，这种保理方式在我国采用较多
		无追索权保理	指保理商将销售合同完全买断，并承担全部的收款风险
	是否通知买方	明保理	指保理商和供应商需要将销售合同被转让的情况通知购货商，并签订保理商、供应商、购货商之间的三方合同
		暗保理	指供应商为了避免让客户知道自己因流动资金不足而转让应收账款，并不将债权转让情况通知客户，货款到期时仍由销售商出面催款，再向银行偿还借款
	是否预付账款	折扣保理	即在销售合同到期前，保理商将剩余未收款部分先预付给销售商，一般不超过全部合同额的 70%～90%
		到期保理	指保理商并不提供预付账款融资，而是在赊销到期时才支付，届时不管货款是否收到，保理商都必须向销售商支付货款
作用			①融资功能； ②减轻企业应收账款的管理负担； ③减少坏账损失、降低经营风险； ④改善企业的财务结构

【真题实战·多选题】关于企业应收账款保理，下列表述正确的有（　　　）。（2021年）

A. 增强了资产的流动性

B. 是资产证券化的一种形式

C. 具有融资功能

D. 能够减少坏账损失

【解析】选项 A、C、D 表述正确，应收账款保理的的作用包括：融资功能、减轻企业应收账款的管理负担、减少坏账损失、降低经营风险；改善企业的财务结构；选项 B 表述错误，应收账款保理不属于资产证券化。企业应收账款资产支持证券，是指证券公司、基金管理公司子公司作为管理人，通过设立资产支持专项计划开展资产证券化业务，以企业应收账款债权为

基础资产或基础资产现金流来源所发行的资产支持证券。综上，本题应选 ACD。

【答案】ACD

【真题实战·判断题】应收账款保理的主要意图在于将逾期未能收回的应收账款转让给保理商，从而获取相应的资金。（　　　）（2020年）

【解析】应收账款保理是企业将赊销形成的未到期应收账款（而不是逾期未能收回的应收账款），在满足一定条件的情况下转让给保理商，以获得流动资金，加快资金的周转。因此，本题表述错误。

【答案】×

【沙场练兵·单选题】在应收账款保理业务中，保理商和供应商将应收账款被转让的情况通知

购货商，并签订三方合同，同时，供应商向保理商融通资金后，如果购货商拒绝付款，保理商有权向供应商要求偿还融通的资金，则这种保理是（   ）。

A. 暗保理，且是无追索权的保理

B. 明保理，且是有追索权的保理

C. 暗保理，且是有追索权的保理

D. 明保理，且是无追索权的保理

【解析】有追索权保理指供应商将债权转让给保理商，供应商向保理商融通货币资金后，如果购货商拒绝付款或无力付款，保理商有权向供应商要求偿还预付的货币资金，如购货商破产或无力支付，只要有关款项到期未能收回，保理商都有权向供应商进行追索，因而保理商具有全部"追索权"，这种保理方式在我国采用较多。明保理是指保理商和供应商需要将销售合同被转让的情况通知购货商，并签订保理商、供应商、购货商之间的三方合同。综上，本题应选 B。

【答案】B

【沙场练兵·判断题】在应收账款保理中，从风险角度看，有追索权的保理相对于无追索权的保理对供应商更有利，对保理商更不利。（   ）

【思路导航】在应收账款日常管理中，应收账款保理考查的最多，其中出现最频繁的是区分有追索权保理和无追索权保理。有追索权的保理，即非买断型，是指保理商可以向供应商追索，供应商仍应该承担风险；无追索权的保理，即买断型，是指保理商不能向供应商追索，由保理商承担所有的风险。

【解析】有追索权的保理，是指供应商将债权转让给保理商，供应商向保理商融通货币资金后，如果购货方拒绝付款或无力付款，保理商有权向供应商要求偿还预付的货币资金，所以对保理商有利，而对供应商不利。因此，本题表述错误。

【答案】×

高频考点 6 信用政策

1. 信用标准

（1）信用的定性分析（5C 信用评价系统）

品质 （Character）	能力 （Capacity）	资本 （Capital）	抵押 （Collateral）	条件 （Condition）

品质——是指个人或企业申请人的诚实和正直表现。

能力——指偿债能力，企业应着重了解申请人流动资产的数量、质量以及流动比率的高低，必要时还可实地考察申请人的日常运营状况。

资本——指如果申请人当期的现金流不足以还债，申请人在短期和长期内可以使用的财务资源，反映对负债的保障程度。企业资本雄厚，说明企业具有强大的物质基础和抗风险能力。

抵押——是指当申请人不能满足还款条款时，可以用作债务担保的资产或其他担保物。

条件——是指影响申请人还款能力和意愿的各种外在因素。

（2）信用的定量分析

进行商业信用的定量分析可以从考察信用申请人的财务报表开始。通常使用比率分析法评价顾客的财务状况。

①流动性和营运资本比率，如流动比率、速动比率以及现金对负债总额比率。

②债务管理和支付比率，如利息保障倍数、长期债务对资本比率、带息债务对资产总额比率和负债总额对资产总额比率。

③盈利能力指标，如销售回报率、总资产回报率和净资产收益率。

2. 信用条件

信用期限 ＋ 折扣期限 ＋ 现金折扣 ＝ 信用条件

方法	计算步骤
总额分析法	①收益：收益＝销售收入－变动成本； ②成本： 第一，计算占用资金的应计利息 应收账款占用资金应计利息＝应收账款占用资金×资本成本 应收账款占用资金＝应收账款平均余额×变动成本率＝日销售额×平均收现期×变动成本率 存货占用资金的应计利息＝存货占用资金（存货平均余额）×资本成本 应付账款占用资金的应计利息＝应付账款占用资金（应付账款平均余额）×资本成本 第二，计算收账费用和坏账损失 第三，计算折扣成本（若提供现金折扣时） 折扣成本＝赊销额×折扣率×享受折扣的客户比率 ③税前损益＝收益－成本费用； ④企业应该选择税前损益最大的方案
差额分析法	①增加的收益： 收益的增加额＝增加的销售收入－增加的变动成本 　　　　　　＝增加的销售收入×（1－变动成本率） ②计算实施信用政策成本的增加： 　计算占用资金的应计利息增加； 　计算收账费用和坏账损失的增加； 　计算折扣成本的增加（若提供现金折扣时）。 ③税前损益增加＝收益增加－成本费用增加 ④若税前损益增加＞0，则企业应改变信用政策；若税前损益增加＜0，则企业不应改变信用政策

【沙场练兵·单选题】企业在进行商业信用定量分析时，应当重点关注的指标是（　　）。

A. 发展创新评价指标

B. 企业社会责任指标

C. 流动性和债务管理指标

D. 战略计划分析指标

【解析】企业进行商业信用的定量分析可以从考察信用申请人的财务报表开始。通常使用比率分析法评价顾客的财务状况。常用的指标有：流动性和营运资本比率（如流动比率、速动比率以及现金对负债总额比率）、债务管理和支付比率（利息保障倍数、长期债务对资本比率、带息债务对资产总额比率，以及负债总额对资产总额比率）和盈利能力指标（销售回报率、总资产回报率和净资产收益率）。综上，本题应选 C。

【答案】C

【沙场练兵·多选题】企业如果延长信用期间，可能导致的结果有（　　）。

A. 扩大当期销售　　B. 延长平均收账期

C. 增加坏账损失　　D. 增加收账费用

【解析】通常，延长信用期间，可以在一定程度上扩大销售量，从而增加毛利，但是会给企业带来不良后果：一是使平均收账期延长，应收账款占用的资金相应增加，引起机会成本增加；二是不适当地延长信用期限，引起坏账损失和收账费用的增加。综上，本题应选 ABCD。

【答案】ABCD

【沙场练兵·单选题】某企业销售收入为 3 600 万元，信用条件为"2/20，N/30"时，预计有 40%（按销售额计算）的客户选择享受现金折扣优惠，其余客户在信用期付款，变动成本率为 60%，资本成本为 10%，一年按 360 天计算，则下列选项说法错误的是（　　）。

A. 平均收账天数为 26 天

B. 现金折扣成本为 28.8 万元

C. 应收账款占用资金为 59.6 万元

D. 应收账款占用资金应计利息为 15.6 万元

【解析】选项 A 正确，预计有 40%（按销售额计算）的客户选择享受现金折扣优惠，其余客户在信用期付款，则平均收账天数 $= 20 \times 40\% + 30 \times 60\% = 26$（天）；选项 B 正确，折扣率为 2%，有 40% 客户会享受折扣，则现金折扣成本 $= 3\,600 \times 40\% \times 2\% = 28.8$（万元）；选项 C 错误，应收账款占用资金 $=$ 日销售额 $\times$ 平均收现期 $\times$ 变动成本率 $= 3\,600 \div 360 \times 26 \times 60\% = 156$（万元）；选项 D 正确，应收账款占用资金的应计利息 $=$ 应收账款占用资金 $\times$ 资本成本 $= 156 \times 10\% = 15.6$（万元）。综上，本题应选 C。

【答案】C

【真题实战·计算分析题】（2021 年）

甲公司当年销售额为 3 000 万元（全部为赊销），变动成本率为 50%，固定成本总额为 100 万元，应收账款平均收现期为 30 天，坏账损失占销售额 0.2%。公司为扩大市场份额，计划于次年放宽信用期限并开始提供现金折扣。经测算，采用新信用政策后销售额将增至 3 600 万元（全部为赊销），应收账款平均收现期延长到 36 天，客户享受到的现金折扣占销售额的 0.5%，坏账损失占销售额的 0.3%，变动成本率与固定成本总额保持不变。一年按 360 天计算，不考虑企业所得税等其他因素，并假设公司进行等风险投资的必要收益率为 10%。要求：

（1）计算公司采用新信用政策而增加的应收账款机会成本。

（2）计算公司采用新信用政策而增加的坏账损失与现金折扣成本。

（3）计算公司采用新信用政策而增加的边际贡献。

（4）计算新信用政策增加的损益，并据此判断改变信用政策是否合理。

（1）

【解析】

应收账款机会成本＝应收账款占用资金×资本成本

　　　　　　　　＝应收账款平均余额×变动成本率×资本成本

　　　　　　　　＝日销售额×平均收现期×变动成本率×资本成本

　　　　　　　　＝全年销售额÷360×平均收现期×变动成本率×资本成本

【答案】公司采用新信用政策而增加的应收账款机会成本＝3 600/360×36×50%×10% — 3 000/360×30×50%×10% = 5.5（万元）

（2）

【解析】

①坏账损失指因无法收回应收账款而发生的损失，就是坏账成本。此项成本一般与应收账款的数量成正比，应收账款的坏账成本＝赊销额×预计坏账损失率。

②折扣成本＝赊销额×折扣率×享受折扣的客户比率，本题中客户享受到的现金折扣占销售额的0.5%。

【答案】公司采用新信用政策而增加的坏账损失与现金折扣成本＝3 600×（0.5% + 0.3%）— 3 000×0.2% = 22.8（万元）

（3）

【解析】边际贡献增加额＝销售收入增加额×边际贡献率＝销售收入增加额×（1 — 变动成本率）

【答案】公司采用新信用政策而增加的边际贡献＝（3 600 — 3 000）×（1 — 50%）= 300（万元）

（4）

【解析】税前损益增加＝收益增加—成本费用增加

若税前损益增加＞0，则企业应改变信用政策；若税前损益增加＜0，则企业不应改变信用政策。

【答案】新信用政策增加的损益＝300 — 5.5 — 22.8 = 271.7（万元）

新信用政策增加的损益大于0，所以改变信用政策合理。

【真题实战·计算分析题】（2020年节选）

甲公司是一家制造企业集团，生产耗费的原材料为L零部件，有关资料如下：

资料一：L 零部件的正常消耗量为 54 000 个，2018 年及以前年度一直从乙公司进货，单位购买价格为 100 元 / 个。单位变动储存成本为 6 元 / 个，每次订货变动成本为 2 000 元。一年按 360 天计算。

资料二：2018 年甲公司全年应付账款平均余额为 450 000 元，假定应付账款全部为应向乙公司支付的 L 零部件的价款。

资料三：2019 年年初，乙公司为鼓励甲公司尽快还款，向甲公司开出现金折扣，折扣条件为 2/10，N/30，目前甲公司用于支付账款的资金需要在 30 天时才能周转回来。30 天以内的资金需要通过银行借款。借款利率为 4.8%。公司综合考虑借款成本与折扣收益。决定在第 10 天还款和第 30 天还款方案中作出选择。

要求：

（1）根据资料一、资料二，计算 2018 年度应付账款周转期（用天数表示）。

（2）根据资料一、资料三，计算甲公司 2019 年度两个付款方案的净收益。并判断做出选择。

（1）

【解析】应付账款周转期＝应付账款平均余额 ÷ 每天的购货成本

【答案】2018 年度应付账款周转期＝ 450 000÷（54 000×100÷360）＝ 30（天）

（2）

【解析】10 天内付款，甲公司就能享受现金折扣的收益，而 30 天付款就不能享受现金折扣。

【答案】在第 10 天付款的净收益＝ 54 000×100×2% － 54 000×100×（1 － 2%）×4.8%×（20/360）＝ 93 888（元）

第 30 天付款的净收益＝ 0

在第 10 天付款的净收益大，所以甲公司应该选择在第 10 天付款。

【真题实战·计算分析题】（2019 年）

甲公司 2018 年度全年营业收入为 4 500 万元（全部为赊销收入），应收账款平均收现期为 60 天。公司销售单价为 500 元 / 件，单位变动成本为 250 元 / 件。若将应收账款所占用的资金用于其他等风险投资，可获得收益率为 10%。2019 年公司调整信用政策，全年营业收入（全部为赊销收入）预计增长 40%，应收账款平均余额预计 840 万元，假定全年 360 天。

要求：

（1）2018 年应收账款平均余额。

（2）2018 年变动成本率。

（3）2018 年应收账款机会成本。

（4）2019 年预计应收账款周转率和应收账款周转天数。

（1）

【解析】应收账款平均余额＝日销售额×平均收现期＝（年销售额÷计算期天数）×平均收现期

【答案】2018年应收账款平均余额＝4 500×60/360＝750（万元）

（2）

【解析】变动成本率＝单位变动成本÷单价

【答案】2018年变动成本率＝250÷500＝50%

（3）

【解析】应收账款机会成本＝应收账款平均余额×变动成本率×资本成本

【答案】2018年应收账款机会成本＝750×50%×10%＝37.5（万元）

（4）

【解析】

①应收账款周转率＝营业收入÷应收账款平均余额

②应收账款周转天数＝计算期天数÷应收账款周转率

【答案】

①2019年预计应收账款周转率＝4 500×（1＋40%）÷840＝7.5（次）

②2019年预计应收账款周转天数＝360÷7.5＝48（天）

高频考点 7　最优存货量的确定

1. 经济订货基本模型

假设条件

①存货总需求量是已知常数；
②不存在订货提前期，即可以随时补充存货；
③货物是一次性入库；
④单位货物成本为常数，无批量折扣；
⑤库存储存成本与库存水平呈线性关系；
⑥货物是一种独立需求的物品，不受其他货物影响；
⑦不允许缺货，即无缺货成本

➡ 总成本公式简化：$TC = F_1 + D/Q \times K + DU + F_2 + K_c \times Q/2$

当F_1、K、D、U、F_2、K_c为常数时，TC的大小取决于Q。为了求出TC的极小值，对其进行求导，根据一阶导数＝0可以得出经济订货基本模型。公式如下：

$$EOQ = \sqrt{2KD/K_c}$$

$$TC\,(EOQ) = \sqrt{2KDK_c}$$

其中，D：存货年需要量；K：每次订货的变动成本；K_c：单位变动储存成本；EOQ：经济订货批量；TC（EOQ）：经济订货批量下的相关总成本。

2.经济订货基本模型的扩展

（1）存货陆续供应和使用模型

项目	公式
再订货点	$R = L \times d$
送货期	送货期 $= Q/p$
送货期耗用量	送货期耗用量 $= \dfrac{Q}{p} \times d$
送货期内平均库存量	送货期内平均库存量 $= \dfrac{1}{2}\left(Q - \dfrac{Q}{p} \times d\right)$
经济订货量	$EOQ = \sqrt{\dfrac{2KD}{K_c} \times \dfrac{p}{p-d}}$
相关总成本	$TC\,(EOQ) = \sqrt{2KDK_c \times \left(1 - \dfrac{d}{p}\right)}$

其中，R代表再订货点，L表示平均交货时间，d表示每日平均需用量；

Q为每批订货数，p表示每日送货量；

D为存货年需要量，K为每次订货费用，K_c为单位变动储存成本。

（2）保险储备

项目	内容
再订货点	再订货点 = 预计交货期内的需求 + 保险储备 = 平均交货时间 × 每日需用量 + 保险储备
相关总成本	与保险储备量相关的总成本 = 缺货损失 + 保险储备的储存成本 = 每年订货次数 × 缺货数量 × 缺货概率 × 单位缺货损失 + 保险储备量 × 单位存货的年变动储存成本
最佳决策	**最佳的保险储备应该是使缺货损失和保险储备的储备成本之和达到最低**

（3）存货的控制系统

① ABC控制系统：是把企业种类繁多的存货，依据其重要程度、价值大小或者资金占用等标准分为三大类，详见下表所示。

项目	A类高价值存货		B类中等价值存货		C类低价值存货	
特征	品种数量占比	价值占比	品种数量占比	价值占比	品种数量占比	价值占比
	10%~15%	50%~70%	20%~25%	15%~20%	60%~70%	10%~35%
	品种数量少，金额大		品种数量较多，金额一般		品种数量繁多，金额很小	
管理方法	重点控制、严格管理		重视程度依次降低，采取一般管理			

②适时制库存控制系统（零库存管理、看板管理系统），最早是由丰田公司提出并将其应用于实践，是指制造企业事先与供应商和客户协调好：只有当制造企业在生产过程中需要原料或零件时，供应商才会将原料或零件送来，每当产品生产出来就被客户拉走。

【真题实战·多选题】某公司原材料年需求量为 90 000 千克（一年按 360 天计算），采购单价为 30 元 / 千克，每次订货变动成本为 50 元，单位变动储存成本为 1 元 / 千克。基于经济订货基本模型，下列说法正确的有（　　）。（2021 年）

A. 经济订货批量为 3 000 千克

B. 经济订货量平均占用资金为 90 000 元

C. 最佳订货周期为 12 天

D. 变动订货成本为 1 500 元

【思路导航】经济订货基本模型主要是对基本公式的考查，要准确理解每个字母的含义，不要混淆。

【解析】选项 A 说法正确，经济订货批量 = $\sqrt{\frac{2KD}{K_C}}=\sqrt{2\times50\times90\,000/1}=3\,000$（千克）；选项 B 说法错误，经济订货批量平均占用资金 = 经济订货量 /2× 存货单价 = 3 000÷2×30 = 45 000（元）；选项 C 说法正确，每年最佳订货次数 = D/EOQ = 90 000÷3 000 = 30（次），最佳订货周期 = 360÷30 = 12（天）；选项 D 说法正确，变动订货成本 = D/Q×K = 90 000/3 000×50 = 1 500（元）。综上，本题应选 ACD。

【答案】ACD

【真题实战·单选题】某材料日需用量为 50 千克，经济订货批量为 4 500 千克，订货后平均交货时间为 6 天，基于扩展的经济订货模型，再订货点为（　　）。（2021 年）

A. 750 千克　　　　B. 150 千克

C. 540 千克　　　　D. 300 千克

【解析】根据扩展的经济订货模型，为防止存货中断，再订货点等于平均交货时间和每日平均需用量的乘积，即再订货点 = 50×6 = 300（千克）。综上，本题应选 D。

【答案】D

【真题实战·判断题】存货管理中，较高的保险储备增加了存货的储存成本，但降低了缺货成本。（　　）（2021 年）

【解析】较高的保险储备可降低缺货损失，进而降低缺货成本，但同时也增加了存货的储存成本。因此，本题表述正确。

【答案】√

【真题实战·单选题】某公司存货年需求量为 36 000 千克，经济订货批量为 600 千克，一年按 360 天计算，则最佳订货期为（　　）天。（2020 年）

A. 100　　　　　　B. 1.67

C. 60　　　　　　D. 6

【解析】最佳订货周期 = 360/ 每年最佳订货次

第 7 章

数＝360/（36 000/600）＝6（天）。综上，本题应选D。

【答案】D

【真题实战·多选题】在订货存量决策中，下列关于保险储备的表述正确的有（   ）。（2020年）

A.保险储备增加，存货的缺货损失减少

B.保险储备增加，存货中断的概率变小

C.保险储备增加，存货的再订货点降低

D.保险储备增加，存货的储存成本提高

【解析】保险储备增加，会使企业的存货缺货损失降低，存货中断的概率也会变小，但是同时也会增加存货的储存成本。综上，本题应选ABD。

【答案】ABD

【真题实战·单选题】某公司全年（按360天计）材料采购量预计为7 200吨，假定材料日耗均衡，从订货到送达正常需要3天，鉴于延迟交货会产生较大损失，公司按照延误天数2天建立保险储备。不考虑其他因素，材料再订货点为（   ）吨。（2019年）

A.80　　　　　　　　B.40

C.60　　　　　　　　D.100

【思路导航】再订货点的计算分为有保险储备和无保险储备两种情形，有保险储备的再订货点其实是无保险储备的再订货点加上保险储备。

【解析】每日平均需用量＝7 200/360＝20（吨），再订货点＝保险储备＋预计交货期内的需求＝2×20＋3×20＝100（吨）。综上，本题应选D。

【答案】D

【真题实战·单选题】下列各项因素中，不影响存货经济订货批量计算结果的是（   ）。（2018年）

A.存货年需要量

B.单位变动储存成本

C.保险储备

D.每次订货变动成本

【解析】存货经济订货批量（EOQ）$=\sqrt{2KD/K_c}$，式中：K为每次订货的变动成本；D为存货年需要量；K_c为单位变动储存成本；EOQ为经济订货批量。从公式中可以看出不影响存货经济批量计算结果的是选项C。综上，本题应选C。

【答案】C

【沙场练兵·单选题】某公司全年需要零配件72 000件，假设一年按360天计算，按经济订货基本模型计算的最佳订货量为9 000件，订货日至到货日的时间为3天，公司确定的保险储备为1 000件，则再订货点为（   ）件。

A.1 600　　　　　　B.4 000

C.600　　　　　　　D.1 075

【思路导航】再订货点是在提前订货的情况下，为确保存货用完时订货刚好到达，企业再次发出订货时应保持的存货库存量，它的数量等于平均交货时间和每日平均需用量的乘积。在有保险储备的情况下，还要加上保险储备量。

【解析】再订货点（R）＝平均交货时间（L）×每日平均需用量（d）＋保险储备＝72 000/360×3＋1 000＝1 600（件）。综上，本题应选A。

【答案】A

【沙场练兵·单选题】下列关于存货保险储备的表述中，正确的是（   ）。

A.较低的保险储备可降低存货缺货成本

B.保险储备的多少取决于经济订货量的大小

C.最佳保险储备能使缺货损失和保险储备的储存成本之和达到最低

D.较高的保险储备可降低存货储存成本

【解析】较高的保险储备可降低缺货损失，但也增加了存货的储存成本。因此，最佳的保险储备应该是缺货损失和保险储备的储存成本之

和达到最低。综上，本题应选 C。

【答案】C

【沙场练兵·多选题】下列成本费用中，一般属于存货变动储存成本的有（　　）。

A. 库存商品保险费

B. 存货资金应计利息

C. 存货破损和变质损失

D. 仓库折旧费

【解析】存货储存成本分为固定成本和变动成本。固定成本与存货数量的多少无关，如仓库折旧、仓库职工的固定工资等。变动成本与存货的数量有关，如存货资金的应计利息（选项 B）、存货的破损和变质损失（选项 C）、存货的保险费用（选项 A）等。综上，本题应选 ABC。

【答案】ABC

【沙场练兵·判断题】某公司推行适时制（JIT），对公司管理水平提出了更高的要求，因此该公司应采用宽松的流动资产投资策略。（　　）

【解析】采用紧缩的流动资产投资策略，无疑对企业的管理水平有较高的要求。存货控制的适时管理系统（JIT），便是其中一个突出代表。因此，本题表述错误。

【答案】×

【沙场练兵·单选题】采用 ABC 控制法进行存货管理时，应该重点控制的存货类别是（　　）。

A. 品种较多的存货

B. 数量较多的存货

C. 库存时间较长的存货

D. 单位价值较大的存货

【解析】ABC 控制法就是把企业种类繁多的存货，依据其重要程度、价值大小或者资金占用等标准分为三大类：A 类高价值存货，品种数量约占整个存货的 10% 至 15%，价值约占全部存货的 50% 至 70%。A 类存货应作为管理的重点。综上，本题应选 D。

【答案】D

【真题实战·综合题】（2020 年节选）

甲公司是一家制造企业集团，生产耗费的原材料为 L 零部件，有关资料如下：

资料一：L 零部件的正常消耗量为 54 000 个，2018 年及以前年度一直从乙公司进货，单位购买价格为 100 元/个。单位变动储存成本为 6 元/个，每次订货变动成本为 2 000 元。一年按 360 天计算。

要求：

（1）根据资料一，按照经济订货基本模型计算：①L 零部件的经济订货量；②全年最佳订货次数；③最佳订货周期（用天数表示）；④经济订货量下的变动储存成本总额。

【解析】经济订货批量（EOQ）$= \sqrt{2KD/K_c}$

式中：K 为每次订货的变动成本，D 为存货年需要量，K_c 为单位变动储存成本，EOQ 为经济订货批量。

最佳订货次数 = D ÷ EOQ

最佳订货周期 = 360 ÷ 最佳订货次数

经济订货量下的变动储存成本 $= K_c \times Q/2$

【答案】

①L零部件的经济订货批量 $= \sqrt{(2 \times 2\,000 \times 54\,000)/6} = 6\,000$（件）

②L零部件全年最佳订货次数 $= 54\,000 \div 6\,000 = 9$（次）

③L零部件最佳订货周期 $= 360 \div 9 = 40$（天）

④经济订货量下的变动储存成本 $= 6\,000 \div 2 \times 6 = 18\,000$（元）

【真题实战·计算分析题】（2019年）

甲公司是一家标准件分销商，主要业务是采购并向固定客户供应某种标准件产品。有关资料如下：

（1）该标准件上一年订货次数为60次，全年订货成本为80万元，其中固定成本总额为26万元，其余均为变动成本。单位变动成本和固定成本总额不变。

（2）该标准件仓储总费用中，每年固定租金为20万元，每增加一件标准件就增加1元仓储费。每件标准件占用资金为50元，资金利息率为6%。

（3）该标准件年需要量为180万件。一年按照360天计算。

（4）该标准件从发出订单到货物送达需要5天。

要求：

（1）计算每次订货变动成本。

（2）计算单位变动储存成本。

（3）根据经济订货模型，计算该标准件的经济订货批量和最佳订货周期（按天表示）。

（4）计算再订货点。

（1）

【解析】每次订货变动成本＝（订货总成本－订货固定成本）÷订货次数

【答案】每次订货变动成本 $= (80 - 26) \times 10\,000/60 = 9\,000$（元）

（2）

【解析】单位变动储存成本＝单位变动仓储费＋存货资金利息费

【答案】单位变动储存成本 $= 1 + 50 \times 6\% = 4$（元／件）

（3）

【解析】$EOQ = \sqrt{\dfrac{2KD}{K_c}}$ 式中：K为每次订货的变动成本；D为存货年需要量；K_c为单位变动储存成本；EOQ为经济订货批量。

【答案】

$$EOQ = \sqrt{\dfrac{2 \times 9\,000 \times 180 \times 10\,000}{4}} = 90\,000$$（件）

每年最佳订货次数＝1 800 000/90 000＝20（次）

最佳订货周期＝360/20＝18（天）

（4）

【解析】每日平均需用量＝年需用量／计算期天数，再订货点＝每日平均需用量×送货期。

【答案】

每日平均需用量＝1 800 000/360＝5 000（件）

再订货点＝5×5 000＝25 000（件）

【沙场练兵·计算分析题】

丙公司是一家设备制造企业，每年需要外购某材料108 000千克，现有S和T两家符合要求的材料供应企业，他们所提供的材料质量和价格都相同。公司计划从两家企业中选择一家作为供应商。相关数据如下：

（1）从S企业购买该材料，一次性入库。每次订货费用为5 000元，年单位材料变动储存成本为30元/千克。假设不存在缺货。

（2）从T企业购买该材料，每次订货费用为6 050元，年单位材料变动储存成本为30元/千克。材料陆续到货并使用，每日送货量为400千克，每日耗用量为300千克。

要求：

（1）利用经济订货基本模型，计算从S企业购买材料的经济订货批量和相关存货总成本。

（2）利用经济订货扩展模型，计算从T企业购买材料的经济订货批量和相关存货总成本。

（3）基于成本最优原则，判断丙公司应该选择哪家企业作为供应商。

【答案】

（1）基本模型，经济订货批量 $= \sqrt{2KD/K_c} = \sqrt{2 \times 5\,000 \times 108\,000/30} = 6\,000$（千克）

　　相关存货总成本 $= \sqrt{2KDK_c} = \sqrt{2 \times 5\,000 \times 108\,000 \times 30} = 180\,000$（元）

（2）陆续供应模型，经济订货批量 $= \sqrt{\dfrac{2KD}{K_c} \times \dfrac{p}{p-d}} = \sqrt{\dfrac{2 \times 6\,050 \times 108\,000}{30} \times \dfrac{400}{400-300}}$

　　　　$= 13\,200$（千克）

　　相关存货总成本 $= \sqrt{2KDK_c \times (1-\dfrac{d}{p})} = \sqrt{2 \times 6\,050 \times 108\,000 \times 30 \times (1-\dfrac{300}{400})}$

　　　　$= 99\,000$（元）

（3）基于成本最优原则，从T企业购买材料的相关存货总成本＜从S企业购买材料的相关存货总成本，所以应该选择T企业作为供应商。

高频考点 8 短期借款

1. 短期借款的信用条件

信贷额度	贷款限额,是借款企业与银行在协议中规定的借款最高限额,信贷额度的有限期限通常为1年
周转信贷协定	银行具有法律义务地承诺提供不超过某一最高限额的贷款协定。在协定的有效期内,只要企业借款总额未超过最高限额,银行就必须满足企业任何时候提出的借款要求。企业要享用周转信贷协定,通常要对贷款限额的未使用部分付给银行一笔承诺费用
补偿性余额	银行要求借款企业在银行中保持按贷款限额或实际借用额一定比例(通常为10%~20%)计算的最低存款余额
借款抵押	为了降低风险,银行发放贷款时往往需要有抵押品担保。短期借款的抵押品主要有应收账款、存货、应收票据、债券等
偿还条件	贷款的偿还有到期一次偿还和在贷款期内定期(每月、季)等额偿还两种方式
其他承诺	银行有时还要求企业为取得贷款而作出其他承诺,如及时提供财务报表、保持适当的财务水平(如特定的流动比率)等

【真题实战·判断题】在银行授予企业的信贷额度内,企业可以按需借款,银行应当承担满足企业在贷款限额内的全部需求的法律义务。( )(2018年)

【解析】信贷额度亦即贷款限额,是借款企业与银行在协议中规定的借款最高限额,信贷额度的有限期限通常为1年。一般情况下,在信贷额度内,企业可以随时按需要支用借款。但是,银行并不承担必须支付全部信贷数额的义务。因此,本题表述错误。

【答案】×

【沙场练兵·单选题】某企业从银行获得附有承诺的周转信贷额度为1 000万元,承诺费率为0.5%,年初借入800万元,年底偿还,年利率为5%。则该企业负担的承诺费是( )。

A. 1万元　　　　　　　B. 4万元

C. 5万元　　　　　　　D. 9万元

【解析】企业要享用周转信贷协定,通常要对贷款限额的未使用部分付给银行一笔承诺费用。该企业负担的承诺费=(1 000-800)×0.5%=1(万元)。综上,本题应选A。

【答案】A

2. 短期借款的成本
（1）借款利率

种类	内容
优惠利率	是银行向财力雄厚、经营状况良好的企业贷款时采用的利率,为贷款利率的最低限
浮动优惠利率	是一种随其他短期利率的变动而浮动的优惠利率,即随市场条件的变化而随时调整变化的优惠利率
非优惠利率	是银行贷款给一般企业时收取的高于优惠利率的利率。这种利率通常在优惠利率的基础上加一定的百分比

（2）短期借款利息的支付方式

项目	实际利率的计算公式	大小关系
收款法	实际利率＝贷款额 × 名义利率 / 贷款额＝名义利率	实际利率＝名义利率
加息法	实际利率 ≈ 2 × 名义利率	实际利率＞名义利率
贴现法	实际利率＝$\dfrac{贷款额 × 名义利率}{贷款额 × （1－名义利率）}＝\dfrac{名义利率}{1－名义利率}$	实际利率＞名义利率
补偿性余额	实际利率＝$\dfrac{贷款额 × 名义利率}{贷款额 × （1－补偿性余额比例）}＝\dfrac{名义利率}{1－补偿性余额比例}$	

【真题实战·判断题】某公司从银行取得1年期借款100万元，年利率5%。若按贴现法付息，则实际利率大于5%。（　　）（2021年）

【解析】贴现法指银行向企业发放贷款时，先从本金中扣除利息部分，到期时借款企业偿还全部贷款本金的一种利息支付方法，此时实际利率大于名义利率。因此，本题表述正确。

【答案】√

【真题实战·判断题】银行存款如果附带补偿性余额条款，则会降低银行借款的实际利率。（　　）（2020年/2019年）

【解析】补偿性余额是银行要求借款企业在银行中保持按贷款限额或实际借用额一定比例（通常为10%～20%）计算的最低存款余额。对借款企业来说，补偿性余额提高了借款的实际利率，加重了企业负担。因此，本题表述错误。

【答案】×

【真题实战·单选题】某公司向银行借款2 000万元，期限1年，年利率6.5%，银行要求的补偿性余额比例为12%，则借款的实际利率为（　　）。（2019年）

A.7.28% 　　　　　　B.6.5%

C.12% 　　　　　　D.7.39%

【思路导航】借款的实际利率计算，我们主要是把握住利率计算的实质——利率本身就是利息和本金之比。而利息偿还方式不同会导致实际利率不同，故在此给大家提供一个万能公式：借款的实际利率＝实际支付的利息 ÷ 实际得到的资金。做题时对分子和分母分别根据题目分析出来，即可求解。

【解析】借款实际利率＝名义利率/（1－补偿性余额比例）＝6.5%/（1－12%）＝7.39%。综上，本题应选D。

【答案】D

【沙场练兵·单选题】某企业年初从银行贷款1 000万元，期限为1年，年利率为8%，按照贴现法付息，则年末应偿还的金额为（　　）万元。

A. 700 　　　　　　B. 900

C. 1 000 　　　　　　D. 1 100

【解析】贴现法是银行向企业发放贷款时，先从本金中扣除利息部分，在贷款到期时借款企业再偿还全部本金的一种利息支付方式。在本题中，期初借款1 000万元，在借款时，预先扣除利息1 000×8%＝80（万元），实际可动用贷款为1 000－80＝920（万元），借款到期直接偿还本金1 000万元即可。综上，本题应选C。

【答案】C

【沙场练兵·单选题】甲公司与乙银行签订了一份周转信贷协议，周转信贷限额为1 000万元，借款利率为6%，承诺费率为0.5%，甲公司需按照实际借款额维持10%的补偿性余额。甲公司年度内使用借款600万元，则该笔借款的实际利率是（　　）。

A. 6%　　　　　　　　B. 6.33%

C. 6.67%　　　　　　　D. 7.04%

【解析】实际利率＝（600×6%＋400×0.5%）/［600×（1－10%）］×100%＝7.04%。综上，本题应选D。

【答案】D

【沙场练兵·单选题】甲公司计划贷款，期限为1年，银行要求按照贷款额的15%保持补偿性余额，同时采用贴现法付息。已知贷款年利率为6%，则该项贷款的实际利率为（　　）。

A. 7.59%　　　　　　　B. 7.06%

C. 6.38%　　　　　　　D. 8.20%

【解析】实际利率＝名义利率/（1－补偿余额比例－名义利率）×100%，即实际利率＝6%/（1－15%－6%）＝7.59%。综上，本题应选A。

【答案】A

高频考点 9　短期融资券

项目	内容
种类	①按发行人分类，短期融资券分为金融企业的融资券和非金融企业的融资券。在我国，目前发行和交易的是非金融企业的融资券； ②按发行方式分类，短期融资券分为经纪人承销的融资券和直接销售的融资券。非金融企业发行融资券一般采用间接承销方式进行，金融企业发行融资券一般采用直接发行方式进行
相关规定	①发行人为非金融企业； ②发行和交易的对象是银行间债券市场的机构投资者，不向社会公众发行和交易； ③企业不得自行销售融资券，只能委托符合条件的金融机构承销，且发行融资券募集的资金用于本企业的生产经营； ④采用实名记账方式； ⑤债务融资工具发行利率、发行价格和所涉费率以市场化方式确定
优点	①相对于发行企业债券筹资而言，发行短期融资券的筹资成本较低； ②相对于银行借款筹资而言，短期融资券一次性的筹资数额比较大
缺点	发行短期融资券的条件比较严格。只有具备一定的信用等级的实力强的企业，才能发行短期融资券筹资

【真题实战·多选题】在我国，下列关于短期融资券的说法，正确的有（　　）。（2019年）

A. 相对于银行借款，信用要求等级高

B. 相对于企业债券，筹资成本较高

C. 相对于商业信用，偿还方式灵活

D. 相对于银行借款，一次性筹资数额较大

【解析】选项A正确，只有具备一定的信用等级的实力强的企业，才能发行短期融资券筹资，银行借款没有这样的规定；选项B错误，相对于发行企业债券筹资而言，发行短期融资券的筹资成本较低；选项C错误，采用商业信用筹资，如果在期限内不能付款或交货时，一般还可以通过与客户的协商，请求延长时限，偿还方式更为灵活；选项D正确，相对于银行借款筹资

而言，短期融资券一次性的筹资数额比较大。综上，本题应选 AD。

【答案】AD

【真题实战·判断题】相对于企业长期债券筹资，短期融资券的筹资成本较高。（　　）（2018年）

【解析】短期融资券是由企业依法发行的无担保短期本票，是企业筹措短期（1年以内）资金的直接融资方式。在较短的时间内就可以收回本息，相对于企业长期债券筹资而言，风险较小，所以融资成本低。因此，本题表述错误。

【答案】×

【沙场练兵·单选题】下列关于短期融资券的表述中，错误的是（　　）。

A. 短期融资券不向社会公众发行

B. 必须具备一定信用等级的企业才能发行短期融资券

C. 相对于发行公司债券而言，短期融资券的筹资成本较高

D. 相对于银行借款筹资而言，短期融资券的一次性筹资数额较大

【解析】选项 A、B、D 表述正确；选项 C 表述错误，相对于发行公司债券而言，发行短期融资券筹资成本较低。综上，本题应选 C。

【答案】C

【沙场练兵·判断题】短期融资券是由企业依法发行的无担保短期债券。（　　）

【解析】短期融资券是由企业依法发行的无担保短期本票，而非债券。因此，本题表述错误。

【答案】×

【沙场练兵·多选题】下列有关短期融资券筹资的特点表述正确的有（　　）。

A. 筹资数额比较小　　B. 筹资成本较低

C. 筹资成本较高　　D. 发行条件比较严格

【解析】短期融资券筹资的特点有：（1）筹资成本较低；（2）筹资数额比较大；（3）发行条件比较严格。综上，本题应选 BD。

【答案】BD

高频考点 10 商业信用

项目	内容
应付账款	放弃现金折扣的信用成本率 $= \dfrac{\text{折扣 \%}}{1-\text{折扣 \%}} \times \dfrac{360 \text{ 天}}{\text{付款期}-\text{折扣期}}$ ①当放弃现金折扣的信用成本率＞短期借款利率（或短期投资收益率），应选择享受折扣； ②当放弃现金折扣的信用成本率＜短期借款利率（或短期投资收益率），应选择放弃折扣
应付票据	因采用商业汇票结算方式而产生的商业信用
预收货款	在发出货物之前向购货单位预先收取部分或全部货款的信用行为
应计未付款	包括应付职工薪酬、应交税费、应付利润或应付股利等
优点	商业信用容易获得；企业有较大的机动权；企业一般不用提供担保
缺点	商业信用筹资成本高；容易恶化企业的信用水平；受外部环境影响较大

【真题实战·单选题】下列筹资方式中，由企业之间商品或劳务交易活动形成的，能够作为企业短期资金经常性来源的是（　　）。（2021年）

A.租赁　　　　　　B.留存收益

C.短期借款　　　　D.商业信用

【解析】商业信用是指企业在商品或劳务交易中，以延期付款或预收货款方式进行购销活动而形成的借贷关系，是企业之间的直接信用行为，也是企业短期资金的重要来源。综上，本题应选D。

【答案】D

【真题实战·判断题】如果购货付款条件为"2/10，N/30"，一年按360天计算，则放弃现金折扣的信用成本率为20%。（　　）（2020年）

【解析】放弃现金折扣的信用成本率＝［2%/（1－2%）］×［360/（30－10）］＝36.73%。因此，本题表述错误。

【答案】×

【真题实战·多选题】商业信用作为企业短期资金的一种来源，主要表现形式有（　　）。（2019年）

A.应付票据　　　　B.预收货款

C.季节性周转贷款　D.应付账款

【解析】商业信用的形式包括：应付账款（选项D）、应付票据（选项A）、预收货款（选项B）、应计未付款。综上，本题应选ABD。

【答案】ABD

【真题实战·判断题】如果企业利用应付账款进行筹资而无须支付利息，则可以认为采用这种商业信用形式是没有筹资成本的。（　　）（2019年）

【思路导航】类比留存收益，出题老师会说留存收益没有筹资费用，所以留存收益筹资没有

筹资成本。这两种都是常用的迷惑说法，希望大家不要上当。

【解析】供应商提供现金折扣时，放弃现金折扣是有成本的。在附有现金折扣条件的应付账款融资方式下其筹资成本与银行信用相比较高。因此，本题表述错误。

【答案】×

【沙场练兵·单选题】下列各项中，属于商业信用筹资方式的是（　　）。

A.发行短期融资券　B.应付账款筹资

C.短期借款　　　　D.租赁

【解析】商业信用的形式一般包括应付账款、应付票据、预收货款和应计未付款。综上，本题应选B。

【答案】B

【沙场练兵·单选题】某公司按照"2/20，N/60"的条件从另一公司购入价值1 000万的货物，由于资金调度的限制，该公司放弃了获取2%现金折扣的机会，若一年按360天计算，公司为此承担的信用成本率是（　　）。

A.2.00%　　　　　B.12.00%

C.12.24%　　　　D.18.37%

【解析】放弃现金折扣的信用成本率＝［2%/（1－2%）］×［360/（60－20）］＝18.37%。综上，本题应选D。

【答案】D

【沙场练兵·多选题】一般而言，与短期筹资和短期借款相比，商业信用融资的优点有（　　）。

A.融资数额较大　　B.融资条件宽松

C.融资机动权大　　D.不需提供担保

【解析】商业信用筹资的优点：商业信用容易获得、企业有较大的机动权、企业一般不用提供担保。综上，本题应选BCD。

【答案】BCD

【真题实战·综合题】（2018年节选）

戊公司是一家设备制造商，公司基于市场发展进行财务规划，有关资料如下：

资料五：戊公司采用以下两种筹资方式：

①利用商业信用：戊公司供应商提供的付款条件为"1/10，N/30"；

②向银行借款：借款年利率为8%。

一年按360天计算。戊公司适用的企业所得税税率为25%。不考虑增值税及其他因素的影响。

要求：根据资料五，计算并回答如下问题：

（1）计算放弃现金折扣的信用成本率；

（2）判断戊公司是否应该放弃现金折扣，并说明理由；

（3）计算银行借款的资本成本。

【解析】 放弃现金折扣的信用成本率＝[折扣率/（1－折扣率）]×[360/（付款期－折扣期）]；
银行存款资本成本＝利率×（1－所得税税率）。

【答案】

（1）放弃现金折扣的信用成本率＝1%/（1－1%）×360/（30－10）＝18.18%

（2）戊公司不应该放弃现金折扣。理由：放弃现金折扣的信用成本率18.18%大于银行借款利息率8%，因此不应该放弃现金折扣。

（3）银行借款资本成本＝8%×（1－25%）＝6%

强化练习

一、单项选择题

1. 下列各项中，属于商业信用筹资方式的是（　　）。

   A. 股票筹资　　　　　　B. 预收货款　　　　　　C. 短期借款　　　　　　D. 租赁

2. 与短期借款筹资相比，短期融资券筹资的特点是（　　）。

   A. 筹资风险比较小　　　　　　　　　　B. 筹资弹性比较大

   C. 筹资条件比较严格　　　　　　　　　D. 筹资条件比较宽松

3. 某企业需要借入资金 60 万元，由于贷款银行要求将贷款金额的 20% 作为补偿性余额，故企业需要向银行申请的贷款数额为（　　）万元。

   A.75　　　　　　　　　B.72　　　　　　　　　C.60　　　　　　　　　D.50

4. 下列各项中，与丧失现金折扣的机会成本呈反向变化的是（　　）。

   A. 现金折扣率　　　　B. 折扣期　　　　C. 信用标准　　　　D. 付款期

5. 假设某企业预测的年赊销额为 2 000 万元，应收账款平均收账天数为 45 天，变动成本率为 60%，资金成本为 8%，一年按 360 天计，则应收账款的机会成本为（　　）万元。

   A.250　　　　　　　　B.200　　　　　　　　C.15　　　　　　　　D.12

6. 信用评价的"5C"系统中，条件是指（　　）。

   A. 指在短期和长期内可供使用的财务资源

   B. 指顾客拒付款项或无力支付款项时能被用作抵押的资产条件

   C. 指影响申请人还款能力和意愿的各种外在因素

   D. 指企业的偿债能力和管理制度

7. 甲公司按 2/10、N/40 的信用条件购入货物，该公司放弃现金折扣的信用成本率（一般按 360 天计算）是（　　）。

   A.18%　　　　　　　　B.18.37%　　　　　　　　C.24%　　　　　　　　D.24.49%

8. 下列各项中，属于应收账款机会成本的是（　　）。

   A. 应收账款占用资金的应计利息　　　　　　B. 客户资信调查费用

   C. 坏账损失　　　　　　　　　　　　　　　D. 收账费用

9. 保理商和供应商将销售合同被转让的情况通知购货商，并签订保理商、供应商、购货商之间的三方合同的保理属于（　　）。

   A. 到期保理　　　　B. 折扣保理　　　　C. 暗保理　　　　D. 明保理

10. 以下各项与存货有关的成本费用中，不影响经济订货批量的是（　　）。

    A. 采购员的差旅费　　　　　　　　　　B. 存货的保险费

    C. 存货资金占用费　　　　　　　　　　D. 专设采购机构的基本开支

二、多项选择题

1. 如果企业把信用标准定得过高，则会（ ）。

　　A. 减少应收账款机会成本　　　　　　B. 减少坏账损失

　　C. 降低销售规模　　　　　　　　　　D. 增加应收账款管理成本

2. 下列各项中，属于建立存货经济订货批量基本模型假设前提的有（ ）。

　　A. 一定时期的进货总量可以较为准确地预测

　　B. 允许出现缺货

　　C. 单位存货成本为常数

　　D. 货物是一种独立需求的物品

3. 企业如果采取适时制库存控制系统，则下列表述中正确的有（ ）。

　　A. 库存成本较低

　　B. 缺货风险较小

　　C. 需要的是稳定而标准的生产程序以及诚信的供应商

　　D. 供应商必须提前将企业所需要的原料或零件送来，避免企业缺货

4. 下列属于控制现金支出有效措施的有（ ）。

　　A. 使用零余额账户　　　　　　　　　B. 争取现金流出与现金流入同步

　　C. 提前支付账款　　　　　　　　　　D. 使用现金浮游量

5. 在流动资产的激进融资策略下，临时性负债的资金来源用来满足（ ）。

　　A. 全部波动性流动资产的资金需要

　　B. 部分永久性流动资产的资金需要

　　C. 全部资产的资金需要

　　D. 部分波动性流动资产的资金需要

6. 存货在企业生产经营过程中所具有的作用主要有（ ）。

　　A. 有利于销售　　B. 维持连续生产　　C. 降低储存成本　　D. 维持均衡生产

7. 下列选项中属于存货的变动储存成本的有（ ）。

　　A. 存货占用资金的应计利息　　　　　B. 紧急外购存货成本额

　　C. 存货的保险费用　　　　　　　　　D. 存货采购的差旅费

8. 下列各项因素中，对存货的经济订货批量没有影响的有（ ）。

　　A. 订货提前期　　B. 每日送货量　　C. 保险储备量　　D. 每日耗用量

9. 存货的缺货成本包括（ ）。

　　A. 停工损失

　　B. 产成品库存缺货造成的拖欠发货损失

　　C. 存货占用资金的应计利息

　　D. 产成品库存缺货造成的丧失销售机会的损失

10. 下列哪些情况下会使企业实际利率高于名义利率（　　　）。

　　A. 存在补偿性余额　　B. 贴现法计息　　　　C. 收款法计息　　　　D. 加息法付息

三、判断题

1. 成本分析模式是要找到机会成本和管理成本所组成的总成本曲线中最低点所对应的现金持有量，把它作为最佳现金持有量。（　　　）

2. 一般情况下，当企业产销两旺时，流动资产会不断减少，流动负债也会相应减少；而当企业产销量不断减少时，流动资产和流动负债会相应增加。（　　　）

3. 内部银行一般适用于具有较多责任中心的股份制企业。（　　　）

4. 现金折扣是企业为了鼓励客户多买商品而给予的价格优惠，每次购买的数量越多，价格也就越便宜。（　　　）

5. 如果企业销售额不稳定且难以预测，则企业应保持较高的流动资产水平。（　　　）

四、计算分析题

1. 荆河公司是一家小型玩具制造商，2021 年 11 月份的销售额为 40 万元，12 月份销售额为 45 万元。根据公司市场部的销售预测，预计 2022 年第一季度 1 ~ 3 月份的月销售额分别为 50 万元、75 万元和 90 万元。根据公司财务部一贯执行的收款政策，销售额的收款进度为销售当月收款 60%，次月收款 30%，第三个月收款 10%。公司预计 2022 年 3 月份有 30 万元的资金缺口，为筹措所需资金，公司决定将 3 月份全部应收账款进行保理，保理资金回收比率为 80%。

要求：

（1）测算 2022 年 2 月份的现金收入合计。

（2）测算 2022 年 3 月份应收账款保理资金回收额。

（3）测算 2022 年 3 月份应收账款保理收到的资金能否满足当月资金需求。

2. 某公司销售商品均采用赊销方式，预计的年度赊销收入为 5 000 万元。信用条件是"3/10，2/20，N/45"，其变动成本率为 40%，资本成本为 10%，收账费用为 120 万元。预计占赊销额 60% 的客户会利用 3% 的现金折扣，占赊销额 18% 的客户会利用 2% 的现金折扣，其余客户在信用期满时付款。一年按 360 天计算。

要求：

（1）计算平均收现期。

（2）计算应收账款平均余额。

（3）计算应收账款机会成本。

（4）计算现金折扣成本。

（5）计算该信用政策下的相关税前损益。

答案与解析

一、单项选择题

1.【解析】商业信用是指企业在商品或劳务交易中，以延期付款或预收货款方式进行购销活动而形成的借贷关系，是企业之间的直接信用行为，也是企业短期资金的重要来源。商业信用产生于生产经营的商品、劳务交易之中，是一种"自动性筹资"。商业信用的形式一般包括应付账款、应付票据、应计未付款和预收货款。综上，本题应选 B。

【答案】B

2.【解析】短期融资券是由企业依法发行的无担保短期本票。短期融资券筹资的优点主要有：筹资成本较低，筹资数额比较大，可以提高企业信誉和知名度。短期融资券筹资的缺点主要有：风险比较大，弹性比较小，发行条件比较严格。综上，本题应选 C。

【答案】C

3.【解析】因为借款金额 = 申请贷款的数额 × (1 − 补偿性余额比率)，所以，本题中需要向银行申请的贷款数额 = 60 ÷ (1 − 20%) = 75 (万元)。综上，本题应选 A。

【答案】A

4.【解析】丧失现金折扣的机会成本 = [现金折扣率 / (1 − 现金折扣率)] × [360/(付款期 − 折扣期)]，可以看出，现金折扣率、折扣期和丧失的机会成本呈正向变动，信用标准和丧失的机会成本无关，付款期和丧失的机会成本呈反向变动。综上，本题应该选 D。

【答案】D

5.【解析】应收账款占用资金 = 日赊销额 × 平均收现期 × 变动成本率 = 2 000/360 × 45 × 60% = 150 (万元)，应收账款机会成本 = 应收账款占用资金 × 资本成本 = 150 × 8% = 12 (万元)。综上，本题应选 D。

【答案】D

6.【解析】信用评价的"5C"系统中，条件是指影响申请人还款能力和意愿的各种外在因素。综上，本题应选 C。

【答案】C

7.【解析】放弃现金折扣的信用成本率 = [折扣率 ÷ (1 − 折扣率)] × [360 ÷ (付款期 − 折扣期)] = [2% ÷ (1 − 2%)] × [360 ÷ (40 − 10)] = 24.49%。综上，本题应选 D。

【答案】D

8.【解析】应收账款机会成本是指资金投放在应收账款上而丧失的其他收入，如投资于有价证券便会有利息收入，丧失的利息收入即是应收账款的机会成本。综上，本题应选 A。

【答案】A

9.【解析】明保理是指保理商和供应商需要将销售合同被转让的情况通知购货商，并签订保理商、供应商、购货商之间的三方合同。综上，本题应选 D。

【答案】D

10.【解析】选项 A 影响，采购员的差旅费与进货次数相关，属于订货的变动成本。选项 B、C 影响，存货资金占用费和存货的保险费都与存货储存数量有关，属于变动储存成本，均属于决策相关成本。选项 D 不影响，专设采购机构的基本开支属于订货的固定成本，和订货次数及进货批量无关，属于决策无关成本。综上，本题应选 D。

【答案】D

二、多项选择题

1.【解析】如果企业执行的信用标准过于严格，可能会降低对符合可接受信用风险标准客户的赊销额，减少坏账损失（选项 B），减少应收账款的机会成本（选项 A），但不利于扩大企业销售量（选项 C），甚至会因此限制企业的销售机会。选项 D 不符合题意，如果执行的信用标准过于宽松（而非过高），可能会对不符合可接受信用风险标准的客户提供赊销，因此，会增加随后还款的风险并增加应收账款的管理成本与坏账成本。综上，本题应选 ABC。

【答案】ABC

2.【解析】经济订货基本模型是建立在一系列严格假设基础上的。这些假设包括：（1）存货总需求量是已知常数（选项 A）；（2）不存在订货提前期，即可以随时补充存货；（3）货物是一次性入库；（4）单位货物成本为常数，无批量折扣（选项 C）；（5）库存储存成本与库存水平呈线性关系；（6）货物是一种独立需求的物品，不受其他货物影响（选项 D）；（7）不允许缺货，即无缺货成本。综上，本题应选 ACD。

【答案】ACD

3.【解析】选项 A、C 正确；选项 B 错误，适时制库存控制系统需要的是稳定而标准的生产程序以及诚信的供应商，否则，任何一环出现差错将导致整个生产线的停止，所以缺货风险会大；选项 D 错误，适时制库存控制系统下只有当制造企业在生产过程中需要原料或零件时，供应商才会将原料或零件送来。综上，本题应选 AC。

【答案】AC

4.【解析】现金支出管理的主要任务是尽可能延缓现金的支出时间，延期支付账款的方法一般有使用现金浮游量、推迟应付款的支付、汇票代替支票、改进员工工资支付模式、透支、争取现金流出与现金流入同步、使用零余额账户等。综上，本题应选 ABD。

【答案】ABD

5.【解析】激进融资策略的特点是：临时性流动负债不但融通全部波动性流动资产的资金需要，还解决部分永久性流动资产的资金需要。综上，本题应选 AB。

【答案】AB

6.【解析】选项 C 不符合题意，存货的存在会增加储存成本；存货的功能主要有：（1）保证生产正常进行（选项 B）；（2）提高销售机动性（选项 A）；（3）便于维持均衡生产，降低产品成本（选项 D）；（4）降低存货取得成本；（5）防止意外事件的发生。综上，本题应选ABD。

【答案】ABD

7.【解析】选项 A、C 符合题意，存货的变动储存成本与存货的数量相关，包括存货占用资金的应计利息、存货的破损变质损失、存货的保险费用等；选项 B 不符合题意，紧急外购存货成本额属于缺货成本；选项 D 不符合题意，存货采购的差旅费属于变动订货成本。综上，本题应选AC。

【答案】AC

8.【解析】 本题考查经济订货批量的影响因素。根据 $EOQ = \sqrt{\dfrac{2KD}{K_c} \times \dfrac{p}{p-d}}$ 可知，影响存货经

济订货批量的因素有 5 个，即：存货全年总的需求量 D、每次订货费用 K、单位变动储存成本 K_c、每日耗用量 d 和每日送货量 p。订货提前期和保险储备量均对经济订货批量没有影响。综上，本题应选 AC。

【答案】AC

9.【解析】选项 A、B、D 属于存货的缺货成本，缺货成本，是指由于存货供应中断而造成的损失，包括材料供应中断造成的停工损失（选项 A）、产成品库存缺货造成的拖欠发货损失（选项 B）和丧失销售机会的损失（选项 D）及造成的商誉损失等。选项 C 不属于存货的缺货成本，存货占用资金的应计利息为存货的变动储存成本。综上，本题应选 ABD。

【答案】ABD

10.【解析】选项 A 符合题意，补偿性余额是银行要求借款企业在银行中保持按贷款限额或实际借用额一定比例计算的最低存款余额。对借款企业来说，补偿性余额提高了借款的实际利率，加重了企业负担；选项 B 符合题意，贴现法又称折价法，是指银行向企业发放贷款时，先从本金中扣除利息部分，到期时借款企业偿还全部贷款本金的一种利息支付方法。在这种利息支付方式下，企业可以利用的贷款只是本金减去利息部分后的差额，因此，贷款的实际利率要高于名义利率；选项 D 符合题意，加息法是银行发放分期等额偿还贷款时采用的利息收取方法。在分期等额偿还贷款情况下，银行将根据名义利率计算的利息加到贷款本金上，计算出贷的本息和，要求企业在贷款期内分期偿还本息之和，这样企业所负担的实际利率便要高于名义利率大约 1 倍；选项 C 不符合题意，收款法计息的实际利率＝名义利率。综上，本题应选 ABD。

【答案】ABD

三、判断题

1.【解析】成本分析模式是要找到机会成本、管理成本和短缺成本所组成的总成本曲线中最低点所对应的现金持有量，把它作为最佳现金持有量。因此，本题表述错误。

【答案】×

2.【解析】一般情况下，当企业产销两旺时，流动资产会不断增加，流动负债也会相应增加；而当企业产销量不断减少时，流动资产和流动负债也会相应减少。因此，本题表述错误。

【答案】×

3.【解析】内部银行是将社会银行的基本职能与管理方式引入企业内部管理机制而建立起来的一种内部资金管理机构，它将"企业管理""金融信贷"和"财务管理"三者融为一体，一般是将企业的自有资金和商业银行的信贷资金统筹运作，在内部银行统一调剂、融通运用。内部银行一般适用于具有较多责任中心的企事业单位。因此，本题表述错误。

【答案】×

4.【解析】现金折扣的主要目的在于吸引顾客为享受优惠而提前付款，缩短企业的平均收款期，而非为了增加顾客的购买数量。因此，本题表述错误。

【答案】×

5.【解析】如果销售额不稳定而且难以预测，例如石油和天然气开采业以及许多建筑企业，就会存在显著的风险，从而必须维持一个较高的流动资产存量水平，保持较高的流动资产与销售收入比率。如果销售既稳定又可预测，则只需维持较低的流动资产投资水平。因此，本题表述正确。

【答案】√

四、计算分析题

1.（1）

【解析】根据题干"销售额的收款进度为销售当月收款的60%，次月收款30%，第三个月收款10%"，可知：本月的现金流入 = 上上月的销售额 ×10% + 上月的销售额 ×30% + 本月的销售额 ×60%。

【答案】2月份的现金收入 = 45×10% + 50×30% + 75×60% = 64.5（万元）

（2）

【解析】根据题干"销售额的收款进度为销售当月收款的60%，次月收款30%，第三个月收款10%"，可知：本月末的应收账款 = 上月的销售额 ×10% + 本月的销售额 ×40%。公司决定将3月份全部应收账款进行保理，保理资金回收比率为80%。则保理资金回收额 = 本月末的应收账款 ×80%。

【答案】3月份应收账款保理资金回收额 = 3月末应收账款 ×80% =（75×10% + 90×40%）×80% = 34.8（万元）

（3）

【解析】应收账款保理是企业将赊销形成的未到期应收账款，在满足一定情况下转让给保理商，以获得流动资金，加快资金周转。

【答案】3月份应收账款保理资金回收额为34.8万元大于3月份的资金缺口30万元，所以3月份应收账款保理收到的资金能满足当月的资金需求。

2.（1）

【解析】预计占赊销额 60% 的客户会利用 3% 的现金折扣，占赊销额 18% 的客户会利用 2% 的现金折扣，其余客户在信用期满时付款。

【答案】平均收现期 = 60%×10 + 18%×20 +（1 − 60% − 18%）×45 = 19.5（天）

（2）

【解析】应收账款的平均余额 = 日销售额 × 平均收现期

【答案】应收账款平均余额 = 5 000/360×19.5 = 270.83（万元）

（3）

【解析】应收账款机会成本 = 应收账款平均余额 × 变动成本率 × 资本成本

【答案】应收账款机会成本 = 270.83×40%×10% = 10.83（万元）

（4）

【解析】预计占赊销额 60% 的客户会利用 3% 的现金折扣，占赊销额 18% 的客户会利用 2% 的现金折扣，其余客户在信用期满时付款。

【答案】现金折扣成本 = 5 000×60%×3% + 5 000×18%×2% = 108（万元）

（5）

【解析】税前损益 = 收益 − 成本

【答案】相关税前收益 = 5 000 − 5 000×40% −（10.83 + 120 + 108）= 2 761.17（万元）

第八章　成本管理

应试指导

　　本章是重点章节，历年考试必考。本章本量利分析与第二章成本性态有着非常紧密的联系，作业成本法、标准成本法和责任成本的内容相对独立，与各章节联系不大。本章公式非常多，在备考时切忌死记硬背，要记住基础公式，理解含义，历年真题是很好的备考复习资料，多做题，多练习巩固，"光看不练、光听不练"肯定是不行的。

历年考情

　　本章最近几年的平均分数为12分左右，各种题型都有可能出现。从历年考题分析，考点分布为本量利分析、标准成本的制定、标准成本的差异分析、作业成本法相关内容的考核、利润中心考核指标的判断和计算、投资中心考核指标的计算和分析等。

题型	2021年（一）		2021年（二）		2020年（一）		2020年（二）		2019年（一）		2019年（二）	
	题量	分值	题量	分值	题量	分值	题量	分值	题量	分值	题量	分值
单选	2	3分	2	3分	1	1.5分	2	3分	2	2分	4	4分
多选	—	—	1	2分	1	2分	—	—	2	4分	1	2分
判断	1	1分	—	—	—	—	1	1分	2	2分	1	1分
计算	4	5分	—	—	2	5分	5	5分	5	5分	1	3分
综合	2	3分	1	4分	—	—	1	3分	1	2分	2	4分

高频考点列表

考点	单选题	多选题	判断题	计算分析题	综合题
本量利分析概述、边际贡献	—	2021年	2019年	—	—
盈亏平衡分析与安全边际分析	2021年、2019年	2020年、2019年	2021年、2018年	2020年	—
产品组合盈亏平衡分析	—	—	—	2020年、2018年	—
目标利润分析	2021年	—	—	—	—
敏感性分析	2020年、2019年	—	2018年	—	—

考点	单选题	多选题	判断题	计算分析题	综合题
标准成本控制与分析	2021年、2018年	2019年	2019年	2021年、2019年	2018年
作业成本管理	2020年、2018年	2021年	2020年	—	—
责任成本	2021年、2020年、2019年	2019年、2018年	—	2020年	—

章逻辑树

```
第八章 成本管理
│
├─ 成本管理概述
│   ├─ 成本管理的意义（三条）
│   ├─ 成本管理的目标 ·（总体目标和具体目标）
│   ├─ 成本管理的原则（四个）
│   └─ 成本管理的主要内容
│
└─ 本量利分析与应用
    ├─ 本量利分析的基本假设（四个）
    ├─ 本量利分析的基本原理 ·利润＝销售量×（单价－单位变动成本）－固定成本
    ├─ 盈亏平衡分析
    │   ├─ 单一产品盈亏平衡分析
    │   │   ├─ 盈亏平衡点
    │   │   │   ├─ 盈亏平衡点的业务量＝固定成本÷单位边际贡献
    │   │   │   └─ 盈亏平衡点的销售额＝固定成本÷边际贡献率
    │   │   └─ 盈亏平衡作业率
    │   │       ├─ 盈亏平衡作业率
    │   │       │   ＝盈亏平衡点的业务量÷正常经营业务量
    │   │       │   （实际业务量或预计业务量）×100%
    │   │       └─ ＝盈亏平衡点的销售额÷正常经营销售额
    │   │           （实际销售额或预计销售额）×100%
    │   └─ 产品组合盈亏平衡分析
    │       ·加权平均法、联合单位法、分算法、主要产品法
    ├─ 目标利润分析
    │   ├─ 目标利润＝（单价－单位变动成本）×销售量－固定成本
    │   └─ 实现目标利润销售量＝（固定成本＋目标利润）÷单位边际贡献
    ├─ 敏感性分析 ·（敏感系数＝利润变动百分比÷因素变动百分比）
    ├─ 边际分析
    │   ├─ 边际贡献分析
    │   │   ├─ 边际贡献率＝单位边际贡献÷单价×100%
    │   │   ├─ 变动成本率＝变动成本总额÷销售收入×100%
    │   │   └─ 边际贡献率＋变动成本率＝1
    │   └─ 安全边际分析
    │       ·安全边际率＝安全边际量（安全边际额）÷实际销售量（销售额）
    │        或预期销售量（销售额）×100%
    └─ 本量利分析在经营决策中的应用
```

第八章 成本管理

标准成本控制与分析
- 标准成本 ·（理想标准成本、正常标准成本）
- 标准成本控制与分析
- 标准成本的制定 ·（包括用量标准和价格标准）
- 成本差异的计算与分析
  - 直接材料成本差异 = 实际成本 – 标准成本
  - 直接人工成本差异 = 实际成本 – 标准成本
  - 变动制造费用成本差异 = 总变动制造费用 – 标准变动制造费用
  - 固定制造费用成本差异分析（两差异分析法、三差异分析法）

作业成本与责任成本
- 作业成本管理
  - 成本动因分析
  - 作业分析 ·（增值作业、非增值作业）
  - 作业业绩考核
- 责任成本
  - 成本中心 ·（有权发生并控制成本）
  - 利润中心 ·（既能控制成本，又能控制收入和利润）
  - 投资中心 ·（既能控制成本、收入和利润，又能对投入的资金进行控制）
  - 内部转移价格的制定

高频考点 1 本量利分析概述、边际贡献

基本假设	①总成本由固定成本和变动成本两部分组成；②销售收入和业务量呈完全线性关系；③产销平衡；④产品产销结构稳定	
基本关系式	利润 =（单价 – 单位变动成本）× 销售量 – 固定成本	
边际贡献	边际贡献（边际利润、贡献毛益）	边际贡献总额 = 销售收入 – 变动成本总额 =（单价 – 单位变动成本）× 销售量
	单位边际贡献	单位边际贡献 = 单价 – 单位变动成本 = 单价 × 边际贡献率
	边际贡献率	边际贡献率 = 边际贡献总额 / 销售收入 ×100% = 单位边际贡献 / 单价 ×100%
	变动成本率	变动成本率 = 变动成本总额 / 销售收入 ×100% 变动成本率 + 边际贡献率 = 1

┃敲黑板┃ 记住基本公式，其余公式进行推导，不必死记硬背。

【真题实战·多选题】单价和单位变动成本同时减少1元，下列各项中，能够保持不变的指标是（　　）。（2021年）

A. 边际贡献率　　　B. 单位边际贡献

C. 盈亏平衡点销售额　D. 盈亏平衡点销售量

【解析】选项A错误，边际贡献率 = 单位边际贡献 ÷ 单价 ×100% =（单价 – 单位变动成本）÷ 单价 ×100%，单价和单位变动成本同时减少1元，分子不变，分母减少，边际贡献率提高；选项B正确，单位边际贡献 = 单价 – 单位变动成本，单价和单位变动成本同时减少1，单位边际贡献保持不变；选项C错误，盈亏平衡点销售额 = 固定成本 ÷ 边际贡献率，边际贡献率变化，导致盈亏平衡点销售额变化；选项D正确，盈亏平衡点销售量 = 固定成本 ÷ 单位边际贡献，单位边际贡献保持不变，则盈亏

平衡点销售量保持不变。综上，本题应选BD。

【答案】BD

【真题实战·判断题】不考虑其他因素的影响，固定成本每增加1元，边际贡献就减少1元。（　　）（2019年）

【解析】边际贡献总额 = 销售收入 — 变动成本总额，固定成本不影响边际贡献。因此，本题表述错误。

【答案】×

【沙场练兵·单选题】下列关于本量利分析基本假设的表述中，不正确的是（　　）。

A. 产销平衡

B. 产品产销结构稳定

C. 销售收入与业务量呈完全线性关系

D. 总成本由营业成本和期间费用两部分组成

【思考导航】遇到这类试题可以从本量利分析

第8章

的基本公式进行分析。利润＝销售收入－（变动成本＋固定成本），可以看出总成本由固定成本和变动成本组成，可以判断出选项D错误。

【解析】本量利分析主要是基于四个假设：①总成本由固定成本和变动成本两部分组成；②销售收入和业务量呈完全线性关系；③产销平衡；④产品产销结构稳定。综上，本题应选D。

【答案】D

【沙场练兵·多选题】下列各项中，能够提高边际贡献总额的有（　　）。

A. 提高单价　　　　B. 扩大销售量
C. 降低单位变动成本　D. 降低固定成本

【思路导航】本类试题只要列出相应公式进行判断就能轻松应对。

【解析】边际贡献总额＝销售量×（单价－单位变动成本），从公式中可以看出，提高单价（选项A）、降低单位变动成本（选项C）、扩大销售量（选项B），可以提高边际贡献总额。选项D不影响边际贡献总额。综上，本题应选ABC。

【答案】ABC

高频考点2 盈亏平衡分析与安全边际分析

1. 盈亏平衡分析
（1）基本公式

基本关系式	利润＝销售量×（单价－单位变动成本）－固定成本
盈亏平衡点	盈亏平衡点的业务量＝固定成本÷（单价－单位变动成本） 　　　　　　　　＝固定成本÷单位边际贡献 盈亏平衡点的销售额＝盈亏平衡点的业务量×单价 　　　　　　　　＝固定成本÷（1－变动成本率） 　　　　　　　　＝固定成本÷边际贡献率
盈亏平衡作业率	盈亏平衡作业率 ＝盈亏平衡点的业务量÷正常经营业务量（实际业务量或预计业务量）×100% ＝盈亏平衡点的销售额÷正常经营销售额（实际销售额或预计销售额）×100%

【敲黑板】降低盈亏平衡点的途径有哪些？

盈亏平衡点越低，企业的经营风险就越小。从盈亏平衡点的计算公式可以看出，降低盈亏平衡点的途径有三个：

（1）降低固定成本总额；
（2）降低单位变动成本；
（3）提高销售单价。

（2）本量利关系图

种类	考核要点
传统式 本量利关系图	 ①总成本线的斜率：单位变动成本（b）； ②销售收入线的斜率：单价（p）； ③盈亏平衡点：总成本线和销售收入线的交点（E）
边际贡献式 本量利关系图	 ①总成本线的斜率：单位变动成本（b）； ②销售收入线的斜率：单价（p）；
利量式 本量利关系图	 ①利润线的斜率：单位边际贡献； ②盈亏平衡点业务量：利润线与横轴的交点

2. 安全边际分析

指标	公式
安全边际	安全边际 = 实际销售量（销售额）或预期销售量（销售额）－盈亏平衡点的销售量（销售额）
安全边际率	安全边际率 = 安全边际量（安全边际额）÷ 实际销售量（销售额）或预期销售量（销售额）×100%

┃敲黑板┃ 安全边际主要用于衡量企业承受营运风险的能力，尤其是销售量（销售额）下降时承受风险的能力，也可以用于盈利预测。预期销售量（销售额）或实际销售量（销售额）与盈亏平衡点的销售量（销售额）差距越大，安全边际或安全边际率的数值越大，企业发生亏损的可能性越小，抵御营运风险的能力越强，盈利能力越大；反之则相反。

3. 盈亏平衡作业率与安全边际率的关系

盈亏平衡点的销售量 + 安全边际量 = 实际销售量

盈亏平衡作业率 + 安全边际率 = 1

利润 = 安全边际额 × 边际贡献率

销售利润率 = 安全边际率 × 边际贡献率

┃敲黑板┃ 如何提高企业的销售利润率水平？

（1）扩大现有销售水平，提高安全边际率；

（2）降低变动成本水平，提高边际贡献率。

【真题实战·单选题】某公司产销一种产品，变动成本率为60%，盈亏平衡作业率为70%，则销售利润率为（　　）。（2021年）

A. 18%　　　　　B. 28%

C. 12%　　　　　D. 42%

【解析】销售利润率 = 安全边际率 × 边际贡献率，边际贡献率 = 1 － 变动成本率 = 1 － 60% = 40%，安全边际率 = 1 － 盈亏平衡作业率 = 1 － 70% = 30%，销售利润率 = 安全边际率 × 边际贡献率 = 30%×40% = 12%。综上，本题应选C。

【答案】C

【真题实战·判断题】基于本量利分析模型，若其他因素不变，目标利润的变动会影响盈亏平衡点的销售额。（　　）（2021年）

【解析】盈亏平衡点的销售额 = 固定成本 / 边际贡献率，利润不影响这两个参数，所以不会对盈亏平衡点销售额造成影响。因此，本题表述错误。

【答案】×

【真题实战·多选题】关于本量利分析模式，下列各项中能够提高销售利润额的有（　　）。（2020年）

A. 提高边际贡献率

B. 提高盈亏平衡作业率

C. 提高变动成本率

D. 提高安全边际率

【思路导航】销售利润率 = 安全边际率 × 边际

贡献率＝安全边际率×（1－变动成本率），本题主要是考核公式的掌握，所以熟练地掌握公式，才能提高做题速度。

【解析】选项 A 符合题意，选项 C 不符合题意，销售利润率＝安全边际率×边际贡献率＝安全边际率×（1－变动成本率），提高边际贡献率能提高销售利润额，但当提高变动成本率时会降低销售利润额；选项 B 不符合题意，选项 D 符合题意，销售利润率＝安全边际率×边际贡献率＝（1－盈亏平衡作业率）×边际贡献率，当提高盈亏平衡作业率时会降低销售利润额，但当降低盈亏平衡作业率，提高安全边际率时，能提高销售利润额。综上，本题应选 AD。

【答案】AD

【真题实战·单选题】某企业生产销售 A 产品，且产销平衡。其销售单价为 25 元/件，单位变动成本为 18 元/件，固定成本为 2 520 万元。若 A 产品的实际销售量为 600 万件，则安全边际率为（　　　）。（2019 年）

A.30%　　　　　　　　B.50%

C.60%　　　　　　　　D.40%

【思路导航】计算安全边际相关数据的步骤：①盈亏平衡点的业务量＝固定成本/单位边际贡献；②计算安全边际量＝实际销售量－盈亏平衡点的销售量，进一步计算安全边际率。

【解析】盈亏平衡点的业务量＝固定成本/（单价－单位变动成本）＝2 520/（25－18）＝360（万件），安全边际量＝实际销售量－盈亏平衡点的销售量＝600－360＝240（万件），安全边际率＝安全边际/实际销售量×100%＝240/600×100%＝40%。综上，本题应选 D。

【答案】D

【真题实战·单选题】根据本量利分析原理，下列各项，将导致盈亏平衡点销售额提高的是（　　　）。（2019 年）

A.降低单位变动成本

B.降低变动成本率

C.降低边际贡献率

D.降低固定成本总额

【解析】盈亏平衡点的销售额＝固定成本/边际贡献率＝固定成本/（1－变动成本率）＝固定成本/（1－单位变动成本/单价），因此降低边际贡献率，会提高盈亏平衡点的销售额；降低单位变动成本、降低变动成本率和降低固定成本都会降低盈亏平衡点的销售额。综上，本题应选 C。

【答案】C

【真题实战·多选题】在单一产品本量利分析中，下列等式成立的有（　　　）。（2019 年）

A.盈亏平衡作业率＋安全边际率＝1

B.变动成本率×营业毛利率＝边际贡献率

C.安全边际率×边际贡献率＝销售利润率

D.变动成本率＋边际贡献率＝1

【解析】选项 A 正确，盈亏平衡作业率＋安全边际率＝盈亏平衡点的销售额/正常销售额＋（正常销售额－盈亏平衡点的销售额）/正常销售额＝1；选项 B 错误，边际贡献率＝1－变动成本率；选项 C 正确，销售利润率＝息税前利润/销售收入＝安全边际额×边际贡献率÷销售收入＝安全边际率×边际贡献率；选项 D 正确，变动成本率＋边际贡献率＝变动成本额/销售收入＋（销售收入－变动成本额）/销售收入＝1。综上，本题应选 ACD。

【答案】ACD

【真题实战·判断题】根据本量利分析基本原理，盈亏平衡点越高企业经营越安全。（　　　）（2018 年）

【解析】盈亏平衡点越高企业经营风险越大，越不安全。因此，本题表述错误。

【敲黑板】企业通常采用安全边际率这一指标来评价企业经营是否安全。安全边际或安全边际率越大，经营风险越小、经营越安全。

【答案】×

【沙场练兵·单选题】根据本量利分析原理，下列计算利润的公式中，正确的是（　　）。

A. 利润＝盈亏平衡点的业务量×边际贡献率

B. 利润＝销售收入×变动成本率－固定成本

C. 利润＝（销售收入－盈亏平衡点销售额）×边际贡献率

D. 利润＝销售收入×（1－边际贡献率）－固定成本

【思路导航】遇到这类试题不要慌，这些都是从最基础的公式换算得出的，在学习备考时一定要掌握基础公式再进行变形就能得出正确的选项。

【解析】选项A错误，利润＝安全边际额×边际贡献率；选项B错误，利润＝销售收入×边际贡献率－固定成本；选项D错误，利润＝销售收入×（1－变动成本率）－固定成本。综

上，本题应选C。

【答案】C

【沙场练兵·单选题】下列各项指标中，能直接体现企业经营风险程度的是（　　）。

A. 安全边际率　　　　B. 边际贡献率

C. 净资产收益率　　　D. 变动成本率

【解析】企业通常采用安全边际率这一指标来评价企业经营是否安全。综上，本题应选A。

【答案】A

【沙场练兵·多选题】下列各项指标中，与盈亏平衡点呈同向变化关系的有（　　）。

A. 单位售价　　　　B. 预期销售量

C. 固定成本总额　　D. 单位变动成本

【解析】由盈亏平衡点的业务量＝固定成本÷（单价－单位变动成本），可以看出，固定成本总额和单位变动成本与盈亏平衡点的业务量同向变化，单价和盈亏平衡点的业务量反向变化，预期销售量与盈亏平衡点的业务量无关。综上，本题应选CD。

【答案】CD

【真题实战·计算分析题】（2020年）

甲公司只生产销售A产品，产销平衡，目前A产品的单价为60元/件，单位变动成本为24元/件，固定成本总额为72 000元，目前销售量水平为10 000件，计划期决定降价10%，预计产品销售量将提高20%，计划单位变动成本和固定成本总额不变。

要求：

（1）计算当前A产品的单位边际贡献、边际贡献率和安全边际率。

（2）计算计划期A产品的盈亏平衡点的业务量和盈亏平衡作业率。

（1）

【解析】单位边际贡献＝单价－单位变动成本

边际贡献率＝单位边际贡献÷单价×100%

安全边际＝实际销售量－盈亏平衡点的销售量

安全边际率＝安全边际量（安全边际额）÷实际销售量（销售额）或预期销售量（销售额）×100%

【答案】当前A产品的单位边际贡献＝60－24＝36（元）

当前A产品的边际贡献率＝36÷60×100%＝60%

当前A产品的盈亏平衡点的业务量＝72 000/（60－24）＝2 000（件）

安全边际率＝（10 000－2 000）/10 000＝80%

（2）

【解析】盈亏平衡点的业务量＝固定成本÷单位边际贡献

盈亏平衡作业率＝盈亏平衡点的业务量÷预计业务量×100%

【答案】计划期单价＝60×（1－10%）＝54（元/件）

计划期单位边际贡献＝54－24＝30（元）

计划期内盈亏平衡点的业务量＝72 000÷30＝2 400（件）

计划期内销售量＝10 000×（1＋20%）＝12 000（件）

盈亏平衡作业率＝2 400÷12 000×100%＝20%

【沙场练兵·综合题】

戊公司只生产销售甲产品，该产品全年产销量一致。2021年固定成本总额为4 800万元，该产品生产资料如表所示；

2021年甲产品生产和销售资料

项目	产销量（万台）	单价（元）	单位变动成本（元）
甲产品	17	500	200

经过公司管理层讨论，公司2022年目标利润总额为600万元（不考虑所得税）。假设甲产品单价和成本性态不变。为了实现利润目标，根据销售预测，对甲产品2022年四个季度的销售量作出如下预计，见下表。

2022年度分季度销售量预测数

单位：万台

季度	一	二	三	四	全年
预计销售量	3	4	5	6	18

若每季末预计的产成品存货占下个季度销售量的10%，2022年末预计的产成品存货数为0.2万台。各季预计的期初存货为上季末期末存货。2021年第四季度的期末存货为0.2万台。根据以上资料，戊公司生产预算如下表所示：

2022 年生产预算表

单位：万台

季度	一	二	三	四	全年
预计销售量	*	4	5	6	*
加：预计期末产成品存货	（A）	0.5	*	0.2	0.2
合计	*	4.5	*	6.2	*
减：预计期初产成品存货	0.2	*	（C）	*	*
预计生产量	*	（B）	*	*	*

注：表中 * 表示省略的数据。

要求：

（1）计算甲产品 2021 年的边际贡献总额和边际贡献率；

（2）计算甲产品 2021 年盈亏平衡点的业务量和盈亏平衡点的销售额；

（3）计算甲产品 2021 年的安全边际和安全边际率，并根据投资企业经营安全程度的一般标准，判断公司经营安全与否；

（4）计算 2022 年实现目标利润总额 600 万元的销售量；

（5）确定上表中英文字母代表的数值（不需要列示计算过程）。

（1）

【解析】边际贡献总额＝（单价－单位变动成本）× 销售量

边际贡献率＝（单价－单位变动成本）/ 单价

【答案】甲产品 2021 年边际贡献总额＝17×（500－200）＝5 100（万元）

2021 年边际贡献率＝（500－200）/500×100%＝60%

（2）

【解析】盈亏平衡点的业务量＝固定成本/（单价－单位变动成本）

盈亏平衡点的销售额＝盈亏平衡点的业务量× 单价＝固定成本/ 边际贡献率

【答案】甲产品 2021 年盈亏平衡点的业务量＝4 800/（500－200）＝16（万台）

2021 年盈亏平衡点的销售额＝16×500＝8 000（万元）

或：2021 年盈亏平衡点的销售额＝4 800÷60%＝8 000（万元）

（3）

【解析】安全边际＝实际销售量－盈亏平衡点的销售量

安全边际率＝安全边际/ 实际销售量

【答案】甲产品 2021 年安全边际＝17－16＝1（万台）

2021 年安全边际率＝1/17×100%＝5.88%

一般认为安全边际率低于 10% 比较危险。戊公司安全边际率 5.88% 小于 10%，经营安全程度为危险。

（4）

【解析】实现目标利润销售量＝（固定成本＋目标利润）÷（单价－单位变动成本）

【答案】销售量＝（4 800＋600）/（500－200）＝18（万台）

（5）

【解析】A＝4×10%＝0.4（万台），B＝4＋0.5－0.4＝4.1（万台），C＝0.5（万台）。

预计生产量＝预计销售量＋预计期末产成品存货－预计期初产成品存货

【答案】A＝0.4，B＝4.1，C＝0.5

高频考点 3 产品组合盈亏平衡分析

加权平均法	某种产品的销售额权重＝该产品的销售额÷各种产品的销售额合计 盈亏平衡点的销售额＝固定成本÷（1－综合变动成本率）＝固定成本÷综合边际贡献率 综合边际贡献率＝Σ（某种产品的销售额权重×该种产品的边际贡献率）
联合单位法	联合盈亏平衡点的业务量＝固定成本总额÷（联合单价－联合单位变动成本） 某产品盈亏平衡点的业务量＝联合盈亏平衡点的业务量×一个联合单位中包含的该产品的数量
分算法	固定成本分配率＝固定成本总额÷各产品分配标准合计 某产品应分配的固定成本数额＝分配率×某产品的分配标准
主要产品法	企业产品品种较多时，如果存在一种产品是主要产品，则可以视同于单一品种，按该主要品种的有关资料进行本量利分析

【沙场练兵·单选题】对于生产多种产品的企业而言，如果能够将固定成本在各种产品之间进行合理分配，则比较适用的产品组合盈亏平衡分析方法是（　）。

A. 联合单位法　　B. 主要产品法
C. 分算法　　D. 加权平均法

【解析】分算法是在一定的条件下，将全部固定成本按一定标准在各种产品之间进行合理分配，确定每种产品应补偿的固定成本数额，然后再对每一种产品按单一品种条件下的情况分别进行本量利分析的方法。综上，本题应选C。

【答案】C

【沙场练兵·多选题】如果采用加权平均法计算产品组合盈亏平衡点，下列各项中，将会影响产品组合盈亏平衡点大小的有（　）。

A. 固定成本总额　　B. 销售结构
C. 单价　　D. 单位变动成本

【解析】盈亏平衡点的销售额＝固定成本总额÷综合边际贡献率。其中，综合边际贡献率＝Σ（某种产品的销售额权重×该种产品的边际贡献率），由此可见，固定成本总额、销售结构、单价、单位变动成本都会影响综合边际贡献率。

综上，本题应选 ABCD。

【答案】ABCD

【沙场练兵·单选题】在产品组合盈亏平衡分析中，固定成本全部由一种产品负担的方法是（   ）。

A. 加权平均法   B. 联合单位法

C. 分算法   D. 主要产品法

【解析】在企业产品品种较多的情况下，如果存在一种产品是主要产品，它提供的边际贡献占企业边际贡献总额的比重较大，则可以按该主要品种的有关资料进行本量利分析，视同于单一品种，固定成本全部由该主要产品负担。综上，本题应选 D。

【答案】D

【真题实战·计算分析题】（2020 年）

甲公司生产销售 A、B、C 三种产品，采用联合单位法进行本量利分析，由 2 件 A 产品、1 件 B 产品和 2 件 C 产品构成一个联合单位。已知固定成本总额为 72 000 元，产品产销量、单价和单位变动成本数据如下表所示。

项目	A 产品	B 产品	C 产品
产销量（件）	2 000	1 000	2 000
单价（元）	60	90	75
单位变动成本（元）	40	60	50

要求：

（1）计算联合单价。

（2）计算联合单位变动成本。

（3）计算联合盈亏平衡点的业务量。

（4）计算 A 产品盈亏平衡点的业务量。

（5）计算三种产品的综合边际贡献率。

（1）

【解析】由产品组合的联合单位法知：联合单价＝一个联合单位的全部收入。本题中，由 2 件 A 产品、1 件 B 产品和 2 件 C 产品构成一个联合单位。

【答案】联合单价＝ $60 \times 2 + 90 + 75 \times 2 = 360$（元）

（2）

【解析】由产品组合的联合单位法知：联合单位变动成本＝一个联合单位的全部变动成本。本题中，由 2 件 A 产品、1 件 B 产品和 2 件 C 产品构成一个联合单位。

【答案】联合单位变动成本＝ $40 \times 2 + 60 + 50 \times 2 = 240$（元）

（3）

【解析】联合盈亏平衡点的业务量＝固定成本总额／（联合单价－联合单位变动成本）

【答案】联合盈亏平衡点的业务量＝72 000/（360－240）＝600（件）

（4）

【解析】某产品盈亏平衡点的业务量＝联合盈亏平衡点的业务量 × 一个联合单位中包含的该产品的数量

【答案】A产品盈亏平衡点的业务量＝600×2＝1200（件）

（5）

【解析】综合边际贡献率＝Σ（某种产品的销售额权重 × 该种产品的边际贡献率）

【答案】三种产品的综合边际贡献率＝（2 000×20＋1 000×30＋2 000×25）/（2 000×60＋1 000×90＋2 000×75）＝33.33%

或，三种产品的综合边际贡献率＝（360－240）÷360＝33.33%

【真题实战·计算分析题】（2018年）

丙公司目前仅生产L产品，计划投产一种新产品，现有M、N两个产品可供选择，相关资料如下：

资料一：L产品单件售价为600元，单位变动成本为450元，预计年产销量为2万件；

资料二：M产品的预计单价为1 000元，边际贡献率为30%，预计年产销量为2.2万件，开发M产品需要增加一台新设备，这将导致公司每年的固定成本增加100万元；

资料三：N产品的边际贡献总额预计为630万元，生产N产品可以利用L产品的现有生产设备，但是将使现有L产品年销量减少10%。

丙公司采用本量利分析法作出新产品开发决策，不考虑增值税及其他因素的影响。

要求：

（1）根据资料二，计算M产品的年边际贡献总额；

（2）根据要求（1）的计算结果和资料二，计算开发M产品后丙公司年息税前利润的增加额；

（3）根据资料一和三，计算开发N产品导致L产品年边际贡献总额的减少额；

（4）根据要求（3）的计算结果和资料三，计算开发N产品后丙公司年息税前利润的增加额；

（5）判断丙公司应该开发哪种产品，并说明理由。

（1）

【解析】边际贡献总额＝销售收入－变动成本＝销售量 × 单位边际贡献＝销售收入 × 边际贡献率

【答案】边际贡献总额＝1 000×30%×2.2＝660（万元）

（2）

【解析】利润＝边际贡献－固定成本＝销售收入 × 边际贡献率－固定成本

【答案】开发M产品之后年息税前利润的增加额＝660－100＝560（万元）

（3）

【解析】边际贡献总额＝销售收入－变动成本＝销售量×单位边际贡献＝销售收入×边际贡献率

【答案】开发 N 产品可以利用 L 产品的现有生产设备，但是将使现有 L 产品年销量减少 10%。

开发 N 产品之前 L 产品的边际贡献＝（600－450）×2＝300（万元）

开发 N 产品之后 L 产品的边际贡献＝（600－450）×2×（1－10%）＝270（万元）

边际贡献减少额＝300－270＝30（万元）

（4）

【解析】利润＝边际贡献－固定成本＝销售收入× 边际贡献率－固定成本

【答案】开发 N 产品之后年息税前利润增加额＝630－30＝600（万元）

（5）

【解析】判断的依据是哪种产品产生的息税前利润更多就采纳哪种。

【答案】应该开发 N 产品。因为开发 M 产品增加息税前利润 560 万元，开发 N 产品增加息税前利润 600 万元，所以应该开发 N 产品。

【真题实战·计算分析题】（2018 年）

丙公司生产并销售 A、B、C 三种产品，固定成本总额为 270 000 元，其他有关信息如下表所示。

产品销售信息表

项目	销售量（件）	单件（元）	边际贡献率
A 产品	15 000	30	40%
B 产品	10 000	45	20%
C 产品	5 000	60	30%

要求：

（1）假设运用加权平均法进行本量利分析，计算：

①综合边际贡献率；

②盈亏平衡点的销售额。

（1）

【解析】综合边际贡献率＝∑（某种产品的销售额权重×该种产品的边际贡献率）

　　　　盈亏平衡点的销售额＝固定成本总额/综合边际贡献率

【答案】

①A 产品销售收入占总收入的比重＝15 000×30/（15 000×30＋10 000×45＋5 000×60）＝37.5%

B产品销售收入占总收入的比重 = 10 000×45/（15 000×30 + 10 000×45 + 5 000×60）= 37.5%

C产品销售收入占总收入的比重 = 5 000×60/（15 000×30 + 10 000×45 + 5 000×60）= 25%

综合边际贡献率 = 40%×37.5% + 20%×37.5% + 30%×25% = 30%

②盈亏平衡点的销售额 = 270 000/30% = 900 000（元）

【沙场练兵·计算分析题】

顺利公司生产销售X、Y、Z三种产品，销售单价分别为80元、120元、160元；预计销售量分别为120 000件、80 000件、30 000件；预计各产品的单位变动成本分别为48元、96元、128元；预计固定成本总额为806 400元。

要求：

（1）按加权平均法进行产品组合盈亏平衡分析，计算各产品的盈亏平衡点的业务量及盈亏平衡点的销售额。

（2）按联合单位法计算各产品的盈亏平衡点的业务量及盈亏平衡点的销售额。

（3）按分算法进行产品组合盈亏平衡分析，假设固定成本按边际贡献的比重分配，计算各产品盈亏平衡点的业务量及盈亏平衡点的销售额。

【答案】

（1）加权平均法：

X产品边际贡献率 =（80 − 48）÷80×100% = 40%

Y产品边际贡献率 =（120 − 96）÷120×100% = 20%

Z产品边际贡献率 =（160 − 128）÷160×100% = 20%

X产品的销售比重 = 80×120 000÷（80×120 000 + 120×80 000 + 160×30 000）= 40%

Y产品的销售比重 = 120×80 000÷（80×120 000 + 120×80 000 + 160×30 000）= 40%

Z产品的销售比重 = 160×30 000÷（80×120 000 + 120×80 000 + 160×30 000）= 20%

综合边际贡献率 = 40%×40% + 20%×40% + 20%×20% = 28%

盈亏平衡点的销售额 = 806 400÷28% = 2 880 000（元）

各种产品盈亏平衡点的销售额计算：

X产品盈亏平衡点的销售额 = 2 880 000×40% = 1 152 000（元）

Y产品盈亏平衡点的销售额 = 2 880 000×40% = 1 152 000（元）

Z产品盈亏平衡点的销售额 = 2 880 000×20% = 576 000（元）

各种产品的盈亏平衡点的业务量计算：

X产品盈亏平衡点的业务量 = 1 152 000÷80 = 14 400（件）

Y产品盈亏平衡点的业务量 = 1 152 000÷120 = 9 600（件）

Z 产品盈亏平衡点的业务量＝576 000÷160＝3 600（件）

（2）联合单位法：

产销量比＝X:Y:Z＝120 000:80 000:30 000＝12:8:3

联合单价＝12×80＋8×120＋3×160＝2 400（元）

联合单位变动成本＝12×48＋8×96＋3×128＝1 728（元）

联合盈亏平衡点的业务量＝806 400÷（2 400-1 728）＝1 200（件）

各种产品的盈亏平衡点的业务量计算：

X 产品盈亏平衡点的业务量＝1 200×12＝14 400（件）

Y 产品盈亏平衡点的业务量＝1 200×8＝9 600（件）

Z 产品盈亏平衡点的业务量＝1 200×3＝3 600（件）

各种产品盈亏平衡点的销售额计算：

X 产品盈亏平衡点的销售额＝14 400×80＝1 152 000（元）

Y 产品盈亏平衡点的销售额＝9 600×120＝1 152 000（元）

Z 产品盈亏平衡点的销售额＝3 600×160＝576 000（元）

（3）分算法：

假设固定成本按边际贡献总额的比重分配：

X 产品边际贡献＝（80－48）×120 000＝3 840 000（元）

Y 产品边际贡献＝（120－96）×80 000＝1 920 000（元）

Z 产品边际贡献＝（160－128）×30 000＝960 000（元）

边际贡献总额＝3 840 000＋1 920 000＋960 000＝6 720 000（元）

固定成本分配率＝806 400÷6 720 000＝0.12

分配给 X 产品的固定成本＝3 840 000×0.12＝460 800（元）

分配给 Y 产品的固定成本＝1 920 000×0.12＝230 400（元）

分配给 Z 产品的固定成本＝960 000×0.12＝115 200（元）

各种产品盈亏平衡点的业务量计算：

X 产品盈亏平衡点的业务量＝460 800÷（80－48）＝14 400（件）

Y 产品盈亏平衡点的业务量＝230 400÷（120－96）＝9 600（件）

Z 产品盈亏平衡点的业务量＝115 200÷（160－128）＝3 600（件）

各种产品盈亏平衡点的销售额计算：

X 产品盈亏平衡点的销售额＝14 400×80＝1 152 000（元）

Y 产品盈亏平衡点的销售额＝9 600×120＝1 152 000（元）

Z 产品盈亏平衡点的销售额＝3 600×160＝576 000（元）

高频考点 4　目标利润分析

基本公式（单一产品目标利润分析）	目标利润 =（单价 – 单位变动成本）× 销售量 – 固定成本
	实现目标利润销售量 =（固定成本 + 目标利润）/ 单位边际贡献
	实现目标利润销售额 =（固定成本 + 目标利润）/ 边际贡献率 = 实现目标利润销售量 × 单价
	税后利润 =（息税前利润 – 利息）×（1 – 所得税税率）
	实现目标利润的销售量 =［固定成本 + 税后目标利润 ÷（1 – 所得税税率）+ 利息］÷ 单位边际贡献
	实现目标利润的销售额 =［固定成本 + 税后目标利润 ÷（1 – 所得税税率）+ 利息］÷ 边际贡献率
产品组合的目标利润分析	实现目标利润的销售额 =（综合目标利润 + 固定成本）/（1– 综合变动成本率）
	实现目标利润率的销售额 = 固定成本 /（1– 综合变动成本率 – 综合目标利润率）
措施	通常情况下企业要实现目标利润，在其他因素不变时，销售数量或销售价格应当提高，而固定成本或单位变动成本则应下降

【敲黑板】无需记公式，利用本量利的基本模型，已知目标利润，倒求销量或销售额即可。

【真题实战·单选题】某公司生产和销售一种产品，产销平衡，单价为 60 元 / 件，单位变动成本为 20 元 / 件，固定成本总额为 60 000 元。假设目标利润为 30 000 元，则实现目标利润的销售量为（　　）。（2021 年）

A. 1 500 件　　　B. 4 500 件
C. 1 000 件　　　D. 2 250 件

【解析】实现目标利润销售量＝（固定成本＋目标利润）/（单价—单位变动成本）=（60 000 + 30 000）/（60 – 20）= 2 250（件）。综上，本题应选 D。

【答案】D

【沙场练兵·多选题】某企业只产销一种产品，单价为 20 元，单位变动成本为 12 元，固定成本的总额为 2 000 元，目前销量为 1 000 件。如果企业欲实现目标利润 10 000 元，在其他条件不变的情况下，企业可采取的措施有

（　　）。
A. 单价提高 20%
B. 单位变动成本下降 30%
C. 销售量提高 50%
D. 固定成本总额下降 30%

【思路导航】本题最稳妥的方法就是将各个选项的假设算出具体数值，根据息税前利润的计算公式逐一计算出相应的息税前利润进行判断。

【解析】息税前利润 =（单价—单位变动成本）× 销售量 – 固定成本；选项 A 符合题意，当单价提高 20% 时，单价 = 20 ×（1 + 20%）= 24（元），利润 =（24 – 12）× 1 000 – 2 000 = 10 000（元），正好能够实现其目标利润；选项 B 不符合题意，当单位变动成本下降 30% 时，单位变动成本 = 12 ×（1 – 30%）= 8.4（元），利润 =（20 – 8.4）× 1 000 – 2 000 = 9 600（元），不能实现其目标利润；

选项 C 符合题意，当销售量提高 50% 时，销售量 = 1 000×（1＋50%）= 1 500（件），利润 =（20－12）×1 500－2 000 = 10 000（元），正好能够实现其目标利润；选项 D 不符合题意，当固定成本总额下降 30% 时，固定成本 = 2 000×（1－30%）= 1 400（元），利润 =（20－12）×1 000－1 400 = 6 600（元），不能实现其目标利润。综上，本题应选 AC。

【答案】AC

高频考点 5 敏感性分析

1. 计算公式：敏感系数 = $\dfrac{利润变动百分比}{因素变动百分比}$

2. 结论

（1）关于敏感系数的符号，某一因素的敏感系数为负号，表明该因素的变动与利润的变动为反向关系；反之，则表明该因素的变动与利润的变动为正向关系。

（2）发生较小变动就导致利润很大变动的因素是敏感因素，反之，则是不敏感因素。

（3）将四个因素按敏感系数的绝对值排列，其顺序依次是单价、单位变动成本、销售量以及固定成本。如果条件发生变化，排序也可能发生变化。

【真题实战·单选题】基于本量利分析模式，各相关因素变动对于利润的影响程度的大小可用敏感系数来表达，其数值等于经营杠杆系数的是（ ）。（2020 年）

A. 利润对销售量的敏感系数

B. 利润对单位变动成本的敏感系数

C. 利润对单价的敏感系数

D. 利润对固定成本的敏感系数

【思路导航】本题考查敏感系数公式，在考试中经常与经营杠杆系数结合考查，大家只要熟记经营杠杆系数公式就能够立刻选出正确答案。

【解析】敏感系数 = 利润变动百分比 / 因素变动百分比；经营杠杆系数 = 息税前利润变动率 / 产销业务量变动率 = 利润对销售量的敏感系数。综上，本题应选 A。

【答案】A

【真题实战·单选题】某公司生产和销售某单一产品，预计计划年度销售量为 10 000 件，单价 300 元，单位变动成本 200 元，固定成本为 200 000 元，假设销售单价增长了 10%，则销售单价的敏感系数（即息税前利润变化百分比相当于单价变化百分比的倍数）为（ ）。（2019 年）

A. 3.75   B. 1

C. 3   D. 0.1

【思路导航】考试多以这种形式考查敏感系数的计算，只要根据敏感系数的定义公式进行计算即可。

【解析】目前的息税前利润 = 10 000×（300－200）－200 000 = 800 000（元），销售单价增长 10% 导致销售收入增加 10 000×300×10% = 300 000（元），息税前利润增加 300 000 元，息税前利润增长率 = 300 000/800 000×100% = 37.5%，所以，单价的敏感系数 = 37.5%/10% = 3.75。综上，本题应选 A。

【答案】A

【真题实战·判断题】在企业盈利状态下进行利润敏感性分析时，固定成本的敏感系数大于销售量的敏感系数。（　　）（2018年）

【解析】盈利状态下，敏感系数为正，将四个因素按敏感系数排列，其顺序依次是单价、单位变动成本、销售量以及固定成本。因此，本题表述错误。

【答案】×

【沙场练兵·单选题】某公司生产和销售单一产品，该产品单位边际贡献为 2 元，2021 年销售量为 40 万件，息税前利润为 50 万元。假设成本性态保持不变，则在不考虑其他因素的情况下，销售量的利润敏感系数是（　　）。

A. 0.60　　　　　　B. 0.80

C. 1.25　　　　　　D. 1.60

【思路导航】本题利用已知条件，结合经营杠杆系数可以简单求出。

【解析】销量的敏感系数＝（ΔEBIT/EBIT）/（Δ销量/销量）＝经营杠杆系数＝边际贡献/EBIT＝（单位边际贡献×销量）/息税前利润＝2×40/50＝1.60。综上，本题应选 D。

【答案】D

【沙场练兵·单选题】已知利润对单价的敏感系数为 2，为了确保下年度的企业不亏损，单价下降的最大幅度为（　　）。

A. 50%　　　　　　B. 100%

C. 25%　　　　　　D. 40%

【思路导航】当目标利润有所变化时，只有通过调整各因素现有水平才能达到目标利润变动

的要求。因此，对各因素允许升降幅度的分析，实质上是各因素对利润影响程度分析的反向推算，在计算上表现为敏感系数的倒数。本题敏感系数为 2，那么反向推算出单价下降幅度为敏感系数 2 的倒数，即为 50%。

【解析】利润变动率/单价变动率＝2，为确保企业不亏损，利润最低为 0，利润变动率＝（0－利润）/利润＝－100%，则单价变动率＝－100%÷2＝－50%。综上，本题应选 A。

【答案】A

【沙场练兵·单选题】下列关于敏感系数的表述中，正确的是（　　）。

A. 只有敏感系数大于 1 的参量才是敏感因素

B. 只有敏感系数小于 1 的参量才是敏感因素

C. 敏感系数为负值，参量值与目标值同方向变化

D. 敏感系数为正值，参量值与目标值同方向变化

【解析】选项 A、B 表述错误，敏感系数为正负值，仅表明参量值与目标值之间的变动方向。敏感程度的大小，要看绝对值大小。敏感系数绝对值大于 1，说明其参量属于敏感因素。选项 C 表述错误，选项 D 表述正确。敏感系数＝目标值变动百分比/参量值变动百分比，它表明参量值变动 1% 时，目标值变动的百分比。由公式可看出，敏感系数为正值，参量值与目标值为同向变动；敏感系数为负值，参量值与目标值为反向变化。综上，本题应选 D。

【答案】D

高频考点 6 标准成本控制与分析

1. 标准成本的制定

标准成本的制定包括料、工、费三个方面的标准成本。其中，费的标准成本可以细分为变动制造费用标准成本和固定制造费用标准成本。

产品标准成本通常由直接材料标准成本、直接人工标准成本和制造费用标准成本构成。每一成本项目的标准成本应分为用量标准（包括单位产品消耗量、单位产品人工小时等）和价格标准（包括原材料单价、小时工资率、小时制造费用分配率等）。

产品的标准成本 = 直接材料标准成本 + 直接人工标准成本 + 制造费用标准成本

2. 成本差异的计算

总差异	总差异 = 实际产量下实际成本 – 实际产量下标准成本 　　　 = 实际用量 × 实际价格 – 实际产量下标准用量 × 标准价格 　　　 = （实际用量 – 实际产量下标准用量）× 标准价格 + 实际用量 ×（实际价格 – 标准价格） 　　　 = 用量差异 + 价格差异 价格差异 = 实际用量 ×（实际价格 – 标准价格） 用量差异 = （实际用量 – 实际产量下的标准用量）× 标准价格
直接材料	直接材料价格差异 = （实际单价—标准单价）× 实际用量 直接材料数量差异 = （实际用量—标准用量）× 标准单价
直接人工	直接人工工资率差异 = （实际工资率—标准工资率）× 实际工时 直接人工效率差异 = （实际工时—标准工时）× 标准工资率
变动制造费用	变动制造费用耗费差异 = （变动制造费用实际分配率—变动制造费用标准分配率）× 实际工时 变动制造费用效率差异 = （实际工时—标准工时）× 变动制造费用标准分配率

3. 固定制造费用成本差异

两差异分析法	①耗费差异 = 实际固定制造费用 – 预算产量下标准固定制造费用 　　　　　 = 实际固定制造费用 – 预算产量 × 标准工时 × 标准分配率 ②能量差异 = 预算产量下标准固定制造费用 – 实际产量下标准固定制造费用 　　　　　 = 预算产量下标准工时 × 标准分配率 – 实际产量下标准工时 × 标准分配率 　　　　　 = （预算产量下标准工时 – 实际产量下标准工时）× 标准分配率
三差异分析法	①耗费差异同两差异法的计算公式 ②产量差异 = （预算产量下标准工时 – 实际产量下实际工时）× 标准分配率 ③效率差异 = （实际产量下实际工时 – 实际产量下标准工时）× 标准分配率

【敲黑板】

（1）实际分配率＝固定制造费用实际数／实际工时；

（2）标准分配率＝固定制造费用标准成本总额（预算总额）÷预算总工时

（3）上表公式繁琐不好记忆，通过下面这幅图来帮助记忆。

两差异分析示意图

耗费差异＝①－②　　　　　　　　能量差异＝②－④

实际数		预算数	
①实际固定制造费用	②预算产量下标准工时 × 标准分配率	③实际产量下实际工时 × 标准分配率	④实际产量下标准工时 × 标准分配率

耗费差异＝①－②　　　产量差异＝②－③　　　效率差异＝③－④

三差异分析示意图

4. 变动成本差异责任归属

项目	用量差异			价格差异		
	直接材料用量差异	直接人工效率差异	变动制造费用效率差异	直接材料价格差异	直接人工工资率差异	变动制造费用耗费差异
主要责任部门	主要是生产部门			采购部门	劳动人事部门	——
注意	责任归属并不绝对，有可能采购材料质量差异导致材料数量差异，这是采购部门的责任					

【真题实战·单选题】某产品标准工时为 2 小时/件，变动制造费用标准分配率为 3 元/小时，如果实际产量为 3 000 件，实际工时为 6 300 小时，实际变动制造费用为 20 160 元。则变动制造费用效率差异为（　　）。（2021 年）

A. 1 260 元　　　　　　B. 630 元

C. 2 160 元　　　　　　D. 900 元

【解析】变动制造费用效率差异（数量差异）＝（实际工时－实际产量下标准工时）× 变动制造费用标准分配率＝（6 300 － 3 000×2）×3 ＝ 900（元）。综上，本题应选 D。

【答案】D

【真题实战·多选题】在标准成本差异的计算中，下列成本差异属于价格差异的有（　　）。（2019 年）

A. 直接人工工资率差异

B. 变动制造费用耗费差异

C. 固定制造费用能量差异

D. 变动制造费用效率差异

【解析】价格差异＝（实际价格－标准价格）× 实际用量；用量差异＝标准价格 ×（实际用量－实际产量下标准用量）；直接人工工资率差异、变动制造费用耗费差异均属于价格差异；选项 C、D 属于数量差异。综上，本题应选 AB。

【答案】AB

【真题实战·判断题】在标准成本法下，变动制造费用成本差异指的是实际变动制造费用与预算产量下的标准变动制造费用之间的差额。（　　）（2019年）

【思路导航】只有固定制造费用标准成本差异分析会涉及预算数。

【解析】变动制造费用成本差异指的是实际变动制造费用与实际产量下的标准变动制造费用之间的差额。因此，本题表述错误。

【答案】×

【真题实战·单选题】某产品本期产量为60套，直接材料标准用量为18千克/套，直接材料标准价格为270元/千克，直接材料实际用量为1 200千克，实际价格为210元/千克，则该产品的直接材料用量差异为（　　）元。（2018年）

A.10 800　　　　　　B.12 000

C.32 400　　　　　　D.33 600

【解析】直接材料用量差异＝（实际用量－实际产量下标准用量）× 标准价格＝（1 200－60×18）×270＝32 400（元）。综上，本题应选C。

【答案】C

【真题实战·单选题】某产品的预算产量为10 000件，实际产量为9 000件，实际发生固定制造费用180 000元，固定制造费用标准分配率为8元/小时，工时标准为1.5小时/件，则固定制造费用成本差异为（　　）。（2018年）

A.超支72 000元　　B.节约60 000元

C.超支60 000元　　D.节约72 000元

【解析】固定制造费用成本差异＝实际固定制造费用－实际产量下标准固定制造费用＝实际工时 × 实际分配率－实际产量下标准工时 × 标准分配率＝180 000－9 000×1.5×8＝72 000

（元）。综上，本题应选A。

【答案】A

【沙场练兵·单选题】企业生产X产品，工时标准为2小时/件，变动制造费用标准分配率为24元/小时，当期实际产量为600件，实际变动制造费用为32 400元，实际工时为1 296小时，则在标准成本法下，当期变动制造费用效率差异为（　　）元。

A.1 200　　　　　　B.2 304

C.2 400　　　　　　D.1 296

【解析】变动制造费用效率差异＝（实际工时－实际产量下标准工时）× 变动制造费用标准分配率＝（1 296－600×2）×24＝2 304（元）。综上，本题应选B。

【答案】B

【沙场练兵·单选题】下列因素中，一般不会导致直接人工工资率差异的是（　　）。

A. 工资制度的变动　　B. 工作环境的好坏

C. 工资级别的升降　　D. 加班或临时工的增减

【解析】工资率差异是价格差异，其形成原因比较复杂，工资制度的变动、工人的升降级、加班或临时工的增减都将导致工资率差异。一般地，这种差异的责任不在生产部门，劳动人事部门更应对其承担责任。选项B，生产部门的环境好坏导致效率差异。综上，本题应选B。

【答案】B

【沙场练兵·单选题】在标准成本管理中，成本总差异是成本控制的重要内容。其计算公式是（　　）。

A. 实际产量下实际成本－实际产量下标准成本

B. 实际产量下标准成本－预算产量下实际成本

C. 实际产量下实际成本－预算产量下标准成本

D. 实际产量下实际成本－标准产量下标准成本

【解析】成本总差异＝实际产量下实际成本－实际产量下标准成本，一定注意用的是实际产量，这也是基于会计可比性原则，标准一致的情况下才能进行比较。综上，本题应选 A。

力可以达到的成本标准。因此，本题表述错误。

【答案】A

【答案】×

【沙场练兵·判断题】理想标准成本考虑了生产过程中不能避免的损失、故障和偏差，属于企业经过努力可以达到的成本标准。（　　）

【沙场练兵·判断题】在标准成本法下，固定制造费用成本差异是指固定制造费用实际金额与固定制造费用预算金额之间的差异。（　　）

【思路导航】理想标准成本就是在最优条件下制定的标准成本。最优成本水平即生产过程无浪费、机器无故障等假设条件下的成本标准。

【解析】在标准成本法下，固定制造费用耗费差异是指固定制造费用实际金额与固定制造费用预算金额之间的差异，固定制造费用成本差异是指固定制造费用实际金额与固定制造费用标准金额之间的差异。因此，本题表述错误。

【解析】正常标准成本考虑了生产过程中不能避免的损失、故障和偏差等，属于企业经过努

【答案】×

【真题实战·计算分析题】（2021 年）

甲公司生产某产品，预算产量为 10 000 件，单位标准工时为 1.2 小时 / 件，固定制造费用预算总额为 36 000 元。该产品实际产量为 9 500 件，实际工时为 15 000 小时，实际发生固定制造费用 38 000 元。公司采用标准成本法，将固定制造费用成本差异分解为三差异进行计算与分析。

要求：

（1）计算固定制造费用耗费差异。

（2）计算固定制造费用产量差异。

（3）计算固定制造费用效率差异。

（4）计算固定制造费用成本差异，并指出该差异属于有利还是不利差异。

（1）

【解析】三差异分析法下固定制造费用耗费差异＝实际固定制造费用—预算产量下标准工时 × 标准分配率

【答案】固定制造费用耗费差异＝ 38 000 － 36 000 ＝ 2 000（元）（超支）

（2）

【解析】标准分配率＝固定制造费用标准成本总额（预算总额）÷预算总工时

固定制造费用产量差异＝（预算产量下标准工时—实际产量下实际工时）× 标准分配率

【答案】固定制造费用标准分配率＝ 36 000/（10 000×1.2）＝ 3（元 / 小时）

固定制造费用产量差异＝（10 000×1.2 － 15 000）×3 ＝－ 9 000（元）（节约）

（3）

【解析】固定制造费用效率差异＝（实际产量下实际工时—实际产量下标准工时）× 标准分配率

【答案】固定制造费用效率差异＝（15 000 － 9 500×1.2）×3 ＝ 10 800（元）（超支）

（4）

【解析】固定制造费用成本差异＝实际固定制造费用－实际产量下标准工时 × 标准分配率

【答案】固定制造费用成本差异＝ 38 000 － 9 500×1.2×3 ＝ 3 800（元）（超支）

该差异为超支差异，属于不利差异。

【真题实战·计算分析题】（2019 年）

甲公司只生产一种产品，用标准成本法进行成本计算。单位产品用料标准为 6 千克 / 件，材料标准单价为 1.5 元 / 千克。2019 年 1 月实际产量为 500 件，实际用量 2 500 千克，直接材料实际成本为 5 000 元。另外，直接人工实际成本为 9 000 元。实际耗用工时 2 100 小时，经计算，直接人工效率差异为 500 元，直接人工工资率差异为 –1 500 元。

要求：

（1）单位产品直接材料标准成本。

（2）直接材料成本差异、数量差异和价格差异。

（3）直接人工单位标准成本。

（1）

【解析】直接材料标准成本＝直接材料价格标准 × 直接材料用量标准

【答案】单位产品直接材料标准成本＝ 6×1.5 ＝ 9（元 / 件）

（2）

【解析】直接材料成本差异＝实际成本－标准成本，直接材料数量差异＝（实际用量－标准用量）× 标准单价，直接材料价格差异＝（实际单价－标准单价）× 实际用量。

【答案】①直接材料成本差异＝ 5 000 － 500×9 ＝ 500（元）

②直接材料数量差异＝（2 500 － 500×6）×1.5 ＝ － 750（元）

③直接材料价格差异＝（5 000÷2 500 － 1.5）×2 500 ＝ 1 250（元）

（3）

【解析】直接人工成本差异＝直接人工效率差异＋直接人工工资率差异

直接人工标准成本＝直接人工实际成本－直接人工成本差异

直接人工单位标准成本＝直接人工标准成本 ÷ 实际产量

【答案】直接人工成本差异＝ 500 ＋（－ 1 500）＝ － 1 000（元）

9 000 －直接人工标准成本＝－ 1 000

直接人工标准成本＝ 10 000（元）

该产品的直接人工单位标准成本＝ 10 000÷500 ＝ 20（元 / 件）

【真题实战·综合题】（2018 年节选）

乙公司是一家制造企业，长期以来只生产 A 产品。2018 年有关资料如下：

资料一：8月份A产品月初存货量预计为180件，8月份和9月份的预计销售量分别为2 000件和2 500件。A产品的预计月末存货量为下月销售量的12%。

资料二：生产A产品需要耗用X、Y、Z三种材料，其价格标准和用量标准如下表所示。

A产品直接材料成本标准

项目	标准		
	X材料	Y材料	Z材料
价格标准	10元/千克	15元/千克	20元/千克
用量标准	3千克/件	2千克/件	2千克/件

资料三：公司利用标准成本信息编制直接人工预算。生产A产品的工时标准为3小时/件，标准工资率为20元/小时。8月份A产品的实际产量为2 200件，实际工时为7 700小时，实际发生直接人工成本146 300元。

资料四：公司利用标准成本信息，并采用弹性预算法编制制造费用预算，A产品的单位变动制造费用标准成本为18元，每月的固定制造费用预算总额为31 800元。

要求：

（1）根据资料二，计算A产品的单位直接材料标准成本。

（2）根据资料一和资料三，计算8月份的直接人工预算金额。

（3）根据资料三，计算下列成本差异：

①直接人工成本差异；

②直接人工效率差异；

③直接人工工资率差异。

（4）根据要求（2）的计算结果和资料四，计算8月份制造费用预算总额。

（5）根据要求（1）、（2）的计算结果和资料三、资料四，计算A产品的单位标准成本。

（1）

【解析】直接材料标准成本＝Σ（单位产品的材料标准用量×材料的标准单价）

【答案】A产品的单位直接材料标准成本＝10×3＋15×2＋20×2＝100（元/件）

（2）

【解析】直接人工预算金额＝预计生产量×直接人工标准成本＝预计生产量×工时用量标准×标准工资率

预计生产量＝预计销售量＋预计期末产成品存货量－预计期初产成品存货量

【答案】

8月份预计生产量＝2 000＋2 500×12%－180＝2 120（件）

8月份的直接人工预算金额＝2 120×3×20＝127 200（元）

（3）

【解析】

直接人工成本差异＝实际成本－标准成本

直接人工效率差异＝（实际工时－标准工时）× 标准工资率

直接人工工资率差异＝实际工时 ×（实际工资率－标准工资率）

【答案】

①直接人工成本差异＝ 146 300 － 2 200×3×20 ＝ 14 300（元）

②直接人工效率差异＝（7 700 － 2 200×3）× 20 ＝ 22 000（元）

③直接人工工资率差异＝（146 300÷7 700 － 20）×7 700 ＝－7 700（元）

（4）

【解析】根据资料四给出的资料可以建立制造费用的成本计算式：Y ＝ 31 800 ＋ 18X

【答案】制造费用预算总额＝ 31 800 ＋ 18×2 120 ＝ 69 960（元）

（5）

【解析】单位产品的标准成本＝直接材料标准成本＋直接人工标准成本＋制造费用标准成本

【答案】A 产品的单位标准成本＝ 100 ＋ 3×20 ＋ 69 960÷2 120 ＝ 193（元/件）

【沙场练兵·计算分析题】

乙公司生产 M 产品，采用标准成本法进行成本管理。月标准总工时为 23 400 小时，月标准变动制造费用总额为 84 240 元。工时标准为 2.2 小时/件。假定乙公司本月实际生产 M 产品 7 500 件，实际耗用总工时 15 000 小时，实际发生变动制造费用 57 000 元。

要求：

（1）计算 M 产品的变动制造费用标准分配率。

（2）计算 M 产品的变动制造费用实际分配率。

（3）计算 M 产品的变动制造费用成本差异。

（4）计算 M 产品的变动制造费用效率差异。

（5）计算 M 产品的变动制造费用耗费差异。

（1）

【解析】变动制造费用标准分配率＝标准变动制造费用总额 ÷ 标准总工时

【答案】变动制造费用标准分配率＝ 84 240÷23 400 ＝ 3.6（元/小时）

（2）

【解析】变动制造费用实际分配率＝变动制造费用实际发生额 ÷ 实际总工时

【答案】变动制造费用实际分配率＝ 57 000÷15 000 ＝ 3.8（元/小时）

（3）

【解析】变动制造费用成本差异＝实际变动制造费用－标准变动制造费用＝实际变动制造费用－标准工时 × 标准变动制造费用分配率

【答案】变动制造费用成本差异＝57 000 － 7 500×2.2×3.6 ＝－ 2 400（元）（节约）

（4）

【解析】变动制造费用效率差异＝（实际工时－标准工时）× 变动制造费用标准分配率

【答案】变动制造费用效率差异＝（15 000 － 7 500×2.2）×3.6 ＝－ 5 400（元）（节约）

（5）

【解析】变动制造费用耗费差异＝实际工时 ×（变动制造费用实际分配率－变动制造费用标准分配率）

【答案】变动制造费用耗费差异＝15 000×（3.8 － 3.6）＝ 3 000（元）（超支）

高频考点 7　作业成本管理

1. 作业分类

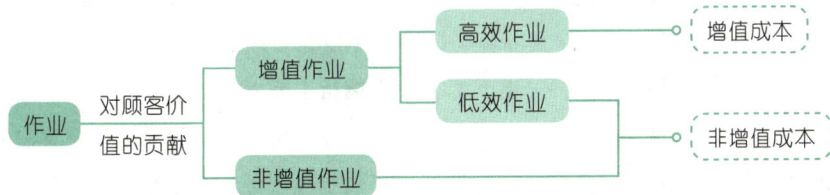

2. 作业成本管理中进行成本节约的途径

作业消除	是指消除非增值作业或不必要的作业，降低非增值成本
作业选择	是指对所有能够达到同样目的的不同作业，选取其中最佳的方案
作业减少	是指以不断改进的方式降低作业消耗的资源或时间
作业共享	是指利用规模经济来提高增值作业的效率

3. 作业业绩考核

财务指标	主要集中在增值成本和非增值成本上，可以提供增值与非增值报告，以及作业成本趋势报告
非财务指标	主要体现在效率、质量和时间三个方面，如投入产出比、次品率、生产周期等

4. 作业中心设计

作业	内容
产量级作业	是指明确地为个别产品（或服务）实施的、使单个产品（或服务）受益的作业。该类作业的数量与产品（或服务）的数量呈正比例变动。包括产品加工、检验等
批别级作业	是指为一组（或一批）产品（或服务）实施的、使该组（该批）产品（或服务）受益的作业。其数量与产品（或服务）的批量数呈正比例变动。包括设备调试、生产准备等
品种级作业	是指为生产和销售某种产品（或服务）实施的、使该种产品（或服务）的每个单位都受益的作业。其数量与品种的多少成正比例变动。包括新产品设计、现有产品质量与功能改进、生产流程监控、工艺变换需要的流程设计、产品广告等
顾客级作业	是指为服务特定客户所实施的作业。作业本身与产品（或服务）数量独立。包括向个别客户提供的技术支持活动、咨询活动、独特包装等
设施级作业	是指为提供生产产品（或服务）的基本能力而实施的作业。与产量或销量无关。包括管理作业、针对企业整体的广告活动等

【真题实战·多选题】在作业成本法下，下列属于批别级作业的有（   ）。（2021年）

A. 设备调试
B. 厂房维护
C. 生产准备
D. 新产品设计

【解析】批别级作业，是指为一组（或一批）产品（或服务）实施的、使该组（该批）产品（或服务）受益的作业。该类作业的发生是由生产的批量数而不是单个产品（或服务）引起的，其数量与产品（或服务）的批量数呈正比例变动。选项A、C属于批别级作业，选项B属于设施级作业，选项D属于品种级作业。综上，本题应选AC。

【答案】AC

【真题实战·单选题】在作业成本法下，划分增值作业与非增值作业的主要依据是（   ）。（2020年）

A. 是否有助于提高产品质量
B. 是否有助于增加产品功能
C. 是否有助于提升企业技能
D. 是否有助于增加顾客价值

【解析】划分增值作业与非增值作业的主要依据是：是否有助于增加顾客价值，增加顾客效用，以增加利润。综上，本题应选D。

【答案】D

【真题实战·判断题】在作业成本法下，一个作业中心只能包括一种作业。（   ）（2020年）

【解析】作业中心设计，是指企业将认定的所有作业按照一定的标准进行分类，形成不同的作业中心，作为资源费用的追溯或分配对象的过程。作业中心可以是某一项具体的作业，也可以是由若干个相互联系的能够实现某种特定功能的作业的集合。因此，本题表述错误。

【答案】×

【真题实战·单选题】根据作业成本管理原理，下列关于成本节约途径的表述中，不正确的是（   ）。（2018年）

A. 将外购交货材料地点从厂外临时仓库变更为材料耗用车间属于作业选择

B. 将内部货物运输由自营转为外包属作业选择

C. 新产品在设计时尽量考虑利用现有其他产品使用的零件属于作业共享

D. 不断改进技术降低作业消耗时间属于作业减少

【解析】选项 A 表述错误，其应该为作业消除，将外购交货材料地点从厂外临时仓库变更为材料耗用车间，可以缩短运输距离属于作业消除；选项 B 表述正确，作业选择是指对所有能够达到同样目的的不同作业，选取其中最佳的方案；选项 C 表述正确，作业共享是指利用规模经济来提高增值作业的效率，新产品在设计时尽量考虑利用现有其他产品使用的零件，就可以免除新产品零件的设计作业，从而降低新产品的生产成本；选项 D 表述正确，作业减少是指以不断改进的方式降低作业消耗的资源或时间。综上，本题应选 A。

【答案】A

【沙场练兵·单选题】根据作业成本管理原理，某制造企业的下列作业中，属于增值作业的是（　　）。

A. 产品检验作业　　B. 产品运输作业

C. 零件组装作业　　D. 次品返工作业

【解析】增值作业必须同时满足三个条件：①该作业导致了状态的改变；②该状态的变化不能由其他作业来完成；③该作业使其他作业得以进行。非增值作业，是指即便消除也不会影响产品对顾客服务的潜能，不必要的或可消除的作业。如果一项作业不能同时满足增值作业的三个条件，就可断定其为非增值作业。选项 A 不属于，检验作业，只能说明产品是否符合标准，而不能改变其形态，不符合第一个条件；选项 B 不属于，将原材料从集中保管的仓库搬运到生产部门，将某部门生产的零件搬运到下一个生产部门都是非增值作业；选项 D 不属于，次品返工作业是重复作业，在其之前的加工作业本就应提供符合标准的产品，因此也属于非增值作业。综上，本题应选 C。

【答案】C

【沙场练兵·多选题】作业成本管理的一个重要内容是寻找非增值作业，将非增值作业成本降至最低。下列选项中，属于非增值作业的有（　　）。

A. 零部件加工作业

B. 零部件组装作业

C. 产成品质量检验作业

D. 从仓库到车间的材料运输作业

【解析】非增值作业，是指即便消除也不会影响产品对顾客服务的潜能，不必要的或可消除的作业。如果一项作业不能同时满足增值作业的三个条件，就可断定其为非增值作业。例如，检验作业，只能说明产品是否符合标准，而不能改变其形态；从仓库到车间的材料运输作业可以通过将原料供应商的交货方式改变为直接送达原料使用部门从而消除，因此，也属于非增值作业。综上，本题应选 CD。

【答案】CD

【沙场练兵·单选题】下列关于成本动因（又称成本驱动因素）的表述中，不正确的是（　　）。

A. 成本动因可作为作业成本法中的成本分配的依据

B. 成本动因可按作业活动耗费的资源进行度量

C. 成本动因可分为资源动因和生产动因

D. 成本动因可以导致成本的发生

【解析】选项 A、B、D 表述均正确，成本动因是指导致成本发生的因素；成本动因通常以作业活动耗费的资源来进行度量；在作业成本法下，成本动因是成本分配的依据。选项 C 表述错误，成本动因又可以分为资源动因和作业动因。综上，本题应选 C。

【答案】C

【沙场练兵·判断题】对作业和流程的执行情况进行评价时，使用的考核指标可以是财务指

标也可以是非财务指标，其中非财务指标主要用于时间、质量、效率三个方面的考核。（　　）

【解析】若要评价作业和流程的执行情况，必须建立业绩指标，可以是财务指标，也可以是非财务指标，以此来评价是否改善了流程。财务指标主要集中在增值成本和非增值成本上，可以提供增值与非增值报告，以及作业成本趋势报告。而非财务指标主要体现在效率、质量和时间三个方面，如投入产出比、次品率、生产周期等。因此，本题表述正确。

【答案】√

高频考点 8　责任成本

责任中心一般可以分为成本中心、利润中心和投资中心三类，三者关系如下图所示。

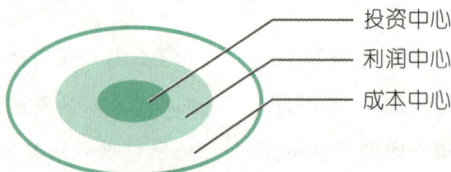

投资中心
利润中心
成本中心

1. 成本中心

（1）特点：

①不考核收入，只考核成本。

②只对可控成本负责，不负责不可控成本。

③责任成本是成本中心考核和控制的主要内容。

（2）考核指标：

预算成本节约额 = 实际产量预算责任成本 – 实际责任成本

预算成本节约率 = 预算成本节约额 / 实际产量预算责任成本 × 100%

▌敲黑板▌

可控成本应具备的三个条件：

①该成本的发生是成本中心可以预见的；

②该成本是成本中心可以计量的；

③该成本是成本中心可以调节和控制的。

【真题实战·单选题】在责任成本管理中，关于成本中心的表述错误的是（　　）。（2021年）

A. 责任成本是成本中心考核和控制的主要内容

B. 成本中心是指有权发生并控制成本的单位

C. 成本中心不考核收入，只考核成本

D. 成本中心需要对本中心的全部成本负责

【解析】选项A、B、C表述正确；选项D表述错误，成本中心只对可控成本负责，不对不可控成本负责。综上，本题应选D。

【答案】D

【真题实战·单选题】对于成本中心而言，某项成本成为可控成本的条件不包括（　　）。（2020年）

A. 该成本是成本中心可以计量的

B. 该成本的发生是成本中心可以预见的

C. 该成本是成本中心可以调节和控制的

D. 该成本是总部向成本中心分摊的

【解析】可控成本应具备的三个条件为：该成本的发生是成本中心可以预见的（选项B）；该成本是成本中心可以计量的（选项A）；该成本是成本中心可以调节和控制的（选项C）。综上，本题应选D。

【答案】D

【真题实战·多选题】在责任成本管理体制下，关于成本中心说法错误的有（　　）。（2019年）

A. 成本中心对不可控成本负责

B. 成本中心对可控成本负责

C. 成本中心对利润负责

D. 成本中心对边际贡献负责

【解析】成本中心，指有权发生并控制成本的单位。成本中心一般不会产生收入，通常只计量考核发生的成本。成本中心的特点有：①成本中心不考核收入，只考核成本；②成本中心只对可控成本负责，不负责不可控成本；③责任成本是成本中心考核和控制的主要内容。综上，本题应选ACD。

【答案】ACD

【沙场练兵·单选题】在企业责任成本管理中，责任成本是成本中心考核和控制的主要指标，其构成内容是（　　）。

A. 产品成本之和

B. 固定成本之和

C. 可控成本之和

D. 不可控成本之和

【解析】责任成本是成本中心考核和控制的主要内容。成本中心当期发生的所有可控成本之和就是其责任成本。综上，本题应选C。

【答案】C

【沙场练兵·单选题】某车间为成本中心，生产甲产品，预算产量500件，预算单位成本为200元，实际产量为6 000件，实际单位成本为195元，则预算成本节约率为（　　）。

A. 17%　　　　　　B. −2.5%

C. 2.5%　　　　　　D. 6%

【解析】预算成本节约额＝实际产量预算责任成本－实际责任成本＝$200 \times 6\,000 - 195 \times 6\,000 = 30\,000$（元）；预算成本节约率＝预算成本节约额/实际产量预算责任成本$\times 100\% = 30\,000 \div (200 \times 6\,000) \times 100\% = 2.5\%$。综上，本题应选C。

【答案】C

【沙场练兵·判断题】企业对成本中心进行业绩考核时，应要求成本中心对其所发生或负担的全部成本负责。（　　）

【解析】成本中心只对可控成本负责，不负责不可控成本。因此，本题表述错误。

【答案】×

2. 利润中心

形式	①自然利润中心：自然形成的，直接对外提供劳务或销售产品以取得收入的责任中心； ②人为利润中心：人为设定的，通过企业内部各责任中心之间使用内部结算价格结算半成品内部销售收入的责任中心
特点	利润中心与成本中心相比，其权利和责任都相对较大，它不仅要降低绝对成本，更要寻求收入的增长使之超过成本的增长，即更要强调相对成本的降低

291

（续表）

考核指标	销售收入总额 − 变动成本总额 → 边际贡献 → 反映了该利润中心的盈利能力，但对业绩评价没有太大的作用
	− 该中心负责人可控固定成本 → 可控边际贡献 → 也称部门经理边际贡献，是评价利润中心管理者业绩的理想指标
	− 该中心负责人不可控固定成本 → 部门边际贡献 → 又称部门毛利，更多地用于评价部门业绩

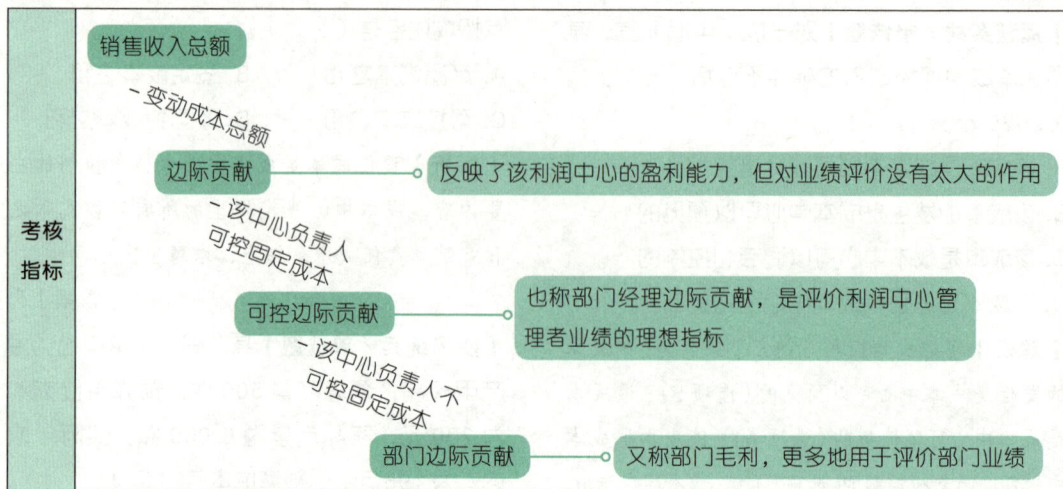

【真题实战·单选题】在责任绩效评价中，用于评价利润中心管理者业绩的理想指标是（ ）。（2019年）

A. 部门税前利润　　B. 可控边际贡献

C. 边际贡献　　　　D. 部门边际贡献

【解析】可控边际贡献也称部门经理边际贡献，它衡量了部门经理有效运用其控制下的资源的能力，是评价利润中心管理者业绩的理想指标。综上，本题应选 B。

【答案】B

【真题实战·多选题】下列指标中适用于对利润中心进行业绩考评的有（ ）。（2018年）

A. 可控边际贡献　　B. 部门边际贡献

C. 投资收益率　　　D. 剩余收益

【思路导航】提供一个记忆的小技巧，利润中心的考核指标都属于边际贡献：边际贡献、可控边际贡献、部门边际贡献。

【解析】利润中心的考核指标包括边际贡献、可控边际贡献（选项 A）和部门边际贡献（选项 B）。选项 C、D 错误，投资中心的考核指标包括投资收益率、剩余收益。综上，本题应选 AB。

【答案】AB

【沙场练兵·单选题】利润中心某年的销售收入为 20 000 万元，已销产品的变动成本为 10 000 万元，可控固定间接费用 5 000 万元，不可控间接费用 2 000 万元，分配来的公司管理费用为 1 000 万元。那么，该部门的"可控边际贡献"为（ ）万元。

A. 2 000　　　　　　　B. 3 000

C. 5 000　　　　　　　D. 10 000

【解析】可控边际贡献＝销售收入总额－变动成本总额－该中心负责人可控固定成本＝20 000 － 10 000 － 5 000 ＝ 5 000（万元）。综上，本题应选 C。

【答案】C

3. 投资中心

> 与利润中心相比：
>
> （1）投资中心必然是利润中心，但利润中心并不都是投资中心。
>
> （2）利润中心没有投资决策权，而且在考核利润时也不考虑所占用的资产。
>
> 考核指标：
>
> | 投资收益率 | 剩余收益 |
> | --- | --- |
> | 投资收益率 = 息税前利润 / 平均经营资产
平均经营资产 = $\dfrac{\text{期初经营资产} + \text{期末经营资产}}{2}$ | 剩余收益 = 息税前利润 – 平均经营资产 × 最低投资收益率 |
> | ①比较客观，可用于部门之间，以及不同行业之间的比较；
②有利于资产存量的调整，优化资源配置；
③过于关注投资利润率也会引起短期行为的产生，追求局部利益最大化而损害整体利益最大化目标，导致经理人员为眼前利益而牺牲长远利益 | ①弥补了投资收益率指标会使局部利益与整体利益相冲突这一不足之处；
②由于其是一个绝对指标，故而难以在不同规模的投资中心之间进行业绩比较；
③剩余收益同样仅反映当期业绩，单纯使用这一指标也会导致投资中心管理者的短视行为 |

【沙场练兵·单选题】下列各项中，最适用于评价投资中心业绩的指标是（　　）。

A. 边际贡献　　　　B. 部门毛利

C. 剩余收益　　　　D. 部门净利润

【解析】选项A，边际贡献反映了利润中心的盈利能力，但它对业绩评价没有太大的作用；选项B，部门毛利也是部门边际贡献，用于评价部门业绩而不是利润中心管理者的业绩；选项C，剩余收益以及投资收益率都是投资中心评价业绩的重要指标；选项D，不是投资中心评价业绩的指标。综上，本题应选C。

【答案】C

【沙场练兵·判断题】在不同规模的投资中心之间进行业绩比较时，使用剩余收益指标优于投资收益率指标。（　　）

【思路导航】绝对指标只能比较相同规模下的业绩，而相对指标可以考虑不同规模下业绩的比较。

【解析】剩余收益指标弥补了投资收益率指标会使局部利益与整体利益相冲突的不足，但由于其是一个绝对指标，故而难以在不同规模的投资中心之间进行业绩比较。因此，本题表述错误。

【答案】×

【真题实战·计算分析题】（2020年节选）

甲公司是一家制造企业集团，生产耗费的原材料为L零部件，有关资料如下：

资料四：受经济环境的影响，甲公司决定自2020年将零部件从外购转为自行生产，计划建立一个专门生产L零部件的A分厂。该分厂投入运行后的有关数据估算如下：L零部件年产量54 000个，单位直接材料30元/个，单位直接人工20元/个，其他成本全部为固定成本，金额为1 900 000元。

资料五：甲公司将 A 分厂作为一个利润中心予以考核。内部结算价格为 100 元/个，该分厂全部固定成本 1 900 000 元，其中该分厂负责人可控的部分为 700 000 元。

（1）根据资料四、资料五，计算 A 分厂作为利润中心的如下业绩考核指标：①边际贡献；②可控边际贡献；③部门边际贡献。

【解析】边际贡献＝销售收入总额－变动成本总额＝单位边际贡献×产销量

可控边际贡献＝边际贡献－该中心负责人可控固定成本

部门边际贡献＝可控边际贡献－该中心负责人不可控固定成本

【答案】①边际贡献＝（100－30－20）×54 000＝2 700 000（元）

②可控边际贡献＝2 700 000－700 000＝2 000 000（元）

③部门边际贡献＝2 000 000－（1 900 000－700 000）＝800 000（元）

【沙场练兵·计算分析题】

甲公司为某企业集团的一个投资中心，X 是甲公司下设的一个利润中心，相关资料如下：

资料一：2021 年 X 利润中心的营业收入为 120 万元，变动成本为 72 万元，该利润中心副主任可控固定成本为 10 万元，不可控但应由该利润中心负担的固定成本为 8 万元。

资料二：甲公司 2022 年初已投资 700 万元，预计可实现利润 98 万元，现有一个投资额为 300 万元的投资机会，预计可获利润 36 万元，该企业集团要求的最低投资收益率为 10%。

要求：

（1）根据资料一，计算 X 利润中心 2021 年度的部门边际贡献。

（2）根据资料二，计算甲公司接受新投资机会前的投资收益率和剩余收益。

（3）根据资料二，计算甲公司接受新投资机会后的投资收益率和剩余收益。

（4）根据（2）、（3）的计算结果从企业集团整体利润的角度，分析甲公司是否应接受新投资机会，并说明理由。

（1）

【解析】部门边际贡献＝销售收入总额－变动成本总额－该中心负责人可控固定成本－该中心负责人不可控固定成本

【答案】部门边际贡献＝120－72－10－8＝30（万元）

（2）

【解析】投资收益率＝息税前利润÷平均经营资产

剩余收益＝息税前利润－平均经营资产×最低投资收益率

【答案】接受投资前：

投资收益率＝98÷700×100%＝14%

剩余收益＝98－700×10%＝28（万元）

（3）

【解析】投资收益率＝息税前利润 ÷ 平均经营资产

剩余收益＝息税前利润—平均经营资产 × 最低投资收益率

【答案】接受新投资机会后：

投资收益率＝（98 ＋ 36）÷（700 ＋ 300）×100% ＝ 13.4%

剩余收益＝（98 ＋ 36）—（700 ＋ 300）×10% ＝ 34（万元）

（4）

【解析】过于关注投资利润率可能会引起短视行为的产生，追求局部利益最大化而损害整体利益最大化目标，而剩余收益指标弥补了这一不足之处。

【答案】从企业集团整体利益角度，甲公司应该接受新投资机会。因为接受新投资机会后，甲公司的剩余收益增加了。

4. 内部转移价格的制定

类别	考核要点
价格型 内部转移定价	①适用范围：一般适用于内部利润中心。 ②具体应用： a. **外销价格或活跃市场报价**：提供的产品（或服务）经常外销且外销比例较大的，或所提供的产品（或服务）有外部活跃市场可靠报价的； b. **参照外部市场价或预测价制定模拟市场价**：一般不对外销售且外部市场没有可靠报价的产品（或服务），或企业管理层和有关各方认为不需要频繁变动价格的； c. **生产成本 + 一定比例毛利**：没有外部市场但企业出于管理需要设置为模拟利润中心的责任中心
成本型 内部转移定价	①适用范围：一般适用于内部成本中心。 ②形式：完全成本、完全成本加成、变动成本以及变动成本加固定制造费用
协商型 内部转移定价	①适用范围：主要适用于分权程度较高的情形。 ②取值范围：通常较宽，一般不高于市场价，不低于变动成本。当双方协商陷入僵持时，会导致公司高层的干预

【真题实战·单选题】在以成本为基础制定内部转移价格时，下列各项中，不适合作为转移定价基础的是（　　）。（2019 年）

A. 变动成本

B. 变动成本加固定制造费用

C. 固定成本

D. 完全成本

【解析】采用以成本为基础的转移定价是指所有的内部交易均以某种形式的成本价格进行结算，它适用于内部转移的产品或劳务没有市价的情况，包括完全成本、完全成本加成、变动成本以及变动成本加固定制造费用四种形式。综上，本题应选 C。

【答案】C

【真题实战·单选题】公司采用协商型内部转移定价制定内部转移价格时，协商价格的下限一般为（　　）。（2019年）

A.完全成本加成　　　B.市场价格

C.单位变动成本　　　D.单位完全成本

【解析】采用协商型内部转移定价时，协商价的取值范围通常较宽，一般不高于市场价，不低于变动成本。综上，本题应选C。

【答案】C

【沙场练兵·单选题】责任中心提供的产品经常外销且外销比例较大，或提供的产品有外部活跃市场可靠报价的，其内部转移价格应该采用（　　）。

A.以标准成本等相对稳定的成本数据为基础制定的内部转移价格

B.以外销价格或活跃市场报价作为内部转移价格

C.参照外部市场或预测价格制定模拟市场价作为内部转移价格

D.在生产成本基础上加一定比例毛利作为内部转移价格

【解析】责任中心所提供的产品（或服务）经常外销且外销比例较大的，或所提供的产品（或服务）有外部活跃市场可靠报价的，可以外销价或活跃市场报价作为内部转移价格。综上，本题应选B。

【答案】B

【沙场练兵·单选题】下列内部转移价格适用于内部成本中心的是（　　）。

A.价格型内部转移定价

B.成本型内部转移定价

C.协商型内部转移定价

D.市场型内部转移定价

【解析】选项A不符合题意，价格型内部转移定价适用于内部利润中心；选项B符合题意，成本型内部转移定价一般适用于内部成本中心；选项C不符合题意，协商型内部转移定价主要适用于分权程度较高的企业；选项D不符合题意，市场型内部转移定价不属于内部转移价格类型。综上，本题应选B。

【答案】B

强化练习

一、单项选择题

1. 下列标准成本差异中，通常由采购部门承担主要责任的是（　　）。

   A. 直接材料价格差异

   B. 直接人工效率差异

   C. 直接人工工资率差异

   D. 变动制造费用效率差异

2. 下列关于利润敏感分析的表述中，错误的是（　　）。

   A. 在不亏损的状态下，销量的敏感系数一定小于固定成本的敏感系数

   B. 如果因素与利润同方向变化，敏感系数为正，反方向变化，则敏感系数为负

   C. 销售量的敏感系数 = 利润变动百分比 / 销量变动百分比 = 经营杠杆系数

   D. 单价的敏感系数一般应该是最大的

3. 已知甲公司加权平均的最低投资收益率 20%，其下设的乙投资中心投资额为 200 万元，剩余收益为 20 万元，则该中心的投资利润率为（　　）。

   A.40%　　　　　　B.30%　　　　　　C.20%　　　　　　D.10%

4. 使所有产品都受益的作业是（　　）。

   A. 产量级作业　　　B. 批别级作业　　　C. 设施级作业　　　D. 品种级作业

5. 作业成本管理中以不断改进的方式降低作业消耗的资源或时间的途径属于（　　）。

   A. 作业消除　　　　B. 作业减少　　　　C. 作业选择　　　　D. 作业共享

6. 对成本中心而言，下列选项中，不属于该类中心特点的是（　　）。

   A. 只考核本中心的责任成本

   B. 只对本中心的可控成本负责

   C. 只对责任成本进行控制

   D. 只对直接成本进行控制

7. 根据投资中心规定，既能反映投资中心的投入产出关系，又可使个别投资中心的利益与企业整体利益保持一致的考核指标是（　　）。

   A. 边际贡献　　　　B. 投资收益率　　　C. 剩余收益　　　　D. 利润总额

8. 下列选项中最高层次的责任中心是（　　）。

   A. 成本中心　　　　B. 利润中心　　　　C. 投资中心　　　　D. 费用中心

9. 若直接人工效率差异为 1 500 万元，标准工资率为 5 元 / 小时，变动制造费用的标准分配率为 1.5 元 / 小时，则变动制造费用的效率差异为（　　）元。

   A.300　　　　　　B.200　　　　　　C.150　　　　　　D.450

10. 某产品预计单位售价为 20 元，单位变动成本为 12 元，固定成本费用为 200 万元，企业要实现 600 万元的目标利润，则企业完成的销售量至少应为（　　）万件。

    A. 100　　　　　　B. 75　　　　　　C. 25　　　　　　D. 40

二、多项选择题

1. 下列各项关于作业成本法的表述中，正确的有（   ）。

A. 它是一种财务预算的方法
B. 它以作业为基础计算成本
C. 它是一种成本计算的方法
D. 它是一种准确无误的成本计算方法

2. 下列说法不正确的有（   ）。

A. 标准工资率 = 标准工资总额 ÷ 实际总工时
B. 直接材料数量差异 =（实际用量 – 标准产量下标准用量）× 标准价格
C. 直接人工效率差异即直接人工的价格差异
D. 变动制造费用耗费差异即变动制造费用的价格差异

3. 下列表述正确的有（   ）。

A. 对一项增值作业来讲，它所发生的成本都是增值成本
B. 对一项非增值作业来讲，它所发生的成本都是非增值成本
C. 增值成本是企业以完美效率执行增值作业时发生的成本
D. 增值成本是企业执行增值作业时发生的成本

4. 下列各项可以视为盈亏平衡状态的有（   ）。

A. 销售收入总额与变动成本总额相等
B. 销售收入线与总成本线相交的交点
C. 边际贡献与固定成本相等
D. 变动成本与边际贡献相等

5. 某企业只生产一种产品，单价10元，单位变动成本5元，固定经营成本为1 200元，满负荷运转下的正常销售量为500件。以下说法中，正确的有（   ）。

A. 在传统式本量利关系图中，该企业的总成本线的斜率为5
B. 在盈亏平衡状态下，该企业生产经营能力的利用程度为48%
C. 安全边际中的边际贡献等于1 300元
D. 安全边际中的边际贡献等于1 500元

6. 如果一项作业是增值作业，应同时满足下列哪些条件（   ）。

A. 该作业导致了状态的改变
B. 该作业是企业的一项重要作业
C. 该状态的变化不能由其他作业来完成
D. 该作业使其他作业得以进行

7. 下列选项属于作业成本管理中作为业绩考核非财务指标的有（   ）。

A. 投入产出比　　　B. 非增值成本　　　C. 增值成本　　　D. 生产周期

8. 下列各项中，属于可控成本必须同时具备的条件有（   ）。

A. 可以预见　　　B. 可以计量　　　C. 可以调节控制　　　D. 可以对外报告

9. W公司下设一个分公司，为利润中心，本年业绩下滑，为了分析其经理人的业绩，需要考虑的影响因素有（   ）。

A. 该中心负责人可控固定成本
B. 销售收入总额
C. 该中心负责人不可控固定成本
D. 变动成本总额

10. 某公司生产销售甲、乙、丙三种产品，销售单价分别是20元、25元、10元；预计销售量分

别为 300 000 件、200 000 件、150 000 件；预计各产品的单位变动成本分别是 12 元、14 元、8 元；预计固定成本总额为 245 万元。按联合单位法（产品销量比为甲：乙：丙 = 6：4：3）确定各产品的盈亏平衡点的业务量和盈亏平衡点的销售额。下列说法正确的有（　　）。

A. 联合单价为 250 元

B. 乙产品的盈亏平衡点的业务量为 10 万件

C. 联合盈亏平衡点的业务量为 2.5 万件

D. 甲产品的盈亏平衡点的销售额为 300 万元

三、判断题

1. 根据传统式本量利关系图，在销售量不变的情况下，盈亏平衡点越低，盈利区越小、亏损区越大。（　　）

2. 正常标准成本通常应大于理想标准成本。（　　）

3. 利润中心是指对利润负责，但不对成本负责的责任中心。（　　）

4. 协商价格是有范围的，协商价格的上限是市场价格，下限则是单位变动成本。（　　）

5. 作业业绩考核的财务指标主要集中在效率、质量和时间三个方面。（　　）

四、计算分析题

已知 W 集团公司下设多个责任中心，有关资料如下：

资料一：公司投资情况

指标	A 投资中心	B 投资中心	C 投资中心
息税前利润（万元）	10 400	15 800	8 450
营业资产平均占用额（万元）	94 500	145 000	75 500
规定的最低投资收益率	10%		

资料二：D 利润中心营业收入为 52 000 元，变动成本总额为 25 000 元，利润中心负责人可控的固定成本为 15 000 元，利润中心负责人不可控但应由该中心负担的固定成本为 6 000 元。

资料三：E 利润中心的边际贡献为 80 000 元，负责人可控固定成本为 60 000 元，负责人不可控固定成本为 4 500 元。

资料四：D 中心下设了两个成本中心，其中甲成本中心生产一种产品，预算产量 5 000 件，预算单位成本 200 元，实际产量 6 000 件，实际成本为 1 170 000 元。

要求：

（1）根据资料一计算各个投资中心的下列指标：①投资收益率，并据此评价各投资中心的业绩；②剩余收益，并据此评价各投资中心的业绩。

（2）根据资料二计算 D 利润中心边际贡献总额、可控边际贡献和部门边际贡献总额。

（3）根据资料三计算 E 利润中心可控边际贡献以及部门边际贡献。

（4）根据资料四计算甲成本中心的预算成本节约额和预算成本节约率。

▲ 答案与解析

一、单项选择题

1. **【解析】**选项 A 符合题意，材料价格差异的形成受各种主客观因素的影响，较为复杂，如市场价格的变动、供货厂商的变动、运输方式的变动、采购批量的变动等，都可能导致材料的价格差异。但由于它与采购部门的关系更为密切，所以其主要责任部门是采购部门；选项 B 不符合题意，直接人工效率差异是用量差异，其形成原因是多方面的，工人技术状况、工作环境和设备条件的好坏等，都会影响效率的高低，但其最主要责任还是在生产部门；选项 C 不符合题意，工资率差异是价格差异，其形成原因比较复杂，工资制度的变动、工人的升降级、加班或临时工的增减等都将导致工资率差异。一般地，这种差异的责任不在生产部门，劳动人事部门更应对其承担责任；选项 D 不符合题意，变动制造费用效率差异是用量差异，与直接人工效率差异的形成原因基本相同。综上，本题应选 A。

   【答案】A

2. **【解析】**选项 A 表述错误，选项 D 表述正确，一般情况下，影响利润最大的因素是单价，然后是单位变动成本、销售量和固定成本；在不亏损的状态下，销量的敏感系数一定大于固定成本的敏感系数；选项 B 表述正确，敏感系数为正，则该因素与利润同向变动，反之，则反向变动；选项 C 表述正确，销售量的敏感系数 = 利润变动百分比 / 销量变动百分比 = 经营杠杆系数。综上，本题应选 A。

   【答案】A

3. **【解析】**剩余收益 = 息税前利润 – 平均经营资产 × 最低投资收益率 = 200 × 投资利润率 – 200 × 20% = 200 × 投资利润率 – 40 = 20，所以，投资利润率 = 30%。综上，本题应选 B。

   【答案】B

4. **【解析】**选项 A 不符合题意，产量级作业是指明确地为个别产品（或服务）实施的、使单个产品（或服务）受益的作业；选项 B 不符合题意，批别级作业是指为一组（或一批）产品（或服务）实施的、使该组（该批）产品（或服务）受益的作业；选项 C 符合题意，设施级作业，是指为提供生产产品（或服务）的基本能力而实施的，其使所有产品（或服务）都受益；选项 D 不符合题意，品种级作业是指为生产和销售某种产品（或服务）实施的、使该种产品（或服务）的每个单位都受益的作业。综上，本题应选 C。

   【答案】C

5. **【解析】**选项 A 不符合题意，作业消除是指消除非增值作业或不必要的作业，降低非增值成本；选项 B 符合题意，作业减少是指以不断改进的方式降低作业消耗的资源或时间；选项 C 不符合题意，作业选择是指对所有能够达到同样目的的不同作业，选取其中最佳的方案；选项 D 不符合题意，作业共享是指利用规模经济来提高增值作业的效率。综上，本题应选 B。

【答案】B

6.【解析】成本中心的特点如下：①成本中心不考核收入，只考核成本；②成本中心只对可控成本负责，不负责不可控成本（选项B）；③责任成本是成本中心考核和控制的主要内容。成本中心当期发生的所有可控成本之和就是其责任成本（选项A、C）。综上，本题应选D。

【敲黑板】可控成本是指成本中心可以控制的各种耗费，它应具备三个条件：第一，该成本的发生是成本中心可以预见的；第二，该成本是成本中心可以计量的；第三，该成本是成本中心可以调节和控制的。可控成本不等同于直接成本。

【答案】D

7.【解析】剩余收益指标弥补了投资收益率指标会使局部利益与整体利益相冲突的不足，既能反映投资中心的投入产出关系，又可使个别投资中心的利益与企业整体利益保持一致。综上，本题应选C。

【答案】C

8.【解析】责任中心一般可以划分为成本中心、利润中心和投资中心三类。投资中心是指既能控制成本、收入和利润，又能对投入的资金进行控制的责任中心，如事业部、子公司等。其经理所拥有的自主权不仅包括制定价格、确定产品和生产方法等短期经营决策权，而且还包括投资规模和投资类型等投资决策权。投资中心是最高层次的责任中心，它拥有最大的决策权，也承担最大的责任。综上，本题应选C。

【答案】C

9.【解析】根据：直接人工效率差异 =（实际工时－标准工时）× 标准工资率，1 500 =（实际工时－标准工时）×5，解得：实际工时－标准工时 = 300（工时），变动制造费用效率差异 =（实际工时－标准工时）× 变动制造费用标准分配率 = 300×1.5 = 450（元）。综上，本题应选D。

【答案】D

10.【解析】根据公式，息税前利润 = 销售量 ×（单价－单位变动成本）－固定成本，则有600 = 预计销售量 ×（20 － 12）－ 200，得预计销售量 = 100（万件）。综上，本题应选A。

【答案】A

二、多项选择题

1.【解析】选项A错误，选项C正确，作业成本法是一种成本计算的方法；选项B正确，作业成本法是以作业为计算基础；选项D错误，从费用分配的准确性来讲，由于作业成本法采用多样化的分配标准，使成本的归属性得以提高，因此成本信息相对更为客观、真实和准确，但是并非准确无误。综上，本题应选BC。

【答案】BC

2.【解析】选项A错误，标准工资率 = 标准工资总额 / 标准总工时；选项B错误，直接材料数量差异 =（实际用量－实际产量下标准用量）× 标准价格；选项C错误，直接人工效率差异即直接人工的用量差异，直接人工工资率差异即直接人工的价格差异；选项 D 正确，变动制造费用耗费差异即变动制造费用的价格差异，变动制造费用效率差异即变动制造费用的用量差异。综上，本题应选 ABC。

【答案】 ABC

3.**【解析】** 增值作业分为高效作业和低效作业。增值成本是企业以完美效率执行增值作业时发生的成本，或者说是高效增值作业产生的成本。而那些增值作业中因为低效率所发生的成本则属于非增值成本。非增值成本是由非增值作业和增值作业的低效率而发生的作业成本。综上，本题应选 BC。

【答案】 BC

4.**【解析】** 盈亏临界状态是指能使企业不盈不亏利润为零的状态，当销售总收入与成本总额相等，销售收入线与总成本线相交的交点，边际贡献与固定成本相等时，都能使利润为零。综上，本题应选 BC。

【答案】 BC

5.**【解析】** 选项 A 正确，在传统式本量利关系图中，总成本线的斜率是单位变动成本即 5；选项 B 正确，在盈亏平衡状态下，盈亏平衡点的业务量 = 固定成本 / 单位边际贡献 = 1 200/（10 − 5）= 240（件），则盈亏平衡作业率 = 240/500 = 48%，即该企业生产经营能力的利用程度为 48%；选项 C 正确，选项 D 错误，安全边际额 = （预计销售量 − 盈亏平衡点的业务量）× 单价 = （500 − 240）× 10 = 2 600（元），则安全边际中的边际贡献 = 安全边际额 × 边际贡献率 = 2 600 × （1 − 5/10）= 1 300（元）。综上，本题应选 ABC。

【答案】 ABC

6.**【解析】** 增值作业是指那些顾客认为可以增加其购买的产品或服务的有用性，有必要保留在企业中的作业。如果一项作业是增值作业，需要同时满足下列三个条件：①该作业导致了状态的改变（选项 A）；②该状态的变化不能由其他作业来完成（选项 C）；③该作业使其他作业得以进行（选项 D）。综上，本题应选 ACD。

【答案】 ACD

7.**【解析】** 可用来作为作业业绩考核指标的，既有财务指标，也有非财务指标。财务指标主要集中在增值成本和非增值成本上，可以提供增值与非增值报告，以及作业成本趋势报告；非财务指标主要体现在效率、质量和时间三个方面，如投入产出比、次品率和生产周期等。综上，本题应选 AD。

【答案】 AD

8.**【解析】** 可控成本应具备的条件包括：第一，该成本的发生是成本中心可以预见的（选项 A）；第二，该成本是成本中心可以计量的（选项 B）；第三，该成本是成本中心可以调节和控制的（选项 C）。综上，本题应选 ABC。

【答案】 ABC

9.**【解析】** 可控边际贡献也称部门经理边际贡献。它衡量了部门经理有效运用其控制下的资源的能力，是评价利润中心管理者业绩的理想指标。可控边际贡献 = 边际贡献 – 该中心负责人可控固定成本 =（销售收入总额 – 变动成本总额）– 该中心负责人可控固定成本。综上，本题应选ABD。

【答案】ABD

10.【解析】联合单价 = $6×20 + 4×25 + 3×10 = 250$（元），联合单位变动成本 = $6×12 + 4×14 + 3×8 = 152$（元），联合单位边际贡献 = $250 – 152 = 98$（元），联合盈亏平衡点的业务量 = $245÷98 = 2.5$（万件），甲产品的盈亏平衡点的业务量 = $2.5×6 = 15$（万件），甲产品盈亏平衡点的销售额 = $15×20 = 300$（万元），乙产品的盈亏平衡点的业务量 = $2.5×4 = 10$（万件）。综上，本题应选ABCD。

【敲黑板】联合单位法是指在事先确定各种产品间产销实物量比例的基础上，将各种产品产销实物量的最小比例作为一个联合单位，确定每一联合单位的单价、单位变动成本，进行本量利分析的一种分析方法。

【答案】ABCD

三、判断题

1.【解析】在传统式本量利关系图中，横坐标代表销售量，纵坐标代表销售收入或成本，则销售收入线和总成本线的交点就是盈亏平衡点，在盈亏平衡点左边两条直线之间的区域是亏损区，在盈亏平衡点右边两条直线之间的区域表示盈利区，因此盈亏平衡点越低，亏损区会越小，盈利区会越大。因此，本题表述错误。

【答案】×

2.【解析】正常标准成本考虑了生产过程中不可避免的损失、故障和偏差等。通常来说，正常标准成本大于理想标准成本。正常标准成本具有客观性、现实性、激励性等特点，所以，正常标准成本在实践中得到广泛应用。因此，本题表述正确。

【答案】√

3.【解析】利润中心是指既能控制成本，又能控制收入和利润的责任单位。因此，要同时对成本、收入以及利润负责。因此，本题表述错误。

【答案】×

4.【解析】协商价格的上限是市场价格，下限则是单位变动成本。当双方协商僵持时，会导致公司高层的行政干预。因此，本题表述正确。

【答案】√

5.【解析】作业业绩考核的财务指标主要集中在增值成本和非增值成本上，可以提供增值与非增值报告，以及作业成本趋势报告；作业业绩考核的非财务指标主要体现在效率、质量和时间三个方面，如投入产出比、次品率、生产周期等。因此，本题表述错误。

【答案】×

四、计算分析题

（1）

【解析】投资收益率 = 息税前利润 / 平均经营资产，平均经营资产 =（期初经营资产 + 期末经营资产）/2，剩余收益 = 息税前利润 – 平均经营资产 × 最低投资收益率。

【答案】①A 投资中心的投资收益率 = 10 400 ÷ 94 500 × 100% = 11.01%

B 投资中心的投资收益率 = 15 800 ÷ 145 000 × 100% = 10.90%

C 投资中心的投资收益率 = 8 450 ÷ 75 500 × 100% = 11.19%

评价：C 投资中心业绩最优，A 投资中心次之，B 投资中心业绩最差。

②A 投资中心的剩余收益 = 10 400 – 94 500 × 10% = 950（万元）

B 投资中心的剩余收益 = 15 800 – 145 000 × 10% = 1 300（万元）

C 投资中心的剩余收益 = 8 450 – 75 500 × 10% = 900（万元）

评价：B 投资中心业绩最优，A 投资中心次之，C 投资中心业绩最差。

（2）

【解析】边际贡献 = 销售收入总额 – 变动成本总额，可控边际贡献 = 边际贡献 – 该中心负责人可控固定成本，部门边际贡献 = 可控边际贡献 – 该中心负责人不可控固定成本。

【答案】①边际贡献总额 = 52 000 – 25 000 = 27 000（元）

②可控边际贡献 = 27 000 – 15 000 = 12 000（元）

③部门边际贡献总额 = 12 000 – 6 000 = 6 000（元）

（3）

【解析】可控边际贡献 = 边际贡献 – 该中心负责人可控固定成本，部门边际贡献 = 可控边际贡献 – 该中心负责人不可控固定成本。

【答案】可控边际贡献 = 80 000 – 60 000 = 20 000（元）

部门边际贡献 = 20 000 – 4 500 = 15 500（元）

（4）

【解析】预算成本节约额 = 实际产量预算责任成本 – 实际责任成本，预算成本节约率 = 预算成本节约额 ÷ 实际产量预算责任成本 ×100%。

【答案】①甲成本中心预算成本节约额 = 200 × 6 000 – 1 170 000 = 30 000（元）

②甲成本中心预算成本节约率 = 30 000/（200 × 6 000）= 2.5%

第九章 收入与分配管理

◎ 应试指导

本章是重点章节，主要介绍了如何对收入与分配进行管理。其中，收入管理中强调了企业在经营管理过程中一定要做好销售预测分析以及销售定价管理；其次，纳税管理强调了企业税务筹划的重要性；最后，需要重点掌握股利分配理论，相关的股利分配政策以及股利支付形式与程序，该部分各种题型均有涉及。学习本章需要在理解的基础上对比记忆相关理论知识。

◎ 历年考情

本章近几年的平均分值是 9 分左右，各种题型均可能考核。从历年考题分析，本章主要考核销售预测分析、销售定价管理、分配管理、股利政策、股票分割、股票回购和股票激励等。尤其需要注意股利分配政策和第 5 章筹资管理内容的结合考查。

题型	2021 年（一）		2021 年（二）		2020 年（一）		2020 年（二）		2019 年（一）		2019 年（二）	
	题量	分值	题量	分值	题量	分值	题量	分值	题量	分值	题量	分值
单选	1	1.5 分	2	3 分	2	3 分	2	3 分	1	1 分	3	3 分
多选	1	2 分	1	2 分	2	4 分	1	2 分	—	—	1	2 分
判断	1	1 分	1	1 分	1	1 分	1	1 分	—	—	1	1 分
计算	—	—	—	—	—	—	1	5 分	—	—	—	—
综合	—	—	—	—	—	—	—	—	2	4 分	1	5 分

◎ 高频考点列表

考点	单选题	多选题	判断题	计算分析题	综合题
收入与分配管理的原则与内容	2018 年	—	—	—	—
销售预测分析	2020 年	—	—	—	—
销售定价管理	2021 年、2020 年、2019 年、2018 年	—	—	—	—
股利分配理论	2019 年、2018 年	2020 年	—	—	—

考点	单选题	多选题	判断题	计算分析题	综合题
股利政策	2021年、2018年	2018年	2021年、2020年、2019年	—	2019年、2018年
股利支付形式与程序	2019年	2021年	—	2020年	—
股票分割与股票回购	2021年、2020年、2019年	2021年、2020年、2019年	2018年	—	—
股权激励	2021年、2020年	—	2021年	—	—

收入与分配管理概述
- 收入与分配管理的意义
- 收入与分配管理的原则
- 收入与分配管理的内容
  - 收入管理
  - 纳税管理
  - 分配管理

收入管理
- 销售预测分析
  - 定性分析法 ·（营销员判断法、专家判断法、产品寿命周期分析法）
  - 定量分析法 ·（趋势预测分析法、因果预测分析法）
- 销售定价管理
  - 影响产品价格的因素 ·（五个）
  - 企业的定价目标 ·（五个）
  - 产品定价方法 ·（以成本为基础的定价方法、以市场需求为基础的定价方法）
  - 价格运用策略 ·（折让定价策略、心理定价策略、组合定价策略、寿命周期定价策略）

纳税管理
- 纳税筹划的原则 ·（合法性、系统性、经济性、先行性）
- 纳税筹划的方法 ·（减少应纳税额、递延纳税）
- 企业筹资纳税管理 ·（内部筹资纳税管理、外部筹资纳税管理）
- 企业投资纳税管理 ·（直接投资纳税管理、间接投资纳税管理）
- 企业营运纳税管理 ·（采购的纳税管理、生产的纳税管理、销售的纳税管理）
- 企业利润分配纳税管理 ·（所得税的纳税管理、股利分配的纳税管理）
- 企业重组纳税管理 ·（企业合并的纳税筹划、企业分立的纳税筹划）

第九章 收入与分配管理

分配管理
- 股利分配理论 ·（股利无关论、股利相关论）
- 股利政策
  - 剩余股利政策
  - 固定或稳定增长的股利政策
  - 固定股利支付率政策
  - 低正常股利加额外股利政策
- 利润分配制约因素
  - 法律因素 ·（资本保全约束、资本积累约束、超额累积利润约束、偿债能力约束）
  - 公司因素 ·（现金流量、资产的流动性、盈余的稳定性、投资机会、筹资因素、其他因素）
  - 股东因素 ·（控制权、稳定的收入、避税）
  - 其他因素 ·（债务契约、通货膨胀）
- 股利支付形式与程序
  - 股利支付形式 ·（现金股利、财产股利、负债股利、股票股利）
  - 股利支付程序 ·（股利宣告日、股权登记日、除息日、股利发放日）
- 股票分割与股票回购
  - 股票分割 ·（作用、反分割）
  - 股票回购 ·（回购的动机、影响）
- 股权激励 ·（股票期权模式、限制性股票模式、股票增值权模式、业绩股票激励模式）

高频考点 1 收入与分配管理的原则与内容

1. 收入与分配管理的原则

①依法分配原则；②分配与积累并重原则；③兼顾各方利益原则；④投资与收入对等原则。

2. 收入与分配管理的内容

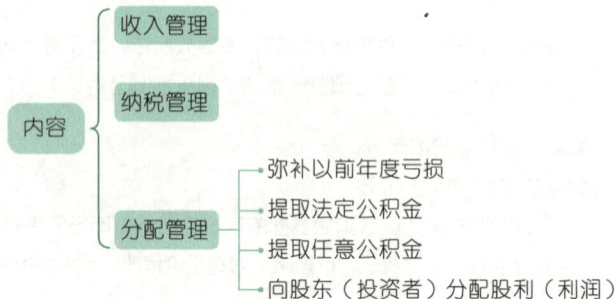

```
         ┌─ 收入管理
         │
         ├─ 纳税管理
   内容 ─┤              ┌─ 弥补以前年度亏损
         │              ├─ 提取法定公积金
         └─ 分配管理 ───┤
                        ├─ 提取任意公积金
                        └─ 向股东（投资者）分配股利（利润）
```

【真题实战·单选题】下列各项中，正确反映公司净利润分配顺序的是（　　）。（2018年）

A. 提取法定公积金、提取任意公积金、弥补以前年度亏损、向投资者分配股利

B. 向投资者分配股利、弥补以前年度亏损、提取法定公积金、提取任意公积金

C. 弥补以前年度亏损、向投资者分配股利、提取法定公积金、提取任意公积金

D. 弥补以前年度亏损、提取法定公积金、提取任意公积金、向投资者分配股利

【解析】根据我国《公司法》及相关法律制度的规定，公司净利润的分配应按照：①弥补以前年度亏损；②提取法定公积金；③提取任意公积金；④向股东（投资者）分配股利（利润）的顺序进行。综上，本题应选 D。

【答案】D

【沙场练兵·单选题】下列净利润分配事项中，根据相关法律法规和制度，应当最后进行的是（　　）。

A. 向股东分配股利　　B. 提取任意公积金

C. 提取法定公积金　　D. 弥补以前年度亏损

【解析】净利润的分配顺序为：弥补以前年度亏损、提取法定公积金、提取任意公积金、向股东（投资者）分配股利（利润）。综上，本题应选 A。

【答案】A

【沙场练兵·单选题】关于收入与分配管理的原则，下列说法中不正确的是（　　）。

A. 企业的收入分配必须依法进行

B. 企业的收入分配必须坚持分配与积累并重的原则

C. 企业的收入分配必须保证股东利益最大化

D. 企业进行利润分配应当体现"谁投资谁受益"、收入大小与投资比例相对等的原则

【解析】选项A、B、D说法均正确。选项C说法错误，企业在进行收入分配时，应当统筹兼顾，维护各利益相关者的合法权益。综上，本题应选C。

【答案】C

【沙场练兵·单选题】下列关于提取任意公积金的表述中，不正确的是（　　）。

A. 应从税后利润中提取

B. 应经股东会或股东大会决议

C. 满足公司经营管理的需要

D. 达到注册资本的 50% 时不再提取

【解析】根据《公司法》的规定，法定公积金的提取比例为当年税后利润（弥补亏损后）的10%，当法定公积金的累积数达到注册资本的50% 时，可以不再提取；公司从税后利润中提取法定公积金后，经股东会或股东大会决议，还可以从税后利润中提取任意公积金，但是具体提取比例没有法定限制。综上，本题应选 D。

【答案】D

高频考点 2　销售预测分析

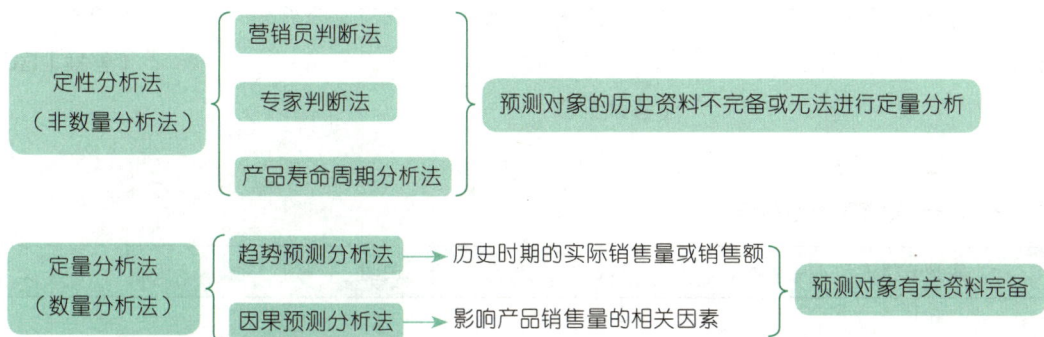

1. 销售预测的定性分析法

定性分析法	说明
专家判断法	由专家根据他们的经验和判断能力对特定产品的未来销售量进行判断和预测的方法。其主要有个别专家意见汇集法、专家小组法、德尔菲法等方法
营销员判断法	由企业熟悉市场情况及相关变化信息的营销人员对市场进行预测，再将各种判断意见加以综合分析、整理，并得出预测结论的方法。这种方法用时短、成本低、比较实用，但是具有较多的主观因素和较大的片面性
产品寿命周期分析法	了解产品所处的寿命周期阶段，有助于正确选择预测方法，如：推广期历史资料缺乏，可以运用定性分析法进行预测；成长期可运用回归分析法进行预测；成熟期销售量比较稳定，适用趋势预测分析法

【沙场练兵·单选题】下列各项销售预测分析方法中，属于定性分析法的是（　　）。

A. 加权平均法　　　B. 指数平滑法

C. 因果预测分析法　　D. 营销员判断法

【思路导航】可以用排除法进行判断，定性分析法就是不从数量出发分析，本题中选项 A、B、

C 均属于定量分析法，所以选择 D。

【解析】定性分析法，即非数量分析法，是指由专业人员根据实际经验，对预测对象的未来情况及发展趋势作出预测的一种分析方法。它一般适用于预测对象的历史资料不完备或无法进行定量分析时，主要包括营销员判断法、专

家判断法和产品寿命周期分析法。选项A、B、C，属于定量分析法。综上，本题应选D。

【答案】D

【沙场练兵·单选题】下列销售预测分析方法中，属于定量分析法的是（   ）。

A. 专家判断法

B. 营销员判断法

C. 因果预测分析法

D. 产品寿命周期分析法

【解析】选项A、B、D均为销售预测分析的定性分析法；选项C属于销售预测分析的定量分析法。综上，本题应选C。

【答案】C

【沙场练兵·多选题】下列各项中，适合采用定量分析法的产品寿命周期分析法的有（   ）。

A. 推广期   B. 成长期

C. 成熟期   D. 衰退期

【解析】选项A不符合题意，推广期历史资料缺乏，可以运用定性分析法进行预测；选项B符合题意，成长期可运用回归分析法进行预测，即适合采用定量分析法；选项C符合题意，成熟期销售量比较稳定，适用趋势预测分析法，即适合采用定量分析法。综上，本题应选BC。

【答案】BC

2. 销售预测的定量分析法

定量分析法			说明
趋势预测分析法	算术平均法	计算公式	$$Y = \frac{\sum X_i}{n}$$ 式中：Y为预测值；X_i为第i期的实际销售量；n为期数
		适用范围	适用于每期销售量波动不大的产品的销售预测
	加权平均法	计算公式	$$Y = \sum_{i=1}^{n} W_i X_i$$ 式中：Y为预测值；X_i为第i期的实际销售量；W_i为第i期的权数（$0 < W_i \leqslant W_{i+1} < 1$，且$\sum W_i = 1$）；n为期数
		特点	加权平均法较算术平均法更为合理，计算也较方便，因而在实践中应用较多
	移动平均法	计算公式	$$Y_{n+1} = \frac{X_{n-(m-1)} + X_{n-(m-2)} + \cdots + X_{n-1} + X_n}{m}$$ 修正后：$\overline{Y}_{n+1} = Y_{n+1} + (Y_{n+1} - Y_n)$ 式中：Y_{n+1}为第n+1年的预测值；Y_n为第n年的预测值；$\overline{Y}_{n+1}$为修正后n+1年的预测值；X_n为第n期的实际销售量
		特点	由于移动平均法只选用了n期数据中的最后m期作为计算依据，故而代表性较差
		适用范围	此法适用于销售量略有波动的产品预测

（续表）

定量分析法		说明
趋势预测分析法	指数平滑法	计算公式	$Y_{n+1} = aX_n + （1-a）Y_n$ 式中：a 为平滑指数；Y_{n+1} 为未来第 n + 1 期的预测值；Y_n 为第 n 期预测值，即预测前期的预测值；X_n 为第 n 期的实际销售量，即预测前期的实际销售量；n 为期数
		平滑指数的取值	一般地，平滑指数的取值通常在 0.3~0.7 之间，其取值大小决定了前期实际值与预测值对本期预测值的影响。 销售量波动较大或进行短期预测——选择较大的平滑指数； 销售量波动较小或进行长期预测——可选择较小的平滑指数
		特点	该方法运用比较灵活，适用范围较广，但在平滑指数的选择上具有一定的主观随意性
因果预测分析法	回归直线法		预测公式 Y = a + bX，其常数项 a 和系数 b 的计算公式为： $$a = \dfrac{\sum y - b \sum x}{n}, \quad b = \dfrac{n \sum xy - \sum x \sum y}{n \sum x^2 - （\sum x）^2}$$

【真题实战·单选题】属于销售预测定量分析方法的是（　　）。（2020年）

A. 营销员判断法

B. 专家判断法

C. 产品寿命周期分析法

D. 趋势预测分析法

【解析】选项 A、B、C 不符合题意，均属于销售预测定性分析法；选项 D 符合题意，属于销售预测定量分析法。除此之外，销售预测定量分析方法还包括因果预测分析法。综上，本题应选 D。

【答案】D

【沙场练兵·判断题】采用加权平均法预测销售量时，权数的选取应当遵循"近小远大"的原则。（　　）

【解析】一般地，由于市场变化较大，离预测期越近的样本值对其影响越大，而离预测期越远的则影响越小，所以权数的选取应遵循"近大远小"的原则。因此，本题表述错误。

【答案】×

【沙场练兵·单选题】甲公司 2020 年实际销售量为 2 000 吨，原预测销售量为 2 500 吨，平滑指数 a = 0.6，则用指数平滑法预测该公司 2021 年的销售量为（　　）吨。

A. 2 000　　　　　B. 2 200

C. 2 400　　　　　D. 2 600

【思路导航】在运用指数平滑法进行销售预测的定量分析时，平滑指数作用主要是将预测前期的实际值和预测值相结合，提高销售预测的准确性。在做题时，需要注意平滑指数和预测前期实际销量相乘，（1 −平滑指数）和预测前期的预测值相乘，两者之和便是预测期的销售量。另外，在做题时平滑指数一般会给定。平滑指数越大，说明销售量波动较大。

【解析】$Y_{n+1} = aX_n +（1-a）Y_n = 0.6 \times 2\,000 +（1-0.6）\times 2\,500 = 2\,200$（吨）。综上，本题应选 B。

【答案】B

第9章

【沙场练兵·计算分析题】

丙公司只生产销售 H 产品，其销售量预测相关资料如下表所示：

销售量预测相关资料

年度	2015 年	2016 年	2017 年	2018 年	2019 年	2020 年	2021 年
预测销售量（吨）	900	990	1 000	1 020	1 030	1 030	1 040
实际销售量（吨）	910	945	1 005	1 035	1 050	1 020	1 080

公司拟使用修正的移动平均法预测 2022 年 H 产品的销售量，并以此为基础确定产品销售价格，样本期为 3 期。2022 年公司目标利润总额（不考虑所得税）为 307 700 元。完全成本总额为 800 000 元。H 产品适用的消费税税率为 5%。

要求：

（1）假设样本期为 3 期，使用移动平均法预测 2022 年 H 产品的销售量。

（2）使用修正的移动平均法预测 2022 年 H 产品的销售量。

（3）根据资料结合第（2）题，使用目标利润法确定 2022 年 H 产品的销售价格。

【思路导航】定量分析预测销售量的题目非常直观，就是套用公式，这类题简直就是送分题，千万不要失手。至于公式的记忆其实就是把类似题目多做上几遍，基本都能记住。

（1）

【解析】2022 年 H 产品的预测销售量＝（2019 年实际销售量＋2020 年实际销售量＋2021 年实际销售量）÷3

【答案】2022 年 H 产品的预测销售量＝（1 050＋1 020＋1 080）/3＝1 050（吨）

（2）

【解析】2022 年修正后的 H 产品预测销售量＝2022 年预测的销售量＋（2022 年预测的销售量－2021 年预测销售量）

【解析】2022 年修正后的 H 产品预测销售量＝1 050＋（1 050－1 040）＝1 060（吨）

（3）

【解析】单位产品价格＝（目标利润＋完全成本总额）/[销售量 ×（1－适用税率）]

【答案】单位产品价格＝（307 700＋800 000）/[1 060×（1－5%）]＝1 100（元）

高频考点 3　销售定价管理

1. 以成本为基础的定价方法

方法	公式
全部成本费用加成定价法	成本利润率定价：单位产品价格＝［单位成本×（1＋成本利润率）］/（1－适用税率）
	销售利润率定价：单位产品价格＝单位成本/（1－销售利润率－适用税率）
保本点定价法	单位产品价格＝单位完全成本/（1－适用税率）
目标利润法	单位产品价格＝（单位目标利润＋单位完全成本）/（1－适用税率）
变动成本定价法	单位产品价格＝单位变动成本×（1＋成本利润率）/（1－适用税率）

2. 以市场需求为基础的定价方法

方法	计算公式
需求价格弹性系数定价法	弹性系数：$E = \dfrac{\Delta Q/Q_0}{\Delta P/P_0}$　　单位定价：$P = \dfrac{P_0 Q_0^{(1/|E|)}}{Q^{(1/|E|)}}$
边际分析定价法	边际收入等于边际成本，即边际利润等于零时，利润将达到最大值，此时的价格就是最优销售价格

【真题实战·单选题】产品 A 的销售量为 1 000 件，完全成本总额为 19 000 元，目标利润为 95 000 元，消费税税率 5%。则该产品的单价为（　　）元。（2021 年）

A. 108.3　　　　　　B. 120
C. 80　　　　　　　D. 72.2

【解析】单位产品价格＝（目标利润总额＋完全成本总额）/［产品销量×（1－适用税率）］＝（95 000＋19 000）/［1 000×（1－5%）］＝120（元）。综上，本题应选 B。

【答案】B

【真题实战·单选题】某企业生产 M 产品，计划销售量为 20 000 件，目标利润总额为 400 000 元，完全成本总额为 600 000 元，不考虑其他因素，则使用目标利润法测算的 M 产品的单价为（　　）。（2020 年）

A. 10　　　　　　　B. 30

C. 50　　　　　　　D. 20

【解析】本题考查以成本为基础的定价方法中的目标利润法，M 产品的单位产品价格＝（目标利润总额＋完全成本总额）/［产品销量×（1－适用税率）］＝（400 000＋600 000）/20 000＝50（元）。综上，本题应选 C。

【答案】C

【真题实战·单选题】某公司生产并销售单一产品，适用的消费税税率为 5%，本期计划销量 80 000 件，公司产销平衡，完全成本总额为 360 000 元，公司将目标利润定为 400 000 元，则单位产品价格为（　　）元。（2019 年）

A. 5　　　　　　　　B. 9.5
C. 10　　　　　　　D. 4.5

【思路导航】如果记不住教材中的公式，可以假设单价为 X，根据基本的本量利分析式列方程求解，也能计算出单位产品价格为多少。

【解析】 单位产品价格＝（完全成本总额＋目标利润）/[销量×（1－消费税税率）]＝（360 000＋400 000）/[80 000×（1－5%）]＝10（元）。综上，本题应选C。

【答案】C

【真题实战·单选题】 在生产能力有剩余的情况下，下列各项成本中，适合作为增量产品定价基础的是（　　）。（2018年）

A. 固定成本　　　　B. 制造成本

C. 全部成本　　　　D. 变动成本

【解析】 变动成本定价法是指企业在生产能力有剩余的情况下增加生产一定数量的产品，这些增加的产品可以不负担企业的固定成本，只负担变动成本，在确定价格时产品成本仅以变动成本计算。综上，本题应选D。

【答案】D

【真题实战·单选题】 下列各项中，以市场需求为基础的定价方法是（　　）。（2018年）

A. 保本点定价法

B. 目标利润法

C. 边际分析定价法

D. 全部成本费用加成定价法

【解析】 以市场需求为基础的定价方法主要有需求价格弹性系数定价法和边际分析定价法等。选项A、B、D属于以成本为基础的定价方法。综上，本题应选C。

【答案】C

【沙场练兵·多选题】 下列各项中，可以作为企业产品定价目标的有（　　）。

A. 保持或提高市场占有率

B. 应对和避免市场竞争

C. 实现利润最大化

D. 树立企业形象

【解析】 企业自身的实际情况及所面临的外部环境不同，企业的定价目标也多种多样，主要有以下几种：①实现利润最大化（选项C）；②保持或提高市场占有率（选项A）；③稳定市场价格；④应对和避免竞争（选项B）；⑤树立企业形象及产品品牌（选项D）。综上，本题应选ABCD。

【答案】ABCD

【沙场练兵·单选题】 某企业生产甲产品，2021年第1、2季度的销售单价分别为50元、55元；销售数量分别为200件、160件。若企业在第3季度预计完成250件产品的销售任务，根据需求价格弹性系数定价法预测的产品单价为（　　）元。

A. 44　　　　　　　B. 42.65

C. 43.77　　　　　　D. 45

【解析】 $E=\dfrac{\Delta Q/Q_0}{\Delta P/P_0}=\dfrac{(160-200)/200}{(55-50)/50}=-2$，

$P=\dfrac{P_0Q_0^{(1/|E|)}}{Q^{(1/|E|)}}=\dfrac{55\times160^{1/2}}{250^{1/2}}=44$（元）。综上，本题应选A。

【答案】A

【沙场练兵·多选题】 很难适应市场需求的变化，往往导致定价过高或过低的定价方法有（　　）。

A. 目标利润法　　　B. 成本利润率定价

C. 销售利润率定价　D. 保本点定价法

【解析】 全部成本费用加成定价法包括成本利润率定价和销售利润率定价，这种定价方法可以保证全部生产消耗得到补偿，但它很难适应市场需求的变化，往往导致定价过高或过低。综上，本题应选BC。

【答案】BC

【沙场练兵·综合题】

戊公司生产和销售 E、F 两种产品，每年产销平衡。为了加强产品成本管理，合理确定下年度经营计划和产品销售价格，该公司专门召开总经理办公会进行讨论。相关资料如下：

资料一：2021 年 E 产品实际产销量为 3 680 件，生产实际用工为 7 000 小时，实际人工成本为 16 元 / 小时。标准成本资料如下表所示：

E 产品单位标准成本

项目	直接材料	直接人工	制造费用
价格标准	35 元 / 千克	15 元 / 小时	10 元 / 小时
用量标准	2 千克 / 件	2 小时 / 件	2 小时 / 件

资料二：F 产品年设计生产能力为 15 000 件，2022 年计划生产 12 000 件，预计单位变动成本为 200 元，计划期的固定成本总额为 720 000 元。该产品适用的消费税税率为 5%，成本利润率为 20%。

资料三：戊公司接到 F 产品的一个额外订单，意向订购量为 2 800 件，订单价格为 290 元 / 件，要求 2022 年内完工。

要求：

（1）根据资料一，计算 2021 年 E 产品的下列指标：①产品标准成本；②直接人工成本差异；③直接人工效率差异；④直接人工工资率差异。

（2）根据资料二，运用全部成本费用加成定价法测算 F 产品的单价。

（3）根据资料二，运用变动成本定价法测算 F 产品的单价。

（4）根据资料二、资料三和上述测算结果，作出是否接受 F 产品额外订单的决策，并说明理由。

（5）根据资料二，如果 2022 年 F 产品的目标利润为 150 000 元，销售单价为 350 元，假设不考虑消费税的影响。计算 F 产品盈亏平衡点的业务量和实现目标利润的销售量。

（1）

【解析】产品标准成本＝直接材料标准成本＋直接人工标准成本＋制造费用标准成本

直接人工成本差异＝实际工时 × 实际工资率－实际产量下的标准工时 × 标准工资率

直接人工效率差异＝（实际工时－标准工时）× 标准工资率

直接人工工资率差异＝（实际工资率－标准工资率）× 实际工时

【答案】①产品标准成本＝ 35×2 ＋ 15×2 ＋ 10×2 ＝ 120（元）

②直接人工成本差异＝ 7 000×16 － 3 680×2×15 ＝ 1 600（元）

③直接人工效率差异＝（7 000 － 3 680×2）×15 ＝ －5 400（元）

④直接人工工资率差异＝（16 － 15）×7 000 ＝ 7 000（元）

（2）

【解析】全部成本定价法，单位产品价格＝单位成本×（1＋成本利润率）/（1－适用税率）

【答案】单位产品价格＝（200＋720 000/12 000）×（1＋20%）/（1－5%）＝328.42（元）

（3）

【解析】变动成本定价法，单位产品价格＝单位变动成本×（1＋成本利润率）/（1－适用税率）。

【答案】单位产品价格＝200×（1＋20%）/（1－5%）＝252.63（元）

（4）

【解析】变动成本定价法适用于计算企业在生产能力有剩余的情况下增加生产一定数量的产品，这部分产品可以不负担企业的固定成本，只负担变动成本。

【答案】由于额外订单价格290元高于252.63元，故应接受这一额外订单。

（5）

【解析】

盈亏平衡点的业务量＝固定成本÷（单价－单位变动成本）

实现目标利润销售量＝（固定成本＋目标利润）÷单位边际贡献

【答案】

盈亏平衡点的业务量＝720 000÷（350－200）＝4 800（件）

实现目标利润的销售量＝（150 000＋720 000）÷（350－200）＝5 800（件）

高频考点 4 价格运用策略

种类	具体方式
折让定价策略	现金折扣、数量折扣、季节折扣、团购折扣、预购折扣
心理定价策略	①声望定价——按其产品在市场上的知名度和被消费者的信任程度定价，即"名牌效应"； ②尾数定价——价格的尾数取接近整数的小数（如199.9）或带一定谐音的数（如158）； ③双位定价——采用两种不同的标价来促销（如某产品标明"原价158元，现促销价99元"）； ④高位定价——根据消费者"价高质优"的心理特点实行高标价促销
组合定价策略	①对于具有互补关系的相关产品，可以采取降低部分产品价格而提高互补产品价格，以促进销售，提高整体利润； ②具有配套关系的相关产品，可以对组合购买进行优惠
寿命周期定价策略	①推广期——低价促销策略； ②成长期——中等价格； ③成熟期——高价促销，定价时必须考虑竞争者的情况，以保持现有市场销售量； ④衰退期——降价促销或维持现价并辅之以折扣等，同时积极开发新产品，保持企业的市场竞争优势

【沙场练兵·单选题】超市中的某商品标明"原价180，现促销价149"，这种策略是（　　）。

A. 心理定价策略　　B. 折让定价策略

C. 组合定价策略　　D. 寿命周期定价策略

【解析】心理定价策略中的双位定价是采用两种不同的标价来促销（如某产品标明"原价158元，现促销价99元"）。综上，本题应选A。

【答案】A

【沙场练兵·多选题】下列关于运用寿命周期定价策略的说法中正确的有（　　）。

A. 推广期产品应采用低价促销策略

B. 成长期和成熟期产品应采用高价促销策略

C. 衰退期产品可采用降价促销策略

D. 衰退期产品可维持现价同时辅之以折扣促销

【解析】产品在市场中的寿命周期一般分为推广期、成长期、成熟期和衰退期。选项A说法正确，推广期产品需要获得消费者的认同，进一步占有市场，应采用低价促销策略；选项B说法错误，成长期的产品有了一定的知名度，销售量稳步上升，可以采用中等价格；成熟期的产品市场知名度处于最佳状态，可以采用高价促销，但由于市场需求接近饱和，竞争激烈，定价时必须考虑竞争者的情况，以保持现有市场销售量；选项C、D说法正确，衰退期的产品市场竞争力下降，销售量下滑，应该降价促销或维持现价并辅之以折扣等其他手段，同时，积极开发新产品，保持企业的市场竞争优势。综上，本题应选ACD。

【答案】ACD

高频考点 5 纳税管理概述

纳税管理目标	规范企业纳税行为、合理降低税收支出、有效防范纳税风险	
纳税筹划原则	合法性原则、系统性原则、经济性原则、先行性原则	
纳税筹划方法	减少应纳税额	利用税收优惠政策：免税政策、减税政策、退税政策、税收扣除政策、税率差异、分劈技术、税收抵免等
		转让定价筹划法：主要是指通过关联企业采用非常规的定价方式和交易条件进行的纳税筹划
	递延纳税	采取有力的会计处理方法是企业实现递延纳税的一个重要途径，主要包括存货计价和固定资产折旧的方法选择等

【沙场练兵·单选题】在税法许可的范围内，下列纳税筹划方法中，能够导致递延纳税的是（　　）。

A. 固定资产加速折旧法

B. 费用在母子公司之间合理分劈法

C. 转让定价筹划法

D. 研究开发费用加计扣除法

【解析】采取有力的会计处理方法是企业实现递延纳税的一个重要途径，主要包括存货计价和固定资产折旧的方法选择等。综上，本题应选A。

【答案】A

【沙场练兵·多选题】纳税筹划可以利用的税收优惠政策包括（　　）。

A. 免税政策　　B. 减税政策

C. 退税政策　　　　D. 税收扣除政策

【解析】从税制构成角度，利用税收优惠进行纳税筹划主要是利用以下几个优惠要素：①利用免税政策（选项A）；②利用减税政策（选项B）；③利用退税政策（选项C）；④利用税收扣除政策（选项D）；⑤利用税率差异；⑥利用分劈技术；⑦利用税收抵免。综上，本题应选ABCD。

【答案】ABCD

【沙场练兵·判断题】一种税的节约可能引起另一种税的增加，所以纳税筹划要求企业必须从整体角度考虑纳税负担，也就是需要遵循系统性原则。（　　）

【解析】纳税筹划的系统性原则是指：一方面，企业纳税筹划的方案设计必须遵循系统观念，将筹划活动与企业的投资、筹资、营运及分配策略相结合。另一方面，企业需要缴纳的税种之间常常相互联系，在选择纳税方案时，要着眼于整体税负的降低。因此，本题表述正确。

【答案】√

【沙场练兵·多选题】纳税筹划的主要方法为（　　）。

A. 减少应纳税额　　　B. 利用税收优惠政策
C. 转让定价筹划法　　D. 递延纳税

【解析】纳税筹划的方法主要为减少应纳税额和递延纳税，而减少应纳税额可以通过利用税收优惠政策或转让定价筹划来实现。综上，本题应选ABCD。

【答案】ABCD

高频考点 6 企业筹资纳税管理

内部筹资纳税管理	外部筹资纳税管理
①对公司而言——企业筹资时优先考虑内部筹资，一方面，无须花费筹资费用，资本成本低（与外部股权筹资相比）；另一方面，财务风险小（与债务筹资相比）。 ②对股东而言——内部筹资可以减少股东的税收负担。若将资金以股利分配的形式发放给股东，股东会承担双重税负，反之，若留在企业内部，投资者可以享受递延纳税带来的收益，股东也因此受惠	①对公司而言——权衡理论认为，有负债企业的价值是无负债企业价值加上抵税收益的现值，再减去财务困境成本的现值。其表达式为： $$V_L = V_U + PV（利息抵税）- PV（财务困境成本）$$ 纳税筹划的最终目的是企业财务管理目标的实现而非税负最小化，因此，在进行债务筹资纳税筹划时必须要考虑企业的财务困境成本，选择适当的资本结构。 ②对股东而言——出于财务管理目标的考虑，在采用债务筹资方式筹集资金时，不仅要将资本结构控制在相对安全的范围内，还要确保总资产收益率（息税前）大于债务利息率，才能给股东带来正的财务杠杆效应，有利于股东财富增加

【沙场练兵·单选题】下列关于内部筹资的说法中，不正确的是（　　）。

A. 与外部股权筹资相比，其资本成本更低

B. 与债务筹资相比，降低了企业的财务风险

C. 可以减少企业的所得税负担

D. 投资者可以享受递延纳税带来的收益

【解析】选项A、B、D说法正确，选项C说法错误，相对于将内部资金以股利分配的形式发

放给股东，内部筹资将这部分资金继续留在企业获取投资收益，减少股东的税收负担，有利于股东财富最大化的实现。注意区分两者所指主体。综上，本题应选C。

【答案】C

【沙场练兵·单选题】下列关于外部筹资纳税管理的说法中，不正确的是（　　）。

A. 外部筹资涉及资本结构管理问题

B. 在目标资本结构的范围内，企业会优先使用股权筹资

C. 在债务利息率不变的情况下，过高的财务杠杆可能带来企业价值的损失

D. 从股东财富最大化视角考虑，使用债务筹资进行纳税筹划必须满足总资产收益率（息税前）大于债务利息率的前提条件

【解析】在目标资本结构的范围内，企业会优先使用负债融资，这是因为企业价值由企业未来经营活动现金流量的现值决定，负债融资的利息可以在计算应纳税额时予以扣除，减少了企业经营活动现金流出量，增加了企业价值。综上，本题应选B。

【答案】B

【沙场练兵·单选题】在进行外部筹资纳税管理时需要涉及资本结构管理问题，其中权衡理论认为（　　）。

A. 有负债企业的价值是无负债企业价值加上抵税收益的现值

B. 无负债企业的价值是有负债企业价值加上抵税收益的现值，再减去财务困境成本的现值

C. 有负债企业的价值是无负债企业价值减去财务困境成本的现值

D. 有负债企业的价值是无负债企业价值加上抵税收益的现值，再减去财务困境成本的现值

【解析】权衡理论认为，有负债企业的价值是无负债企业价值加上抵税收益的现值，再减去财务困境成本的现值。其表达式为：$V_L = V_U + PV$（利息抵税）$- PV$（财务困境成本），纳税筹划的最终目的是企业财务管理目标的实现而非税负最小化，因此，在进行债务筹资纳税筹划时必须要考虑企业的财务困境成本，选择适当的资本结构。综上，本题应选D。

【答案】D

【沙场练兵·单选题】若企业总资产收益率（息税前）大于债务利息率，对于股东而言，采用债务筹资的好处不仅仅在于节税的效应，更重要的是（　　）。

A. 资本成本低　　　　B. 容易筹集

C. 经营杠杆效应　　　D. 财务杠杆效应

【解析】对于股东而言，采用债务筹资的好处不仅仅在于节税效应，更重要的是固定性融资成本所带来的财务杠杆效应。当且仅当总资产收益率（息税前）大于债务利息率时，负债筹资才能给股东带来正的财务杠杆效应，有利于股东财富的增加。综上，本题应选D。

【答案】D

高频考点 7 企业投资纳税管理

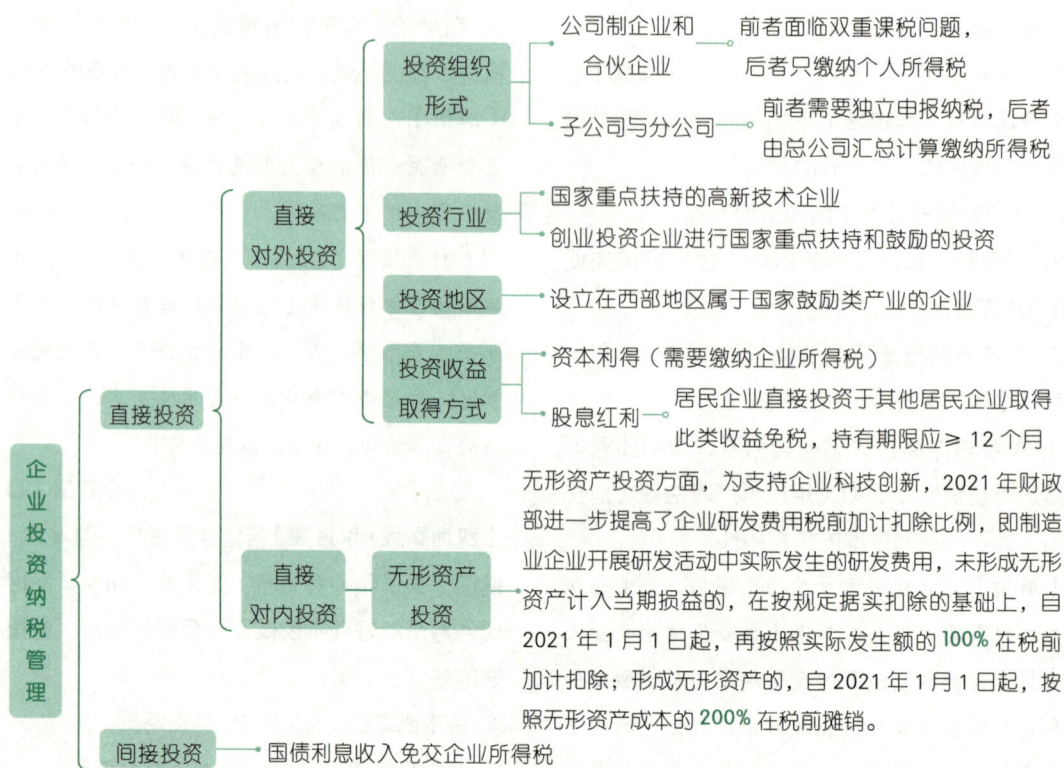

企业投资纳税管理
- 直接投资
  - 直接对外投资
    - 投资组织形式
      - 公司制企业和合伙企业 —— 前者面临双重课税问题，后者只缴纳个人所得税
      - 子公司与分公司 —— 前者需要独立申报纳税，后者由总公司汇总计算缴纳所得税
    - 投资行业
      - 国家重点扶持的高新技术企业
      - 创业投资企业进行国家重点扶持和鼓励的投资
    - 投资地区 —— 设立在西部地区属于国家鼓励类产业的企业
    - 投资收益取得方式
      - 资本利得（需要缴纳企业所得税）
      - 股息红利 —— 居民企业直接投资于其他居民企业取得此类收益免税，持有期限应 ≥ 12 个月
  - 直接对内投资
    - 无形资产投资 —— 无形资产投资方面，为支持企业科技创新，2021 年财政部进一步提高了企业研发费用税前加计扣除比例，即制造业企业开展研发活动中实际发生的研发费用，未形成无形资产计入当期损益的，在按规定据实扣除的基础上，自 2021 年 1 月 1 日起，再按照实际发生额的 **100%** 在税前加计扣除；形成无形资产的，自 2021 年 1 月 1 日起，按照无形资产成本的 **200%** 在税前摊销。
- 间接投资 —— 国债利息收入免交企业所得税

【沙场练兵·多选题】某企业为扩大产品销售，谋求市场竞争优势，打算在甲市设销售代表处。根据企业财务预测：由于甲市竞争对手众多，2021 年将亏损 300 万元，2022 年将盈利 500 万元，假设 2021 年、2022 年总部盈利均是 1 000 万元。公司高层正在考虑设立分公司形式还是子公司形式对企业发展更有利，假设不考虑应纳税所得额的调整因素，企业所得税税率为 25%，下列表述中，正确的有（   ）。

A. 假设采取分公司形式设立销售代表处，2021 年公司应缴纳所得税为 250 万元

B. 假设采取分公司形式设立销售代表处，2022 年公司应缴纳所得税为 375 万元

C. 假设采取子公司形式设立销售代表处，2021 年公司合并应缴纳企业所得税 250 万元

D. 假设采取子公司形式设立销售代表处，2022 年公司合并应缴纳企业所得税 375 万元

【思路导航】本题考查了企业投资纳税管理中，投资组织形式的选择。我们需要严格区分分公司和子公司两种形式对投资公司的意义。子公司具有独立法人地位，可以独立申报纳税，分公司不具有法人地位需要和总公司合并纳税。另外，还涉及所得税的纳税管理，纳税人发生年度亏损，可以用下一纳税年度的所得弥补；下一年度的所得不足以弥补的，可以逐年延续弥补，但延续弥补期最长不得超过 5 年。在本题中 2021 年的亏损可以从 2022 年的税前所得

中进行弥补，2022年的所得按弥补上年亏损后的余额计算应纳税额。

【解析】选项A表述错误，选项B表述正确，假设采取分公司形式设立销售代表处，则不具备独立纳税条件，企业所得税额需要汇总到企业总部集中纳税。2021年公司应缴纳所得税为（1 000 − 300）× 25% = 175（万元）。2022年公司应缴纳所得税为（1 000 + 500）× 25% = 375（万元）。选项C表述正确，选项D表述错误，假设采取子公司形式设立销售代表处，子公司具备独立纳税人条件，应自行申报缴纳企业所得税。则2021年总部应缴纳企业所得税为1 000 × 25% = 250（万元），子公司应纳企业所得税为零，2021年公司合并应缴纳企业所得税250万元。2022年总部应缴纳的企业所得税为1 000 × 25% = 250（万元），子公司应纳企业所得税为（500 − 300）× 25% = 50（万元），2022年公司合并应缴纳企业所得税250 + 50 = 300（万元）。综上，本题应选BC。

【答案】BC

【沙场练兵·多选题】某企业准备对2021年度的投资进行税收筹划，下列能享受到税收优惠的方式有（　　）。

A. 设立属于国家重点扶持的高新技术企业

B. 在西部地区设立国家鼓励类产业的企业

C. 购买企业债券

D. 连续持有居民企业公开发行并上市流通的股票半年取得的投资收益

【解析】选项A，对于国家重点扶持的高新技术企业，按15%的税率征收企业所得税；选项B，对在西部地区设立国家鼓励类产业的企业，在2021年1月1日至2030年12月31日期间，减按15%的税率征收企业所得税，选项C，国债利息收入免交企业所得税，而购买企业债券取得的收益需要缴纳企业所得税；选项D，连续持有居民企业公开发行并上市流通的股票不足12个月取得的投资收益也应缴纳企业所得税。综上，本题应选AB。

【答案】AB

【沙场练兵·判断题】2021年2月甲公司（居民企业）从公开市场上取得乙公司（居民企业）500万元的股票，年末取得50万元的现金股利，则甲公司取得的股利收入免税。（　　）

【解析】根据企业所得税法规定，居民企业直接投资于其他居民企业取得股息、红利等权益性投资收益为企业的免税收入，不包括连续持有居民企业公开发行并上市流通的股票不足12个月取得的投资收益。本题中甲公司从购买日到年末不足12个月，不免税。因此，本题表述错误。

【答案】×

高频考点 8 企业营运纳税管理

1. 采购的纳税管理

增值税纳税人的纳税筹划	设 X 为增值率，S 为不含税销售额，P 为不含税购进额，假定一般纳税人适用的增值税税率为 a，小规模纳税人的征收率为 b，则： $X = (S - P) \div S$ 令：一般纳税人应纳增值税 = 小规模纳税人应纳增值税 $S \times a - P \times a = S \times b$ 得：$X = b/a$ 一般纳税人与小规模纳税人的无差别平衡点的增值率为 b/a， 若"增值率 X" > "b/a"，选择小规模纳税人较为有利； 若"增值率 X" < "b/a"，选择一般纳税人较为有利； 若"增值率 X" = "b/a"，选择成为一般纳税人或小规模纳税人的应纳增值税额相同
购货对象的纳税筹划	①一般纳税人从一般纳税人处采购的货物，增值税进项税额可以抵扣； ②一般纳税人从小规模纳税人采购的货物，对方无法开具增值税专用发票，所以增值税不能抵扣（由税务机关代开的除外），为了弥补购货人的损失，有时会在价格上给予优惠； ③纳税筹划时应选择产品税后利润最大的方案
结算方式的纳税筹划	在购货价格无明显差异时，要尽可能选择**赊购**方式
增值税专用发票管理	根据进项税额抵扣时间的规定，对于取得防伪税控系统开具的增值税专用发票，纳税人应及时使用增值税发票选择确认平台确认需要抵扣的增值税发票电子信息

2. 生产的纳税管理

存货计价的纳税筹划	①预计企业将长期盈利——选择使本期存货成本最大化的存货计价方法； ②预计企业将亏损或已经亏损——选择的计价方法必须使亏损尚未得到完全弥补的年度的成本费用降低，延迟到以后能够完全得到抵补的时期； ③当企业正处于所得税减税或免税期间——选择在此期间内存货成本最小化的计价方法，减少企业当期摊入，将存货成本转移到非税收优惠期间； ④当企业处于非税收优惠期间时——选择使得存货成本最大化的计价方法，减少当期应纳税所得额、延迟纳税
固定资产的纳税筹划	①对于盈利企业——新增固定资产入账时，其账面价值应尽可能低，尽可能在当期扣除相关费用，尽量缩短折旧年限或采用加速折旧法； ②对于亏损企业和享受税收优惠的企业——尽量在税收优惠期间和亏损期间少提折旧，以达到抵税收益最大化
期间费用的纳税筹划	对于企业在生产经营过程中发生的费用和损失，只有部分能够计入所得税扣除项目，且有限额规定的，企业应当严格规划招待费的支出时间，对于金额巨大的招待费，争取在两个或多个会计年度分别支出，从而使扣除金额最多

3.销售的纳税管理

（1）结算方式的纳税筹划

销售结算方式的筹划是指在税法允许的范围内，尽量采取有利于本企业的结算方式，以推迟纳税时间，获得纳税期的递延。

（2）促销方式的纳税筹划

在销售环节，常见的销售方式有销售折扣和折扣销售；

在零售环节，常见的促销方式有折扣销售、实物折扣和以旧换新等。

【沙场练兵·单选题】在物价持续上涨的情形下，如果企业处在企业所得税的免税期，为了扩大当期应纳税所得额对存货计价时应选择（　　）。

A. 先进先出法　　　B. 移动加权平均法

C. 个别计价法　　　D. 加权平均法

【思路导航】可以通俗的理解企业现在处于所得税的免税期，为了更好地得到免税期的优惠，在选用存货计价法时用先进先出法会扩大当期应纳税所得额，就能使企业享受更多的优惠。

【解析】在物价上涨的情形下，先购入存货的成本小于后购入存货的成本，如果企业处在企业所得税的免税期，则可以选择先进先出法，以减少当期销售成本，扩大当期应纳税所得额，这样企业获得的利润越多得到的减免税额越多。综上，本题应选 A。

【答案】A

【沙场练兵·多选题】对于盈利企业的固定资产的纳税筹划应做到（　　）。

A. 新增固定资产入账时，其账面价值应尽可能低

B. 新增固定资产入账时，其账面价值应尽可能高

C. 尽可能在当期扣除相关费用，尽量缩短折旧年限或采用加速折旧法

D. 尽量少提折旧，以达到抵税收益最大化

【思路导航】做这类题目始终把握一条原则，在企业盈利时，一定要使费用最大化(包括折旧、

摊销等各类费用和成本)，以减少纳税。在亏损时涉及一个弥补问题，可以弥补的区间（5年），应尽可能地盈利（即费用最小化），将这部分盈利用于弥补亏损，在该区间过后，再将费用最大化，以减税。另外，在减免税期间，也应该尽可能的盈利（费用最小化），享受税收优惠。

【解析】对于盈利企业，新增固定资产入账时，其账面价值应尽可能低，尽可能在当期扣除相关费用，尽量缩短折旧年限或采用加速折旧法。对于亏损企业和享受税收优惠的企业，尽量在税收优惠期间和亏损期间少提折旧，以达到抵税收益最大化。综上，本题应选 AC。

【答案】AC

【沙场练兵·单选题】在税法允许的情况下且会计折旧年限与税法一致，选择固定资产的折旧方法时，以下不能够起到递延纳税作用的是（　　）。

A. 直线折旧法　　　B. 双倍余额递减法

C. 年数总和法　　　D. 缩短折旧年限法

【解析】递延纳税即前期少纳税，后期多纳税。选项A符合题意，采用直线法，企业各期税负均衡，不能起到递延纳税的作用。选项B、C、D不符合题意，采用加速折旧法，企业生产经营前期应纳税所得额较小，从而纳税较少，生产经营后期应纳税所得额较多，从而纳税较多，加速折旧法起到了延期纳税的作用。综上，本题应选A。

【答案】A

高频考点 9 股利分配理论

1. 股利无关理论

在一定的假设条件限制下，股利政策不会对公司的价值或股票的价格产生任何影响，投资者不关心公司股利的分配。公司市场价值的高低，是由公司所选择的投资决策的获利能力和风险组合所决定的，而与公司的利润分配政策无关。

2. 股利相关理论

"手中鸟"理论	该理论认为公司的股利政策与公司的股票价格是密切相关的，即当公司支付较高的股利时，公司的股票价格会随之上升，公司价值将得到提高
信号传递理论	在信息不对称的情况下，公司可以通过股利政策向市场传递有关公司未来获利能力的信息，从而会影响公司的股价
所得税差异理论	由于普遍存在的税率以及纳税时间的差异，资本利得收益比股利收益更有助于实现收益最大化目标，公司应当采用低股利政策
代理理论	股利政策有助于减缓管理者与股东之间的代理冲突，高水平的股利政策降低了企业的代理成本，但同时增加了外部融资成本，理想的股利政策应当使两种成本之和最小

【真题实战·多选题】下列股利分配理论中，认为股利政策会影响公司价值的有（　　）。（2020年）

A. 信号传递理论　　B. 所得税差异理论

C. "手中鸟"理论　　D. 代理理论

【解析】股利相关理论认为，企业的股利政策会影响股票价格和公司价值。主要包括："手中鸟"理论、信号传递理论、所得税差异理论以及代理理论。综上，本题应选 ABCD。

【答案】ABCD

【真题实战·多选题】下列关于股利政策的说法中，符合代理理论观点的有（　　）。（2020年）

A. 股利政策应当向市场传递有关公司未来获利能力的信息

B. 股利政策是协调股东与管理者之间代理关系的约束机制

C. 高股利政策有利于降低公司的代理成本

D. 理想的股利政策应当是发放尽可能高的现金股利

【解析】代理理论认为，股利政策有助于减缓管理者与股东之间的代理冲突，高水平的股利政策降低了企业的代理成本。综上，本题应选 BC。

【答案】BC

【真题实战·单选题】股利无关论认为股利分配对公司市场价值不产生影响，下列关于股利无关论的假设表述错误的是（　　）。（2019年）

A. 对公司或个人不存在任何所得税

B. 不存在资本增值

C. 投资决策不受股利分配影响

D. 不存在股票筹资费用

【解析】股利无关论是建立在完全资本市场理论之上的，假定条件包括：第一，市场具有强式效率，没有交易成本，没有任何一个股东的

第 9 章

实力足以影响股票价格；第二，对公司或个人不存在任何所得税（选项A）；第三，不存在任何筹资费用（选项D）；第四，公司的投资决策与股利决策彼此独立，即投资决策不受股利分配的影响（选项C）；第五，股东对股利收入和资本增值之间并无偏好，而非"不存在资本增值"。综上，本题应选B。

【答案】B

【真题实战·单选题】有种观点认为，企业支付高现金股利可以减少管理者对于自由现金流量的支配，从而在一定程度上抑制管理者的在职消费，持这种观点的股利分配理论是（　　）。（2018年）

A. 所得税差异理论　　B. 代理理论
C. 信号传递理论　　D. "手中鸟"理论

【思路导航】题干中提到了"管理者"，"管理者"就是代理公司经营的职业经理人，所以相关的股利分配理论就是"代理理论"。

【解析】代理理论认为，股利的支付能够有效地降低代理成本。首先，股利的支付减少了管理者对自由现金流量的支配权，这在一定程度上可以抑制公司管理者的过度投资或在职消费行为，从而保护外部投资者的利益；其次，较多的现金股利发放，减少了内部融资，导致公司进入资本市场寻求外部融资，从而公司将接受资本市场上更多的、更严格的监督，这样便通过资本市场的监督减少了代理成本。综上，本题应选B。

【答案】B

【沙场练兵·单选题】下列股利理论中，支持"低现金股利有助于实现股东利益最大化目标"观点的是（　　）。

A. 信号传递理论　　B. 所得税差异理论
C. "手中鸟"理论　　D. 代理理论

【解析】所得税差异理论认为，由于普遍存在的税率以及纳税时间的差异，资本利得收益比股利收益更有助于实现收益最大化目标，公司应当采用低股利政策。综上，本题应选B。

【答案】B

【沙场练兵·单选题】当公司宣布高股利政策后，投资者认为公司有充足的财务实力和良好的发展前景，从而使股价产生正向反映。持有这种观点的股利理论是（　　）。

A. 所得税差异理论　　B. 信号传递理论
C. 代理理论　　D. "手中鸟"理论

【解析】信号传递理论认为，在信息不对称的情况下，公司可以通过股利政策向市场传递有关公司未来获利能力的信息，从而会影响公司的股价。本题中，公司通过宣布高股利政策，向投资者传递"公司有充足的财务实力和良好的发展前景"的信息，从而对股价产生正向影响。综上，本题应选B。

【答案】B

【沙场练兵·单选题】厌恶风险的投资者偏好确定的股利收益，而不愿将收益留存在公司内部去承担未来的投资风险，因此公司采用高现金股利政策有利于提升公司价值，这种观点的理论依据是（　　）。

A. 代理理论　　B. 信号传递理论
C. 所得税差异理论　　D. "手中鸟"理论

【思路导航】股利理论的命名都是根据其特点命名的，无须刻意记忆各理论的特点。如："手中鸟"理论就是把握住确定的收益。

【解析】"手中鸟"理论认为，用留存收益再投资给投资者带来的收益具有较大的不确定性，并且投资的风险随着时间的推移会进一步加大，因此，厌恶风险的投资者会偏好确定的股利收益，而不愿将收益留存在公司内部，去承担未来的投资风险。综上，本题应选D。

【答案】D

【沙场练兵·单选题】某股利分配理论认为，由于对资本利得收益征税的税率低于对股利收益征税的税率，企业应采用低股利政策。该股利分配理论是（　　）。

A. 代理理论　　　　　B. 信号传递理论

C. "手中鸟" 理论　　D. 所得税差异理论

【解析】所得税差异理论认为，由于普遍存在的税率以及纳税时间的差异，资本利得收益比股利收益更有助于实现收益最大化目标，公司应当采用低股利政策。一般来说，对资本利得收益征收的税率低于对股利收益征收的税率；再者，即使两者没有税率上的差异，由于投资者对资本利得收益的纳税时间选择更具有弹性，投资者仍可以享受延迟纳税带来的收益差异。综上，本题应选 D。

【答案】D

高频考点 10　股利政策

1. 剩余股利政策

内容：指公司在有良好的投资机会时，根据目标资本结构，测算出投资所需的权益资本额，先从盈余中留用，然后将剩余的盈余作为股利来分配，即净利润首先满足公司的权益资金需求，如果还有剩余，就派发股利；如果没有，则不派发股利。

理论依据：股利无关理论。

优点：留存收益优先满足再投资需要的权益资金，有助于降低再投资的资金成本，保持最佳的资本结构，实现企业价值的长期最大化。

缺点：股利发放额每年随着投资机会和盈利水平的波动而波动。不利于投资者安排收入与支出，也不利于公司树立良好的形象。

适用范围：一般适用于公司初创阶段。

【真题实战·单选题】某公司目标资本结构要求权益资本占 55%，2020 年的净利润为 2 500 万元，预计 2021 年投资所需资金为 3 000 万元。按照剩余股利政策，2020 年可发放的现金股利为（　　）。（2021 年）

A. 850 万元　　　　　B. 1 150 万元

C. 1 375 万元　　　　D. 1 125 万元

【解析】剩余股利政策根据目标资本结构，测算出投资所需的权益资本额，先从盈余中留用，然后将剩余的盈余作为股利来分配。2020 年可发放的现金股利 = 2 500 − 3 000 × 55% = 850（万元）。综上，本题应选 A。

【答案】A

【真题实战·判断题】某公司目标资本结构要求权益资本占 60%，2020 年的净利润为 2 000 万元，预计 2021 年的投资需求为 1 000 万元。按照剩余股利政策，2020 年可发放的现金股利为 1 400 万元。（　　）（2021 年）

【解析】根据剩余股利政策，2021 年投资需求所需权益资本为 600 万元（1 000 × 60%），可发放的现金股利 = 2 000 − 600 = 1 400（万元）。因此，本题表述正确。

【答案】√

【真题实战·判断题】采用剩余股利政策，在

有投资机会时，企业偏向留存收益进行筹资。（　　）（2020年）

【解析】剩余股利政策是指公司在有良好的投资机会时，根据目标资本结构，测算出投资所需的权益资本额，先从盈余中留用，然后将剩余的盈余作为股利来分配。因此，本题表述正确。

【答案】√

【真题实战·单选题】下列股利政策中，有利于保持企业最优资本结构的是（　　）。（2018年）

A. 剩余股利政策

B. 固定或稳定增长的股利政策

C. 固定股利支付率政策

D. 低正常股利加额外股利政策

【解析】剩余股利政策的优点是：留存收益优先满足再投资需要的权益资金，有助于降低再投资的资金成本，保持最佳的资本结构，实现企业价值的长期最大化。综上，本题应选A。

【答案】A

【沙场练兵·单选题】下列股利政策中，根据股利无关理论制定的是（　　）。

A. 剩余股利政策

B. 固定股利支付率政策

C. 稳定增长股利政策

D. 低正常股利加额外股利政策

【解析】股利分配无关理论是指在一定的假设条件限制下，股利政策不会对公司的价值或股票的价格产生任何影响，投资者不关心公司股利的分配。公司市场价值的高低，是由公司所选择的投资决策的获利能力和风险组合所决定的，而与公司的利润分配政策无关。剩余股利政策的理论依据是股利无关理论。综上，本题应选A。

【答案】A

【沙场练兵·多选题】下列各项中，属于剩余股利政策优点的有（　　）。

A. 保持目标资本结构

B. 降低再投资资本成本

C. 使股利与企业盈余紧密结合

D. 实现企业价值的长期最大化

【解析】选项A、B、D属于，剩余股利政策的优点是：留存收益优先满足再投资需要的权益资金，有助于降低再投资的资金成本，保持最佳的资本结构，实现企业价值的长期最大化。选项C属于固定股利支付率政策的优点。综上，本题应选ABD。

【答案】ABD

第9章

【真题实战·综合题】（2019年节选）

甲公司是一家上市公司，适用的企业所得税税率为25%，公司现阶段基于发展需要，将实施新的投资计划，有关资料如下：

资料四：针对上述5 000万元的资本支出预算所产生的融资需求，公司为保持合理的资本结构，决定调整股利分配政策，公司当前的净利润为4 500万元。过去长期以来一直采用固定股利支付率政策进行股利分配。股利支付率为20%。如果改用剩余股利政策，所需权益资金应占资本支出预算金额的70%。

要求：

（1）根据资料四，如果继续执行固定股利支付率政策，计算公司的收益留存额。

（2）根据资料四，如果改用剩余股利政策，计算公司的收益留存额与可发放股利额。

（1）

【解析】固定股利支付率下：收益留存额＝净利润－净利润×固定股利支付率

【答案】继续执行固定股利支付率政策，该公司的收益留存额＝4 500－4 500×20%＝3 600（万元）

（2）

【解析】剩余股利政策要求优先满足股权筹资的份额，剩下才能进行利润分配。

【答案】公司的收益留存额＝5 000×70%＝3500（万元）

可发放股利额＝4 500－3500＝1 000（万元）

【真题实战·综合题】（2019年节选）

甲公司是一家国内中小板上市的制造业企业，基于公司持续发展需要，公司决定优化资本结构，并据以调整相关股利分配政策。有关资料如下：

资料三：公司实现净利润2 800万元。为了确保最优资本结构，公司拟采用剩余股利政策。假定投资计划需要资金2 500万元，其中权益资金占比应达到60%。公司发行在外的普通股数量为2 000万股。

资料四：公司自上市以来一直采用基本稳定的固定股利政策，每年发放的现金股利均在每股0.9元左右，不考虑其他因素影响。

要求：

（1）根据资料三，计算投资计划所需要的权益资本数额以及预计可发放的现金股利，并据此计算每股股利。

（2）根据要求（1）的计算结果和资料四，不考虑其他因素，依据信号传递理论，判断公司改变股利政策可能给公司带来什么不利影响。

（1）

【解析】所需权益资本数额＝权益资本比例×投资计划所需资金

预计发放的现金股利＝净利润－所需权益资本数额

每股股利＝现金股利/发行在外普通股数量

【答案】所需权益资本数额＝2 500×60%＝1 500（万元）

预计可发放的现金股利＝2 800－1 500＝1 300（万元）

每股股利＝1 300/2 000＝0.65（元/股）

（2）

【解析】最近几年比较流行说明性小问，所以平时可以多训练自己专业表达能力，如果实在不会专业表述就把关键词写出来。

【答案】信号传递理论认为，在信息不对称的情况下，公司可以通过股利政策向市场传递有关公司未来获利能力的信息，从而会影响公司的股价。公司的股利支付水平在过去一个较长的时期内相对稳定，一直是 0.9 元 / 股，而现在却下降到 0.65 元 / 股，投资者将会把这种现象看作公司管理当局将改变公司未来收益率的信号，股票市价将有可能会因股利的下降而下降。

【真题实战·综合题】（2018 年节选）

甲公司是一家生产经营比较稳定的制造业企业，长期以来仅生产 A 产品。公司 2017 年和 2018 年的有关资料如下：

资料一：公司采用指数平滑法对销售量进行预测，平滑指数为 0.6。2017 年 A 产品的预测销售量为 50 万吨，实际销售量为 45 万吨，A 产品的销售单价为 3 300 元 / 吨。

资料二：由于市场环境发生变化，公司对原销售预测结果进行修正，将预计销售额调整为 180 000 万元。公司通过资金习性分析，采用高低点法对 2018 年度资金需要量进行预测。有关历史数据如下表所示。

资金与销售额变化情况表 单位：万元

年度	2017 年	2016 年	2015 年	2014 年	2013 年	2012 年
销售额	148 500	150 000	129 000	120 000	105 000	100 000
资金占用	54 000	55 000	50 000	49 000	48 500	47 500

资料三：公司在 2017 年度实现净利润 50 000 万元，现根据 2018 年度的预计资金需求量来筹集资金，为了维持目标资本结构，要求所需资金中，负债资金占 40%，权益资金占 60%，按照剩余股利政策分配现金股利。公司发行在外的普通股股数为 2 000 万股。

要求：

（1）根据资料一，计算：① 2018 年 A 产品的预计销售量；② 2018 年 A 产品的预计销售额。

（2）根据资料二，计算如下指标：①单位变动资金；②不变资金总额；③ 2018 年度预计资金需求量。

（3）根据要求（2）的计算结果和资料三，计算：① 2018 年资金总需求中的权益资本数额；②发放的现金股利总额与每股股利。

（1）

【解析】

①指数平滑法公式：$Y_{n+1} = aX_n + (1-a)Y_n$

式中：a 为平滑指数；Y_{n+1} 为未来第 n + 1 期的预测值；Y_n 为第 n 期预测值，即预测前期的预测值；X_n 为第 n 期的实际销售量，即预测前期的实际销售量；n 为期数。

②根据预计销售量直接计算得出预计销售额

【答案】

①2018 年 A 产品的预计销售量＝0.6×45＋（1－0.6）×50＝47（万吨）

②2018 年 A 产品的预计销售额＝47×3 300＝155 100（万元）

（2）

【解析】采用高低点法首先要根据销售额选出高点和低点的数据，再进一步运用高低点法的计算公式计算即可。

单位变动资金＝（最高收入期的资金占用量—最低收入期的资金占用量）/（最高销售收入—最低销售收入）

不变资金总额＝最高（低）收入期的资金占用量—单位变动资金×最高（低）销售收入

【答案】

①单位变动资金＝（55 000－47 500）/（150 000－100 000）＝0.15（元）

②不变资金总额＝55 000－0.15×150 000＝32 500（万元）

或：不变资金总额＝47 500－0.15×100 000＝32 500（万元）

③2018 年度预计资金需求量＝32 500＋0.15×180 000＝59 500（万元）

（3）

【解析】

①按照剩余股利政策分配现金股利，要求所需资金中权益资金占 60%，投资计划资金需要量已在上问计算得出，2018 年资金总需求中的权益资本数额＝投资计划资金需求量×权益资金所占比例。

②按照剩余股利政策，满足企业权益资金要求后的盈余作为股利来分配，预计发放的现金股利总额＝净利润—投资计划资金需求量×权益资金所占比例，每股股利＝现金股利/发行在外的普通股数量。

【答案】

①2018 年资金总需求中的权益资本数额＝59 500×60%＝35 700（万元）

②发放的现金股利总额＝50 000－35 700＝14 300（万元）

每股股利＝14 300/2 000＝7.15（元）

2.固定或稳定增长的股利政策

内容：指公司将每年派发的股利额固定在某一特定水平或是在此基础上维持某一固定比率逐年稳定增长。

理论依据：股利相关理论。

优点：

①稳定的股利向市场传递着公司正常发展的信息，有利于树立公司的良好形象，增强投资者对公司的信心，稳定股票价格；

②稳定的股利额有助于投资者安排股利收入和支出，有利于吸引那些打算进行长期投资并对股利有很高依赖性的股东；

③为了将股利或股利增长率维持在稳定的水平上，即使推迟某些投资方案或暂时偏离目标资本结构，也可能比降低股利或股利增长率更为有利。

缺点：

①股利的支付与企业的盈利相脱节，这可能会导致企业资金紧缺，财务状况恶化；

②在企业无利可分的情况下，若依然实施固定或稳定增长的股利政策，也是违反《公司法》的行为。

适用范围：通常适用于经营比较稳定或正处于成长期的企业，但很难被长期采用。

▌敲黑板▌ 采用固定或稳定增长的股利政策，要求公司对未来的盈利和支付能力作出准确的判断。

【真题实战·多选题】下列各项中，属于固定或稳定增长的股利政策优点的有（　　）。（2018年）

A.稳定的股利有利于稳定股价

B.稳定的股利有利于树立公司的良好形象

C.稳定的股利使股利与公司盈余密切挂钩

D.稳定的股利有利于优化公司资本结构

【思路导航】股利政策的优缺点是历年考试的高频考点，在学习这部分内容时切忌死记硬背要理解记忆。从投资者的角度出发去思考是很不错的方法。

【解析】选项A、B符合题意，固定或稳定增长的股利政策优点：①向市场传递公司正常发展的信息，有利于树立良好的公司形象，增强投资者对公司的信心，稳定股票价格；②有助于投资者安排股利收入和支出，有利于吸引那些打算进行长期投资并对股利有很高依赖性的股

东；③股票市场受多种因素影响，为了将股利或股利增长率维持稳定的水平上，即使推迟某些投资方案或暂时偏离目标资本结构，也可能比降低股利或股利增长率更为有利。选项C、D不符合题意，固定或稳定增长的股利支付与企业的盈利相脱节，也不利于资本结构的优化。综上，本题应选AB。

【答案】AB

【沙场练兵·单选题】公司采用固定股利政策发放股利的好处主要表现为（　　）。

A.降低资金成本　　B.维持股价稳定

C.提高支付能力　　D.实现资本保全

【解析】选项A不符合题意，固定股利政策中，资金成本与股利额相关，当设定的股利额较高时，资金成本也较高；选项B符合题意，固定股利政策中，稳定的股利向市场传递公司正常发展的信息，有利于树立公司良好的形象，增

强投资者对公司的信心，稳定股票的价格；选项 C 不符合题意，固定股利政策中，股利的支付与企业的盈利相脱节，不论公司盈利多少，均要支付固定的股利，可能导致企业资金的短缺，财务状况恶化，不利于提高企业的支付能力；选项 D 不符合题意，当企业无利可分的时候，若依然实施固定股利政策，势必要动用资本公积或实收资本，则会违反《公司法》中有关资本保全的规定。综上，本题应选 B。

【答案】B

【沙场练兵·判断题】当公司处于经营稳定或成长期，对未来的盈利和支付能力可作出准确判断并具有足够把握时，可以考虑采用稳定增长的股利政策，增强投资者信心。（　　）

【解析】采用固定或稳定增长的股利政策，要求公司对未来的盈利能力和支付能力作出准确的判断。固定或稳定增长的股利政策通常适用于经营比较稳定或正处于成长期的企业。因此，本题表述正确。

【答案】√

3. 固定股利支付率政策

内容：指公司将每年净利润的某一固定百分比作为股利分派给股东。这一固定的百分比通常称为股利支付率，股利支付率一经确定，一般不得随意变更。

理论依据：股利相关理论。

优点：

①采用固定股利支付率政策，股利与公司盈余紧密地配合，体现了"多盈多分、少盈少分、无盈不分"的股利分配原则；

②采用固定股利支付率政策，公司每年按固定的比例从税后利润中支付现金股利，从企业的支付能力的角度看，这是一种稳定的股利政策。

缺点：

①因每年收益的波动，导致年度间的股利额波动较大，波动的股利很容易给投资者带来经营状况不稳定、投资风险较大的不良印象，成为影响股价的不利因素；

②容易使公司面临较大的财务压力；

③合适的固定股利支付率的确定难度比较大。

适用范围：只是较适用于那些处于稳定发展且财务状况也较稳定的公司。

【真题实战·判断题】在固定股利支付率政策下，各年的股利随着收益的波动而波动，容易给投资者带来公司经营状况不稳定的印象。（　　）（2019 年）

【思路导航】可以从股东的角度出发理解，如果投资一个公司后每年获得的股利是波动不稳的就会认为该公司的经营状况不稳定。

【解析】采用固定股利支付率政策，由于大多数公司每年的收益很难保持稳定不变，导致年度间的股利额波动较大，由于股利的信号传递作用，波动的股利很容易给投资者带来经营状况不稳定、投资风险较大的不良印象，成为影响股价的不利因素。因此，本题表述正确。

【答案】√

【沙场练兵·单选题】下列各项中，属于固定股利支付率政策优点的是（　　）。

A. 股利分配有较大灵活性

B. 有利于稳定公司的股价

C. 股利与公司盈余紧密配合

D. 有利于树立公司的良好形象

【解析】固定股利支付率的优点之一是股利与公司盈余紧密地配合，体现了"多盈多分、少

盈少分、无盈不分"的股利分配原则。综上，本题应选C。

【答案】C

4. 低正常股利加额外股利政策

内容：是指公司事先设定一个较低的正常股利额，每年除了按正常股利额向股东发放股利外，还在公司盈余较多、资金较为充裕的年份向股东发放额外股利。

理论依据：股利相关理论。

优点：

①赋予公司较大的灵活性，使公司在股利发放上留有余地，并具有较大的财务弹性；

②使那些依靠股利度日的股东每年至少可以得到虽然较低但比较稳定的股利收入，从而吸引住这部分股东。

缺点：

①由于各年度之间公司盈利的波动使得额外股利不断变化，造成分派的股利不同，容易给投资者造成收益不稳定的感觉；

②当公司在较长时间持续发放额外股利后，可能会被股东误认为"正常股利"，一旦取消，传递出的信号可能会使股东认为这是公司财务状况恶化的表现，进而导致股价下跌。

适用范围：对那些盈利随着经济周期而波动较大的公司或者盈利与现金流量很不稳定时，低正常股利加额外股利政策也许是一种不错的选择。

【真题实战·判断题】与固定股利政策相比，低正常股利加额外股利政策赋予公司股利发放的灵活性。（　　）（2020年）

【解析】低正常股利加额外股利是指公司事先设定一个较低的正常股利额，每年除了按正常股利额向股东发放股利外，还在公司盈余较多、资金较为充裕的年份向股东发放额外股利。公司可根据每年的具体情况，选择不同的股利发放水平，所以赋予了公司较大的灵活性。因此，本题表述正确。

【答案】√

【沙场练兵·单选题】下列股利政策中，具有较大财务弹性，且可使股东得到相对稳定股利收入的是（　　）

A. 剩余股利政策

B. 固定或稳定增长的股利政策

C. 固定股利支付率政策

D. 低正常股利加额外股利政策

【解析】低正常股利加额外股利政策，是指公司事先设定一个较低的正常股利额，每年除了按正常股利额向股东发放股利外，还在公司盈余较多、资金较为充裕的年份向股东发放额外股利。低正常股利加额外股利政策的优点：①赋予公司较大的灵活性，使公司在股利发放上留有余地，并具有较大的财务弹性。公司可根据每年的具体情况，选择不同的股利发放水平，以稳定和提高股价，进而实现公司价值的最大化；②使那些依靠股利度日的股东每年至少可以得到虽然较低但比较稳定的股利收入，从而吸引住这部分股东。综上，本题应选D。

【答案】D

【沙场练兵·多选题】下列各项股利政策中，

第9章

股利水平与当期盈利直接关联的有（　　）。

A. 固定股利政策

B. 稳定增长股利政策

C. 固定股利支付率政策

D. 低正常股利加额外股利政策

【解析】选项 A、B 不符合题意，固定或稳定增长股利政策的缺陷之一是股利的支付与企业的盈利相脱节；选项 C 符合题意，固定股利支付率政策的优点之一是股利与公司盈余紧密地配合，体现了"多盈多分、少盈少分、无盈不分"的股利分配原则；选项 D 符合题意，低正常股利加额外股利政策是指公司事先设定一个较低的正常股利额，每年除了按正常股利额向股东发放股利外，还在公司盈余较多、资金较为充裕的年份向股东发放额外股利，因此，该股利政策也与当期盈利直接相关。综上，本题应选 CD。

【答案】CD

高频考点 11　利润分配制约因素

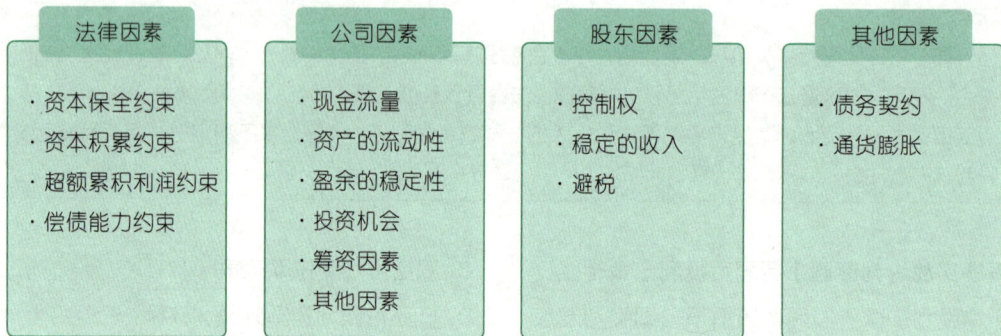

法律因素	公司因素	股东因素	其他因素
·资本保全约束 ·资本积累约束 ·超额累积利润约束 ·偿债能力约束	·现金流量 ·资产的流动性 ·盈余的稳定性 ·投资机会 ·筹资因素 ·其他因素	·控制权 ·稳定的收入 ·避税	·债务契约 ·通货膨胀

【沙场练兵·单选题】企业投资并取得收益时，必须按照一定的比例和基数提取各种公积金，这一要求体现的是（　　）。

A. 资本保全约束

B. 资本积累约束

C. 超额累积利润约束

D. 偿债能力约束

【思路导航】要正确区分资本保全约束和资本积累约束：资本保全约束的目的在于维持企业资本的完整性，而资本积累约束则是强调资本的积累，且股利只能从企业的可供股东分配利润中支付。

【解析】资本积累约束规定公司必须按照一定的比例和基数提取各种公积金，股利只能从企业的可供股东分配利润中支付。综上，本题应选 B。

【答案】B

【沙场练兵·单选题】法律对利润分配超额累积利润限制的主要原因是（　　）。

A. 避免损害少数股东权益

B. 避免资本结构失调

C. 避免股东避税

D. 避免经营者从中牟利

【解析】对于股份公司而言，由于投资者接受现金股利缴纳的所得税要高于进行股票交易取得的资本利得所缴纳的税金，因此许多公司可以通过累积利润使股价上涨的方式来帮助股东避税。综上，本题应选 C。

【答案】C

【沙场练兵·单选题】下列关于股利分配政策的表述中，正确的是（　　）。

A. 公司盈余的稳定程度与股利支付水平负相关

B. 偿债能力弱的公司一般不应采用高现金股利政策

C. 基于控制权的考虑，股东会倾向于较高的股利支付水平

D. 债权人不会影响公司的股利分配政策

【解析】选项 A 表述错误，一般来讲，公司的盈余越稳定，其股利支付水平也就越高；选项 B 表述正确，偿债能力弱的公司一般采用低现金股利政策；选项 C 表述错误，基于控制权的考虑，股东会倾向于较低的股利支付水平；选项 D 表述错误，为了防止企业任意减少资本结构中所有者权益的比例，保护企业完整的产权基础，保障债权人的利益，法律规定公司不能用资本发放股利，因此债权人会影响公司的股利分配政策。综上，本题应选 B。

【答案】B

【沙场练兵·单选题】法律规定公司不能用实收资本、股本或资本公积发放股利，这一要求体现的是（　　）。

A. 资本保全约束

B. 资本积累约束

C. 超额累积利润约束

D. 偿债能力约束

【思路导航】在利润分配制约因素中，法律因素经常考查，这个因素具体的含义如下：

法律因素	含义
资本保全约束	规定公司不能用资本（包括实收资本或股本和资本公积）发放股利，目的在于维持企业资本的完整性，防止企业任意减少资本结构中的所有者权益的比例，保护企业完整的产权基础，保障债权人的利益
资本积累约束	规定公司必须按照一定的比例和基数提取各种公积金，股利只能从企业的可供股东分配利润中支付 **【提个醒】**可供股东分配利润＝当期的净利润－提取各种公积金＋以前累积的未分配利润，当企业出现年度亏损时，一般不进行利润分配，即"无利不分"。
超额累积利润约束	由于资本利得与股利收入的税率不一致，如果公司为了股东避税而使得盈余的保留大大超过了公司目前及未来的投资需要时，将被加征额外的税款
偿债能力约束	要求公司考虑现金股利分配对偿债能力的影响，确定在分配后仍保持较强的偿债能力，以维持公司的信誉和借贷能力，从而保证公司的正常资金周转

【解析】资本保全约束，规定公司不能用资本（包括实收资本或股本和资本公积）发放股利，目的在于维持企业资本的完整性，防止企业任意减少资本结构中的所有者权益的比例，保护企业完整的产权基础，保障债权人的利益。综上，本题应选 A。

【答案】A

高频考点 12　股利支付形式与程序

1. 股利支付形式

支付形式	具体内容
现金股利	①现金股利：是以现金支付的股利，是股利支付最常见的方式； ②现金充足与否往往会成为公司发放现金股利的主要制约因素
财产股利	是以现金以外的其他资产支付的股利，主要是以公司所拥有的其他公司的有价证券，如债券、股票等，作为股利支付给股东
负债股利	①是以负债方式支付的股利，通常以公司的应付票据支付给股东，有时也以发放公司债券的方式支付股利； ②在我国公司实务中很少使用
股票股利	①是公司以增发股票的方式所支付的股利，我国实务中通常也称其为"红股"； ②发放股票股利对公司来说，不改变公司股东权益总额，但会改变股东权益的构成。没有现金流出企业，不会导致公司的财产减少，只是将公司的未分配利润转化为股本和资本公积。会增加流通在外的股票数量，同时降低股票的每股价值

2. 股票股利的影响

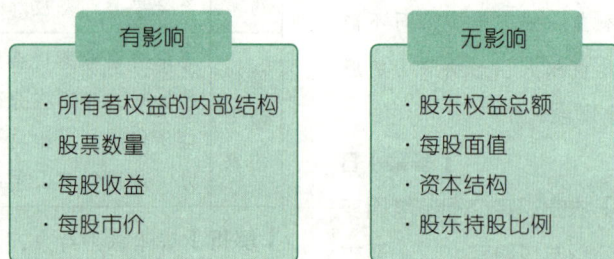

有影响	无影响
·所有者权益的内部结构 ·股票数量 ·每股收益 ·每股市价	·股东权益总额 ·每股面值 ·资本结构 ·股东持股比例

敲黑板　若盈利总额和市盈率不变，股票股利发放不会改变股东持股的市场价值总额。

3. 股票股利的优点

对于股东	①理论上，派发股票股利后，每股市价会成反比例下降，但实务中这并非必然结果； ②由于股利收入和资本利得税率的差异，如果股东把股票股利出售，还会给他带来资本利得纳税上的好处
对于公司	①发放股票股利不需要向股东支付现金，在再投资机会较多的情况下，公司就可以为再投资提供成本较低的资金，从而有利于公司的发展； ②发放股票股利可以降低公司股票的市场价格，既有利于促进股票的交易和流通，又有利于吸引更多的投资者成为公司股东，进而使股权更为分散，有效地防止公司被恶意控制； ③股票股利的发放可以传递公司未来发展前景良好的信息，从而增强投资者的信心，在一定程度上稳定股票价格

【真题实战·多选题】某公司发放股利前的股东权益如下：股本3 000万元（每股面值1元），资本公积2 000万元，盈余公积2 000万元，未分配利润5 000万元。若每10股发放1股普通股作为股利，股利按市价（每股10元）计算，则公司发放股利后，下列说法正确的有（　　）。（2021年）

A. 未分配利润的金额为2 000万元
B. 股东权益的金额为12 000万元
C. 股本的金额为3 300万元
D. 盈余公积的金额为4 700万元

【解析】选项A、B、C说法正确，发放股票股利后，未分配利润＝5 000－3 000/10×10＝2 000（万元），发放股票股利前后股东权益金额不变，仍为3 000＋2 000＋2 000＋5 000＝12 000（万元），股本＝3 000＋3 000/10×1＝3 300（万元）；选项D说法错误，发放股票股利不影响盈余公积。综上，本题应选ABC。

【答案】ABC

【真题实战·单选题】如果某公司以所持有的其他公司的有价证券作为股利发给本公司股东，则该股利支付方式属于（　　）。（2019年）

A. 负债股利　　　B. 财产股利
C. 股票股利　　　D. 现金股利

【思路导航】其他公司的有价证券属于公司的财产，而自己公司的债券、应付票据属于负债。

【解析】财产股利是以现金以外的其他资产支付的股利，主要是以公司所拥有的其他公司的有价证券，如债券、股票等，作为股利支付给股东。综上，本题应选B。

【答案】B

【沙场练兵·多选题】对公司而言，发放股票股利的优点有（　　）。

A. 减轻公司现金支付压力
B. 使股权更为集中

C. 可以向市场传递公司未来发展前景良好的信息
D. 有利于股票交易和流通

【解析】选项A正确，发放股票股利不需要向股东支付现金，在再投资机会较多的情况下，公司就可以为再投资提供成本较低的资金，从而有利于公司的发展；选项B错误，选项D正确，发放股票股利可以降低公司股票的市场价格，既有利于促进股票的交易和流通，又有利于吸引更多的投资者成为公司股东，进而使股权更为分散，有效地防止公司被恶意控制；选项C正确，股票股利的发放可以传递公司未来发展前景良好的信息，从而增强投资者的信心，在一定程度上稳定股票价格。综上，本题应选ACD。

【答案】ACD

【沙场练兵·单选题】下列各项中，不影响股东权益总额变动的股利支付形式是（　　）。

A. 现金股利　　　B. 股票股利
C. 负债股利　　　D. 财产股利

【解析】发放股票股利不会改变所有者权益总额，但会引起所有者权益内部结构的变化。综上，本题应选B。

【答案】B

【沙场练兵·单选题】某公司现有发行在外的普通股1 000万股，每股面值1元，资本公积5 000万元，未分配利润10 000万元，每股市价10元，若按10股发1股的比例发放股票股利并按市价折算，公司资本公积的报表列示将为（　　）万元。

A. 5 000　　　　B. 5 400
C. 5 500　　　　D. 5 900

【解析】增加的股数＝1 000÷10＝100（万股）；资本公积增加额＝（10－1）×100＝900（万元）；资本公积的报表列示金额＝

5 000 + 900 = 5 900（万元）；同时，未分配利润减少额 = 10×100 = 1 000（万元）；股本增加额 = 1×100 = 100（万元）。综上，本题应选 D。

【答案】D

【沙场练兵·多选题】下列各项中，属于财产股利的有（ ）。

A. 以公司拥有的其他公司债券作为股利

B. 以公司拥有的其他公司股票作为股利

C. 以公司的应付票据作为股利

D. 以公司发行的债券作为股利

【思路导航】判断哪项属于财产股利就看哪项属于公司的财产即可。选项 A、B 都属于公司的财产应选，而选项 C、D 都是公司的负债所以属于负债股利。

【解析】选项 A、B 属于，财产股利是指以现金之外的其他资产支付的股利，主要是以公司所拥有的其他公司的有价证券，如公司债券、公司股票等，作为股利发放给股东。选项 C、D 不属于，以公司的应付票据支付给股东或者以发行公司债券的方式支付股利都属于负债股利。综上，本题应选 AB。

【答案】AB

【沙场练兵·多选题】下列关于发放股票股利的表述中，正确的有（ ）。

A. 不会导致公司现金流出

B. 会增加公司流通在外的股票数量

C. 会改变公司股东权益的内部结构

D. 会对公司股东权益总额产生影响

【解析】选项 A、B、C 表述正确，选项 D 表述错误，股票股利是以增发股票的方式支付股利的，将未分配利润转换为股本和资金公积，因此其会增加公司流通在外的股票数量、引起股东权益内部此增彼减，但不会对公司股东权益总额产生影响，也不会导致公司现金流出。综上，本题应选 ABC。

【答案】ABC

第9章

【真题实战·计算分析题】（2020 年）

甲公司发放股票股利前，投资者张某持有甲公司普通股 20 万股，甲公司所有者权益账户情况如下：股本 2 000 万元（发行在外普通股 2 000 万股，面值 1 元），资本公积 3 000 万元，盈余公积 2 000 万元，未分配利润 3 000 万元。公司每 10 股发放 2 股股票股利，按市值确定的股票股利总额为 2 000 万元。

要求：

（1）计算股票股利发放后的"未分配利润"项目金额。

（2）计算发放股票股利后的"股本"项目金额。

（3）计算股票股利发放后的"资本公积"项目金额。

（4）计算股票股利发放后张某持有公司股份的比例。

（1）

【解析】发放股票股利是从"未分配利润"项目划转出的，所以计算发放股票股利后未分配利润的金额应该扣除发放的股票股利的总额。

【答案】股票股利发放后的"未分配利润"项目金额＝3 000－2 000＝1 000（万元）

（2）

【解析】计算发放股票股利后甲公司剩余的股本，需要计算发放股票股利后会增加多少股本，再加上期初的股本就是发放股票股利后甲公司剩余的股本。

【答案】甲公司的每股股本＝2 000÷2 000＝1（元／股）

发放的股票股利股本＝2 000÷10×2×1＝400（万元）

发放股票股利后的"股本"项目金额＝2 000＋400＝2 400（万元）

（3）

【解析】由于股票面值（1元）不变，已经计算出发放400万股（2 000÷10×2），就要先计算发放股票股利时的股票市价，发放股票股利时股票市价＝2 000÷（2 000÷10×2）＝5（元），则"股本"项目应增加400万元，其余的1 600万元[（5－1）×400]应作为股票溢价转至"资本公积"项目。需要计算的是发放股票股利后的资本公积金额，应该是期初资本公积总额＋增加的资本公积金额。

【答案】发放股票股利时股票市价＝2 000÷（2 000÷10×2）＝5（元）

则股票股利发放后"资本公积"金额＝3 000＋（5－1）×400＝4 600（万元）

（4）

【解析】本题只需计算出发放股票股利后张某持有的普通股股数、总的普通股股数，就能计算得出张某持有的普通股股票占甲公司股票比例。

【答案】股票股利发放后张某持有的股票数＝20÷10×2＋20＝24（万股）

发放股票后张某的普通股占甲公司股票比例＝24÷（2 000＋400）＝1%

4. 股利支付的程序

股利宣告日	→ 股东大会决议通过并由董事会将股利支付情况予以公告的日期
股权登记日	→ 有权领取本期股利的股东资格登记截止日期
除息日	→ 领取股利的权利和股票分离的日期
股利发放日	→ 公司按照公布的分红方案向股权登记日在册的股东实际支付股利的日期

【沙场练兵·判断题】在股利支付程序中，除息日是指领取股利的权利与股票分离的日期，在除息日购买股票的股东有权参与当次股利的分配。（   ）

【解析】除息日是指领取股利的权利与股票分离的日期，在除息日之前购买股票的股东才能领取本次股利。因此，本题表述错误。

【答案】×

【沙场练兵·单选题】要获得收取股利的权利，投资者购买股票的最迟日期是（   ）。

A.除息日　　　　B.股权登记日

C.股利宣告日　　D.股利发放日

【解析】股权登记日即有权领取本期股利的股

东资格登记截止日期。综上，本题应选B。

【答案】B

高频考点 13 股票分割与股票回购

1.股票分割

影响	①股票分割后不变的项目：资产总额、负债总额、所有者权益总额、股东所持股份占比、每位股东所持股票的市场价值总额。②变化的项目：股份总数增加；每股面值降低；若盈利总额不变，每股收益下降；每股净资产降低
作用	①降低股票价格。股票分割会使每股市价降低，买卖该股票所需资金量减少，从而可以促进股票的流通和交易。②向市场和投资者传递"公司发展前景良好"的信号，有助于提高投资者对公司股票的信心

【真题实战·单选题】关于股票分割，下列表述正确的是（　　）。（2021年）

A.会引起股票面值的变化

B.不会增加发行在外的股票总数

C.会引起所有者权益总额的变化

D.会引起所有者权益内部结构的变化

【解析】股票分割，是将一股股票拆分成多股股票的行为。股票分割会改变股票面值，增加发行在外的股票总数，但不会改变所有者权益总额、所有者权益内部结构以及公司的资本结构。综上，本题应选A。

【答案】A

【真题实战·多选题】根据规定，股票分割和股票股利的相同之处有（　　）。（2020年）

A.不改变公司股票数量

B.不改变资本结构

C.不改变股东权益结构

D.不改变股东权益总额

【解析】选项A错误，股票分割和股票股利都会导致股票数量增加；选项B、D正确，选项C

错误，股票分割一般只会增加发行在外的股票总数，但不会对公司的资本结构产生任何影响，也不会改变股东权益总额，股票股利会引起股东权益的内部结构发生变化，但不影响股东权益总额。综上，本题应选BD。

【答案】BD

【真题实战·单选题】股票股利与股票分割都将增加股份数量，二者的主要差别在于是否会改变公司的（　　）。（2019年）

A.资产总额

B.股东权益总额

C.股东权益的内部结构

D.股东持股比例

【解析】股票分割与股票股利，都是在不增加股东权益的情况下增加了股份的数量，不同的是，股票股利虽不会引起股东权益总额的改变，但股东权益的内部结构会发生变化，而股票分割之后，股东权益总额及其内部结构都不会发生任何变化，变化的只是股票面值。综上，本题应选C。

【答案】C

【真题实战·多选题】假设某股份公司按照1:2的比例进行股票分割，下列说法正确的有（　　）。（2019年）

A. 股本总额增加一倍

B. 每股净资产保持不变

C. 股东权益总额保持不变

D. 股东权益内部结构保持不变

【解析】股票分割之后，股东权益总额及其内部结构都不会发生任何变化。因为股数增加，股东权益总额不变，所以每股净资产下降。综上，本题应选CD。

【答案】CD

【沙场练兵·判断题】股权分割会使公司股票总数增加，但股本总额不变。（　　）

【解析】股票分割一般只会增加发行在外的股票总数，但不会对公司的资本结构产生任何影响。股票分割后，股东权益总额及其内部结构都不会发生任何变化，所以股本总额是不变的。因此，本题表述正确。

【答案】√

【沙场练兵·单选题】下列各项中，受企业股票分割影响的是（　　）。

A. 每股股票价值　　B. 股东权益总额

C. 企业资本结构　　D. 股东持股比例

【思路导航】在平时做题时，涉及到股票分割，经常会提到市盈率不发生变化的字眼。如何理解呢？市盈率＝每股市价/每股收益，其经常作为衡量企业价值的指标之一，这里的每股市价实际上就等同于每股股票价值，在净利润不发生变化的情况下，股票分割会导致股票股数增加，相应的每股收益会下降，如果市盈率不发生变化，即每股市价会随着每股收益发生同比例的变化，故每股市价下降，也就是每股股票价值下降。在做题时一定要注意看题目是否给出这一条件。

【解析】股票分割是不增加股东权益的情况下，增加了股份的数量，股东权益总额及其内部结构都不会发生任何变化，变化的是股票面值。由于净利润不变，股数增加，每股收益下降。而市盈率不变，每股市价下降，即每股股票价值下降。综上，本题应选A。

【答案】A

【沙场练兵·判断题】股票分割会使股票的每股市价下降，可以提高股票的流动性。（　　）

【解析】股票分割会使每股市价降低，买卖该股票所需资金减少，从而可以促进股票的流通和交易。因此，本题表述正确。

【答案】√

【真题实战·计算分析题】（2018年）

丁公司2017年末的资产总额为60 000万元，权益资本占资产总额的60%，当年净利润为7 200万元，丁公司认为其股票价格过高，不利于股票流通，于2017年末按照1:2的比例进行股票分割，股票分割前丁公司发行在外的普通股股数为2 000万股。根据2018年的投资计划，丁公司需要追加9 000万元，基于公司目标资本结构，要求追加的投资中权益资本占60%。

要求：

（1）计算丁公司股票分割后的下列指标：

①每股净资产；

②净资产收益率。

（2）如果丁公司针对2017年度净利润采用固定股利支付率政策分配股利，股利支付率为40%，计算应支付的股利总额。

（3）如果丁公司针对2017年度净利润采用剩余股利政策分配股利。计算下列指标：

① 2018年追加投资所需要的权益资本额；

②可发放的股利总额。

（1）

【解析】

①每股净资产＝期末普通股净资产/期末发行在外的普通股股数

②净资产收益率＝净利润/平均所有者权益

【答案】

①每股净资产＝60 000×60%/（2 000×2）＝9（元/股）

②净资产收益率＝7 200/（60 000×60%）＝20%

（2）

【解析】固定股利支付率政策指公司将每年净利润的某一固定百分比作为股利分派给股东，其中这一固定的百分比为股利支付率。

【答案】应支付的股利总额＝7 200×40%＝2 880（万元）

（3）

【解析】剩余股利政策是指公司在有良好的投资机会时，根据目标资本结构，测算出投资所需的权益资本额，先从盈余中留用，然后将剩余的盈余作为股利来分配。

【答案】

①在剩余股利政策下，追加投资所需要的权益资本额＝9 000×60%＝5 400（万元）

②可发放的股利总额＝7 200－5 400＝1 800（万元）

2.股票回购

股票回购的含义	指上市公司出资将其发行在外的普通股以一定价格购买回来予以注销或作为库存股的一种资本运作方式
股票回购的动机	①现金股利的替代；②改变公司的资本结构；③传递公司信息；④基于控制权的考虑

（续表）

股票回购的影响（对上市公司）	①进一步提升公司调整股权结构和管理风险的能力，提高公司整体质量和投资价值；②有助于提高投资者回报能力，也有助于拓展公司融资渠道，改善公司资本结构；③有助于稳定股价，增强投资者信心；④一方面，容易造成资金紧张，降低资产流动性，影响公司的后续发展；另一方面，在公司没有合适的投资项目又持有大量现金的情况下，回购股份，也能更好地发挥货币资金的作用；⑤上市公司通过履行信息披露义务和公开的集中交易方式进行股份回购有利于防止操纵市场、内幕交易等利益输送行为

【真题实战·多选题】下列各项中属于回购股票的动机的有（　　）。（2021年）

A. 改变公司的资本结构

B. 巩固既有的控制权

C. 传递股价被高估的信息

D. 现金股利的替代

【解析】股票回购的动机包括：现金股利的替代（选项D），改变公司的资本结构（选项A），传递公司信息（股票价值被低估），基于控制权的考虑（选项B）。综上，本题应选ABD。

【答案】ABD

【真题实战·单选题】下列因素可能改变企业的资本结构的是（　　）。（2020年）

A. 股票回购　　　　　B. 股票股利

C. 股票分割　　　　　D. 股票合并

【解析】选项A符合题意，将股份用于转换上市公司发行的可转换为股票的公司债券实施的股票回购，有助于拓展公司融资渠道，改善公司资本结构；选项B、C、D，不会改变公司的资本结构。综上，本题应选A。

【答案】A

【沙场练兵·单选题】股票回购对上市公司的影响是（　　）。

A. 有利于保护债权人利益

B. 分散控股股东的控制权

C. 有利于降低公司财务风险

D. 降低资产流动性

【解析】股票回购对上市公司的影响主要表现在以下几个方面：①进一步提升公司调整股权结构和管理风险的能力，提高公司整体质量和投资价值。②有助于提高投资者回报能力，也有助于拓展公司融资渠道，改善公司资本结构。③有助于稳定股价，增强投资者信心。④一方面，容易造成资金紧张，降低资产流动性（选项D），影响公司的后续发展；另一方面，在公司没有合适的投资项目又持有大量现金的情况下，回购股份，也能更好地发挥货币资金的作用。⑤上市公司通过履行信息披露义务和公开集中交易方式进行股份回购有利于防止操纵市场、内幕交易等利益输送行为。综上，本题应选D。

【答案】D

【沙场练兵·多选题】下列各项中，属于上市公司回购动机的有（　　）。

A. 替代现金股利　　　B. 提高每股收益

C. 规避经营风险　　　D. 稳定公司股价

【解析】选项A属于，股票回购动机包括：①现金股利的替代；②改变公司的资本结构；③传递公司的信息；④基于控制权的考虑。选项B、D属于，由于股票回购会减少发行在外的股数，所以有利于提高每股收益，稳定或提高股价。选项C不属于，经营风险是企业在经营活动中面临的风险，和股票回购无关。综上，本题应选 ABD。

【答案】ABD

【沙场练兵·判断题】由于信息不对称和预期差异，投资者会把股票回购当作公司认为其股票价格被高估的信号。（　　）

【解析】由于信息不对称和预期差异，证券市场上的公司股票价格可能被低估，而过低的股价将会对公司产生负面影响。一般情况下，投资者会认为股票回购意味着公司认为其股价值被低估而采取的应对措施。因此，本题表述错误。

【答案】×

高频考点 14　股权激励

模式	概念
股票期权模式	指上市公司授予激励对象在未来一定期限内以预先确定的条件购买本公司一定数量股份的权利
限制性股票模式	是指激励对象按照股权激励计划规定的条件，获得的转让等部分权利受到限制的本公司股票。只有当实现预定目标后，激励对象才可将限制性股票抛售并从中获利；若预定目标没有实现，公司有权将免费赠与的限制性股票收回或者将售出股票以激励对象购买时的价格回购
股票增值权模式	指公司授予经营者一种权利，如果经营者努力经营企业，在规定的期限内，公司股票价格上升或业绩上升，经营者就可以按一定比例获得这种由股价上扬或业绩提升所带来的收益，收益为行权价与行权日二级市场股价之间的差价或净资产的增值额
业绩股票激励模式	指公司在年初确定一个合理的年度业绩目标，如果激励对象经过努力后，在年末实现了公司预定的年度业绩目标，则公司给予激励对象一定数量的股票，或奖励其一定数量的奖金来购买本公司的股票

【真题实战·单选题】某公司将 1% 的股票赠与管理者以激励其实现设定的业绩目标，如果目标未实现，公司有权将股票收回，这种股权激励模式是（　　）。（2021年）

A.股票期权模式　　B.股票增值权模式

C.业绩股票激励模式　D.限制性股票模式

【解析】限制性股票模式是指激励对象按照股权激励计划规定的条件，获得的转让等部分权力受到限制的本公司股票。公司为了实现某一特定目标，先将一定数量的股票赠与或以较低价格售予激励对象。只有当实现预定目标后，激励对象才可将限制性股票抛售并从中获利；

若预定目标没有实现，公司有权将免费赠与的限制性股票收回或者将售出股票以激励对象购买时的价格回购。综上，本题应选 D。

【答案】D

【真题实战·判断题】公司采用股票期权激励高管，如果行权期内的行权价格高于股价，则激励对象可以通过行权获得收益。（　　）（2021年）

【解析】在行权期内，如果股价高于行权价格（而非题目中的"行权价格高于股价"），激励对象可以通过行权获得市场价与行权价格差带来的收益，否则，将放弃行权。因此，本题表述错误。

【答案】×

【真题实战·单选题】某公司对公司高管进行股权激励，约定每位高管只要自即日起在公司工作满三年，即有权按每股 10 元的价格购买本公司股票 50 万股，该股权激励模式属于（　　）。（2020 年）

A. 股票期权模式　　B. 限制性股票模式

C. 业绩股票激励模式　D. 股票增值权模式

【解析】股票期权模式指上市公司授予激励对象在未来一定期限内以预先确定的条件购买本公司一定数量股份的权利。激励对象获授的股票期权不得转让、不得用于担保或偿还债务。综上，本题应选 A。

【答案】A

【沙场练兵·单选题】若激励对象没有实现约定的目标，公司有权将免费赠与的股票收回，这种股权激励是（　　）。

A. 股票期权模式　　B. 业绩股票模式

C. 股票增值权模式　D. 限制性股票模式

【解析】限制性股票指公司为了实现某一特定目标，公司先将一定数量的股票赠与或以较低价格售予激励对象。只有当实现预定目标后，激励对象才可将限制性股票抛售从中获利；若预定目标没有实现，公司有权将免费赠与的限制性股票收回或者将售出股票以激励对象购买时的价格回购。综上，本题应选 D。

【答案】D

【沙场练兵·判断题】业绩股票激励模式只对业绩目标进行考核，而不要求股价的上涨，因而比较适合业绩稳定的上市公司。（　　）

【解析】业绩股票激励模式只对公司的业绩目标进行考核，不要求股价的上涨，因此比较适合业绩稳定型的上市公司及其集团公司、子公司。因此，本题表述正确。

【答案】√

🔺 强化练习

一、单项选择题

1. 下列销售预测方法中，属于因果预测分析法的是（　　）。

　　A. 指数平滑法　　　　　B. 移动平均法　　　　C. 专家小组法　　　　D. 回归直线法

2. 在下列股利分配政策中，能保持股利与收益之间一定的比例关系，并体现多盈多分、少盈少分、无盈不分原则的是（　　）。

　　A. 剩余股利政策　　　　　　　　　　　B. 固定或稳定增长股利政策

　　C. 固定股利支付率政策　　　　　　　　D. 低正常股利加额外股利政策

3. 在下列各项中，能够增加普通股股票发行在外股数，但不改变公司资本结构的行为是（　　）。

　　A. 支付现金股利　　　B. 增发普通股　　　C. 股票分割　　　D. 股票回购

4. "为充分保护投资者的利益，企业必须在有可供分配留存收益的情况下才进行收益分配"所体现的分配原则是（　　）。

　　A. 资本积累约束　　　　　　　　　　　B. 利益兼顾原则

　　C. 依法理财原则　　　　　　　　　　　D. 投资与收入对等原则

5. 企业按照其产品在市场上的知名度和消费者中的信任程度来制定产品价格的方法，属于（　　）。

　　A. 高位定价　　　B. 双位定价　　　　C. 尾数定价　　　　D. 声望定价

6. 认为当公司支付较高的股利时，公司的股票价格会随之上升，公司的价值将得到提高，该企业所依据的股利分配理论是（　　）。

　　A. 所得税差异理论　　　B. "手中鸟"理论　　　C. 股利无关论　　　D. 代理理论

7. 某企业在选择股利政策时，以代理成本和外部融资成本之和最小化为标准。该企业所依据的股利分配理论是（　　）。

　　A. "手中鸟"理论　　　B. 信号传递理论　　　C. 所得税差异理论　　　D. 代理理论

8. 下列选项中最适用于盈利随着经济周期而波动较大的公司的股利政策是（　　）。

　　A. 剩余股利政策　　　　　　　　　　　B. 固定或稳定增长的股利政策

　　C. 固定股利支付率政策　　　　　　　　D. 低正常股利加额外股利政策

9. 股份有限公司赋予激励对象在未来某一特定日期内，以预先确定的价格和条件购买公司一定数量股份的选择权，这种股权激励模式是（　　）。

　　A. 股票期权模式　　　B. 限制性股票模式　　　C. 股票增值权模式　　　D. 业绩股票激励模式

10. 下列各项股利支付形式中，不会改变企业资本结构的是（　　）。

　　A. 股票股利　　　B. 财产股利　　　C. 负债股利　　　D. 现金股利

二、多项选择题

1. 处于初创阶段的公司，一般不宜采用的股利分配政策有（   ）。

    A. 固定股利政策   B. 剩余股利政策

    C. 固定股利支付率政策   D. 稳定增长股利政策

2. 公司在制定利润分配政策时应考虑的因素有（   ）。

    A. 通货膨胀因素   B. 股东因素   C. 法律因素   D. 公司因素

3. 关于发放股票股利的好处，下列说法正确的有（   ）。

    A. 可以为再投资提供成本较低的资金   B. 可以促进股票的交易和流通

    C. 有利于吸引投资者   D. 可以有效地防止公司被恶意控制

4. 下列各项中，属于股票回购动机的有（   ）。

    A. 减少公司注册资本   B. 改变公司的资本结构

    C. 传递公司信息   D. 基于控制权的考虑

5. 从税制构成角度探讨，利用税收优惠进行纳税筹划主要利用的优惠要素有（   ）。

    A. 利用税收扣除政策   B. 利用税率差异

    C. 利用分劈技术   D. 利用税收抵免

6. 下列选项中，属于生产纳税管理的有（   ）。

    A. 结算方式的纳税筹划   B. 存货计价的纳税筹划

    C. 固定资产的纳税筹划   D. 增值税纳税人的纳税筹划

7. 下列关于指数平滑法的表述中，正确的有（   ）。

    A. 该方法运用比较灵活，适用范围较广，客观性强

    B. 在销售量波动较大或进行短期预测时，可选择较大的平滑指数

    C. 在销售量波动较小或进行长期预测时，可选择较小的平滑指数

    D. 指数平滑法的实质是一种加权平均法

8. 企业的定价目标多种多样，主要包括（   ）。

    A. 应对和避免竞争   B. 保持或提高市场占有率

    C. 稳定市场价格   D. 树立企业形象及产品品牌

9. 下列股利政策中造成股利波动较大，容易让投资者感觉公司不稳定的股利分配政策有（   ）。

    A. 剩余股利政策   B. 固定或稳定增长的股利政策

    C. 低正常股利加额外股利政策   D. 固定股利支付率政策

10. 下列选项关于股利支付形式与程序的说法，正确的有（   ）。

    A. 在股权登记日取得股票的股东无权领取本次分派的股利

    B. 在除息日之前，股利权从属于股票

    C. 在股利发放日，新购入股票的投资者能分享本次股利

    D. 从除息日开始，新购入股票的投资者不能分享最近一期股利

三、判断题

1. 在制定产品价格时，某产品定价为 499.9 元，这种标价法属于心理定价策略中的尾数定价策略。（　　）

2. 企业发放股票股利会导致每股收益的下降，因此每股市价有可能会下降，从而每位股东所持股票的市场价值总额也会下降。（　　）

3. 股票分割会降低股票价格，在一定程度上加大对公司股票恶意收购的难度，同时还可以为公司发行新股做准备。（　　）

4. 一种税的节约可能引起另一种税的增加，所以纳税筹划要求企业必须从整体角度考虑纳税负担，也就是需要遵循系统性原则。（　　）

5. 限制性股票模式只对公司的业绩目标进行考核，不要求股价的上涨，因此比较适合业绩稳定型的上市公司及其集团公司、子公司。（　　）

四、计算分析题

1. 某公司成立于 2020 年 1 月 1 日。2020 年度实现的净利润为 1 000 万元，分配现金股利 600 万元，提取盈余公积 400 万元（所提盈余公积已指定用途）。2021 年度实现的净利润为 1 000 万元（不考虑计提法定盈余公积的因素）。2022 年计划增加投资，所需资金为 800 万元。假定公司目标资本结构为自有资金占 60%，借入资金占 40%。

（1）保持目标资本结构的前提下，计算 2022 年投资方案所需的自有资金额和需要从外部借入的资金额。

（2）在保持目标资本结构的前提下，如果公司执行剩余股利政策，计算 2021 年度应分配的现金股利。

（3）在不考虑目标资本结构的前提下，如果公司执行固定股利政策，计算 2021 年应分配的现金股利、可用于 2022 年投资的留存收益和需要额外筹集的资金额。

（4）在不考虑目标资本结构的前提下，如果公司执行固定股利支付率政策，计算该公司的股利支付率和 2021 年度应分配的现金股利。

（5）假定公司 2022 年面临着从外部筹资的困难，只能从内部筹集资金，不考虑目标资本结构，计算在此情况下 2021 年度应分配的现金股利。

2. 甲公司 2017—2021 年 A 产品实际销售量资料如下表：

年度	2017 年	2018 年	2019 年	2020 年	2021 年
销售量（吨）	1 200	1 350	1 840	1 960	1 250
权重	0.1	0.14	0.15	0.22	0.39

（1）采用加权平均法预测该公司 2022 年的销售量。

（2）采用两期移动平均法预测该公司 2021 年和 2022 年的销售量。

（3）结合（2）结果，取平滑指数 0.46，采用指数平滑法预测该公司 2022 年的销售量。

（4）结合（3）的结果，预计 2022 年单位甲产品的制造成本为 200 元，期间费用总额为 8 005 元，该产品适用的消费税税率为 5%，成本利润率必须达到 20%，根据以上资料，运用全部成本费用加成定价法计算单位甲产品的销售价格。

▲答案与解析

一、单项选择题

1.【解析】因果预测分析法是指分析影响产品销售量（因变量）的相关因素（自变量）以及它们之间的函数关系，并利用这种函数关系进行产品销售预测的方法。因果预测分析法最常用的是回归直线法。综上，本题应选 D。
【答案】D

2.【解析】固定股利支付率政策下，股利与公司盈余紧密地配合，能保持股利与收益之间一定的比例关系，体现了多盈多分、少盈少分、无盈不分的股利分配原则。综上，本题应选 C。
【答案】C

3.【解析】选项 A 不符合题意，支付现金股利不能增加发行在外的普通股股数；选项 B 不符合题意，增发普通股能增加发行在外的普通股股数，但是也会改变公司资本结构；选项 C 符合题意，股票分割会增加发行在外的普通股股数，而且不会改变公司资本结构；选项 D 不符合题意，股票回购会减少发行在外的普通股股数。综上，本题应选 C。
【答案】C

4.【解析】资本积累约束规定公司必须按照一定的比例和基数提取各种公积金，股利只能从企业的可供股东分配利润中支付。综上，本题应选 A。
【答案】A

5.【解析】选项 D 符合题意，声望定价是指企业按照其产品在市场上的知名度和在消费者中的信任程度来制定产品价格的一种方法。一般地，声望越高，价格越高，即"名牌效应"。综上，本题应选 D。
【敲黑板】尾数定价，即在制定产品价格时，价格的尾数取接近整数的小数（如 199.9 元）或带有一定谐音的数（158 元）等。它一般只适用于价值较小的中低档日用消费品定价。双位定价，是指在向市场以挂牌价格销售时，采用两种不同的标价来促销的一种定价方法。高位定价，即根据消费者"价高质优"的心理特点实行高标价促销的方法。但高位定价必须是优质产品，不能弄虚作假。
【答案】D

6.【解析】"手中鸟"理论认为，公司的股利政策与公司的股票价格是密切相关的，即当公司支付较高的股利时，公司的股票价格会随之上升，公司价值将得到提高。综上，本题应选 B。
【敲黑板】股利无关论认为，在一定的假设条件限制下，股利政策不会对公司的价值或股票的价格产生任何影响，投资者不关心公司股利的分配。所得税差异理论认为，由于普遍存在的税率以及纳税时间的差异，资本利得收益比股利收益更有助于实现收益最大化目标，公司应当采用低股利政策。代理理论认为，股利政策有助于减缓管理者与股东之间的代理冲突，即股利政策是协调股东与管理者之间代理关系的一种约束机制。

【答案】B

7.【解析】代理理论认为，股利政策有助于减缓管理者与股东之间的代理冲突，即股利政策是协调股东与管理者之间代理关系的一种约束机制。代理理论认为最优的股利政策应使代理成本和外部融资成本之和最小。综上，本题应选 D。

【答案】D

8.【解析】选项 A 不符合题意，剩余股利政策不利于投资者安排收入与支出，也不利于公司树立良好的形象，一般适用于公司初创阶段；选项 B 不符合题意，固定或稳定增长的股利政策通常适用于经营比较稳定或正处于成长期的企业，但很难被长期采用；选项 C 不符合题意，固定股利支付率政策只是较适用于那些处于稳定发展且财务状况也较稳定的公司；选项 D 符合题意，对那些盈利随着经济周期而波动较大的公司或者盈利与现金流量很不稳定时，低正常股利加额外股利政策也许是一种不错的选择。综上，本题应选 D。

【答案】D

9.【解析】股票期权模式是指上市公司授予激励对象在未来某一特定期限内以预先确定的条件购买本公司一定数量股份的权利。综上，本题应选 A。

【答案】A

10.【解析】发放股票股利对公司来说，并没有现金流出企业，也不会导致公司的财产减少，而只是将公司未分配利润转化为股本和资本公积，不改变公司股东权益总额，但会改变股东权益的构成。综上，本题应选 A。

【答案】A

二、多项选择题

1.【解析】选项 A、D 符合题意，固定或稳定增长的股利政策通常适用于经营比较稳定或正处于成长期的企业，但很难被长期采用；选项 B 不符合题意，剩余股利政策不利于投资者安排收入与支出，也不利于公司树立良好的形象，一般适用于公司初创阶段；选项 C 符合题意，固定股利支付率政策比较适用于那些处于稳定发展且财务状况也较稳定的公司。综上，本题应选 ACD。

【答案】ACD

2.【解析】公司在制定利润分配政策时应考虑的因素包括：法律因素、股东因素、公司因素、其他因素（债务契约、通货膨胀）。综上，本题应选 ABCD。

【答案】ABCD

3.【解析】股票股利，是公司以增发股票的方式所支付的股利，我国实务中通常也称其为"红股"。股票股利对公司的优点主要有：①在再投资机会较多的情况下，公司可以为再投资提供成本较低的资金，从而有利于公司的发展；②降低每股市价，促进股票的交易和流通，吸引更多的投资者成为公司的股东，使股权更为分散，可以有效地防止公司被恶意控制；③可以传递公司未来发展前景良好的信息，增强投资者的信心。综上，本题应选 ABCD。

【答案】ABCD

4.【解析】在证券市场上，股票回购的动机多种多样，主要有以下几点：①现金股利的替代；②改变公司的资本结构（选项 B）；③传递公司信息（选项 C）；④基于控制权考虑（选项 D）。综上，本题应选 BCD。

【答案】BCD

5.【解析】从税制构成角度探讨，利用税收优惠进行纳税筹划主要是利用以下几个优惠要素：①利用免税政策；②利用减税政策；③利用退税政策；④利用税收扣除政策；⑤利用税率差异；⑥利用分劈技术；⑦利用税收抵免等税收优惠政策。综上，本题应选 ABCD。

【答案】ABCD

6.【解析】生产的纳税管理，企业的生产过程实际上是各种原材料、人工工资和相关费用转移到产品的全过程，可以从三个方面进行纳税筹划：①存货计价的纳税筹划；②固定资产的纳税筹划；③期间费用的纳税筹划。选项 A、D 属于采购的纳税管理。综上，本题应选 BC。

【答案】BC

7.【解析】平滑指数的取值大小决定了前期实际值与预期值对本期预测值的影响。采用较大的平滑指数，预测值可以反映样本值新近的变化趋势；采用较小的平滑指数，则反映了样本值变动的长期趋势。因此，在销售量波动较大或进行短期预测时，可选择较大的平滑指数；在销售量波动较小或进行长期预测时，可选择较小的平滑指数。该方法运用比较灵活，适用范围较广，但在平滑指数的选择上具有一定的主观随意性（即客观性较差）。综上，本题应选 BCD。

【答案】BCD

8.【解析】定价目标是指企业在一定的经营环境中，制定产品价格，通过价格效用实现企业预期的经营目标。企业的定价目标多种多样，主要有以下几种：①实现利润最大化；②保持或提高市场占有率（选项 B）；③稳定市场价格（选项 C）；④应对和避免竞争（选项 A）；⑤树立企业形象及产品品牌（选项 D）。综上，本题应选 ABCD。

【答案】ABCD

9.【解析】选项 A 符合题意，采用剩余股利政策，股利发放额每年随投资机会和盈利水平的波动而波动，不利于投资者安排收入与支出，也不利于公司树立良好的形象；选项 B 不符合题意，固定或稳定增长的股利政策是指公司将每年派发的股利额固定在某一特定水平或是在此基础上维持某一固定比率逐年稳定增长。稳定的股利向市场传递着公司正常发展的信息，有利于树立公司的良好形象，增强投资者对公司的信心，稳定股票的价格；选项 C 符合题意，采用低正常股利加额外股利政策，由于各年度之间公司盈利的波动使得额外股利不断变化，造成分派的股利不同，容易给投资者造成收益不稳定的感觉；选项 D 符合题意，采用固定股利支付率政策，当公司实现较多盈余时，支付较多的股利；当公司盈余较少时，分配的股利较少，从而容易给投资者造成公司不稳定的感觉。综上，本题应选 ACD。

【答案】ACD

10.【解析】选项 A 不符合题意，股权登记日，即有权领取本期股利的股东资格登记截止日期。在"这一天之后"取得股票的股东则无权领取本次分派的股利；选项 B、D 符合题意，除息日，即领取股利的权利与股票分离的日期。在除息日之前购买股票的股东才能领取本次股利，而在除息日当天或是以后购买股票的股东，则不能领取本次股利；选项 C 不符合题意，股利发放日，即公司按照公布的分红方案向股权登记日在册的股东实际支付股利的日期。在股利发放日，新购入股票的投资者早已错过了此次股权登记日，因此不能分享本次股利。综上，本题应选 BD。

【答案】BD

三、判断题

1.【解析】心理定价策略是针对购买者的心理特点而采取的一种定价策略，主要有声望定价、尾数定价、双位定价和高位定价等。尾数定价即价格的尾数取接近整数的小数（如 199.9）或带有一定谐音的数（如 158）等。因此，本题表述正确。

【答案】√

2.【解析】发放股票股利会因普通股股数的增加而引起每股收益的下降，每股市价有可能会因此而下跌。但是因为发放股票股利后股东所持的股份比例并未变动，因此每位股东所持有股票的市场价值总额会提高或保持不变。因此，本题表述错误。

【答案】×

3.【解析】股票分割会使每股市价降低，买卖该股票所需资金减少，从而可以促进股票的流通和交易。流通性的提高和股东数量的增加，会在一定程度上加大对公司股票恶意收购的难度。降低股票价格还可以为公司发行新股做准备。因此，本题表述正确。

【答案】√

4.【解析】纳税筹划的系统性原则是指企业纳税筹划的方案设计必须遵循系统观念，在选择纳税方案时，要着眼于整体税负的降低。因此，本题表述正确。

【答案】√

5.【解析】业绩股票激励模式只对公司的业绩目标进行考核，不要求股价的上涨，因此比较适合业绩稳定型的上市公司及其集团公司、子公司；对于处于成熟期的企业，由于其股价的上涨空间有限，因此采用限制性股票模式较为合适。因此，本题表述错误。

【答案】×

四、计算分析题

1.（1）

【解析】目标资本结构为自有资金占 60%，借入资金占 40%，用所需资金分别乘这两个比率，就可以得出自有资金额和需要从外部借入的金额。

【答案】2022 年投资方案所需的自有资金额 = 800×60% = 480（万元）

2022 年投资需要从外部借入的资金额 = 800×40% = 320（万元）

（2）

【解析】可以分配的现金股利 = 净利润 – 内部留存收益支持投资需求额

【答案】在保持目标资本结构的前提下，执行剩余股利政策：

2021 年应分配的现金股利 = 1 000 – 480 = 520（万元）

（3）

【解析】固定股利政策下，应首先确定股利分配额，而且该分配额一般不随资金需求的波动而波动。

【答案】在不考虑目标资本结构的前提下，执行固定股利政策：

2021 年度应分配的现金股利 = 2020 年度的现金股利 = 600（万元）

可用于 2022 年投资的留存收益 = 1 000 – 600 = 400（万元）

2022 年需要额外筹集的资金额 = 800 – 400 = 400（万元）

（4）

【解析】固定股利支付率政策是指公司将每年净利润的某一固定百分比作为股利分派给股东。

【答案】在不考虑目标资本结构的前提下，执行固定股利支付率政策：

股利支付率 = 600÷1 000×100% = 60%

2021 年度应分配的现金股利 = 1 000×60% = 600（万元）

（5）

【解析】只能从内部筹集资金，不考虑目标资本结构，只能通过净利润来满足所有资金需求。

【答案】2021 年度应分配的现金股利 = 1 000 – 800 = 200（万元）

2.（1）

【解析】加权平均法是指将若干历史时期的实际销售量或销售额作为样本值，将各个样本值按照一定的权数计算得出加权平均数，并将该平均数作为下期销售量的预测值。

【答案】2022 年的预测销售量 = 0.1×1 200 + 0.14×1 350 + 0.15×1 840 + 0.22×1 960 + 0.39×1 250 = 1 503.7（吨）

（2）

【解析】移动平均法 $Y_{n+1} = \dfrac{X_{n-(m-1)} + X_{n-(m-2)} + \cdots + X_{n-1} + X_n}{m}$，$X_n$ 表示第 n 期的实际销售量，m 表示选取的期数。

【答案】2021 年的预测销售量 = （1 840 + 1 960）÷2 = 1 900（吨）

2022 年的预测销售量 = （1 960 + 1 250）÷2 = 1 605（吨）

（3）

【解析】指数平滑法公式：$Y_{n+1} = aX_n + (1-a)Y_n$，式中：a 为平滑指数；$Y_{n+1}$ 为未来第 n +

1 期的预测值；Y_n 为第 n 期预测值，即预测前期的预测值；X_n 为第 n 期的实际销售量，即预测前期的实际销售量；n 为期数。

【答案】2022 年的预测销售量 = 1 250 × 0.46 + 1 900 × （1 - 0.46）= 1 601（吨）

（4）

【解析】全部成本费用加成定价法就是在全部成本费用的基础上，加合理的利润来定价。

成本利润率定价：成本利润率 = 预测利润总额 / 预测成本总额 ×100%

单位产品价格 = 单位成本 ×（1 + 成本利润率）/（1 - 适用税率）

【答案】单位甲产品的销售价格 =［（200 + 8 005/1 601）×（1 + 20%）］÷（1 - 5%）=

258.95（元）

第十章 财务分析与评价

应试指导

本章是非常重要的章节，历年均会考核。主要考核内容包括偿债能力分析、营运能力分析、盈利能力分析、上市公司指标分析、杜邦分析法等内容，相关财务报表分析涉及数十个公式，对初学者是个不小的挑战。但是，本章的公式呈现一定的规律，建议大家学习时多总结，并结合题目勤加练习。

历年考情

本章最近几年的平均分数为 12 分左右，各种题型都有可能出现。特别强调的是偿债能力分析、营运能力分析和上市公司特殊财务分析指标等，与杜邦分析法结合可以通过主观题进行考核。

题型	2021 年（一）		2021 年（二）		2020 年（一）		2020 年（二）		2019 年（一）		2019 年（二）	
	题量	分值	题量	分值	题量	分值	题量	分值	题量	分值	题量	分值
单选	2	3 分	2	3 分	3	4.5 分	1	1.5 分	1	1 分	1	1 分
多选	—	—	—	—	1	2 分	2	4 分	—	—	2	4 分
判断	2	2 分	1	1 分	1	1 分	1	1 分	1	1 分	—	—
计算	3	5 分	—	—	—	—	—	—	4	5 分	—	—
综合	—	—	2	5 分	2	7 分	1	5 分	3	7 分	1	2 分

高频考点列表

考点	单选题	多选题	判断题	计算分析题	综合题
财务分析的方法	—	—	2021 年	2020 年	—
偿债能力分析	2021 年、2020 年、2019 年、2018 年	2020 年	2021 年	—	—
营运能力分析	2018 年	2020 年	2020 年	2021 年	2021 年
盈利能力分析	2018 年				2020 年
发展能力分析	2020 年、2018 年			2018 年	—

考点	单选题	多选题	判断题	计算分析题	综合题
现金流量分析	2021 年、2019 年、2018 年	—	2019 年	—	—
上市公司特殊财务分析指标	2020 年	2019 年	—	—	2019 年
企业综合绩效分析的方法	2018 年	2020 年	2021 年	2019 年	2018 年
综合绩效评价	—	2018 年	—	—	—

章逻辑树

第十章 财务分析与评价

财务分析与评价概述
- 财务分析的意义和内容
- 财务分析的方法 ·（比较分析法、比率分析法、因素分析法）
- 财务分析的局限性 ·（资料来源的局限性、财务分析方法的局限性、财务分析指标的局限性）
- 财务评价 ·（杜邦分析法、沃尔评分法、经济增加值法等）

基本的财务报表分析

偿债能力分析
- 短期偿债能力 ·（营运资金、流动比率、速动比率、现金比率）
- 长期偿债能力 ·（资产负债率、产权比率、权益乘数、利息保障倍数）
- 影响偿债能力的其他因素（四个）

营运能力分析
- 流动资产营运能力分析 ·（应收账款周转率、存货周转率、流动资产周转率）
- 固定资产营运能力分析 ·（固定资产周转率）
- 总资产营运能力分析 ·（总资产周转率）

盈利能力分析
·（营业毛利率、营业净利率、总资产净利率、净资产收益率）

发展能力分析
·（营业收入增长率、总资产增长率、营业利润增长率、资本保值增值率、所有者权益增长率）

现金流量分析
- 获取现金能力的分析 ·（营业现金比率、每股营业现金净流量、全部资产现金回收率）
- 收益质量分析 ·（净收益营运指数、现金营运指数）

上市公司财务分析

上市公司特殊财务分析指标
- 每股收益 ·（基本每股收益、稀释每股收益）
- 每股股利 = 现金股利总额 ÷ 期末发行在外的普通股股数
- 市盈率 = 每股市价 ÷ 每股收益
- 每股净资产 = 期末普通股净资产 ÷ 期末发行在外的普通股股数
- 市净率 = 每股市价 ÷ 每股净资产

管理层讨论与分析

财务评价与考核

企业综合绩效分析的方法
- 杜邦分析法 ·净资产收益率 = 营业净利率 × 总资产周转率 × 权益乘数
- 沃尔评分法
- 经济增加值法

综合绩效评价
- 财务绩效定量评价指标
- 管理绩效定性评价指标
- 企业综合绩效评价标准

高频考点 1 财务分析的方法

1. 比较分析法

项目	具体内容
分类	根据比较对象的不同，比较分析法可分为： ①趋势分析法（本企业的历史）； ②横向比较法（同类企业）； ③预算差异分析法（预算数据）
具体运用	①重要财务指标的比较： 定基动态比率 = 分析期数额 / 固定基期数额 ×100% 环比动态比率 = 分析期数额 / 前期数额 ×100% ②会计报表的比较； ③会计报表项目构成的比较
应注意的问题	①用于对比的各个时期的指标，其计算口径必须保持一致； ②应剔除偶发性项目的影响，使分析所利用的数据能反映正常的生产经营状况； ③应运用例外原则对某项有显著变动的指标作重点分析，研究其产生的原因，以便采取对策，趋利避害

【真题实战·判断题】第一年至第三年的净利润分别 4 000 万元、5 000 万元和 5 600 万元。如果以第一年为基期。这三年的定基动态比率为 100%、125%、112%。（   ）（2021 年）

【解析】定基动态比率 = 分析期数额 / 固定基期数额，第一年定基动态比率 = 4 000/4 000 = 100%，第二年定基动态比率 = 5 000/4 000 = 125%，第三年定基动态比率 = 5 600/4 000 = 140%。因此，本题表述错误。

【答案】×

【沙场练兵·单选题】说明企业财务状况或经营成果变动趋势的方法是（   ）。

A. 趋势分析法   B. 横向比较法

C. 预算差异分析法   D. 比率分析法

【解析】趋势分析法，是通过对比两期或连续数期财务报告中的相同指标，确定其增减变动的方向、数额和幅度，来说明企业财务状况或经营成果变动趋势的一种方法。采用这种方法，可以分析引起变化的主要原因、变动的性质，并预测企业未来的发展趋势。综上，本题应选 A。

【答案】A

【沙场练兵·多选题】甲企业准备采用比较分析法分析企业财务状况、经营成果中的差异与问题，采用过程中应注意的问题有（   ）。

A. 用于对比的各个时期的指标，计算口径必须保持一致

B. 应剔除偶发性项目的影响

C. 应运用例外原则对某项有显著变动的指标作重点分析

D. 衡量标准的科学性

【解析】采用比较分析法时，应当注意以下问题：①用于对比的各个时期的指标，其计算口径必须保持一致（选项 A）；②应剔除偶发性项目的影响，使分析所利用的数据能反映正常的生产经营状况（选项 B）；③应运用例外原

则对某项有显著变动的指标作重点分析，研究其产生的原因，以便采取对策，趋利避害（选项 C）。综上，本题应选 ABC。

【答案】ABC

2. 比率分析法

项目	内容
分类	①构成比率 = 某个组成部分数值 / 总体数值 ×100%，如企业资产中流动资产、固定资产和无形资产占资产总额的百分比。 ②效率比率反映投入与产出的关系，如成本利润率、营业利润率和资本金利润率等指标。 ③相关比率 = 某一指标 / 另一相关指标 ×100%，如将流动资产与流动负债进行对比，计算出流动比率，可以判断企业的短期偿债能力；将负债总额与资产总额进行对比，可以判断企业长期偿债能力
应注意的问题	①对比项目的相关性；②对比口径的一致性；③衡量标准的科学性

【沙场练兵·单选题】下列财务比率中，属于效率比率指标的是（　　）。

A. 速动比率　　　　　B. 成本利润率

C. 资产负债率　　　　D. 所有者权益增长率

【解析】效率比率是某项财务活动中所费与所得的比率，反映投入与产出的关系。选项 B 属于效率比率；选项 A、C、D 均属于相关比率。综上，本题应选 B。

【答案】B

【沙场练兵·单选题】下列比率指标的不同类型中，流动比率属于（　　）。

A. 构成比率　　　　　B. 动态比率

C. 相关比率　　　　　D. 效率比率

【解析】相关比率是以某个项目和与其有关但又不同的项目加以对比所得的比率，反映有关经济活动的相互关系。综上，本题应选 C。

【答案】C

【沙场练兵·单选题】以下各项中，不属于比率指标的类型是（　　）。

A. 构成比率　　　　　B. 定基动态比率

C. 效率比率　　　　　D. 相关比率

【解析】选项 A、C、D 均属于，比率指标的类型主要有构成比率、效率比率和相关比率三类。综上，本题应选 B。

【答案】B

3. 因素分析法

（1）具体应用方法

①连环替代法

设 $Y = A \times B \times C$

基数（计划、上年、同行业现有水平）

实际：$Y_1 = A_1 \times B_1 \times C_1$

基数：$Y_0 = A_0 \times B_0 \times C_0$ 　　　　　　a

替换 A 因素：$A_1 \times B_0 \times C_0$ 　　　　　　b

替换 B 因素：$A_1 \times B_1 \times C_0$ 　　　　　　c

替换 C 因素：$A_1 \times B_1 \times C_1$ d

b − a，即为 A 因素变动对 Y 指标的影响；

c − b，即为 B 因素变动对 Y 指标的影响；

d − c，即为 C 因素变动对 Y 指标的影响。

②差额分析法

A 因素变动对 Y 指标的影响：$(A_1 − A_0) \times B_0 \times C_0$

B 因素变动对 Y 指标的影响：$A_1 \times (B_1 − B_0) \times C_0$

C 因素变动对 Y 指标的影响：$A_1 \times B_1 \times (C_1 − C_0)$

（2）应注意的问题

因素分解的关联性；因素替代的顺序性；顺序替代的连环性；计算结果的假定性。

【沙场练兵·单选题】 下列各项中，不属于财务分析中因素分析法特征的是（   ）。

A. 因素分解的关联性　　B. 顺序替代的连环性

C. 分析结果的准确性　　D. 因素替代的顺序性

【解析】 采用因素分析法时，必须注意以下问题：①因素分解的关联性；②因素替代的顺序性；③顺序替代的连环性；④计算结果的假定性。综上，本题应选 C。

【答案】C

【沙场练兵·多选题】 关于因素分析法下列说法不正确的有（   ）。

A. 使用因素分析法分析某一因素对分析指标的影响时，假定其他因素都不变

B. 在使用因素分析法时替代顺序无关紧要

C. 差额分析法是连环替代法的一种简化形式

D. 因素分析法的计算结果都是准确的

【解析】 选项 A、C 正确，连环替代法假定其他因素都不变，顺序确定每个因素单独变化产生的影响，而差额分析法是连环替代法的一种简化形式，是利用各因素的比较值与基准值之间的差额，来计算各因素对分析指标的影响；选项 B、D 错误，使用因素分析法时应当注意：顺序替代的连环性、计算结果的假定性，由于因素分析法计算的各因素变动的影响数会因替代顺序不同而有差别，因而不可能使每个因素计算的结果都达到绝对的准确。综上，本题应选 BD。

【答案】BD

【真题实战·计算分析题】（2020 年）

甲企业生产和销售产品，现将该产品的人工成本分解为产品产量、单位产品消耗人工工时和小时工资率三个影响因素，采用因素分析法对其人工成本变动进行分析，基期、报告期的人工成本信息如下：

项目	基期	报告期
产品产量（件）	200	220
单位产品消耗人工工时（小时）	20	18
小时工资率（元/时）	25	30

要求：

（1）计算该产品基期与报告期人工成本的差额。

（2）使用因素分析法，以此计算下列因素变化对报告期和基期人工成本间差额的影响：①产品产量；②单位产品消耗人工工时；③小时工资率。

（1）

【解析】人工成本＝产品产量 × 单位产品消耗人工工时 × 小时工资率

基期与报告期人工成本的差额＝报告期的人工成本－基期的人工成本

【答案】基期的人工成本＝200×20×25＝100 000（元）

报告期的人工成本＝220×18×30＝118 800（元）

基期与报告期人工成本的差额＝报告期的人工成本－基期的人工成本＝118 800－100 000＝18 800（元）（超支差）

（2）

【解析】采用因素分析法时，必须注意以下问题：

①因素分解的关联性；

②因素替代的顺序性；

③顺序替代的连环性；

④计算结果的假定性。

【答案】产品产量的影响＝（220－200）×20×25＝10 000（元）

单位产品耗用人工工时的影响＝220×（18－20）×25＝－11 000（元）

小时工资率的影响＝220×18×（30－25）＝19 800（元）

高频考点 2 偿债能力分析

1. 短期偿债能力

项目	计算公式	分析
绝对数 指标	营运资金＝流动资产－流动负债	①营运资金为正——企业财务状况稳定，不能偿债的风险较小； ②营运资金为负——企业部分非流动资产以流动负债作为资金来源，企业不能偿债的风险很大； ③营运资金是绝对数，不便于不同企业之间的比较

（续表）

项目	计算公式	分析
相对数指标	流动比率 = 流动资产 ÷ 流动负债	①流动比率高不意味着短期偿债能力一定很强；②计算出来的流动比率，只有和同行业平均流动比率、本企业历史流动比率比较，才知道这个比率是高是低；③一般情况下，营业周期、流动资产中的应收账款和存货的周转速度是影响流动比率的主要因素
	速动比率 = 速动资产 ÷ 流动负债	①存货、预付款项、一年内到期的非流动资产等，属于非速动资产；②影响速动比率可信性的重要因素是应收账款的变现能力；③使用该指标应考虑行业的差异
	现金比率 = $\dfrac{\text{货币资金} + \text{交易性金融资产}}{\text{流动负债}}$	①现金比率剔除了应收账款对偿债能力的影响，最能反映企业直接偿付流动负债的能力；②经验研究表明，0.2 的现金比率就可以接受。而这一比率过高，就意味着企业过多资源占用在盈利能力较低的现金资产上从而影响企业盈利能力

【真题实战 · 单选题】某公司当前的速动比率大于 1，若用现金偿还应付账款，则对流动比率与速动比率的影响是（　　）。（2021 年）

A. 流动比率变小，速动比率变小

B. 流动比率变大，速动比率不变

C. 流动比率变大，速动比率变大

D. 流动比率不变，速动比率变大

【解析】使用现金偿还应付账款，会使流动资产（速动资产）、流动负债减少相同的金额。速动比率大于 1，分子、分母减少相同的数值后速动比率变大；速动比率大于 1，流动比率也是大于 1，流动资产、流动负债减少相同的数值，流动比率变大。综上，本题应选 C。

【答案】C

【真题实战 · 单选题】某公司流动比率为 1.8，如果赊购一批原材料，则流动比率的变化方向是（　　）。（2021 年）

A. 不变　　　　　　B. 变小

C. 变大　　　　　　D. 以上都有可能

【解析】赊购原材料将导致流动资产、流动负债等额增加，流动比率 = 流动资产 / 流动负债，在公司流动比率大于 1 时，分子分母等额增长，流动比率变小。综上，本题应选 B。

【答案】B

【真题实战 · 单选题】下列各项中，既不影响现金比率又不影响速动比率的是（　　）。（2021 年）

A. 交易性金融资产　　B. 应收票据

C. 短期借款　　　　　D. 存货

【解析】选项 A 不符合题意，交易性金融资产既影响速动比率又影响现金比率；选项 B 不符合题意，应收票据影响速动比率；选项 C 不符合题意，短期借款属于流动负债，既影响速动比率又影响现金比率；选项 D 符合题意，存货既不影响现金比率又不影响速动比率。综上，本题应选 D。

【答案】D

【真题实战·单选题】在计算速动比率指标时，下列各项中，不属于速动资产的是（　　）。（2018年）

A. 存货　　　　　B. 货币资金
C. 应收账款　　　D. 应收票据

【思路导航】可以在较短时间内变现，称为速动资产。而存货需要卖出后才能变现，不一定能在短期内就售出并收到现金，所以不属于速动资产。

【解析】货币资金、以公允价值计量且其变动计入当期损益的金融资产和各种应收款项，可以在较短时间内变现，称为速动资产；另外的流动资产，包括存货、预付款项、一年内到期的非流动资产等，属于非速动资产。综上，本题应选A。

【答案】A

【真题实战·单选题】下列财务指标中，最能反映企业即时偿付短期债务能力的是（　　）。（2018年）

A. 资产负债率　　B. 流动比率
C. 权益乘数　　　D. 现金比率

【解析】现金比率剔除了应收账款对偿债能力的影响，最能反映企业直接偿付流动负债的能力，表明每1元流动负债有多少现金资产作为偿债保障。综上，本题应选D。

【答案】D

【沙场练兵·单选题】乙公司的流动资产由速动资产和存货组成，年末流动资产为70万元，年末流动比率为2，年末速动比率为1，则年末存货余额为（　　）万元。

A. 70　　　　　B. 45
C. 35　　　　　D. 15

【解析】乙公司年末流动负债＝流动资产／流动比率＝70/2＝35（万元），速动资产＝流动

负债×速动比率＝35×1＝35（万元），所以，存货＝流动资产－速动资产＝70－35＝35（万元）。综上，本题应选C。

【答案】C

【沙场练兵·单选题】甲准备进行短期偿债能力分析，通过计算，发现流动比率和速动比率都较高，而且相差不大，但是现金比率偏低。说明该公司短期偿债能力还是有一定风险，为了避免该风险，下列可以采用的措施是（　　）。

A. 延长应收账款周转期
B. 延长存货周转率
C. 加速应收账款周转率
D. 加速存货周转率

【解析】选项B、D不符合题意，影响流动比率可信性的重要因素是存货和应收账款的变现能力，而流动比率和速动比率相差不大，所以存货的变现能力不是导致短期偿债能力存在风险的重要因素。选项A不符合题意，选项C符合题意，影响速动比率可信性的重要因素是应收账款的变现能力，而现金比率偏低，所以应缩短应收账款周转期，加大应收账款催账力度，以加速应收账款资金的周转。综上，本题应选C。

【答案】C

【沙场练兵·判断题】现金比率不同于速动比率之处主要在于剔除了应收账款对短期偿债能力的影响。（　　）

【思路导航】可以从现金比率和速动比率的公式思考，两者的区别就是分子包含的项目不同，通过比较分子就能判断了。

【解析】现金资产包括货币资金和交易性金融资产等。现金比率剔除了应收账款对偿债能力的影响，最能反映企业直接偿付流动负债的能力，表明每1元流动负债有多少现金资产作为偿债保障。因此，本题表述正确。

【答案】√

2. 长期偿债能力

项目	计算公式	分析
还本能力	资产负债率 = 负债总额 ÷ 资产总额 × 100%	这一比率越低，表明企业资产对负债的保障能力越高，企业的长期偿债能力越强
	产权比率 = 负债总额 ÷ 所有者权益 × 100% 权益乘数 = 总资产 ÷ 股东权益	①产权比率越低，表明企业长期偿债能力越强，债权人权益保障程度越高； ②企业负债比例越高，权益乘数越大； ③产权比率和权益乘数是资产负债率的另外两种表现形式，是常用的反映财务杠杆水平的指标； 权益乘数 = 1/（1 − 资产负债率）= 1 + 产权比率
付息能力	利息保障倍数 = 息税前利润 / 应付利息 =（净利润 + 利润表中的利息费用 + 所得税）/ 应付利息	①该比率越高，长期偿债能力越强； ②从长期看，该比率至少要大于 1，企业才具有偿还债务利息的可能性

3. 影响偿债能力的其他因素

①可动用的银行贷款指标或授信额度；

②资产质量；

③或有事项和承诺事项；

④经营租赁。

【真题实战 · 判断题】在资产负债率、产权比率和权益乘数三个指标中，已知其中一个指标值，就可以推算出另外两个指标值。（　　）（2021 年）

【解析】资产负债率 = 负债总额 ÷ 资产总额 × 100%，权益乘数 = 总资产 ÷ 股东权益 = 1 ÷（1 − 资产负债率）= 1 + 产权比率。因此，本题表述正确。

【答案】√

【真题实战 · 判断题】计算利息保障倍数时，"应付利息"指的是计入财务费用中的利息支出，不包括资本化利息。（　　）（2021 年）

【解析】利息保障倍数 = 息税前利润 / 应付利息 =（净利润 + 利润表中的利息费用 + 所得税）÷ 应付利息，公式中的分母"应付利息"是指本期发生的全部应付利息，不仅包括财务费用中的利息费用，还应包括计入固定资产成

本的资本化利息。因此，本题表述错误。

【答案】×

【真题实战 · 单选题】已知利润总额为 700 万元，利润表中的财务费用为 50 万元，资本化利息为 30 万元，则利息保障倍数为（　　）。（2020 年）

A. 9.38　　　　　　　B. 15

C. 8.75　　　　　　　D. 9.75

【解析】利息保障倍数 = 息税前利润 ÷ 应付利息 =（净利润 + 利润表中的利息费用 + 所得税）÷ 应付利息 =（利润总额 + 利润表中的利息费用）/ 应付利息 =（700 + 50）/（50 + 30）= 9.38。综上，本题应选 A。

【答案】A

【真题实战 · 多选题】下列财务指标中，可以用来反映公司资本结构的有（　　）。（2020 年）

A. 资产负债率　　　　B. 产权比率

C. 营业净利率　　　　D. 总资产周转率

【解析】选项 A、B 符合题意，资产负债率、产权比率、权益乘数均可以反映公司资本结构；选项 C 不符合题意，营业净利率是反映企业盈利能力的指标；选项 D 不符合题意，总资产周转率是反映企业营运能力的指标。综上，本题应选 AB。

【答案】AB

【真题实战·单选题】关于产权比率指标和权益乘数指标之间的数量关系，下列表达式中正确的是（　　　）。（2019 年）

A. 权益乘数 × 产权比率 = 1

B. 权益乘数 − 产权比率 = 1

C. 权益乘数 + 产权比率 = 1

D. 权益乘数 / 产权比率 = 1

【思路导航】企业长期偿债能力的各衡量指标存在以下的关系：①权益乘数＝总资产÷所有者权益＝总资产÷（总资产－负债）＝ 1÷（1－资产负债率）；②权益乘数＝总资产÷所有者权益＝（所有者权益＋负债）÷所有者权益＝ 1＋产权比率。

【解析】产权比率＝负债总额÷所有者权益＝（总资产－所有者权益）/ 所有者权益＝总资产 / 所有者权益－所有者权益 / 所有者权益＝权益乘数－1，即权益乘数－产权比率＝1。综上，本题应选 B。

【答案】B

【沙场练兵·多选题】某公司的资产负债率较高，则下列说法正确的有（　　　）。

A. 说明某企业的财务风险大

B. 能充分发挥财务杠杆作用

C. 说明某企业的财务风险小

D. 说明企业盈利能力较强

【解析】企业较高的资产负债率表明较大的财务风险，并且能够充分发挥财务杠杆作用。综上，本题应选 AB。

【答案】AB

【沙场练兵·单选题】产权比率越高，通常反映的信息是（　　　）。

A. 财务结构越稳健

B. 长期偿债能力越强

C. 财务杠杆效应越强

D. 股东权益的保证程度越高

【解析】选项 B、D 错误，产权比率＝负债总额 / 所有者权益总额 ×100%，这一比率越高，表明企业长期偿债能力越弱，债权人权益保障程度越低。选项 A 错误，选项 C 正确，产权比率高，是高风险、高收益的财务结构，财务杠杆效应强。综上，本题应选 C。

【答案】C

【沙场练兵·多选题】下列各项因素中，影响企业偿债能力的有（　　　）。

A. 经营租赁　　　　　B. 或有事项

C. 资产质量　　　　　D. 授信额度

【解析】影响偿债能力的其他因素包括：①可动用的银行贷款指标或授信额度；②资产质量；③或有事项和承诺事项；④经营租赁。综上，本题应选 ABCD。

【答案】ABCD

【沙场练兵·多选题】下列财务指标中，可以反映长期偿债能力的有（　　　）。

A. 总资产周转率　　　B. 权益乘数

C. 产权比率　　　　　D. 资产负债率

【解析】反映长期偿债能力的指标有资产负债率（选项 D）、产权比率（选项 C）、权益乘数（选项 B）、利息保障倍数；选项 A 不可以，总资产周转率是反映营运能力的指标。综上，本题应选 BCD。

【答案】BCD

【沙场练兵·判断题】负债比率越高，则权益乘数越小，财务风险越大。（　　）

【思路导航】权益乘数、资产负债率和产权比率都是反映长期偿债能力的指标并且同向变动。

【解析】权益乘数＝1/（1－资产负债率），所以负债比率越高，权益乘数越大，财务风险越大。因此，本题表述错误。

【答案】×

高频考点 3　营运能力分析

营运能力分析指标
- 周转率指标
  - 应收账款周转率（次数）＝营业收入÷应收账款平均余额
  - 存货周转率（次数）＝营业成本÷存货平均余额
  - 流动资产周转率（次数）＝营业收入÷流动资产平均余额
  - 固定资产周转率（次数）＝营业收入÷平均固定资产
  - 总资产周转率（次数）＝营业收入÷平均资产总额
- 周转天数指标＝计算期天数（如360天）÷相应的周转率

▌敲黑板▐

（1）流动资产中应收账款和存货占绝大部分，因此它们的周转状况对流动资产周转具有决定性影响。

（2）在计算与应收账款相关的营运指标时需要注意以下情况：

营业收入指扣除销售折扣和折让后的销售净额，营业收入数据使用利润表中的"营业收入"；应收账款包括会计报表中"应收账款"和"应收票据"等全部赊销账款在内，因为应收票据是销售形成的应收款项的另一种形式；应收账款应为未扣除坏账准备的金额；在用应收账款周转率进行行业绩评价时，最好使用多个时点的平均数，以减少季节性因素的影响。

（3）在计算与存货相关的营运指标时需要注意结合应收账款周转情况和信用政策进行分析。

【真题实战·多选题】下列各项中，可用于企业营运能力分析的财务指标有（　　）。（2020年）

A.速动比率　　　　B.应收账款周转天数

C.存货周转次数　　D.流动比率

【解析】营运能力主要指资产运营、循环的效率高低。营运能力指标主要包括应收账款周转率、存货周转率和流动资产周转率等。选项A、D，属于短期偿债能力分析指标；选项B、C，属于营运能力分析指标。综上，本题应选BC。

【答案】BC

【真题实战·判断题】在计算应收账款周转次数指标时，不应将应收票据考虑在内。（　　）（2020年）

【解析】在计算应收账款周转次数指标时，应收账款包括会计报表中"应收票据"及"应收账款"等全部赊销账款在内，因为应收票据是销售形成的应收款项的另一种形式。因此，本

第10章

题表述错误。

【答案】×

【真题实战·单选题】某企业的营业净利率为20%，总资产净利率为30%，则总资产周转率为（　　）。（2018年）

A. 1.5　　　　　　　　B. 0.1

C. 0.67　　　　　　　D. 0.5

【思路导航】财务分析指标多有联系，如果能记住相关指标之间的关系就能很快地计算，没有思路时可以将涉及的相关指标的计算公式写在纸上，简单分析指标之间的关系再代入数据进行计算即可。

【解析】总资产周转率＝总资产净利率/营业净利率＝30%/20%＝1.5。综上，本题应选A。

【答案】A

【沙场练兵·多选题】下列各项中，影响应收账款周转率指标的有（　　）。

A. 应收账款　　　　　B. 预付账款

C. 应收票据　　　　　D. 销售折扣与转让

【解析】选项A、C正确，应收账款包括会计报表中"应收账款"和"应收票据"等全部赊销账款在内，因为应收票据是销售形成的应收款项的另一种形式；选项D正确，其中营业收入是指扣除了销售折扣、折让等以后的金额。综上，本题应选ACD。

【答案】ACD

【沙场练兵·多选题】一般而言，存货周转次数增加，其所反映的信息有（　　）。

A. 盈利能力下降　　　B. 存货周转期延长

C. 存货流动性增强　　D. 资产管理效率提高

【解析】存货周转次数是衡量和评价企业购入存货、投入生产、销售收回等各环节管理效率的综合性指标。一般来讲，存货周转速度越快，存货占用水平越低，流动性越强，存货转为现金或应收账款的速度就越快，这样会增加企业的短期偿债能力及盈利能力。综上，本题应选CD。

【答案】CD

【沙场练兵·多选题】在其他条件不变的情况下，会引起总资产周转率指标上升的经济业务有（　　）。

A. 用银行存款偿还负债

B. 用现金购置一项固定资产

C. 借入一笔短期借款

D. 用银行存款支付一年的电费

【解析】选项A、D都使企业资产减少，从而会使企业总资产周转率上升；选项B没有影响；选项C会使资产增加，因而会使总资产周转率下降。综上，本题应选AD。

【答案】AD

【真题实战·计算分析题】（2021年）

甲公司2020年有关报表数据（单位：万元）如下所示，假定一年按360天计算：

资产负债表			利润表	
项目	年初数	年末数	项目	金额
货币资金	150	150	营业收入	8 000
交易性金融资产	50	50	营业成本	6 400
应收账款	600	1 400		

（续表）

	资产负债表		利润表	
项目	年初数	年末数	项目	金额
存货	800	2 400		
流动资产合计	1 600	4 000		
流动负债合计	1 000	1 600		

要求：

（1）计算 2020 年的营业毛利率、应收账款周转率和存货周转天数。

（2）计算 2020 年营运资金的增加额。

（3）计算 2020 年末的现金比率。

（1）

【解析】营业毛利率＝（营业收入－营业成本）/营业收入

应收账款周转率＝营业收入 ÷ 应收账款平均余额

存货周转率＝营业成本 ÷ 存货平均余额

存货周转天数＝计算期天数 ÷ 存货周转率（次数）

【答案】营业毛利率＝（8 000－6 400）/8 000＝20%

应收账款周转率＝8 000/［（600＋1 400）/2］＝8（次）

存货周转率＝6 400/［（800＋2 400）/2］＝4（次）

存货周转天数＝360/4＝90（天）

（2）

【解析】营运资金的增加额＝增加的流动资产－增加的流动负债

【答案】营运资金的增加额＝（4 000—1 600）—（1 600—1 000）＝1 800（万元）

（3）

【解析】现金比率＝（货币资金＋交易性金融资产）÷ 流动负债

【答案】现金比率＝（150＋50）/1 600＝0.125

【真题实战·综合题】（2021 年节选）

甲公司是一家制造企业，有关资料如下：

资料一：甲公司 2020 年 12 月 31 日资产负债表（单位：万元）如下。

资产			负债与股东权益		
项目	年初数	年末数	项目	年初数	年末数
货币资金	4 400	4 000	短期借款	5 700	5 500
应收账款	4 000	6 000	应付账款	3 500	4 500
存货	4 500	5 500	长期借款	8 300	7 400
固定资产	17 900	17 400	股本	20 000	20 000
无形资产	8 000	8 000	留存收益	1 300	3 500
资产总计	38 800	40 900	负债与股东权益总计	38 800	40 900

资料二：公司2020年度营业收入（即销售额，下同）为50 000万元，营业成本为40 000万元。

资料三：公司2020年应付账款周转期为36天，一年按360天计算。

资料四：公司预计2021年度的营业收入将达到70 000万元，净利润预计为7 000万元，利润留存率40%。假定公司2020年末的货币资金、应收账款、存货、应付账款项目与营业收入的比例关系在2021年度保持不变。此外，因销售额增长，现有生产能力不足，公司需要在2021年追加固定资产投资6 000万元。

资料五：对于外部资金需求，公司选择按面值发行债券，期限为5年，票面利率为9%，每年付息一次，到期一次性还本，筹资费用率为2%。公司适用的企业所得税税率为25%。

要求：

（1）根据资料一，计算2020年末下列指标：①流动比率；②速动比率；③现金比率。

（2）根据资料一和资料二，计算：①2020年总资产周转率；②2020年末权益乘数。

（3）根据资料一、资料二和资料三，计算2020年下列指标：①应收账款周转期；②存货周转期；③经营周期；④现金周转期。

（1）

【解析】①流动比率＝流动资产÷流动负债

②速动比率＝速动资产÷流动负债

③现金比率＝（货币资金＋交易性金融资产）÷流动负债

【答案】①流动比率＝（4 000＋6 000＋5 500）/（5 500＋4 500）＝1.55

②速动比率＝（4 000＋6 000）/（5 500＋4 500）＝1

③现金比率＝4 000/（5 500＋4 500）＝0.4

（2）

【解析】①总资产周转率（次数）＝营业收入÷平均资产总额

②权益乘数＝总资产÷股东权益

【答案】① 2020 年总资产周转率 = 50 000/ [（38 800 + 40 900）/2] = 1.25（次）

② 2020 年末权益乘数 = 40 900/（20 000 + 3 500）= 1.74

（3）

【解析】①应收账款周转率（次数）= 营业收入 ÷ 应收账款平均余额

应收账款周转天数 = 计算期天数 ÷ 应收账款周转率（次数）

②存货周转率（次数）= 营业成本 ÷ 存货平均余额

存货周转天数 = 计算期天数 ÷ 存货周转率（次数）

③经营周期 = 存货周转期 + 应收账款周转期

④现金周转期 = 经营周期 − 应付账款周转期

【答案】①应收账款周转率 = 50 000/ [（4 000 + 6 000）/2] = 10（次）

应收账款周转期 = 360/10 = 36（天）

②存货周转率 = 40 000/ [（4 500 + 5 500）/2] = 8（次）

存货周转期 = 360/8 = 45（天）

③经营周期 = 36 + 45 = 81（天）

④现金周转期 = 81 − 36 = 45（天）

第 10 章

高频考点 4 盈利能力分析

盈利能力分析 —
- 营业毛利率 = 营业毛利 ÷ 营业收入 ×100%，其中营业毛利 = 营业收入 − 营业成本
- 营业净利率 = 净利润 ÷ 营业收入 ×100%
- 总资产净利率 = 净利润 ÷ 平均总资产 ×100% = 营业净利率 × 总资产周转率
- 净资产收益率 = 净利润 ÷ 平均净资产 ×100% = 总资产净利率 × 权益乘数

【敲黑板】盈利能力分析各指标都是"分母分子率"，以营业净利率为例，分母是营业收入，分子是净利润。从名称上看是先说分母，再说分子。这类特征的比率我们称之为"分母分子率"。可以将其视为记忆规律。

【真题实战·单选题】公司投资于某项长期基金，本金为 5 000 万元，每季度可获取现金收益 50 万元，则其年收益率为（   ）。（2018 年）

A.2.01%　　　　　B.1.00%

C.4.00%　　　　　D.4.06%

【思路导航】需要注意的是题干中给出的是每季度可获取的现金收益，而要求计算的是年收益率，在计算时要注意期间的换算。

【解析】季收益率 = 现金收益 / 投资本金 = 50 ÷ 5 000 = 1%，年收益率 = （1 + 1%）^{4} − 1 = 4.06%。综上，本题应选 D。

【答案】D

【沙场练兵·单选题】假定其他条件不变，下列各项经济业务中，会导致公司总资产净利率上升的是（　　）。

A. 收回应收账款

B. 用资本公积转增资本

C. 用银行存款购入生产设备

D. 用银行存款归还银行借款

【思路导航】遇到考查哪项会引起一项指标变动的试题时只需写出指标计算公式，再逐一分析每个选项会导致怎样的变化就能选出正确的答案。

【解析】总资产净利率＝净利润/平均总资产，选项A、C不符合题意，其都为资产内部的此增彼减；选项B不符合题意，其会引起所有者权益内部此增彼减；选项D符合题意，用银行存款归还银行借款，会使银行存款减少，从而使得总资产减少，总资产净利率上升。综上，本题应选D。

【答案】D

【真题实战·综合题】（2020年节选）

甲公司生产销售A产品，有关资料如下：

资料一：公司2019年12月31日资产负债表如下：（单位：万元）

资产	年末余额	负债与股东权益	年末余额
货币资金	200	应付账款	600
应收账款	400	长期借款	2 400
存货	900	股本	4 000
固定资产	6 500	留存收益	1 000
资产总计	8 000	负债与股东权益总计	8 000

资料二：2019年销售收入为6 000万元，净利润600万元，股利支付率为70%。

（1）根据资料一，计算2019年年末的流动比率、速动比率与产权比率。

（2）根据资料二，计算2019年销售净利率。

（1）

【解析】流动比率＝流动资产÷流动负债

速动比率＝速动资产÷流动负债

产权比率＝负债总额÷股东权益

【答案】2019年年末的流动比率＝（200＋400＋900）/600＝2.5

2019年年末的速动比率＝（200＋400）/600＝1

2019年年末的产权比率＝（600＋2 400）/（4 000＋1 000）＝0.6

（2）

【解析】销售利润率＝净利润÷销售收入

【答案】销售净利率＝600/6 000＝10%

【真题实战·综合题】（2020年节选）

甲公司是一家制造业公司，两年来经营状况稳定，并且产销平衡，相关资料如下：

资料一：公司2019年度资产负债表和利润表，如下表所示：（单位：万元）

资产负债表项目			利润表项目	
资产	2019年年末余额	负债和股东权益	2019年年末余额	项目	2019年发生额
货币资金	1 000	应付账款	2 100	营业收入	30 000
应收账款	5 000	短期借款	3 100	营业成本	18 000
存货	2 000	长期借款	4 800	期间费用	6 000
固定资产	12 000	股东权益	10 000	利润总额	6 000
资产合计	20 000	负债和股东权益合计	20 000	净利润	4 500

假定2019年年末各资产负债表项目余额均能代表全年平均水平。

资料二：2019年公司全年购货成本为9 450万元，一年按照360天计算。

要求：

（1）根据资料一计算：2019年年末营运资金数额。

（2）根据资料一计算：①营业毛利率；②总资产周转率；③净资产收益率。

（3）根据资料一、二计算：①存货周转期，②应付账款周转期，③应收账款周转期，④现金周转期。（以上结果均用天数表示）

（1）

【解析】营运资金＝流动资产－流动负债

【答案】2019年年末营运资金＝（1 000＋5 000＋2 000）－（2 100＋3 100）＝2 800（万元）

（2）

【解析】营业毛利率＝（营业收入－营业成本）÷营业收入

总资产周转率＝营业收入÷平均资产总额

净资产收益率＝净利润÷平均净资产

【答案】营业毛利率＝（30 000－18 000）÷30 000＝40%

总资产周转率＝30 000÷20 000＝1.5

净资产收益率＝4 500÷10 000＝45%

（3）

【解析】存货周转期＝存货平均余额÷每天的销货成本

应收账款周转期＝应收账款平均余额÷每天的销货收入

应付账款周转期＝应付账款平均余额÷每天的购货成本

现金周转期＝存货周转期＋应收账款周转期－应付账款周转期

【答案】①存货周转期＝2 000÷（18 000÷360）＝40（天）

②应付账款周转期＝2 100÷（9 450÷360）＝80（天）

③应收账款周转期＝5 000÷（30 000÷360）＝60（天）

④现金周转期＝40＋60－80＝20（天）

高频考点 5　发展能力分析

指标	计算公式及分析
营业收入增长率	①营业收入增长率＝本年营业收入增长额/上年营业收入×100% ②该指标值越高，表明企业营业收入的增长速度越快，企业市场前景越好
总资产增长率	①总资产增长率＝本年资产增长额/年初资产总额×100% ②总资产增长率越高，表明企业一定时期内资产经营规模扩张的速度越快
营业利润增长率	营业利润增长率＝本年营业利润增长额/上年营业利润总额×100%
所有者权益增长率	①所有者权益增长率＝本年所有者权益增长额/年初所有者权益×100% ②所有者权益增长率越高，表明企业的资本积累越多，应对风险、持续发展的能力越强
资本保值增值率	（1）资本保值增值率是扣除客观增减因素后所有者权益的期末总额与期初总额的比率，主要反映企业资本的运营效益与安全状况。 （2）严格意义上的资本保值增值指标应从损益表出发，以净利润为核心，即： 资本保值增值率＝（期初所有者权益＋本期利润）÷期初所有者权益×100% （3）客观因素对所有者权益的影响包括但不限于： ①本期投资者追加投资，使企业的实收资本增加，以及因资本溢价、资本折算差额引起的资本公积变动； ②本期接受外来捐赠、资产评估增值导致资本公积增加

【真题实战·单选题】某公司上期营业收入为1 000万元，本期期初应收账款为120万元，本期期末应收账款为180万元，本期应收账款周转率为8次，则本期的营业收入增长率为（　　）。（2020年）

A.20%　　　　　　B.12%

C.18%　　　　　　D.50%

【解析】本期应收账款周转率＝本期营业收入÷［（期初应收账款余额＋期末应收账款余额）/2］＝8，则本期营业收入＝8×［（120＋180）/2］＝1 200（万元），则本期的营业收入增长率＝（1 200－1 000）/1 000×100%＝20%。综上，本题应选A。

【答案】A

【真题实战·单选题】下列各项财务分析指标中，能反映企业发展能力的是（　　）。（2018年）

A.权益乘数　　　　B.资本保值增值率

C.现金营运指数　　D.净资产收益率

【解析】选项A不符合题意，权益乘数是企业长期偿债能力分析的指标，企业负债比例越高，权益乘数越大；选项B符合题意，资本保值增值率是扣除客观增减因素后所有者权益的期末总额与期初总额的比率，该指标越高，表明企业的资本保全状况越好，所有者权益增长越快，债权人的债务越有保障，企业发展后劲越强；选项C不符合题意，现金营运指数＝经营活动现金流量净额/经营所得现金，是衡量企业收益质量的指标，现金营运指数小于1，说明收益质量不够好；选项D不符合题意，净资产收益率表示每1元权益资本赚取的净利润，反映权益资本经营的盈利能力。综上，本题应选B。

【答案】B

【沙场练兵·单选题】某公司2021年初所有者权益为1.25亿元，2021年年末所有者权益为1.5亿元。该公司2021年的所有者权益增长率是（　　）。

A.16.67%　　　　　　B.20.00%

C.25.00%　　　　　　D.120.00%

【解析】所有者权益增长率＝（1.5－1.25）/1.25×100%＝20%。综上，本题应选B。

【答案】B

【真题实战·计算分析题】（2018年）

丁公司2017年末的资产负债表（简表）如下。

资产负债表（简表）　　　　　　　　　　单位：万元

资产	年末数	负债及所有者权益	年末数
货币资金	450	短期借款	A
应收账款	250	应付账款	280
存货	400	长期借款	700
非流动资产	1 300	所有者权益合计	B
资产总计	2 400	负债与所有者权益总计	2 400

2017年营业收入为1 650万元，营业成本为990万元，净利润为220万元，应收账款年初余额为150万元，存货年初余额为260万元，所有者权益年初余额为1 000万元。该公司年末流动比率为2.2。

要求：

（1）计算表中字母所代表数字。

（2）一年按360天计算，计算应收账款周转次数、存货周转天数、营业毛利率。

（1）

【解析】

由流动比率＝流动资产÷流动负债＝（2 400－1 300）÷（A＋280）＝2.2，得A＝220（万元）

由资产＝负债＋所有者权益，所有者权益＝2 400－220－280－700＝1 200（万元）

【答案】A＝220；B＝1 200

（2）

【解析】

应收账款周转次数＝营业收入÷应收账款平均余额

存货周转次数＝营业成本÷存货平均余额

存货周转天数＝360÷存货周转次数

营业毛利率＝营业毛利÷营业收入

【答案】

应收账款周转次数＝1 650÷［（150＋250）/2］＝8.25（次）

存货周转次数＝990÷［（260＋400）/2］＝3（次）

存货周转天数＝360÷3＝120（天）

营业毛利率＝（1 650－990）÷1 650＝40%

【沙场练兵·计算分析题】

丙公司是一家上市公司，管理层要求财务部门对公司的财务状况和经营成果进行评价。财务部门根据公司2020年和2021年的年报整理出用于评价的部分财务数据，如下表所示：

丙公司部分财务数据

单位：万元

资产负债表项目	2021年期末余额	2020年期末余额
应收账款	65 000	55 000
流动资产合计	200 000	220 000
流动负债合计	120 000	110 000
负债合计	300 000	300 000
资产总计	800 000	700 000
利润表项目	2021年度	2020年度
营业收入	420 000	400 000
净利润	67 500	55 000

要求：

（1）计算2021年末的下列财务指标：①营运资金；②权益乘数。

（2）计算2021年度的下列财务指标：①应收账款周转率；②净资产收益率；③资本保值增值率。

（1）

【解析】①营运资金＝流动资产－流动负债

②权益乘数＝资产总额/（资产总额－负债总额）＝资产总额/权益总额

【答案】①营运资金＝200 000－120 000＝80 000（万元）

②权益乘数＝800 000/（800 000－300 000）＝1.6

（2）

【解析】①应收账款周转率＝营业收入/应收账款平均余额

②净资产收益率＝净利润/平均净资产

③资本保值增值率是扣除客观增减因素后所有者权益的期末总额与期初总额的比率

【答案】①应收账款周转率＝420 000/［（65 000＋55 000）/2］＝7（次）

②2020年末所有者权益＝700 000－300 000＝400 000（万元）

2021年末所有者权益＝800 000－300 000＝500 000（万元）

净资产收益率＝67 500/［（500 000＋400 000）/2］×100%＝15%

③资本保值增值率＝500 000/400 000×100%＝125%

高频考点 6 现金流量分析

1.获取现金能力的分析

指标	计算公式及分析
营业现金比率	①营业现金比率＝经营活动现金流量净额÷营业收入 ②该比率反映每1元营业收入得到的经营活动现金流量净额，其数值越大越好
每股营业现金净流量	①每股营业现金净流量＝经营活动现金流量净额÷普通股股数 ②该指标反映企业最大的分派股利能力，超过此限度，可能就要借款分红
全部资产现金回收率	①全部资产现金回收率＝经营活动现金流量净额÷平均总资产×100% ②它说明企业全部资产产生现金的能力

2.收益质量分析

指标	计算公式和分析
净收益营运指数	①净收益营运指数＝经营净收益÷净利润，其中：经营净收益＝净利润－非经营净收益； ②净收益营运指数越小，非经营收益所占比重越大，收益质量越差，因为非经营收益不反映公司的核心能力及正常的收益能力，可持续性较低
现金营运指数	①现金营运指数＝经营活动现金流量净额÷经营所得现金，其中：经营所得现金＝经营净收益＋非付现费用； ②现金营运指数大于1，说明收益质量较好

【真题实战·单选题】已知某公司利润总额为6 000万元，所得税费用1 500万元，非经营净收益450万元，其净收益营运指数为（　　）。（2021年）

A. 0.9

B. 0.93

C. 0.75

D. 0.81

【解析】净利润＝利润总额－所得税费用＝6 000－1 500＝4 500（万元），经营净收益＝净利润－非经营净收益＝4 500－450＝4 050（万元）。因此，净收益营运指数＝经营净收益÷净利润＝4 050÷4 500＝0.9。综上，本题应选A。

【答案】A

【真题实战·单选题】关于获取现金能力的有关财务指标，下列表述正确的是（　　）。（2019年）

A. 每股营业现金净流量是经营活动现金流量净额与普通股股数之比

B. 用长期借款方式购买固定资产会影响营业现金比率

C. 全部资产现金回收率指标不能反映公司获取现金的能力

D. 公司将销售政策由赊销调整为现销方式后，不会对营业现金比率产生影响

【解析】选项A表述正确，每股营业现金净流量＝经营活动现金流量净额÷普通股股数；选项B表述错误，营业现金比率＝经营活动现金流量净额÷营业收入，用长期借款购买固定资产，影响投资活动现金流量净额，不影响经营活动现金流量净额；选项C表述错误，全部资产现金回收率＝经营活动现金流量净额÷平均总资产，它说明企业全部资产产生现金的能力；选项D表述错误，企业将销售政策由赊销调整为现销，会影响经营活动现金流量净额，进而会影响营业现金比率。综上，本题应选A。

【答案】A

【真题实战·判断题】净收益营运指数作为一个能够反映公司收益质量的指标，可以揭示净收益与现金流量之间的关系。（　　）（2019年）

【解析】净收益营运指数是指经营净收益与净利润之比，揭示经营净收益与净利润之间的关系。因此，本题表述错误。

【答案】×

【真题实战·单选题】下列财务分析指标中，能够反映收益质量的是（　　）。（2018年）

A. 营业毛利率

B. 每股收益

C. 现金营运指数

D. 净资产收益率

【解析】收益质量是指会计收益与公司业绩之间的相关性。如果会计收益能如实反映公司业绩，则其收益质量高；反之，则收益质量不高。收益质量分析，主要包括净收益营运指数分析与现金营运指数分析。综上，本题应选C。

【答案】C

【沙场练兵·单选题】某公司2021年的净利润为2 000万元，非经营净收益为400万元，非付现费用为1 500万元，经营现金净流量为3 500万元，那么，现金营运指数为（　　）。

A. 1.13

B. 0.89

C. 2.1875

D. 1.114

【解析】现金营运指数是评价收益质量的财务比率。经营所得现金＝经营净收益＋非付现费用，经营净收益＝净利润－非经营净收益，现金营运指数＝经营活动现金流量净额÷经营所得现金＝3 500/（2 000－400＋1 500）＝1.13。综上，本题应选A。

【答案】A

【沙场练兵·多选题】下列关于现金营运指数说法正确的有（　　）。

A. 现金营运指数反映企业经营活动现金流量

净额与企业经营所得现金的比值

B. 现金营运指数小于1说明收益质量较好

C. 现金营运指数小于1反映了企业为取得同样的收益占用了更多的营运资金

D. 现金营运指数小于1表明了同样的收益情况下付出的代价增加

【解析】选项A、C、D表述正确，选项B表述错误。从现金营运指数小于1可以看出：收益质量不够好，一部分收益尚未取得现金，停留在实物或者债权形态。实物或债权资产的风险大于现金，应收账款不一定能足额变现，存货也有贬值的风险，所以未收现的收益质量低于已收现的收益；其次，现金营运指数小于1，说明营运资金增加了，反映企业为取得同样的

收益占用了更多的营运资金，取得收益的代价增加了，同样的收益代表着较差的业绩。综上，本题应选ACD。

【答案】ACD

【沙场练兵·判断题】净收益营运指数是收益质量分析的重要指标，一般而言，净收益营运指数越小，表明企业收益质量越好。（　　）

【解析】净收益营运指数越小，非经营收益所占比重越大，收益质量越差，因为非经营收益不反映公司的核心能力及正常的收益能力，可持续性较低。反之，净收益经营指数越大，收益质量越好。因此，本题表述错误。

【答案】×

【沙场练兵·计算分析题】

丁公司2021年12月31日总资产600 000元，其中流动资产为450 000元，非流动资产为150 000元；股东权益为400 000元。丁公司年度运营分析报告显示，2021年的存货周转次数为8次，销售成本为500 000元，净资产收益率为20%，非经营净收益为 -20 000元。期末的流动比率为2.5。

要求：

（1）计算2021年存货平均余额。

（2）计算2021年末流动负债。

（3）计算2021年净利润。

（4）计算2021年经营净收益。

（5）计算2021年净收益营运指数。

（1）

【解析】存货平均余额＝销售成本 / 存货周转次数

【答案】存货平均余额 = 500 000/8 = 62 500（元）

（2）

【解析】流动比率＝流动资产 / 流动负债

【答案】流动负债 = 450 000/2.5 = 180 000（元）

（3）

【解析】净资产收益率＝净利润 / 平均净资产

【答案】净利润＝400 000×20%＝80 000（元）

（4）

【解析】经营净收益＝净利润－非经营净收益

【答案】经营净收益＝80 000－（－20 000）＝100 000（元）

（5）

【解析】净收益营运指数＝经营净收益/净利润

【答案】净收益营运指数＝100 000/80 000＝1.25

高频考点 7　上市公司特殊财务分析指标

1. 每股收益

公式	基本每股收益 = $\dfrac{\text{归属于公司普通股股东的净利润}}{\text{发行在外的普通股加权平均数}}$
稀释每股收益	稀释每股收益＝（归属于公司普通股股东的净利润＋利润增加）/（原发行在外的普通股加权平均数＋增加的普通股加权平均数） ①对于可转换公司债券，分子的调整项目为可转换公司债券当期已确认为费用的利息等的税后影响额；分母的调整项目为假定可转换公司债券当期期初或发行日转换为普通股股数的加权平均数。 ②认股权证、股份期权等的行权价格低于当期普通股平均市场价格时，应当考虑其稀释性。分子不调整，分母的调整项目为增加的普通股股数，同时应考虑时间权数
分析	理论上每股收益反映了投资者可望获得的最高股利收益，因而是衡量股票投资价值的重要指标，每股收益越高，表明投资价值越大。但是每股收益多并不意味着每股股利多，此外每股收益不能反映股票的风险水平

【真题实战·单选题】计算稀释每股收益时，需考虑潜在普通股影响，下列不属于潜在普通股的是（　　）。（2020年）

A. 认股权证　　　　B. 股份期权

C. 库存股　　　　　D. 可转换公司债券

【解析】企业存在稀释性潜在普通股的，应当计算稀释每股收益。稀释性潜在普通股指假设当期转换为普通股会减少每股收益的潜在普通股。潜在普通股主要包括：可转换公司债券（选

项D）、认股权证（选项A）和股份期权（选项B）。综上，本题应选C。

【答案】C

【真题实战·多选题】根据有关要求，企业存在稀释性潜在普通股的，应计算稀释每股收益，下列属于潜在普通股的有（　　）。（2019年）

A. 认股权证　　　　B. 可转换公司债券

C. 不可转换优先股　D. 股份期权

【思路导航】潜在普通股就是在一定条件下会

转化成普通股的部分,根据前面章节的学习也能判断出可转换公司债券、认股权证和股份期权可能转化为普通股,而不可转换优先股不能转化为普通股。

【解析】潜在普通股主要包括:可转换公司债券、认股权证和股份期权等。不可转换优先股不能转换为普通股,不会增加普通股股数。综上,本题应选 ABD。

【答案】ABD

【沙场练兵·单选题】某上市公司 2021 年末的股数为 5 000 万股。2022 年 3 月 1 日,经公司 2021 年度股东大会决议,以截止到 2021 年年末公司总股数为基础,向全体股东每 10 股送红股 4 股,工商注册登记变更已完成。2022 年归属于普通股股东的净利润为 3 000 万元。则 2022 年公司的基本每股收益为( )元。

A. 0.40   B. 0.42
C. 0.43   D. 0.45

【解析】由于送红股是将公司以前年度的未分配利润转化为普通股,转化与否都一直作为资本使用,因此新增的 2 000 股(5 000×40%)不需

要按照实际增加的月份加权。由题意可知,增加的普通股股数 = 5 000×40% = 2 000(万股),基本每股收益 = 3 000/(5 000 + 2 000)= 0.43(元)。综上,本题应选 C。

【答案】C

【沙场练兵·单选题】甲公司 2021 年 7 月 1 日发行年利率为 6%,每张面值 100 元的可转换债券 10 万张,规定每张债券可转换为 1 元面值普通股 80 股。2021 年净利润为 8 000 万元,2021 年发行在外普通股 4 000 万股,公司适用的所得税税率为 25%,则 2021 年的稀释每股收益为( )元。

A. 2   B. 1.823
C. 1.822   D. 1.6

【解析】稀释的每股收益:净利润的增加 = 100×10×6%×(1 − 25%)×1/2 = 22.5(万元);普通股股数的增加 = 10×80×1/2 = 400(万股);稀释每股收益 = (8 000 + 22.5)/(4 000 + 400)= 1.823(元)。综上,本题应选 B。

【答案】B

2. 每股股利、股利发放率

指标	每股股利	股利发放率
公式	每股股利 = 现金股利总额 ÷ 期末发行在外的普通股股数	股利发放率 = 每股股利 ÷ 每股收益
说明	上市公司每股股利发放多少,除了受上市公司盈利能力大小影响外,还取决于企业的股利分配政策和投资机会	股利发放率反映了上市公司的股利发放政策。反映每 1 元净利润有多少用于普通股股东的现金股利发放,反映普通股股东的当期收益水平

【沙场练兵·单选题】下列各项财务指标中,能够揭示公司每股股利和每股收益之间关系的是( )。

A. 市净率   B. 股利发放率
C. 每股市价   D. 每股净资产

【解析】股利发放率 = 每股股利 / 每股收益。综上,本题应选 B。

【答案】B

【沙场练兵·多选题】股利发放率是上市公司财务分析的重要指标,下列关于股利发放率的

表述中，正确的有（　　　）。

A. 可以评价公司的股利分配政策

B. 反映每股股利与每股收益之间的关系

C. 股利发放率越高，盈利能力越强

D. 是每股股利与每股净资产之间的比率

【解析】 选项A、B正确，选项D错误。股利发放率＝每股股利/每股收益，可以用来评价公

司的股利分配政策；选项C错误，不能单纯地理解股利发放率越高，盈利能力就越强。因为上市公司每股股利发放多少，除了受上市公司盈利能力影响外，还取决于企业的股利分配政策和投资机会。综上，本题应选AB。

【答案】AB

3. 市盈率 VS 每股净资产 VS 市净率

项目	市盈率	每股净资产	市净率
计算	$市盈率 = \dfrac{每股市价}{每股收益}$	$每股净资产 = \dfrac{期末普通股净资产}{期末发行在外的普通股股数}$ 期末普通股净资产 = 期末股东权益 – 期末优先股股东权益	$市净率 = \dfrac{每股市价}{每股净资产}$
分析	①市盈率越高，意味着投资者对股票的收益预期越看好，投资价值越大；反之，投资者对该股票评价越低。 ②市盈率越高，也说明获得一定的预期利润投资者需要支付更高的价格，因此投资于该股票的风险也越大；市盈率越低，说明投资于该股票的风险越小。 ③上市公司的市盈率是广大股票投资者进行中长期投资的重要决策指标	①每股净资产是理论上股票的最低价值。 ②利用该指标进行横向和纵向对比，可以衡量上市公司股票的投资价值	一般来说，市净率较低的股票，投资价值较高；反之，则投资价值较低

‖分析君‖ 市盈率的影响因素

①上市公司盈利能力的成长性。如果上市公司预期盈利能力不断提高，说明企业具有较好的成长性，虽然目前市盈率较高，也值得投资者进行投资。

②投资者所获取收益率的稳定性。如果上市公司经营效益良好且相对稳定，则投资者获取的收益也较高且稳定，投资者就愿意持有该企业的股票，则该企业的股票市盈率会由于众多投资者的普遍看好而相应提高。

③市盈率也受到利率水平变动的影响。当市场利率水平变化时，市盈率也应作相应的调整。

第10章

【真题实战·单选题】某上市公司股票市价为20元，普通股数量100万股，净利润400万元，净资产500万元，则市净率为（　　）。（2020年）

A. 4　　　　　　　　B. 5

C. 10　　　　　　　D. 20

【解析】每股净资产＝期末普通股净资产÷期末发行在外的普通股股数＝500/100＝5，市净率＝每股市价÷每股净资产＝20/5＝4，综上，本题应选A。

【答案】A

【沙场练兵·单选题】市盈率是评价上市公司盈利能力的指标，下列表述错误的是（　　）。

A. 市盈率越高，说明获得一定的预期利润投资者需要支付的价格低

B. 市盈率过高，意味着这种股票具有较高的投资风险

C. 市盈率高意味着投资者对股票的预期收益看好

D. 盈利能力的成长性较好的高科技上市公司股票的市盈率通常要高一些

【解析】选项A表述错误，选项B表述正确，市盈率越高，也说明获得一定的预期利润投资者需要支付更高的价格，因此投资于该股票的风险也越大；选项C、D表述正确，市盈率越高，意味着投资者对股票的收益预期越看好，投资价值越大，由于高科技上市公司的盈利能力成长性受投资者看好，其市盈率通常会高一些。综上，本题应选A。

【答案】A

【沙场练兵·单选题】2021年甲公司的所有者权益为5 000万元，发行在外普通股股数为1 000万股，无优先股，普通股的每股收益为0.8元，该公司的市盈率为25，则甲公司的市净率为（　　）倍。

A. 4　　　　　　　　B. 4.5

C. 5　　　　　　　　D. 0.5

【解析】甲公司每股收益为0.8元，市盈率为25，所以每股市价＝25×0.8＝20（元），甲公司每股净资产＝5 000/1 000＝5（元），所以甲公司的市净率＝20/5＝4（倍）。综上，本题应选A。

【答案】A

【沙场练兵·判断题】市盈率是反映股票投资价值的重要指标，该指标数值越大，表明投资者越看好该股票的投资预期。（　　）

【解析】市盈率的高低反映了市场上投资者对股票投资收益和投资风险的预期，市盈率越高，意味着投资者对股票的收益预期越看好，投资价值越大。因此，本题表述正确。

【答案】√

【沙场练兵·判断题】上市公司盈利能力的成长性和稳定性是影响其市盈率的重要因素。（　　）

【解析】影响企业股票市盈率的因素有：①上市公司盈利能力的成长性；②投资者所获收益率的稳定性；③市盈率也受到利率水平变动的影响。因此，本题表述正确。

【答案】√

【沙场练兵·判断题】通过横向和纵向对比，每股净资产指标可以作为衡量上市公司股票投资价值的依据之一。（　　）

【解析】利用每股净资产指标进行横向和纵向对比，可以衡量上市公司股票的投资价值。因此，本题表述正确。

【答案】√

4. 管理层讨论与分析

概念	管理层讨论与分析是上市公司定期报告中管理层对于本企业过去经营状况的评价分析以及对企业未来发展趋势的前瞻性判断，是对企业财务报表中所描述的财务状况和经营成果的解释，是对经营中固有风险和不确定性的揭示，同时也是对企业未来发展前景的预期
地位	管理层讨论与分析是上市公司定期报告的重要组成部分
原则	强制与自愿相结合
内容	报告期间经营业绩变动的解释与企业未来发展的前瞻性信息

【真题实战·多选题】关于上市公司管理层讨论与分析，正确的有（   ）。（2019年）

A. 管理层讨论与分析是对本公司过去经营状况的评价，而不对未来发展作前瞻性判断

B. 管理层讨论与分析包括报表及附注中没有得到充分揭示，而对投资者决策有用的信息

C. 管理层讨论与分析包括对财务报告期间有关经营业绩变动的解释

D. 管理层讨论与分析不是定期报告的组成部分，并不要求强制性披露

【解析】选项A错误，管理层讨论与分析是上市公司定期报告中管理层对于本企业过去经营状况的评价分析以及对企业未来发展趋势的前瞻性判断；选项D错误，管理层讨论与分析是定期报告的组成部分，管理层讨论与分析信息大多涉及"内部性"较强的定性型软信息，无法对其进行详细的强制规定和有效监控，因此，西方国家的披露原则是强制与自愿相结合，企业可以自主决定如何披露这类信息，我国也基本实行这种原则。综上，本题应选BC。

【答案】BC

【真题实战·综合题】（2019年节选）

甲公司是一家制造企业，近几年公司生产经营比较稳定，并假定产销平衡，公司结合自身发展和资本市场环境，以利润最大化为目标，并以每股收益作为主要评价指标。有关资料如下：

资料四：2017年度的实际产销量与上年末的预计有出入，当年实际归属于普通股股东的净利润为8 400万元，2017年初，公司发行在外的普通股股数为3 000万股，2017年9月30日公司增发普通股2 000万股。

资料五：2018年7月1日，公司发行可转换债券一批，债券面值为8 000万元，期限为5年，2年后可以转换为本公司的普通股，转换价格为每股10元，可转换债券当年发生的利息全部计入当期损益，其对于公司当年净利润的影响数为200万元。公司当年归属于普通股股东的净利润为10 600万元，公司适用的企业所得税税率为25%。

资料六：2018年末，公司普通股的每股市价为31.8元，同行业类似可比公司的市盈率均在25左右（按基本每股收益计算）。

要求：

（1）根据资料四和资料五，计算公司2018年的基本每股收益和稀释每股收益。

（2）根据要求（1）基本每股收益的计算结果和资料六，计算公司 2018 年年末市盈率，并初步判断市场对于该公司的预期。

（1）

【思路导航】在计算稀释性每股收益时，要注意普通股加权平均股数要考虑时间权数，但是如果企业将盈利用于派发股票股利或配售股票，就会使企业流通在外的股票数量增加，这样就会大量稀释每股收益，但是计算每股收益时分母的调整项目不用考虑时间权数。

【解析】基本每股收益＝归属于公司普通股股东净利润/发行在外普通股加权平均股数

稀释每股收益＝（净利润＋净利润影响数）/发行在外普通股加权平均股数

【答案】2018 年的基本每股收益＝10 600/（3 000＋2 000）＝2.12（元/股）

2018 年的稀释每股收益＝（10 600＋200）/（3 000＋2 000＋8 000/10×6/12）＝2（元/股）

（2）

【解析】市盈率＝每股市价/每股收益，注意每股收益是指基本每股收益。

【答案】2018 年年末市盈率＝31.8/2.12＝15（倍），该公司的市盈率 15 低于同行业类似可比公司股票的市盈率 25，市场对该公司预期不是很看好。

【沙场练兵·计算分析题】

丁公司是一家创业板上市公司，2021 年度营业收入为 20 000 万元，营业成本为 15 000 万元，财务费用为 600 万元（全部为利息支出），利润总额为 2 000 万元，净利润为 1 500 万元，非经营净收益为 300 万元。此外，资本化的利息支出为 400 万元。丁公司存货年初余额为 1 000 万元，年末余额为 2 000 万元，公司全年发行在外的普通股加权平均数为 10 000 万股，年末每股市价为 4.5 元。

要求：

（1）计算营业净利率。

（2）计算利息保障倍数。

（3）计算净收益营运指数。

（4）计算存货周转率。

（5）计算市盈率。

（1）

【解析】营业净利率＝净利润/营业收入×100%

【答案】营业净利率＝1 500/20 000×100%＝7.5%

（2）

【解析】利息保障倍数＝息税前利润/应付利息＝（利润总额＋财务费用）/应付利息

【答案】利息保障倍数＝（2 000＋600）/（600＋400）＝2.6

（3）

【解析】净收益营运指数＝经营净收益 ÷ 净利润

【答案】净收益营运指数＝（1 500 − 300）/1 500 ＝ 0.8

（4）

【解析】存货周转率＝营业成本 / 存货平均余额

【答案】存货周转率＝15 000/ [（1 000 ＋ 2 000）/2] ＝ 10（次）

（5）

【解析】市盈率＝每股市价 / 每股收益

【答案】市盈率＝4.5/（1 500/10 000）＝ 30（倍）

高频考点 8　企业综合绩效分析的方法

1. 杜邦分析法

（1）计算公式：净资产收益率 ＝ 营业净利率 × 总资产周转率 × 权益乘数

（2）图示分解

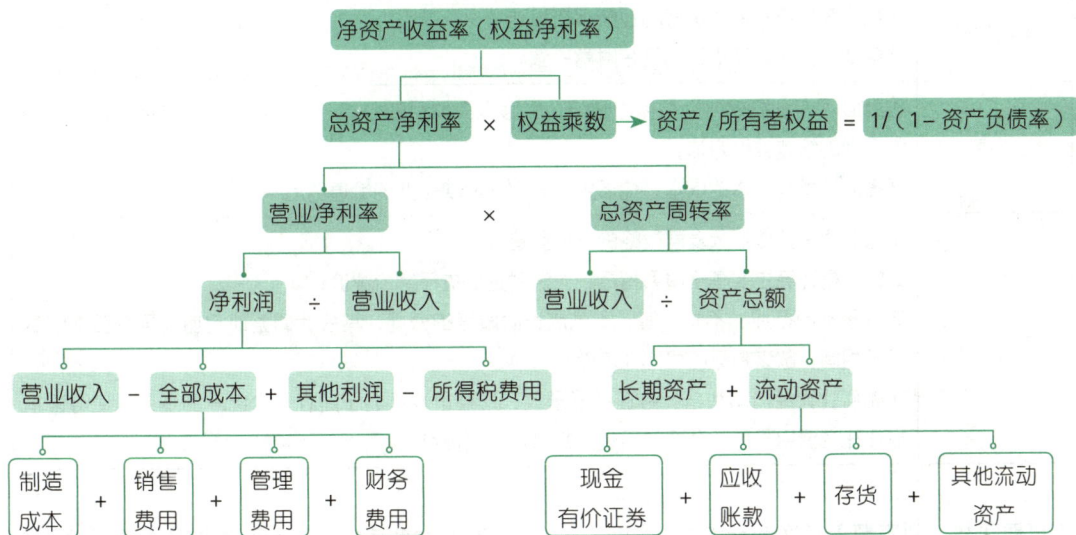

（3）分析要点：

①净资产收益率是一个综合性最强的财务分析指标，是杜邦分析体系的起点。

②营业净利率反映了企业净利润与营业收入的关系，它的高低取决于营业收入与成本总额的高低。

③影响总资产周转率的一个重要因素是资产总额。

④权益乘数主要受资产负债率指标的影响。

第10章

2. 沃尔评分法

项目	内容
基本原理	七种财务比率，分别给定了其在总评价中所占的比重，总和为100分；然后，确定标准比率，并与实际比率相比较，评出每项指标的得分，求出总评分
缺点	①从理论上未能证明为什么要选择这七个指标，以及未能证明每个指标所占比重的合理性； ②从技术上讲有一个问题，就是当某一个指标严重异常时，会对综合指数产生不合逻辑的重大影响。这个缺陷是由相对比率与比重相"乘"而引起的。财务比率提高一倍，其综合指数增加100%；而财务比率缩小一倍，其综合指数只减少50%
改进的分析方法	①一般认为企业财务评价的内容首先是盈利能力，其次是偿债能力，最后是成长能力，它们之间大致可按5：3：2的比重来分配； ②标准比率以本行业平均数为基础，在给每个指标评分时，应规定其上限和下限，以减少个别指标异常对总评分造成不合理的影响

3. 经济增加值法

项目	考核要点
公式	**经济增加值 = 税后净营业利润 - 平均资本占用 × 加权平均资本成本**
结果评价	经济增加值为**正**，表明经营者在为企业**创造**价值； 经济增加值为**负**，表明经营者在**损毁**企业价值
具体作用	①经济增加值提供了更好的业绩评估标准； ②帮助企业实现了决策与股东财富一致
优点	①克服了传统绩效评价指标的缺陷，能够真实地反映公司的经营业绩，是体现企业最终经营目标的绩效评价方法； ②考虑了所有资本的成本，能够更加真实地反映企业的价值创造
缺点	①无法衡量企业长远发展战略的价值创造； ②该指标计算主要基于财务指标，无法对企业进行综合评价； ③由于不同行业、不同规模、不同成长阶段等的公司，其会计调整项和加权平均资本成本各不相同，故该指标的可比性较差； ④如何计算经济增加值尚存在许多争议，这些争议不利于建立一个统一的规范，使得该指标往往主要用于一个公司的历史分析以及内部评价

【真题实战·判断题】与净资产收益率相比，经济增加值绩效评价方法考虑了全部资本的机会成本，能更真实地反映企业的价值创造。（ ）（2021年）

【解析】净资产收益率＝净利润÷平均所有者权益×100%；经济增加值＝税后净营业利润－平均资本占用×加权平均资本成本，其中，平均资本占用反映的是企业持续投入的各种债务成本和股权成本，加权平均资本成本反映的是企业各种资本的平均成本率。因此相比较净资产收益率，经济增加值考虑了全部资产的平均收益水平，能更真实地反映企业的价值创造。因此，本题表述正确。

【答案】 √

【真题实战·多选题】杜邦分析体系中所涉及的主要财务指标有（　　）。（2020年）

A. 营业现金比率　　　B. 权益乘数

C. 营业净利率　　　　D. 总资产周转率

【解析】杜邦分析体系下，净资产收益率＝净利润÷净资产＝营业净利率×总资产周转率×权益乘数。综上，本题应选BCD。

【答案】BCD

【真题实战·单选题】关于杜邦分析体系所涉及的财务指标，下列表述错误的是（　　）。（2018年）

A. 营业净利率可以反映企业的盈利能力

B. 权益乘数可以反映企业的偿债能力

C. 总资产周转率可以反映企业的营运能力

D. 总资产收益率是杜邦分析体系的起点

【思路导航】杜邦分析体系是历年考试的高频考点，考生在备考复习时一定要透彻的理解记忆。

【解析】选项A正确，营业净利率反映每1元营业收入最终赚取了多少利润，用于反映产品最终的盈利能力；选项B正确，权益乘数＝总资产/股东权益，表明股东每投入1元钱可实际拥有和控制的金额，在企业存在负债的情况下，权益乘数大于1，反映企业的偿债能力；选项C正确，总资产周转率＝营业收入/平均资产总额，这一比率用来衡量企业资产整体的使用效率，反映总资产的营运能力；选项D错误，杜邦分析体系是以净资产收益率为起点，以总资产净利率和权益乘数为基础，重点揭示企业盈利能力及权益乘数对净资产收益率的影响，以及各相关指标间的相互影响和作用关系。综上，本题应选D。

【答案】D

【沙场练兵·判断题】净资产收益率是一个综合性比较强的财务分析指标，是杜邦财务分析体系的起点。（　　）

【解析】净资产收益率是一个综合性比较强的财务分析指标，是杜邦财务分析体系的起点。因此，本题表述正确。

【答案】√

【沙场练兵·单选题】在上市公司杜邦财务分析体系中，最具有综合性的财务指标是（　　）。

A. 营业净利率　　　　B. 净资产收益率

C. 总资产净利率　　　D. 总资产周转率

【解析】净资产收益率是一个综合性最强的财务分析指标，是杜邦分析体系的起点。综上，本题应选B。

【答案】B

【沙场练兵·单选题】甲公司2021年末资产总额为4 000万元，税后经营利润为700万元，平均资本成本为12%，假设没有需要调整的项目，则甲公司2021年的经济增加值为（　　）万元。

A. 1 180　　　　　　B. 220

C. 300　　　　　　　D. 430

【解析】经济增加值＝税后净营业利润－平均资本占用×加权平均资本成本＝700－4 000×12%＝220（万元）。综上，本题应选B。

【答案】B

【沙场练兵·单选题】某企业2020年和2021年的营业净利率分别为7%和8%，资产周转率分别为2和1.5，两年的资产负债率相同，与2020年相比，2021年的净资产收益率变动趋势为（　　）。

A. 上升　　　　　　B. 下降

C. 不变　　　　　　D. 无法确定

【解析】净资产收益率＝营业净利率×总资产周转率×权益乘数，因为资产负债率不变，所以权益乘数不变。2020年的净资产收益率＝7%×2×权益乘数＝14%×权益乘数；2021

年的净资产收益率＝8%×1.5×权益乘数＝12%×权益乘数。所以 2021 年的净资产收益率是下降了。综上，本题应选 B。

【答案】B

【沙场练兵·多选题】从杜邦财务分析体系可知，提高净资产收益率的途径在于（　　）。

A. 加强负债管理，降低负债比率

B. 加强成本管理，降低成本费用

C. 加强销售管理，提高营业净利率

D. 加强资产管理，提高资产周转率

【解析】净资产收益率＝营业净利率×总资产周转率×权益乘数，权益乘数与负债程度是同方向变动的。适当开展负债经营，可使权益乘数提高，给企业带来较大的财务杠杆利益，但同时企业也要承担较大的财务风险。选项 B、C、D 均可以提高净资产收益率。综上，本题应选 BCD。

【答案】BCD

【真题实战·计算分析题】（2019 年）

甲公司近年来受宏观经济形势的影响，努力加强资产负债管理，不断降低杠杆水平，争取在 2018 年末将资产负债率控制在 55% 以内。为考察降杠杆对公司财务绩效的影响，现基于杜邦分析体系，将净资产收益率指标依次分解为营业净利率、总资产周转率和权益乘数三个因素，采用连环替代法予以分析。近几年有关财务指标如下表所示（单位：万元）。

项目	2016 年末	2017 年末	2018 年末	2017 年度	2018 年度
资产总额	6 480	6 520	6 980		
负债总额	4 080	3 720	3 780		
所有者权益总额	2 400	2 800	3 200		
营业收入				9 750	16 200
净利润				1 170	1 458

注：表中空白处数据省略。

要求：

（1）计算 2018 年末的资产负债率，并据以判断甲公司是否实现了降杠杆目标。

（2）计算 2017 年和 2018 年的净资产收益率（涉及的资产、负债、所有者权益均采用平均值计算）。

（3）计算 2017 年和 2018 年的权益乘数（涉及的资产、负债、所有者权益均采用平均值计算）。

（4）计算 2018 年与 2017 年净资产收益率之间的差额，采用连环替代法，计算权益乘数变化对净资产收益率变化的影响（涉及的资产、负债、所有者权益均采用平均值计算）。

（1）

【解析】资产负债率＝负债总额/资产总额 ×100%

【答案】2018 年末的资产负债率＝3 780/6 980＝54.15%，由于目标是 2018 年末将资产负债率控制在 55% 以内，所以实现了降杠杆目标。

（2）

【解析】净资产收益率＝净利润/平均所有者权益

【答案】2017 年净资产收益率＝1 170/［（2 400＋2 800）/2］＝45%

2018 年净资产收益率＝1 458/［（2 800＋3 200）/2］＝48.6%

（3）

【解析】权益乘数＝总资产/股东权益，注意题目要求用平均值计算。

【答案】2017 年的权益乘数＝［（6 480＋6 520）/2］/［（2 400＋2 800）/2］＝2.5

2018 年的权益乘数＝［（6 520＋6 980）/2］/［（2 800＋3 200）/2］＝2.25

（4）

【解析】连环替代法，将分析指标分解为各个可以计量的因素，并根据各个因素之间的依存关系，顺次用各因素的比较值（通常为实际值）替代基准值（通常为标准值或计划值），据以测定各因素对分析指标的影响。

【答案】2018 年与 2017 年净资产收益率的差额＝48.6%－45%＝3.6%

2017 年营业净利率＝1 170/9 750×100%＝12%

2017 年总资产周转率＝9 750/［（6 480＋6 520）/2］＝1.5

2017 年权益乘数＝2.5

2018 年营业净利率＝1 458/16 200×100%＝9%

2018 年总资产周转率＝16 200/［（6 980＋6 520）/2］＝2.4

2018 年权益乘数＝2.25

2017 年净资产收益率＝12%×1.5×2.5＝0.45

替代营业净利率：净资产收益率＝9%×1.5×2.5＝33.75%

替代总资产周转率：净资产收益率＝9%×2.4×2.5＝54%

替代权益乘数：净资产收益率＝9%×2.4×2.25＝48.6%

权益乘数变化对净资产收益率变化的影响＝48.6%－54%＝－5.4%

【真题实战·综合题】（2018 年节选）

己公司和庚公司是同一行业，规模相近的两家上市公司。有关资料如下：

资料一：己公司 2017 年普通股股数为 10 000 万股，每股收益为 2.31 元。部分财务信息如下：

己公司和庚公司的部分财务信息

项目	2017 年末数据	项目	2017 年度数据
负债合计	184 800	营业收入	200 000
股东权益合计	154 000	净利润	23 100
资产合计	338 800	经营活动现金流量净额	15 000

资料二：己公司股票的 β 系数为 1.2，无风险收益率为 4%，证券市场平均收益率为 9%，己公司按每年每股 3 元发放固定现金股利。目前该公司的股票市价为 46.20 元。

资料三：己公司和庚公司 2017 年的部分财务指标如下表所示。

己公司和庚公司的部分财务指标

项目	己公司	庚公司
产权比率	（A）	1
净资产收益率（按期末数计算）	（B）	20%
总资产周转率（按期末数计算）	（C）	0.85
营业现金比率	（D）	15%
每股营业现金净流量（元）	（E）	*
市盈率（倍）	（F）	*

注：表内"*"表示省略的数据。

资料四：庚公司股票的必要收益率为 11%。该公司 2017 年度股利分配方案是每股现金股利 1.5 元（即 $D_0 = 1.5$），预计未来各年的股利年增长率为 6%。目前庚公司的股票市价为 25 元。

要求：

（1）根据资料一和资料二，确定上述表格中字母 A、B、C、D、E、F 所代表的数值（不需要列示计算过程）。

（2）根据要求（1）的计算结果和资料三，回答下列问题：

①判断己公司和庚公司谁的财务结构更加稳健，并说明理由；

②判断己公司和庚公司获取现金的能力哪个更强，并说明理由。

（1）

【解析】

产权比率（A）＝负债总额/所有者权益

净资产收益率（B）＝净利润/平均所有者权益×100%

总资产周转率（C）＝营业收入/平均资产总额

营业现金比率（D）＝经营活动现金流量净额/营业收入×100%

每股营业现金净流量（E）＝经营活动现金流量净额／普通股股数

市盈率＝每股市价／每股收益

【答案】

A＝184 800/154 000＝1.2

B＝23 100/154 000×100%＝15%

C＝200 000/338 800＝0.59

D＝15 000/200 000×100%＝7.5%

E＝15 000/10 000＝1.5

F＝46.2/（23 100/10 000）＝20

（2）

【解析】在记忆公式的同时要把握该比率所反映的企业状况和能力，要能够根据相应的指标来判断企业的经营、盈利等财务状况。

【答案】

①庚公司更加稳健。产权比率是企业财务结构稳健与否的重要标志。产权比率反映了由债权人提供的资本与所有者提供的资本的相对关系，即企业财务结构是否稳定。由于己公司的产权比率大于庚公司的产权比率，所以庚公司的财务结构更加稳健。

②庚公司获取现金的能力更强。获取现金的能力可通过经营活动现金流量净额与投入资源之比来反映。投入资源可以是营业收入、资产总额、营运资金、净资产或普通股股数等。由于己公司的营业现金比率小于庚公司的营业现金比率，所以庚公司获取现金的能力更强。

高频考点 9　综合绩效评价

1. 财务绩效定量评价指标

评价内容	评价指标	
	基本指标	修正指标
盈利能力状况	①净资产收益率；②总资产收益率	①销售（营业）利润率；②利润现金保障倍数；③成本费用利润率；④资本收益率
资产质量状况	①总资产周转率；②应收账款周转率	①不良资产比率；②流动资产周转率；③资产现金回收率
债务风险状况	①资产负债率；②已获利息倍数	①速动比率；②现金流动负债比率；③带息负债比率；④或有负债比率
经营增长状况	①销售（营业）增长率；②资本保值增值率	①销售（营业）利润增长率；②总资产增长率；③技术投入比率

2. 管理绩效定性评价指标

管理绩效定性评价指标包括战略管理、发展创新、经营决策、风险控制、基础管理、人力资源、行业影响、社会贡献八个方面的指标。

3. 综合绩效评价计分方法

项目	内容
财务绩效评价计分	①财务绩效定量评价基本指标计分是按照功效系数法计分原理，将评价指标实际值对照行业评价标准值，按照规定的计分公式计算各项基本指标得分； ②财务绩效定量评价修正指标的计分是在基本指标计分结果的基础上，运用功效系数法原理，分别计算盈利能力、资产质量、债务风险和经营增长四个部分的综合修正系数，再据此计算出修正后的分数
管理绩效评价计分	一般通过专家评议打分形式完成，聘请的专家应不少于7名；评议专家应当在充分了解企业管理绩效状况的基础上，对照评价参考标准，采取综合分析判断法，对企业管理绩效指标做出分析评议，评判各项指标所处的水平档次，并直接给出评价分数
综合绩效评价计分	企业综合绩效评价分数 = 财务绩效定量评价分数 ×70% + 管理绩效定性评价分数 ×30% 在得出评价分数以后，应当计算年度之间的绩效改进度，以反映企业年度之间经营绩效的变化状况，计算公式为：绩效改进度 = 本期绩效评价分数 / 基期绩效评价分数。绩效改进度大于1，说明经营绩效上升；绩效改进度小于1，说明经营绩效下滑

【真题实战 · 多选题】企业综合绩效评价可分为财务绩效定量评价与管理绩效定性评价两部分，下列各项中，属于财务绩效定量评价内容的有（　　）。（2018年）

A. 经营增长　　　　B. 资产质量

C. 盈利能力　　　　D. 债务风险

【解析】财务绩效定量评价是指对企业一定期间的盈利能力（选项C）、资产质量（选项B）、债务风险（选项D）和经营增长（选项A）四个方面进行定量对比分析和评判。综上，本题应选ABCD。

【答案】ABCD

【沙场练兵 · 单选题】下列综合绩效评价指标中，属于财务绩效定量评价指标的是（　　）。

A. 获利能力评价指标

B. 战略管理评价指标

C. 经营决策评价指标

D. 风险控制评价指标

【解析】财务绩效定量评价指标由反映盈利能力状况、资产质量状况、债务风险状况和经营增长情况等四个方面的基本指标和修正指标构成。选项B、C、D均属于管理绩效定性评价指标。选项A属于财务绩效定量评价指标。综上，本题应选A。

【答案】A

Scan 下载这个App 别告诉别人！

配套免费

视频　题库　模考　答疑

强化练习

一、单项选择题

1. 假定甲公司无优先股且当年股数没有发生增减变动，年末每股收益为 2.5 元 / 股，权益乘数为 2，总资产净利率为 25%（资产按年末数计算），则该公司的每股净资产为（ ）元 / 股。

   A. 3　　　　　　　　B. 4　　　　　　　　C. 5　　　　　　　　D. 6

2. 下列各项财务指标中，能够综合反映企业成长性和投资风险的是（ ）。

   A. 市盈率　　　　　B. 每股收益　　　　C. 营业净利率　　　D. 每股净资产

3. 在下列财务业绩评价指标中，属于企业获利能力基本指标的是（ ）。

   A. 营业利润增长率　B. 总资产收益率　　C. 总资产周转率　　D. 资本保值增值率

4. 甲公司 2021 年的净利润为 8 000 万元，其中，非经营净收益为 500 万元；非付现费用为 600 万元，经营资产净增加 320 万元，无息负债净减少 180 万元。则下列说法中不正确的是（ ）。

   A. 净收益营运指数为 0.9375　　　　　　B. 现金营运指数为 0.9383

   C. 经营净收益为 7 500 万元　　　　　　D. 经营活动现金流量净额为 8 600 万元

5. 某国有企业经过评议结果，财务绩效定量指标分数为 95 分，管理绩效定性指标分数为 90 分，则该企业的综合评分为（ ）分。

   A. 91.2　　　　　　B. 93.2　　　　　　C. 93　　　　　　　D. 93.5

6. Y 上市公司 2021 年度归属于普通股股东的净利润为 25 000 万元。2020 年年末的股本为 10 000 万股，2021 年 3 月 31 日，经公司股东大会决议，以截止 2020 年末公司总股本为基础，向全体股东每 10 股送红股 1 股，2021 年 5 月 1 日新发行 6 000 万股，则该上市公司 2021 年基本每股收益为（ ）元。

   A. 1.1　　　　　　　B. 1.26　　　　　　C. 1.67　　　　　　D. 1.60

7. 乙公司 2021 年末资产总额为 6 000 万元，产权比率为 5，则资产负债率为（ ）。

   A. 83.33%　　　　　B. 69.72%　　　　　C. 82.33%　　　　　D. 85.25%

8. 甲企业 2021 年流动资产平均余额为 200 万元，流动资产周转次数为 8 次，2021 年净利润为 420 万元，则 2021 年甲企业营业净利率为（ ）。

   A. 26.25%　　　　　B. 30%　　　　　　C. 35%　　　　　　D. 28.25%

9. 某企业 2021 年年初所有者权益总额为 3 500 万元，年末所有者权益总额为 7 500 万元，本年没有影响所有者权益的客观因素，则该企业的资本保值增值率为（ ）。

   A. 137.5%　　　　　B. 135.2%　　　　　C. 214.29%　　　　　D. 125.2%

10. 计算稀释每股收益时，不属于应当考虑的稀释性潜在普通股的是（ ）。

    A. 认股权证　　　　B. 优先股　　　　　C. 可转换公司债券　　D. 股份期权

二、多项选择题

1. 在其他条件不变的情况下，不影响总资产周转率指标的有（　　）。

   A. 用现金投资购买其他企业债券　　　　　B. 投资购买子公司股票

   C. 用银行存款购入一台设备　　　　　　　D. 用银行存款支付应付股利

2. 下列有关上市公司股票市盈率的影响因素的说法正确的有（　　）。

   A. 上市公司盈利能力的成长性会影响公司股票市盈率

   B. 投资者所获收益率的稳定性会影响公司股票市盈率

   C. 利率水平的变动不会影响公司股票市盈率

   D. 利率水平的变动会影响公司股票市盈率

3. 财务绩效定量评价指标中，属于盈利能力基本评价指标的有（　　）。

   A. 净资产收益率　　　　　　　　　　　　B. 成本费用利润率

   C. 利润现金保障倍数　　　　　　　　　　D. 总资产收益率

4. Y公司当年度税后经营净利润很多，却不能偿还到期债务。为查清其原因，应检查的财务比率包括（　　）。

   A. 流动比率　　　　B. 资产负债率　　　　C. 存货周转率　　　　D. 应收账款周转率

5. 下列各项属于影响企业股票市盈率的因素的有（　　）。

   A. 上市公司盈利能力的成长性　　　　　　B. 投资者所获收益率的稳定性

   C. 股利分配政策　　　　　　　　　　　　D. 利率水平变动

6. 财务分析信息的需求者主要包括（　　）。

   A. 企业所有者　　　　B. 企业债权人　　　　C. 企业经营者　　　　D. 政府

7. 在一定时期内，应收账款周转次数多，周转天数少表明（　　）。

   A. 收账速度快　　　　　　　　　　　　　B. 信用管理政策宽松

   C. 应收账款流动性强　　　　　　　　　　D. 应收账款管理效率高

8. 关于稀释每股收益的下列说法中，不正确的有（　　）。

   A. 对于可转换债券，计算稀释每股收益时，分子的调整项目为可转换债券当期已确认为费用的利息等的税后影响额

   B. 对于可转换债券，计算稀释每股收益时，分母的调整项目为假定可转换债券当期期初转换为普通股股数的加权平均数

   C. 对于认股权证和股份期权，计算稀释每股收益时，作为分子的净利润也需要调整

   D. 对于认股权证和股份期权，计算稀释每股收益时，分母的调整项目为增加的普通股股数，同时还应考虑时间权数

9. 下列关于经济增加值的表述中，正确的有（　　）。

   A. 经济增加值是体现企业最终经营目标的绩效评价方法

   B. 经济增加值可以衡量企业长远发展战略的价值创造

   C. 经济增加值为正，表明经营者在为企业创造价值

D. 经济增加值无法对企业进行综合评价

10. 某企业 2020 年综合绩效评价分数为 90 分，2021 年综合绩效评价分数为 92 分，则（　　　）。

    A. 该企业绩效改进度为 1.02　　　　　B. 该企业绩效改进度为 3.02

    C. 该企业经营绩效上升　　　　　　　D. 该企业经营绩效下滑

三、判断题

1. 认股权证、股份期权等的行权价格高于当期普通股平均市场价格时，应当考虑其稀释性。（　　　）

2. 市盈率越高，意味着投资者对股票的收益预期越看好，投资价值越大，因此市盈率越高越好。（　　　）

3. 若净收益营运指数大于 1，说明企业收益质量高。（　　　）

4. 在计算经济增加值时需要对营业外收支等科目进行相应的调整。（　　　）

5. 计算资本保值增值率时，期末所有者权益的计量应当考虑利润分配及投入资本的影响。（　　　）

四、计算分析题

1. 某公司 2021 年有关资料如下：

资产负债表简表

单位：万元

资产	年初	年末	负债及所有者权益	年初	年末
流动资产：			流动负债合计	330	327
货币资金	195	225	长期负债合计	435	558
交易性金融资产	50	40	负债合计	765	885
应收账款	202.5	195			
存货	240	255			
流动资产合计	687.5	715	实收资本	750	750
长期股权投资	150	150	未分配利润	322.5	330
固定资产	1 000	1 100	所有者权益合计	1 072.5	1 080
合计	1 837.5	1 965	合计	1 837.5	1 965

2021 年利润表简表

单位：万元

项目	金额
营业收入	2 000
减：营业成本	1 400

（续表）

项目	金额
税金及附加	200
减：期间费用 其中：利息费用	200 20
营业利润	200
减：所得税（税率25%）	50
净利润	150

该公司2021年经营性现金流入为1 360万元，经营性现金流出为1 310万元，非经营净收益为–20万元。

要求：

（1）计算该公司2021年应收账款周转率、存货周转率和总资产周转率。

（2）计算该公司2021年净资产收益率、总资产净利率、所有者权益增长率。

（3）计算该公司2021年营业现金比率和净收益营运指数。

答案与解析

一、单项选择题

1.【解析】每股收益 = 归属于公司普通股股东的净利润 / 发行在外的普通股加权平均股数，由于无优先股且当年股数没有发生增减变动，因此，每股收益 = 净利润 / 年末发行在外的普通股加权平均股数，由于题中的总资产净利率25%是按照年末总资产计算，权益乘数为2，所以，按照年末净资产计算的权益净利率 = 2×25% = 50%，即净利润 / 年末净资产 ×100% = 50%，由于本题中每股收益 = 净利润 / 年末发行在外的普通股加权平均股数，所以，每股收益 / 权益净利率 = 股东权益 / 年末发行在外的普通股加权平均股数 = 每股净资产 = 2.5/50% = 5（元）。综上，本题应选C。

【敲黑板】由于股数没有发生增减变动，所以加权股数和期末股数相等。

【答案】C

2.【解析】一方面，市盈率越高，意味着投资者对股票的收益预期越看好，投资值越大，反之，投资者对该股票评价越低；另一方面，市盈率越高，也说明获得一定的预期利润投资者需要支付更高的价格，因此投资于该股票的风险也越大；市盈率越低，说明投资于该股票的风险越小。综上，本题应选A。

【答案】A

3. 【解析】财务业绩评价指标中，企业获利能力的基本指标包括净资产收益率和总资产收益率。营业利润增长率是企业经营增长的修正指标；总资产周转率是企业资产质量的基本指标；资本保值增值率是企业经营增长的基本指标。综上，本题应选 B。

【答案】B

4. 【解析】选项 C 正确，经营净收益 = 净利润 − 非经营净收益 = 8 000 − 500 = 7 500（万元）；选项 A 正确，净收益营运指数 = 经营净收益 ÷ 净利润 = 7 500 ÷ 8 000 = 0.9375；选项 D 错误，经营活动现金流量净额 = 经营净收益 + 非付现费用 − 经营资产净增加 − 无息负债净减少 = 7 500 + 600 − 320 − 180 = 7 600（万元）；选项 B 正确，现金营运指数 = 经营活动现金流量净额 ÷ 经营所得现金 = 7 600 ÷ （7 500 + 600） = 0.9383。综上，本题应选 D。

【答案】D

5. 【解析】企业综合绩效评价分数 = 财务绩效定量评价分数 × 70% + 管理绩效定性评价分数 × 30% = 95 × 70% + 90 × 30% = 93.5（分）。综上，本题应选 D。

【答案】D

6. 【解析】2021 年 5 月 1 日新发行 6 000 万股，所以新增的 6 000 万股实际存续期为 8 个月；以截止 2020 年末公司总股本为基础，向全体股东每 10 股送红股 1 股，则新增股份为 10 000 × 10% = 1 000 万股。发行在外普通股加权平均数 = 期初发行在外普通股股数 + 当期新发普通股股数 × 发行时间 ÷ 报告时间 − 当期回购普通股股数 × 已回购时间 ÷ 报告期时间 = 10 000 × （1 + 10%） + 6 000 × 8/12 = 15 000（万股），基本每股收益 = 归属于普通股股东的净利润 ÷ 发行在外的普通股加权平均数 = 25 000 ÷ 15 000 = 1.67（元）。综上，本题应选 C。

【答案】C

7. 【解析】乙公司产权比率 = 负债总额/所有者权益 × 100% = 负债总额/（资产总额 − 负债总额）× 100% = 5，资产总额为 6 000 万元，所以负债总额 = 5 000（万元），资产负债率 = 负债总额/资产总额 = 5 000/6 000 × 100% = 83.33%。综上，本题应选 A。

【答案】A

8. 【解析】2021 年的甲企业营业收入 = 流动资产平均余额 × 流动资产周转次数 = 200 × 8 = 1 600（万元），2021 年甲企业的营业净利率 = 420/1 600 × 100% = 26.25%。综上，本题应选 A。

【答案】A

9. 【解析】资本保值增值率是扣除客观增减因素后所有者权益的期末总额与期初总额的比率，即资本保值增值率 = 7 500 ÷ 3 500 × 100% = 214.29%。综上，本题应选 C。

【答案】C

10. 【解析】企业存在稀释性潜在普通股的，应当计算稀释每股收益。稀释性潜在普通股指假设当期转换为普通股会减少每股收益的潜在普通股。潜在普通股主要包括：可转换公司债券（选项 C）、认股权证（选项 A）和股份期权（选项 D）。综上，本题应选 B。

【答案】B

二、多项选择题

1.【解析】总资产周转率 = 营业收入 ÷ 平均总资产，选项 A、B、C 不影响，均为资产内部此增彼减，不影响总资产周转率；选项 D 影响，会使总资产减少，从而总资产周转率上升。综上，本题应选 ABC。

【答案】ABC

2.【解析】影响企业股票市盈率的因素有：①上市公司盈利能力的成长性（选项 A）；②投资者所获取收益率的稳定性（选项 B）；③市盈率也受到利率水平变动的影响（选项 D）。综上，本题应选 ABD。

【答案】ABD

3.【解析】财务绩效定量评价指标中，净资产收益率和总资产收益率属于盈利能力状况的两个基本评价指标。选项 B、C 属于评价企业盈利能力状况的修正指标。综上，本题应选 AD。

【答案】AD

4.【解析】Y 公司当年度税后经营净利润很多，却不能偿还到期债务，说明企业的短期偿债能力存在问题，所以主要分析的指标是流动比率，但流动比率可信性的影响因素是存货周转率和应收账款周转率。综上，本题应选 ACD。

【答案】ACD

5.【解析】影响企业股票市盈率的因素有：①上市公司盈利能力的成长性。如果上市公司预期盈利能力不断提高，说明企业具有较好的成长性，虽然目前市盈率较高，也值得投资者进行投资；②投资者所获收益率的稳定性。如果上市公司经营效益良好且相对稳定，则投资者获取的收益也较高且稳定，投资者就愿意持有该企业的股票，则该企业的股票市盈率会由于众多投资者的普遍看好而相应提高；③市盈率也受到利率水平变动的影响。当市场利率水平变化时，市盈率也应作相应的调整。综上，本题应选 ABD。

【答案】ABD

6.【解析】财务分析信息的需求者主要包括企业所有者、企业债权人、企业经营决策者和政府等。不同主体出于不同的利益考虑，对财务分析信息有着各自不同的要求。综上，本题应选 ABCD。

【答案】ABCD

7.【解析】一般来说，应收账款周转率越高、周转天数越短表明应收账款管理效率越高。在一定时期内应收账款周转次数多、周转天数短表明：①企业收账迅速，信用销售管理严格；②应收账款流动性强，从而增强企业短期偿债能力；③可以减少收账费用和坏账损失，相对增加企业流动资产的投资收益；④通过比较应收账款周转天数及企业信用期限，可评价客户的信用程度，调整企业信用政策。综上，本题应选 ACD。

【答案】ACD

8.【解析】选项 B 说法错误，对于可转换债券，计算稀释每股收益时，分母的调整项目为假定可转换公司债券当期期初或发行日转换为普通股股数的加权平均数。选项 C 说法错误，对于认股权证和股份期权，计算稀释每股收益时，作为分子的净利润金额一般不变。综上，本题应选BC。

【答案】BC

9.【解析】选项 A 表述正确，经济增加值克服了传统绩效评价指标的缺陷，能够真实反映公司的经营业绩，是体现企业最终经营目标的绩效评价方法；选项 B 表述错误，经济增加值仅能衡量企业当期或预判未来 1~3 年的价值创造情况，无法衡量企业长远发展战略的价值创造；选项 C 表述正确，经济增加值为正，表明经营者在为企业创造价值，为负则在损毁企业价值；选项 D 表述正确，经济增加值的计算主要基于财务指标，无法对企业进行综合评价。综上，本题应选ACD。

【答案】ACD

10.【解析】绩效改进度 = 本期绩效评价分数 / 基期绩效评价分数 = 92/90 = 1.02，绩效改进度大于 1，说明经营绩效上升；绩效改进度小于 1，说明经营绩效下滑。综上，本题应选 AC。

【答案】AC

三、判断题

1.【解析】认股权证、股份期权等的行权价格低于当期普通股平均市场价格时，应当考虑其稀释性。若行权价格高于当前普通股平均市场价格时，证券持有人是不会行权的。因此，本题表述错误。

【敲黑板】企业存在稀释性潜在普通股的，应当计算稀释每股收益。稀释性潜在普通股指假设当期转换为普通股会减少每股收益的潜在普通股。潜在普通股主要包括：可转换公司债券、认股权证和股份期权等。

【答案】×

2.【解析】市盈率越高，越说明获得一定的预期利润投资者需要支付更高的价格，因此投资于该股票的风险也越大。因此，本题表述错误。

【答案】×

3.【解析】净收益营运指数 = 经营净收益 ÷ 净利润。净利润中包括经营净损益和非经营净损益。如果净收益营运指数大于 1，说明存在非经营净损失，并不表明收益质量一定好。现金营运指数大于 1 说明收益质量好。因此，本题表述错误。

【答案】×

4.【解析】在计算经济增加值时，需进行相应的会计科目调整，如营业外收支、递延税金等都要从税后净营业利润中扣除，以消除财务报表中不能准确反映企业价值创造的部分。因此，本题表述正确。

【答案】√

5.【解析】资本保值增值率是扣除客观增减因素后所有者权益的期末总额与期初总额的比率，该指标的高低，除了受企业经营成果的影响外，还受企业利润分配政策的影响。因此，本题表述正确。

【答案】√

四、计算分析题

1.（1）

【解析】应收账款周转率 = 营业收入 ÷ 应收账款平均余额

存货周转率 = 营业成本 ÷ 存货平均余额

总资产周转率 = 营业收入 ÷ 平均总资产

【答案】应收账款周转率 = 2 000 ÷ [（202.5 + 195）/2] = 10.06（次）

存货周转率 = 1 400 ÷ [（240 + 255）/2] = 5.66（次）

总资产周转率 = 2 000 ÷ [（1 837.5 + 1 965）/2] = 1.05（次）

（2）

【解析】净资产收益率 = 净利润 ÷ 平均净资产

总资产净利率 = 净利润 ÷ 平均总资产

所有者权益增长率 = （期末所有者权益 – 期初所有者权益）/ 期初所有者权益

【答案】净资产收益率 = 150 ÷ [（1 072.5 + 1 080）/2] = 13.94%

总资产净利率 = 150 ÷ [（1 837.5 + 1 965）/2] = 7.89%

所有者权益增长率 = （1 080 – 1 072.5）/1 072.5 = 0.7%

（3）

【解析】经营活动现金流量净额 = 经营性现金流入 – 经营性现金流出

营业现金比率 = 经营活动现金流量净额 ÷ 营业收入

经营净收益 = 净利润 – 非经营净收益

净收益营运指数 = 经营净收益 ÷ 净利润

【答案】经营活动现金流量净额 = 1 360 – 1 310 = 50（万元）

营业现金比率 = 50 ÷ 2 000 = 0.025

经营净收益 = 150 + 20 = 170（万元）

净收益营运指数 = 170 ÷ 150 = 1.13

第 10 章